Die ungeordnete Banalität des Alltags
und ihre ästhetische Strukturierung

Mainzer Forschungen zu Drama und Theater

herausgegeben von
Erika Fischer-Lichte, Wilfried Floeck, Winfried Herget und Dieter Kafitz

im Auftrag des
»Interdisziplinären Arbeitskreises für Drama und Theater«
der Johannes Gutenberg-Universität Mainz

Band 20

Hannelore Göbler-Lingens

Die ungeordnete Banalität des Alltags und ihre ästhetische Strukturierung

Untersuchungen zum dramatischen Werk Michel Vinavers

francke verlag

Die Deutsche Bibliothek – CIP-Einheitsaufnahme

Göbler-Lingens, Hannelore:
Die ungeordnete Banalität des Alltags und ihre ästhetische Strukturierung : Untersuchungen zum dramatischen Werk Michel Vinavers / Hannelore Göbler-Lingens. –
Tübingen ; Basel : Francke, 1998
(Mainzer Forschungen zu Drama und Theater ; Bd. 20)
ISBN 3-7720-1848-3

Gedruckt mit freundlicher Unterstützung der Geschwister Böhringer Ingelheim Stiftung für Geisteswissenschaften in Ingelheim am Rhein.

Dischingerweg 5 · D-72070 Tübingen

Gedruckt auf säurefreiem und alterungsbeständigem Papier.

Druck: Müller + Bass, Tübingen
Verarbeitung: Geiger, Ammerbuch-Poltringen
Printed in Germany

ISSN 0940-4767
ISBN 3-7720-1848-3

Inhalt

Vorwort

Die vorliegende Untersuchung wurde 1997 vom Fachbereich Sprachen und Kulturen des Mittelmeerraumes und Osteuropas der Justus-Liebig-Universität Giessen als Dissertation angenommen. Herrn Prof. Dr. Wilfried Floeck, der sie angeregt und betreut hat, möchte ich herzlich danken. Mein Dank gilt ferner allen, die zum Fortgang der Arbeit beigetragen haben, insbesondere meinem Bruder und meinem Mann.

Die Arbeit wurde durch ein Wiedereinstiegsstipendium des Hessischen Ministeriums für Wissenschaft und Kunst im Rahmen des Zweiten Hochschulsonderprogramms gefördert. Dieses erlaubte mir mehrere Aufenthalte in der Bibliothèque Gaston Baty (Université Paris III) und in anderen Pariser Bibliotheken, deren Mitarbeiter mir weiterhalfen.

Die Drucklegung wurde durch die Hilfe der Geschwister Boehringer Stiftung für Geisteswissenschaften in Ingelheim am Rhein ermöglicht. Den Herausgebern danke ich für die Aufnahme der Arbeit in diese Reihe.

Friedrichsdorf, im Juli 1998

1 Einleitung

1.1 Der Dramatiker Michel Vinaver vor dem Hintergrund des zeitgenössischen Theaters

Michel Vinaver hat seine literarische Karriere in jungen Jahren als Romancier begonnen, nach zwei Versuchen diesen Weg jedoch abgebrochen und von da an nur noch Theaterstücke geschrieben. Ausschlaggebend für diese Entscheidung war nicht, daß er das Theater besonders geliebt hätte, sondern er war und ist der Überzeugung, daß er die dramatische Schreibweise am besten beherrsche: „... l'écriture sous forme de répliques les unes après les autres, correspondait à ce que je pouvais faire le mieux."[1] Danach befragt, warum dem so sei, hat er seine Unfähigkeit angegeben, zu kommentieren oder einen Standpunkt einzunehmen:

> Je suis quelqu'un qui absorbe, et à partir de cette absorption il n'y a pas formation directe d'une conviction. Alors l'écriture théâtrale, c'était la permission de se passer d'un point de vue. Des points de vue s'y expriment, mais par des voix qui ne sont pas la mienne, qui sont celles des personnages; et ces points de vue n'intéressent pas tellement en eux-mêmes, pour ce qu'ils sont, que par les frottements qui se produisent entre eux, un peu comme moi-même je tends à m'intéresser, dans une conversation, davantage à ce qui se passe dans l'intervalle entre deux points de vue, à la tension ainsi créée, qu'à tel point de vue qui se trouve exprimé.[2]

Ein anderer Grund ist biographischer Art, denn Michel Vinaver war nie ausschließlich Schriftsteller, sondern lange Zeit Manager und später Professor für Theaterwissenschaften. So kam er bald zu dem Schluß, daß die Niederschrift von Dramen weniger zeitaufwendig sei als die von Romanen: „... Il fallait que l'écriture puisse trouver des coins et des recoins dans mon emploi de temps". Diese „Doppelexistenz" hat

---

[1] Michel Vinaver: *Écrits sur le théâtre*, Lausanne 1982, S. 275.

[2] „Entretien entre Michel Vinaver et Jean Loup Rivière", in: Michel Vinaver: *Les voisins*, Saint Imier 1988, S. 18.

ganz entscheidend sein literarisches Werk beeinflußt, insofern als einerseits die Themen vieler Stücke ihren Ursprung in der Welt der Wirtschaft haben, andererseits seine bürgerliche Karriere ihm eine gewisse, nicht nur materielle Unabhängigkeit von den literarischen Moden und den Zwängen des Theaterbetriebs verschaffte. In einem Interview sagte er 1988 rückblickend:

> Ich war von Anfang an daran interessiert, die Banalität des Alltäglichen zu erforschen, und ich glaube, daß ich nur deswegen nicht in einer Welt der Kunst und Kultur leben wollte, weil ich spürte, daß mich vor allem derjenige interessierte, dem man überall und jederzeit begegnet. Ich mußte darin eintauchen, ich konnte nicht nur Beobachter sein, sondern mußte selbst Teil dieser Banalität sein. [3]

Aber auch die Entscheidung, in die „Banalität" des Wirtschaftslebens einzutauchen, erscheint eher zufällig als vorausgeplant. Michel Vinaver – mit bürgerlichem Namen heißt er Grinberg – wurde 1927 in Paris geboren, seine Eltern waren assimilierte Juden russischer Herkunft. 1941 emigrierte er mit seinen Eltern in die Vereinigten Staaten, von wo er 1944 als Freiwilliger nach Frankreich zurückkehrte. Nach dem Krieg begann er ein Literaturstudium, während dessen er 1946 an der Wesleyan University, Middletown in Connecticut/USA T.S. Eliots *The Waste Land* übersetzte, eine Arbeit, die für seinen Werdegang als Dramatiker von größter Bedeutung war.[4] Was ihn an diesem Prosagedicht faszinierte, liest sich wie eine Beschreibung seiner eigenen dramatischen Schreibweise: Im Vorwort zu seiner Übersetzung betont er die Vorherrschaft des Rhythmus, die einen Schub hin zur Sinnkonstitution bewirke; sodann die kontrapunktische Bearbeitung einer Vielzahl autonomer Themen und deren Übergewicht über die Elemente der Intrige. Die Personen seien bei Eliot nicht vorgegeben, sie konstituierten sich aus den wie zufällig auftauchenden Redefetzen. Die Textstruktur zeichne sich durch die Juxtaposition fragmentarischer, oft

---

[3] „Michel Vinaver im Gespräch mit Rudolf Rach", in: Wilfried Floeck (Hrsg.): *Zeitgenössisches Theater in Deutschland und Frankreich*, Tübingen 1989, S. 229-240, hier S. 229.

[4] Vinavers Übersetzung wurde erst viele Jahre später unter dem Titel: „La terre vague" in: *Poésie* 31, 1984 veröffentlicht. Vinaver schrieb in der Einleitung, S. 4: „En tant qu'écrivain de théâtre (ce que j'ai commencé à être en 55) la rencontre avec *The waste land* a été, je le sais aujourd'hui, fondatrice. Beaucoup plus qu'une influence. Longtemps je suis resté sans avoir conscience que *The waste land* m'habitait, plus exactement, je l'habite. C'est ma maison. En dire plus est difficile ...".

widerspenstiger Elemente aus und weniger durch eine Entwicklung. Auf einem molekularen Niveau verbinde sich das Mythische mit dem Alltäglichen, ohne daß Eliot dabei auf Metaphern oder Allegorien zurückgreifen müsse. Schon Eliot fordere den Leser auf, seinen Weg durch die Windungen des Textes zu suchen, diesem bleibe es überlassen, aus einer unbestimmten Vielzahl von Möglichkeiten seine Verbindungen herzustellen. Vinaver sah seine Aufgabe darin, die Eliotsche Poetik auf den dramatischen Text zu übertragen und dessen Gesetzen zu unterwerfen, was insofern schwierig ist, als die kontinuierliche Anwesenheit der Schauspieler auf der Bühne eine lineare Handlung erfordert. In der Einleitung zu *La terre vague* schreibt er:

> Mon travail d'écrivain de théâtre n'a cessé d'être une mise en tension des contraintes de la scène sur la poétique d'Eliot telle qu'elle s'est incarnée pour moi dans *The waste land,* une fois pour toutes.[5]

Zunächst sollte Vinaver jedoch seine beiden Romane veröffentlichen. Der erste, *Lataume ou la vie quotidienne*, weist schon auf sein Interesse an der Erforschung der Banalität des Alltags hin. Der Roman wurde 1950 bei Gallimard auf die Empfehlung Camus', der damals dort Lektor war, angenommen; ebenso ein Jahr später Vinavers zweiter Roman, *L'Objecteur,* in den seine Erlebnisse in der Armee und während des Kalten Krieges eingingen. In dieser Epoche übersetzte Vinaver auch Henry Greens Roman *Loving*, der nahezu ausschließlich aus Dialogen besteht und der ihm als Materialquelle für *Iphigénie Hôtel* dienen sollte. In späteren Jahren hat sich, entsprechend seiner Vorliebe für die dramatische Schreibweise, auch seine Übersetzertätigkeit auf Dramen konzentriert: 1958 übertrug er *La fête du cordonnier* von Dekker[6], später *Le suicidé* von Nicolai Erdmann (1980)[7], Gorkis *Sommergäste* (1982)[8], Shakespeares *Julius Caesar* (1990)[9] und zuletzt *Die Zeit und das Zimmer* (1991)[10] von Botho Strauß.

Während die Freundschaft mit Camus nur kurze Zeit dauerte – Vinaver lehnte vor allem dessen Auffassung vom Engagement des Schriftstellers ab –, sollte ein anderer Einfluß viele Jahrzehnte lang von

---

[5] Ebd. S. 4.

[6] *Théâtre Complet* I, Arles 1986, S. 207-273.

[7] *Théâtre Complet* II, Arles 1986, S. 213-289.

[8] *Les estivants*, in: *Théâtre Complet* II, S. 373-456.

[9] *Jules César*, Arles 1990.

[10] *Le temps et la chambre*, Paris 1991.

Bedeutung sein: 1948 las Vinaver den Aufsatz „Le degré zéro de l'écriture" des damals noch ganz unbekannten Roland Barthes, der ihn so stark beeindruckte, daß er Kontakt zu dem Autor knüpfte. Barthes entwickelte in dieser Schrift das neue Konzept der Écriture, das er in Opposition zur Littérature setzte. Während die französische Littérature durch grammatikalische (etwa den Gebrauch des passé simple) sowie durch weniger offensichtliche ideologische Merkmale charakterisiert ist, zielt die Écriture darauf ab, sich durch einen 'Null-Stil' der Literarizität zu entledigen. In dem einige Jahre später erschienenen Buch gleichen Titels charakterisiert Barthes diese neue Schreibweise als eine „écriture innocente":

> Toutes proportions gardées, l'écriture au degré zéro est au fond une écriture indicative, ou si l'on veut amodale; ... Il s'agit de dépasser ici la Littérature en se confiant à une sorte de langue basique, également éloignée des langages vivants et du langage littéraire proprement dit.[11]

Barthes lieferte nicht nur die theoretische Begründung für Vinavers neutralen, sich an der Sprache des Alltags orientierenden Stil, er war auch das Bindeglied zu der Zeitschrift Théâtre Populaire, deren Autoren sich nach den ersten Gastspielen des Berliner Ensembles zu Verfechtern der Brechtschen Dramaturgie machten. Vinaver hat die Reaktionen mit großem Interesse verfolgt, er beschreibt seinen ersten Kontakt mit Brecht aber eher als „Staunen und Bewunderung" und weniger als eine Gefolgschaft.

Trotz seiner literarischen Kontakte und trotz des vielversprechenden Debüts als Romancier trat Vinaver 1953 – zunächst als Praktikant – in die Firma Gilette ein, wo er aufgrund seiner ausgezeichneten Englischkenntnisse, jedoch ohne spezifische Berufsausbildung seinen Werdegang als Manager begann. Er hat diese Arbeit nie nur als Brotberuf angesehen, sondern sich mit ihr ebenso identifiziert wie mit seiner künstlerischen Tätigkeit.[12] Als die Firma ihren Sitz und die Fabrik nach

[11] Roland Barthes: *Le degré zéro de l'écriture*, Paris 1953, ND 1972, S. 56. Hier schließt sich auch wieder der Kreis zu Camus, denn Barthes bezeichnet *L'étranger* als den ersten Roman, der einen solchen neutralen Stil verwende.

[12] In dem bereits zitierten Interview mit Jean Loup Rivière sagt er sogar, daß die Welt des Unternehmens für ihn in den sechziger Jahren spannender gewesen sei als die des Theaters: „Je décrouvais l'industrie, je découvrais ce que c'est, remplir un emploi, être dans une entreprise. Et ça m'intéressait sans doute plus que la vie théâtrale, parce que je pénétrais là, par accident, un domaine auquel je n'appartenais pas et qui m'était à

Annecy verlegte, ergab sich die Möglichkeit, während des Sommers 1955 dort neben seiner Arbeit die im Rahmen eines Theaterseminars stattfindenden Proben zu *Ubu Roi* zu verfolgen. Der Leiter, Gabriel Monnet, bat ihn, ein Stück für das nächste Jahr zu schreiben. So entstand während der dreiwöchigen Sommerferien *Les Coréens*, dessen Aufführung wegen seiner wenig heroischen Darstellung des Koreakriegs zunächst durch das Ministerium für Jugend und Sport verboten wurde. In den beiden darauffolgenden Jahren wurde der Erstling, für den Roland Barthes das Vorwort schrieb, dann jedoch von zwei so bedeutenden Regisseuren wie Roger Planchon in Lyon (1956) und Jean-Marie Serreau in Paris (1957) inszeniert. Die lebhaften Pressereaktionen mögen den Autor ermutigt haben, zwischen 1957 und 1959 zwei weitere Stücke zu schreiben, die ebenso einen politischen Hintergrund haben: *Les huissiers* den Algerienkrieg und *Iphigénie Hôtel* die Machtübernahme De Gaulles. Die politischen Widerstände sollten diesmal so groß sein, daß beide Dramen erst viele Jahre später ihre Uraufführung erlebten. Entmutigt brach Vinaver seine dramatischen Versuche ab und konzentrierte sich von nun an ganz auf seinen schnellen Aufstieg in der expandierenden Firma Gilette, wo er die Anfänge des Marketings in Europa mitgestaltete. Erst etwa zehn Jahre später nahm diese lange „panne d'écriture“, wie er sie zu nennen pflegt, ihr Ende mit dem ausufernden Stück *Par-dessus bord*. Vinaver hat berufliche, familiäre, nicht zuletzt aber künstlerische Gründe für seine lange Schaffenspause genannt. Er habe Jahre gebraucht, um sich von Brechts Forderung nach einer Fabel freizumachen, die jedem Theaterstück seine Grundstruktur verleihen sollte. In *Par-dessus bord* fand er erstmals den Mut, seine beruflichen Erfahrungen in ein literarisches Werk zu integrieren, indem er mittels einer ganz neuen Montagetechnik alles verarbeitete, was ihm verwertbar erschien. Das Stück ist der Ausgangspunkt für die zweite Phase in seinem Schaffen, während der er, indem er sein Milieu beschrieb, die ihm eigene Thematik fand und verschiedene Montagetechniken entwickelte, die ihr angemessen waren.[13] Es folgten weitere Stücke aus dem Wirtschaftsleben: 1971 *La demande d'emploi*, 1977 *Les travaux et les jours* und 1979 schließlich *A la renverse*.

---

priori inaccessible... Ce qui m'intéressait peut-être plus que tout, c'était d'arriver à occuper l'intervalle entre deux activités toutes les deux principales.“ Ebd. S. 35.

[13] Siehe hierzu das im Februar 1973 von Emile Copfermann geführte Interview: „L'Écriture enchevêtrée et l'indifférence du langage“, in: *Écrits*, S. 274-283.

Die Alltagsthematik dieser Dramen hat bewirkt, daß Vinaver häufig zu der Gruppe des „théâtre du quotidien" gezählt wurde. Autoren wie Michel Deutsch, Jean-Paul Wenzel oder Jean-Claude Grumberg, in Deutschland Franz Xaver Kroetz schrieben in den siebziger und noch in den achtziger Jahren Stücke, in deren Mittelpunkt die Welt der Arbeit und entfremdete, sprachlose Menschen standen. Vinaver grenzte sich von dieser neuen Bewegung ab, denn er war der Auffassung, daß, wenn es eine Kontinuität in seinem Werk gebe, diese darin liege, daß all seine Werke schon seit den fünfziger Jahren von der ungeordneten Banalität des Alltags ausgingen. Seinen ganz anders gearteten Zugang zur Alltagswelt macht er am Beispiel von Kroetz deutlich. In dessen Dramen würden die Personen gezeigt, beobachtet, aufgezeichnet, in seiner, Vinavers Arbeit hingegen gebe es diese Dualität nicht. „Je ne pars pas de la réalité quotidienne, je la cherche, elle n'est pas donnée, il s'agit de la capter, de la faire émettre. Il y aurait danger à monter ces pièces avec un regard extérieur, qui apparaîtrait vite comme supérieur."[14]

Vinavers Neubeginn Anfang der siebziger Jahre ist insofern bemerkenswert, als er in eine Epoche fällt, in der das Texttheater in Frankreich – und nicht nur dort – zunehmend in Frage gestellt wurde. Nach der Revolte von 1968 kam es zu einem radikalen Bruch mit dem bürgerlichen Ideentheater, das Theater politisierte sich, es verließ die traditionellen Bauten und suchte den öffentlichen Platz. Theater wurde verstanden als ein von Schauspielern und Zuschauern zelebriertes Fest. An die Stelle der literarischen Vorlagen traten Improvisation und die „création collective", der Text wurde häufig nur noch als „prétexte au spectacle" verstanden.[15] Während die Dominanz der Starregisseure

---

[14] *Écrits*, S. 292.

[15] Einen kurzen Überblick über die Hauptströmungen im Theater der siebziger Jahre findet man in den beiden Aufsätzen von Wilfried Floeck: „Comment transposer la réalité? Ariane Mnouchkine und das 'Théâtre du Soleil'", in: ders. (Hrsg.): *Tendenzen des Gegenwartstheaters*, Tübingen 1988, S. 19-36, hier S. 21-22; sowie in: ders: „Vom Regietheater zum Texttheater? Tendenzen und Probleme des französischen Gegenwartstheaters", in: Konrad Schoell (Hrsg.): *Literatur und Theater im gegenwärtigen Frankreich, Opposition und Konvergenz,* Tübingen 1991, S. 1-17. Einen Überblick über die Tendenzen der einzelnen Nachkriegsjahrzehnte gibt auch David Bradby in seinem *Modern French Drama 1940-1990*, Cambridge 1991. In dem Kapitel „Playwrights of the seventies" nennt er neben der Tendenz zu einem visuellen Theater und der Vorherrschaft des Regietheaters als weiteren Grund für den Rückgang der dramatischen Textproduktion die Weigerung der Schauspieler, einen fremden Text zu sprechen: „Among actors, it led to the insistence that, as the 'proletariat' of the theatre,

ihren Höhepunkt erreichte, zogen sich die Autoren immer mehr vom dramatischen Schaffen zurück, oder aber sie schlossen sich unmittelbar einer professionellen Truppe an, für die sie Stücke bearbeiteten oder schrieben (z.B. Michel Deutsch und Jean-Pierre Vincent in Straßburg, Hélène Cixous und Ariane Minouchkine in Vincennes).[16] Gleichwohl hat es während dieser Epoche auch immer wieder Versuche gegeben, die Autoren zu unterstützen, etwa an dem bereits erwähnten Théâtre National de Strasbourg unter der Leitung von Jean-Pierre Vincent, vor allem aber mit dem seit 1970 bestehenden Théâtre Ouvert, dessen Gründer Lucien Attoun es sich zum Ziel gesetzt hatte, junge Dramatiker zu fördern und zu unterstützen. Hier fanden Autoren wie Grumberg, Deutsch, Wenzel, Kalisky ein Forum. Von Vinaver wurden dort 1973 *La demande d'emploi*, 1979/80 *Les travaux et les jours* und zuletzt 1986 mit großem Erfolg *Les voisins* unter der Regie von Alain Françon uraufgeführt.[17]

Seit dem Ende der siebziger Jahre kündigte sich ein erneuter Umschwung an. Als Gründe hierfür gibt Floeck an, daß die Hoffnung, ein Volkstheater als Massentheater zu verwirklichen, sich als illusorisch erwies, das Theater blieb eine elitäre Kunsteinrichtung. Die „création collective" stand vor dem Problem der mangelnden Qualität der Textvorlagen. Schließlich hatten sich die Innovationen des „théâtre différent" abgenutzt, die Zuschauer waren der ewig verfremdenden Regiegags überdrüssig geworden.

Die achtziger Jahre in Frankreich sind daher gekennzeichnet von einer Rückkehr zum Texttheater und von dem zunehmenden Erfolg zeitgenössischer Autoren wie Nathalie Sarraute, Marguerite Duras, Hélène Cixous, Bernard-Marie Koltès, Jean-Claude Brisville und Michel Vinaver. Deren autonome Textdramen verstehen sich als ein Experimentaltheater, in dessen Mittelpunkt die Arbeit mit der Sprache und dem Dialog steht. Michel Corvin spricht von einem Theater des

---

they had to be free to speak with their own voice. To speak a text written by someone else, especially if that someone was a professional writer (i.e. 'bourgeois individualiste'), was to accept an oppressive and authoritarian practice: all theatre texts had to be the result of a collective voice." S. 227.

[16] Siehe hierzu den Aufsatz von Michel Vinaver: „L'auteur dramatique face au metteur en scène en France pendant les trente dernières années", in: Floeck 1989, S. 249-255.

[17] Vinaver hat seine Dankbarkeit gegenüber Attoun in einem kurzen Aufsatz zum 15. Jahrestag von Théâtre Ouvert zum Ausdruck gebracht, in dem er dessen Glauben an die Notwendigkeit eines geschriebenen Textes als Grundlage des theatralischen Handelns hervorhebt. Michel Vinaver: „Sur Attoun", in: *Théâtre en Europe* 8, 1985, S. 130f.

„texte/ texte“, in dem der dramatische Text seine Autonomie wiedergewinnt und sich vom spectacle befreit.[18]

Mit dem 1981 geschriebenen und 1983 uraufgeführten Stück *L'ordinaire* beginnt eine neue thematische Gruppe im Werk Vinavers, die man als ein Theater des „fait divers“ bezeichnen könnte, wenngleich die Themen der siebziger Jahre auch hier weitergeführt werden. Während in *L'ordinaire* die Ereignisse um einen Flugzeugabsturz in den Anden den Plot des Stückes liefern, werden in den folgenden Dramen Verbrechen in der Vordergrund treten: In *Les voisins* ein unaufgeklärt bleibender Diebstahl und in *Portrait d'une femme* der Mord der Sophie Auzanneau an ihrem Geliebten. Sein bislang letztes Werk – *L'émission de télévision*, das sich ebenso um einen Mord rankt – schrieb Vinaver 1988; es wurde 1990 am Théâtre National de l'Odéon in einer Inszenierung von Jacques Lassalle uraufgeführt.

Nach 1990 hat Vinaver kein neues Drama mehr veröffentlicht, hingegen hat er sich weiterhin mit den poetologischen Grundlagen seines dramatischen Schaffens auseinandergesetzt. In der Festschrift für Anne Ubersfeld findet man unter dem Titel „Mes appétits“ eine Zitatensammlung Vinavers von Künstlern aus dem Bereich der Malerei, der Musik und des Balletts, die einen Versuch des Autors darstellt, sich in dem Feld der zeitgenössischen Künste und in seinen Beziehungen zur klassischen Moderne zu situieren.[19]

Seit dem Beginn der achtziger Jahre hat Vinaver das Wirtschaftsleben verlassen, jedoch nicht, um sich ausschließlich seiner literarischen Tätigkeit zu widmen, sondern um in den universitären Bereich einzutreten. Nach einer längeren Mitarbeit als Professeur Associé am Theaterwissenschaftlichen Institut der Universität Paris III wurde er nach seiner Habilitation 1988 als Professor an die Universität Paris VIII (Saint Denis) berufen. Neben seiner literarischen Arbeit hat sich Vinaver insbesondere für die Förderung der Publikation von dramatischen Texten eingesetzt. Ab 1982 leitete er vier Jahre lang eine Theaterkommission innerhalb des Centre National des Lettres zur Erforschung der Edition von Theatertexten. Die Ergebnisse wurden unter dem Titel *Le*

[18] Michel Corvin: „'Otez toute chose que j'y voie.' Vue cavalière sur l'écriture théâtrale contemporaine“, in: Floeck 1989, S. 3-14, S. 5. Siehe hierzu auch Anne Neuschäfer: „Aufbruch zu einem neuen Texttheater“, in: *Lendemains* 30, 1983, S. 97-104.

[19] „Mes appétits“, in: *Confluences. Le dialogue des cultures dans les spectacles contemporains.* Essais en l'honneur d'Anne Ubersfeld sous la direction de Patrice Pavis, Saint-Cyr l'Ecole 1992, S. 164-180.

compte rendu d'Avignon – Des mille maux dont souffre l'édition théâtrale et des trente-sept remèdes pour l'en soulager[20] veröffentlicht. Die wichtigsten Maßnahmen zur Förderung der Edition von Theatertexten hat Vinaver 1988 in einem Artikel in *Le Monde*[21] resümiert. Hier wird offensichtlich, daß es ihm nicht nur um die Förderung der Verlagsaktivitäten geht, sondern um die Wiederbelebung des Texttheaters an sich. Indem er fordert, das Theater solle aus seiner Autarkie heraustreten, knüpft er an seine grundlegende Kritik der französischen Theatersituation an. In den zahlreichen Publikationen Vinavers aus den achtziger Jahren zeichnen sich zu diesem Thema einige Hauptlinien ab. Bereits 1981 charakterisierte er die Beziehung zwischen Autoren und Regisseuren als pathologisch:

> La pathologie de la relation entre auteur et metteur en scène a pour terrain la combinatoire (infinie) de ces deux confusions: confusion de deux formes de théâtre (celui qui est fondé sur la primauté d'un texte statutairement autonome, celui qui est fondé sur la primauté de l'image), confusion de deux natures de textes (le texte qui *est* l'action, celui qui la véhicule).[22]

Vinaver lehnt zwar nicht das, was er ein „Theater für das Auge" nennt, ab, im Gegenteil: Zu den Inszenierungen, die ihm seit 1968 am wichtigsten waren, zählt er unter anderem *Paradise Now* (The Living Theatre), Ronconis *Orlando Furioso* und *Le Regard du Sourd* von Bob Wilson. Dieser Form stellt er aber ein „Theater für das Ohr" gegenüber. Beide situiert er auf dem gleichen Niveau seiner Werteskala. Die Vermischung der beiden Gattungen lehnt er jedoch ab, da in diesem Fall der dramatische Text nur noch als Vorwand (prétexte) für die Inszenierung eines Regisseurs diente. Die dramaturgische Aufbereitung der psychologischen, soziologischen, ökonomischen, politischen und kulturellen Referenzen des Textes bewirke letztendlich dessen Verschwinden:

> Mettre en scène, c'est à partir d'une explication globale du monde (marxisme, freudisme ou autre), procéder à un décodage; c'est chercher la réalité du texte dans un sous-texte, lequel est aussitôt connecté à un sys-

[20] Arles 1987.

[21] Michel Vinaver: „Les cinq clés", in: *Le monde*, Numéro spécial fév. 1988.

[22] Michel Vinaver: „Sur la pathologie de la relation auteur metteur en scène", in: *L'annuel du th*éâtre 1981/2, Meudon 1982, S. 131-133, hier S. 133.

tème général d'explication et puis érigé en objet même de la représentation.[23]

Vinaver kritisiert hier das, was Pavis als eine „ideotextuelle Inszenierung" charaterisiert hat, in der die Inszenierung des politischen, sozialen und psychologischen Subtextes wichtiger wird als der dramatische Text, der nur noch Ballast ist und zum Opfer globaler Welterklärungen wird. Das andere Extrem wäre eine autotextuelle Inszenierung, die den Versuch macht, die Textmechanismen und den Aufbau der Fabel in ihrer inneren Logik zu begreifen, ohne auf Außertextuelles zu referieren, ein Unterfangen, das laut Pavis ebenso zum Scheitern verurteilt wäre. Nur die intertextuelle Inszenierung – so Pavis – vermittle zwischen diesen beiden Inszenierungsarten und relativiere jede Inszenierung als eine Möglichkeit unter mehreren.[24]

Vinavers Stellungnahmen müssen im Zusammenhang mit der Diskussion um die grundsätzlichere Frage gesehen werden, inwieweit der Theatertext aus dem Dramentext abzuleiten sei. Für seine eigenen Stücke wünscht er sich eine Inszenierung, die nicht interpretiert:

> Je suis intéressé, pour mes pièces, et ça, c'est de la pure utopie, par une représentation où la part de l'interprétation n'excéderait pas celle d'un chef d'orchestre de haut niveau, d'un pianiste de haut niveau. (...) Là est mon utopie: je voudrais qu'on ne cherche pas à constituer un objet à partir de mes pièces.[25]

Während Vinaver für die Autonomie des dramatischen Textes kämpft, wird diese von seiten der heutigen Theaterwissenschaft eingeschränkt, der es vor allem darum geht, den Text als *ein* Zeichensystem des Theaters unter vielen einzuordnen. So beobachtet Pavis in den letzten Jahrzehnten einen Perspektivenwechsel, der sich in der Abkehr vom Logozentrismus manifestiert. Erika Fischer-Lichte schreibt in ihrer Semiotik des Theaters: „Die im literarischen Text des Dramas niedergelegte Rolle enthält [...] keinerlei konkrete Anweisungen oder Ausführungsbestimmungen für den Schauspieler".[26]

---

[23] Ebd. S. 132.

[24] Patrice Pavis: „Die Inszenierung zwischen Text und Aufführung", in: *Zeitschrift für Semiotik* 11, 1989, S. 13-27, hier besonders S. 24f.

[25] Interview Vinaver/Rivière 1988, S. 25f.

[26] Erika Fischer-Lichte: *Semiotik des Theaters* Bd. III, Tübingen 1983, S. 26.

Nun läßt sich Vinavers Standpunkt sicher nicht auf das Rückzugsgefecht eines Autors reduzieren, der um seinen Platz im zeitgenössischen Theater kämpft, indem er die Werktreue im Sinne einer möglichst engen Übereinstimmung der Aufführung mit dem, was der Text schon sagt, fordert. Der oben zitierte Vergleich mit der Interpretation eines musikalischen Kunstwerks macht deutlich, daß auch für ihn die Inszenierung nicht die performative Realisierung des Textes sein kann, denn „jede Inszenierung, auch die einfachste und expliziteste, verschiebt den Text“.[27] Vinavers fast gänzlich auf Szenenanweisungen und Interpunktion verzichtende Dramen wollen den Schauspieler ja gerade nicht einengen und lassen Raum für die Inszenierung. Er ist aber der Auffassung, daß zu aufwendige Inszenierungen bewirkten, daß insbesondere zeitgenössische Texte von der „mise en trop“ erstickt würden. Diese verlangten, um überhaupt vom Publikum wahrgenommen werden zu können, nach einer möglichst einfachen Präsentation: „Le texte n'a besoin que d'une chose: se faire entendre le plus distinctement possible sur une scène.“[28]

Hilfreich kann in diesem Zusammenhang eine von Roeder-Zerndt vorgeschlagene Differenzierung sein. Aus der Perspektive der Literaturwissenschaft beantwortet sich seiner Auffassung nach die Frage nach dem Verhältnis von Text und Inszenierung etwas anders: Man könne zwischen Theatertexten unterscheiden, die auf einer genauen Lektüre des jeweiligen Dramentextes aufbauen und als Konkretisation durch das Theaterkollektiv angesehen werden können, und solchen, die den betreffenden dramatischen Text lediglich als einen Werkstoff neben anderen einbeziehen, die aber als eigenständige Kunstwerke betrachtet werden wollen. Der Begriff der Textnähe verliere so seine präskriptive Konnotation und werde statt dessen zum Bestandteil eines deskriptiven Instrumentariums.[29]

Den Idealfall stellt für Vinaver die intertextuelle Inszenierung dar, die jede Konkretisierung als eine Möglichkeit unter vielen begreift. Während es in der Bundesrepublik häufig mehrere Uraufführungen

---

[27] Pavis 1989, S. 19.

[28] Michel Vinaver: „La mise en trop“, in: *Théâtre public* 82/3, 1988, S. 69-72, hier S. 71.

[29] Martin Roeder-Zernd: *Lesen und Zuschauen. David Mamet und das amerikanische Theater der 70er Jahre,* Tübingen 1994, S. 155.

eines neuen Stücks in verschiedenen Städten gebe, komme das in Frankreich nur selten vor.[30]

Von einem ganz pragmatischen Standpunkt aus ist Vinavers Bekenntnis zu einem Texttheater jedenfalls folgenreich gewesen, was der Hinweis auf einige konkrete Realisationen belegen mag.[31] So gibt Vinaver seit 1992 unter dem Titel *Répliques* bei Actes Sud eine Reihe heraus, in der im Wechsel je ein klassisches und ein zeitgenössisches Drama wiederaufgelegt werden. Die Texte werden durch ein „dossier dramaturgique“ ergänzt, womit der Dualität des Theaterstücks als Objekt sowohl der Lektüre als auch der Aufführung Gerechtigkeit widerfahren soll.[32] In Zusammenarbeit mit der Universität Paris III hat Vinaver mehrere Ateliers d'écriture veranstaltet, in deren Rahmen Studenten Dramen verfaßten. Vinavers Wunsch, daß vor allem zeitgenössische Dramen gedruckt und gelesen werden sollten, wurde noch in anderer Hinsicht verwirklicht: 1986 erschien sein *Théâtre Complet* in zwei Bänden, was insofern bemerkenswert ist, als es sich um die einzige Gesamtausgabe eines lebenden Theaterautors in den achtziger Jahren handelt. Die zunehmende Wertschätzung Vinavers drückt sich darin aus, daß er 1986 für *Les voisins* den Ibsen-Preis der französischen Kritiker erhielt. Auch von der Literatur- und Theaterwissenschaft wird Vinavers Werk hoch geschätzt: So bezeichnet ihn David Bradby in seiner Geschichte des modernen französischen Theaters als „the outstanding playwright of the seventies“[33], Ubersfeld hält Vinaver für den bedeutendsten Autor der „ère postbeckettienne“. Sie bedauert, daß es bisher jedoch kein Gesamtbild seines Werks gebe: „les analyses restent ponctuelles, isolées, à la lettre incohérentes: aucun 'corpus critique' ne

---

[30] Interview Vinaver/Rach 1988, S. 71f.

[31] Eine praxisorientierte Anleitung, wie man das Theater wieder als Lesetext einsetzen könnte, gibt er in dem bereits zitierten Compte rendu d'Avignon. Andere Aufsätze zu diesem Thema sind das Interview „Rencontre Travail et Culture (3): Michel Vinaver, Avignon 82“, Retranscription André Curmi, in: *Théâtre public* 50, 1983, S. 17-20; „L'île“, in: *Théâtre en Europe* 18, 1988, S. 21-23 und „Pour cadrer le débat“, in: *Liaisons* 15, 1988, S. 3-5; „L'auteur dramatique face au metteur en scène...“ 1989, S. 249-255; „Ici et maintenant“, in: *L'art du théâtre* 10, 1989, S. 39-42.

[32] Zu den bisher wieder aufgelegten zeitgenössischen Texten zählen: Robert Pinget: *Abel et Bela*, 1992; Armand Gatti: *La vie imaginaire de l'éboueur Auguste G.*, 1992; Jean Claude Grumberg: *L'Atelier*, 1993; Rainer Werner Fassbinder: *Liberté à Brème*, 1994 und Jean-Paul Wenzel: *Loin d'Hagondange*, 1995.

[33] David Bradby: *Modern French Drama*, Cambridge 1991, S. 247.

s'est constitué, dont se dégagerait le dessin et l'enjeu de l'oeuvre, son profil, sa dimension".[34]

1.2 Editionslage

Die zwei Bände des *Théâtre Complet* enthalten alle dramatischen Werke bis auf das erst 1990 publizierte Stück *L'émission de télévision*[35] und das kurze Impromptu *Le dernier sursaut*[36], das Antoine Vitez 1988 anläßlich des dreihundertsten Geburtstags Molières für die Comédie Française in Auftrag gegeben hatte, dann aber doch nicht aufführte. Leider liegt mit den genannten gesammelten Werken keine kritische Ausgabe vor, vielmehr wurde, wenn es mehrere Varianten eines Stücks gab, stets die kürzeste Fassung abgedruckt. Im Fall von *Iphigénie Hôtel* existieren beispielsweise drei Fassungen: die ursprüngliche, die 1960 in der Zeitschrift Théâtre Populaire erschien, eine zweite, gekürzte Fassung für die Publikation bei Gallimard von 1963, die in der Reihe *Répliques* bei Actes Sud 1993 neu aufgelegt wurde, und schließlich eine weitere, für die Gesamtausgabe nochmals überarbeitete Kurzfassung. Noch weitreichender sind die Varianten im Fall von *Par-dessus bord*, dessen 255 Seiten lange Urfassung[37] mehrmals überarbeitet wurde und in der „version super-brève" des *Théâtre Complet* auf 185 Seiten gekürzt ist. In meiner Arbeit werde ich in der Regel die Gesamtausgabe zitieren und, soweit notwendig, auf andere Ausgaben hinweisen.

Vinaver hat sich häufig zu seiner Biographie, seiner Haltung gegenüber dem aktuellen Theaterbetrieb und zu seinen Werken geäußert. Diese Aufsätze und Interviews sind bis 1980 in den *Écrits sur le théâtre* abgedruckt, die späteren Texte sind in verschiedenen Theaterzeitschriften publiziert. In der Einleitung zu einer Neuauflage von *Les voisins* findet man ein längeres Interview mit dem Autor über sein

[34] Anne Ubersfeld: *Vinaver dramaturge*, Paris 1989, S. 72.

[35] Arles, 1990.

[36] Arles, 1990.

[37] Neuauflage in der Sammlung „Théâtre Populaire Romand", Répertoire 37, La Chaux-de-Fonds, 1983.

Leben und seine Poetik.[38] Insgesamt liegt ein bedeutendes Korpus an theoretischen Schriften vor.

1.3 Forschungslage

Eine gewisse Schwierigkeit hinsichtlich der Ordnung des Materials ergibt sich daraus, daß zu unterscheiden ist zwischen den wissenschaftlichen Studien im engeren Sinn und den zahlreichen Theaterkritiken in der französischen und der deutschen Presse. Letztere sind nicht in ihrer Gesamtheit bibliographisch erfaßt. Häufig handelt es sich nur um kurze Resümees der Stücke und ihrer Inszenierungen, daneben gibt es aber auch eine beträchtliche Anzahl sehr aufschlußreicher Artikel, die teilweise Interviews mit dem Autor einschließen. Solche die Rezeption betreffenden Texte werden, soweit nötig, in den jeweiligen Analysekapiteln zitiert und bleiben in dem folgenden Forschungsüberblick ausgeklammert.

Zum dramatischen Werk Michel Vinavers liegen bisher drei Monographien vor, nämlich die beiden einführenden Werke von Ubersfeld und Bradby sowie die weniger umfangreiche, soziologisch orientierte Untersuchung Kevin Elstobs, die den Aspekt des politischen Theaters in den Vordergrund stellt.[39]

Die Theatersemiotikerin und Kritikerin Anne Ubersfeld,[40] die am Institut d'Études Théâtrales (Paris III) eine Kollegin Vinavers war, gibt zunächst einen chronologischen Abriß des dramatischen Schaffens Vinavers. Von besonderem Interesse sind hier die auf die kurzen Resümees der Dramen folgenden Bemerkungen zu den Inszenierungen und den Pressereaktionen. Hilfreich ist auch das im Anhang von Vinaver selbst erstellte Verzeichnis seiner Werke, ihrer Editionen und der wichtigsten Aufführungen (mit der Liste aller an der Aufführung beteiligten Personen). Der zweite, umfangreichere Teil der Studie ist der

---

[38] Interview Vinaver/Rivière 1988. Die hier publizierten Äußerungen Vinavers stimmen häufig überein mit der Video-Aufzeichnung eines sechsstündigen Interviews, das in der Bibliothèque Gaston Baty der Universität Paris III eingesehen werden kann: „Six heures en compagnie de Michel Vinaver", Paris, Annecy 1987. Von diesem Interview existiert außerdem eine 50 minütige Kurzfassung.

[39] Kevin Elstob: *The plays of Michel Vinaver. Political Theatre in France*, New York 1992.

[40] Ubersfeld 1989.

Dramaturgie Vinavers gewidmet. Neben den traditionellen Strukturelementen des Dramas wie Zeit, Raum, dramatischer Figur und Sprache wird hier die Rolle des Mythos und der Ideologien hervorgehoben. Die Autorin des grundlegenden theaterwissenschaftlichen Werks *L'École du spectateur*[41] beschließt ihre Untersuchung mit einem „Plaisir du spectateur" überschriebenen Abschnitt, in der sie die Rolle des Zuschauers für die Konstitution der Vinaverschen Texte hervorhebt. Wenn Vinaver von Brecht etwas gelernt habe, so sei es dessen Überzeugung, daß der Zuschauer im Theater Spaß haben wolle. Bei Vinaver handle es sich jedoch um ein komplexes Vergnügen, das auch Frustrationen, wechselnde Identifikationen, das Spiel mit Überraschungseffekten, mit den Sprüngen im Text und der allgegenwärtigen Ironie einschließe. Die kurze „Conclusion en forme de digression sur le montage" weist den Weg, den meine Untersuchung gehen wird. Für Ubersfeld zeichnet sich Vinavers Werk durch seinen Antinaturalismus aus. Ihre Begründung setzt einmal bei dem Verhalten seiner dramatischen Figuren an, die nie von ihrem kosmischen oder sozialen Umfeld konditioniert seien, sondern stets lebendige Reaktionen in ihrer Beziehung zur Welt zeigten. Der andere Ansatzpunkt ist die Gestaltung der Dialoge, wobei die Collagetechnik den Übergang von der rein kommunikativen Funktion zu einer metaphorischen und somit zur poetischen Funktion der Sprache markiere.[42]

Die zweite, neuere Monographie stammt von David Bradby, der schon in seiner oben zitierten Geschichte des französischen Theaters und in einem wichtigen Aufsatz über die Bedeutung des Mythos seine Aufmerksamkeit Vinaver gewidmet hatte.[43] Das Werk, das sich primär an ein englischsprachiges Publikum wendet, will eine Einführung in das dramatische Schaffen Vinavers, aber auch einen Überblick über vierzig Jahre französischer Theatergeschichte geben. Bradby schickt seiner chronologisch angelegten Studie ein Kapitel zu den „Dramaturgical Principles" Vinavers voraus. Neben der Bedeutung von *The Waste Land* für Vinavers Dramen hebt er den Einfluß der nicht aristotelischen, mittelalterlichen Ästhetik hervor. Bradby warnt davor,

---

[41] Anne Ubersfeld: *L'école du spectateur* (Lire le théâtre II), Paris 1981.

[42] Ebd. S. 201.

[43] David Bradby: *The theatre of Michel Vinaver*, Ann Arbor 1993, sowie: „Entre le mythique et le quotidien. Myth in the Theatre of Vinaver", in: E. Freeman u.a. (Hrsg.): *Myth and its Making in the French Theatre. Studies Presented to W.D. Howarth*, Cambridge 1988.

daß Vinavers Vergleiche mit anderen Kunstformen wie der Malerei und Musik leicht zu Mißverständnissen führten: Die Sprache werde nicht sinnentleert, wie bei Ionesco, sondern durch die Gegenüberstellung gewinne sie gerade neuen Sinn. Der Vergleich mit Rauschenberg führe hier weiter: „In this way a new form of Epic theatre is created, opposed to the Aristotelian like Brecht's, and depending on multiple viewpoint."[44] In den Analysen der einzelnen Dramen geht Bradby stärker als Ubersfeld auf die formale Struktur der einzelnen Dramen ein, wobei er das Bemühen Vinavers unterstreicht, immer neue dramaturgische Lösungen für die Darstellung der zeitgenössischen französischen Alltagswelt zu suchen.

Robert Abirached, Kevin Elstob sowie Daniel Mortier in seinem Buch über die Brechtrezeption in Frankreich im ersten Jahrzehnt nach dem 2. Weltkrieg unternehmen den Versuch, Vinaver als Vertreter eines politischen Theaters bzw. als Brechtschüler einzuordnen. Dabei ergeben sich gewisse Schwierigkeiten aus der begrifflichen Eingrenzung dessen, was politisches Theater sei. Die Theaterenzyklopädien von Pavis wie Corvin definieren den Begriff des théâtre politique zunächst sehr weit, indem sie von der griechischen Etymologie (polis) ausgehen, was erlaubt, jedes Theater, das in die Öffentlichkeit eingeschrieben ist, als „politisch" zu charakterisieren. Diese Definition, die nur wenige distinktive Merkmale umschließt, wird dann jedoch insbesondere für das 20. Jahrhundert eingeengt, ausgehend von den theatertheoretischen Schriften Piscators und Brechts sowie von Sartres und Camus' Begriff des engagierten Theaters.[45] Als gemeinsames Charakteristikum der verschiedenen Richtungen nennt der Artikel in Pavis' Dictionnaire „une volonté de faire triompher une théorie, une croyance sociale, un projet philosophique. L'esthétique est alors subordonnée au combat politique jusqu'au point de dissoudre la forme théâtrale dans le débat d'idées".[46] Auch Abirached definiert in seinem Artikel das engagierte Theater als ein „théâtre d'idées et un théâtre de combat".[47] Man kann sich kaum eine Ästhetik des Theaters vorstellen, die der Vinaverschen mehr entgegengesetzt wäre als diese. So will Abirached Michel Vinaver zwar dem engagierten Theater zurechnen, was die Themen,

[44] Bradby 1994, S. 11.

[45] Ph. Ivernel: „Le théâtre politique", in: Michel Corvin: *Dictionnaire Encyclopédique du Théâtre*, Paris 1991, S. 664f.

[46] Patrice Pavis: *Dictionnaire du théâtre*, Paris 1996, S. 378.

[47] Robert Abirached: „Un acte de révolte". *Le monde, numéro spécial* févr. 1988, S. 9.

die Situationen und die Spielplätze seiner Stücke angehe; die Art und Weise, wie er die Tatsachen, Handlungen und Gespräche des alltäglichen Lebens darstelle, entzögen sich aber dem Kommentar oder der Stellungnahme.

Elstob stellt in simplifizierender Weise die politisch-ökonomischen Aspekte in Vinavers gesamtem Werk hervor. Sein Ziel ist es zu zeigen, „how Vinaver's dramatic techniques make his audience aware of socio-political problems by disrupting conventional views of these problems and by showing that the latter are not inevitable".[48] Der Widerspruch zwischen Vinavers Verweigerung jedwelchen politischen Engagements, die ja nicht nur in seinen theoretischen Schriften, sondern vor allem in der Struktur seiner Stücke zum Ausdruck kommt, und Elstobs Bemühen, deren politische Dimension hervorzuheben, wird nur unvollkommen aufgelöst. Ähnlich wie Mortier in seiner Studie über die Brechtrezeption der Nachkriegsjahre[49] kommt Elstob zu dem Schluß, daß Vinaver die Brechtsche Dramaturgie für seine Zwekke modifiziert habe, wobei der zentrale Unterschied darin liege, daß Vinaver keine Fabel verwende – seine Stücke seien nur minimal diskursiv –, sondern vielmehr eine Struktur.[50]

Eine weitere Gruppe von Aufsätzen stellt die Alltagsthematik ganz in den Vordergrund.[51] Meist gehen sie von den Stücken des Kammertheaters aus, zu denen im weiteren Sinn auch *La demande d'emploi* und *Les travaux et les jours* gerechnet werden können. Konrad Schoell untersucht die Dramatisierung des Alltags bei Vinaver, weist aber darauf hin, daß der Begriff des Alltäglichen zu wenig die besondere Schreibweise Vinavers berücksichtige und die Inhaltsebene zu stark privilegiere. Dennoch unterstreicht er den mimetischen Charakter dieses Theaters, da es in der Aktualität angesiedelt sei und verzichtet

[48] Elstob 1992, S. 18.

[49] Daniel Mortier: *Celui qui dit oui, celui qui dit non ou la réception de Brecht en France (1945-1956),* Paris 1986. Mortier beschränkt sich in seiner Arbeit ausschließlich auf Les Coréens. Er kommt zu dem Schluß, Brechts Theater habe in Autoren wie Vinaver und Wenzel seine Fortsetzung gefunden, diese hätten aber Brecht gegenüber die gleiche kritische Haltung eingenommen wie er selbst seinen Vorgängern gegenüber. S. 302.

[50] Elstob 1992, S. 192.

[51] Jean-Pierre Sarrazac: „Vers un théâtre minimal", in: Michel Vinaver: *Théâtre de chambre,* Paris 1978, S. 69-77. Daniel Lemahieu: „Quotidien (théâtre du)" in: Corvin 1991, S. 686. Konrad Schoell: „Die Dramatisierung des Alltags bei Michel Vinaver", in: Floeck, Tendenzen 1988, S. 207-219.

weitgehend auf eine formale Analyse. Die Ineinanderschachtelung der verschiedenen Dialoge verweist seiner Auffassung nach auf eine psychologisch-psychoanalytische Interpretationsweise.[52]

Auch Daniel Lemahieu rechnet Vinaver zu den Autoren des *théâtre du quotidien,*[53] wobei er die Auffassung vertritt, daß deren Werke sich generell durch eine „dramaturgie de la fragmentation“ auszeichneten. Dabei wird nur unzureichend berücksichtigt, daß sich die frühen, eher naturalistisch wirkenden Stücke Wenzels, Deutschs oder Grumbergs in ihrer formalen Gestaltung doch stark von den montierten und collagierten Stücken Vinavers aus der gleichen Epoche absetzen.

Als einen Aspekt der Alltagsbanalität heben verschiedene Autoren die Bedeutung der Nahrung in Vinavers Dramen hervor. Jean-Pierre Naugrette hat am Beispiel von *Les voisins* gezeigt, daß hier das Essen zu einem Substitut der Kommunikation wird[54], die Untersuchung Franck Evrards stellt die Beziehung zwischen materiellem und symbolischem Kannibalismus in *L'ordinaire* in den Vordergrund.[55] Eine andere thematische Studie Evrards interpretiert die Funktion der Analität in *Par-dessus bord* in der Bachtinschen Tradition als karnevaleske Inversion, die einerseits eine virulente Kritik an den Unternehmenshierarchien einschließe, andererseits aber auch ein Bekenntnis zum zyklischen Leben beinhalte.[56]

Verschiedene Untersuchungen gehen auf Vinavers Sprachgestaltung ein, was schon insofern naheliegend ist, als für diesen Vertreter des Texttheaters die Arbeit mit der Sprache ganz im Vordergrund steht. Mehrere Autoren erwähnen zwar die besondere Montagetechnik Vinavers und die Verflechtung der Dialoge, es liegt aber bisher keine Untersuchung vor, die diesen Themenkreis in den Mittelpunkt stellt.

Während einerseits hervorgehoben wird, daß Vinaver sein Material aus der alltäglichen Konversation schöpfe und daher realitätsnah sei, wird auf der anderen Seite auf die Abstraktheit seiner Sprache hinge-

---

[52] Schoell 1988, S. 217.

[53] Lemahieu 1991, S. 686.

[54] Jean-Pierre Naugrette: „Théâtre de Vinaver: la matière du banal“, in: *Critique* 478, 1987, S. 201-213. S. 206 schreibt Naugrette: „... la nourriture devient à la fois substitut du langage, moyen d'échange et de communication en lieu et place des mots qui manquent, et partie intégrante du langage, discours à part entière ...“.

[55] Franck Evrard: „De la cène parodique au banquet d'entreprise“, in: *Théâtre public* 97, Gennevilliers 1991, S. 36-40.

[56] Franck Evrard: „Scatographies dans le théâtre français contemporain (Genet /Beckett/ Vinaver)“, in: *Littérature* 89, Paris 1993, S. 17-32, hier S. 32.

wiesen. Ubersfeld erklärt dies damit, daß sich Vinaver zwar der „langages professionnels" bediene – etwa der Sprache der Wirtschaftsunternehmen –, der Text bleibe aber dennoch für den Zuschauer verständlich. Es gehe hier nicht um die möglichst wirklichkeitsgetreue Darstellung einer Arbeitswelt im Sinne des Naturalismus, vielmehr werde diese Fachsprache durch andere Sprachebenen durchbrochen, so daß heterogene Realitätsebenen miteinander verbunden würden und sich gegenseitig erhellten: „On voit alors comment le langage spécialisé est moins facteur de réalisme ou de pittoresque, que façon d'indiquer les moyens pour les personnages d'apparaître intégrés à de micro-cellules de travail et de vie. Le langage spécialisé (...) est la trace de petites cellules de communication, de petites unités de vie."[57]

Die Literaturwissenschaft hat in den letzten Jahren zunehmend sprachpragmatische Ansätze auf den dramatischen Text angewandt, weil dieser der Alltagskommunikation und deren Konversationsregeln am ähnlichsten zu sein scheint. Solche Versuche gibt es – wohl wegen der besseren Überschaubarkeit – bisher nur für Vinavers Kammertheater und da ganz besonders für *Dissident, il va sans dire*, ein Stück, in dem die Montage fast keine Rolle spielt.[58] Von Interesse wird es sein, einen solchen Forschungsansatz auf die komplexeren Werke zu übertragen, wobei das Augenmerk sich nun besonders auf die Unterschiede zur Alltagssprache richten wird, die durch die verfremdenden Effekte der Montage verursacht werden.

Die Analysen zu Aspekten der dramatischen Struktur und zur Problematik der theatralen Umsetzung bleiben, sieht man einmal von den einführenden Kapiteln bei Ubersfeld ab, bisher punktuell und auf einzelne Stücke begrenzt. So findet man eine ausführliche Interpretation von *La demande d'emploi* bei Yoland Simon[59], der das Stück unter dem Aspekt des Systems der Oppositionen untersucht hat, um die Wirkung der Montage zu erklären. Bernard Schaetti hat die Zeitstruktur von *Par-dessus bord* analysiert, von der er sagt, sie spiegle eine Zeiterfahrung, in der verschiedene, heterogene Temporalitäten übereinan-

---

[57] Ubersfeld 1989, S. 151.

[58] Analysen der 1. Szene von *Dissident, il va sans dire* auf der Grundlage der Sprechakttheorie findet man bei Anne Ubersfeld 1989, S. 160-163 sowie in dem Aufsatz von Paola Ciccolella: „Il meccanismo di informazione nel teatro di Vinaver e Lemahieu" in: *Lingua e Stile* 26, 1991, S. 261-277.

[59] Yoland Simon: *Le système des oppositions et le jeu des conflits dans 'La demande d'emploi' de Michel Vinaver*, Le Havre 1987.

dergeschichtet wären, die Personen verfügten über ein unterschiedliches Zeitbewußtsein. Der Mythos, der dem Stück eine „Achse" geben sollte, sei nurmehr eine leere Form und habe lediglich noch eine nostalgische Funktion. In Wirklichkeit stehe der postmoderne Mensch vor der Unmöglichkeit, seine zeitliche Erfahrung darzustellen. Was bleibe, sei das Recycling, „la récuperation consommatrice".[60]

Auch Sieghild Bogumil unterstreicht die Zersetzung der dramatischen Form bei Vinaver, dessen Stücken die Exposition wie die Finalspannung fehlten, das Spiel schreite fort von „Fall zu Fall". Seine Personen folgten keiner Logik, jeder Erklärungsversuch ihrer Gefühle und Verhaltensweisen müsse scheitern. Daraus ergeben sich erhebliche Probleme für die Inszenierung: Die auf das Hören gestützte Dramaturgie bewirke den Bruch mit der Bühne, ein Bruch, der aber nur oberflächlich sei, da nun Raum entstehe für eine „Dramaturgie des Dazwischen".[61] Unter sprachpragmatischen Gesichtspunkten hat diese Problematik Jean Pierre Ryngaert reflektiert, der die Schwierigkeiten der Schauspieler mit Vinavers Texten auf die konsequente Verletzung der Konversationsregeln zurückführt.[62]

Die Autoren der beiden großen Monographien lehnen es ab, Vinavers Werk im Zusammenhang mit der Postmoderne zu sehen. Das entscheidende Argument ist hier für David Bradby, der Vinaver als einen „late Modernist" qualifiziert, dessen Kampf für das Texttheater.[63] Zudem verfüge sein Werk über referentielle Eigenschaften und über eine Weltsicht. Ähnlich argumentiert Anne Ubersfeld, die den Begriff der Postmoderne mit Wertneutralität gleichsetzt. Für sie reflektiert Vinavers Werk die Tatsache, daß die Anarchie der Werte, Strukturen, Beziehungen unserer Welt so groß ist, daß das Urteil etwa im Prozeß der Sophie Azaunneau keinen Sinn mehr hat. Dennoch habe Vinavers Werk nichts mit postmoderner Indifferenz zu tun, denn wenn auch nie ein Urteil gefällt werde, so wisse der Zuschauer doch genau, woran er sei und wo Gut und Böse anzusiedeln seien.[64]

---

[60] Bernard Schaetti: „Une fable sur le temps", in: *Théâtre public* 105, Gennevilliers 1992, S. 50-53.

[61] Sieghild Bogumil: „Michel Vinavers Dramaturgie des 'Dazwischen'", in: Schoell 1991, S. 77-88, hier S. 86.

[62] Jean-Pierre Ryngaert: „Jouer le texte en éclats. L'Acteur et le théâtre de Michel Vinaver", in: Floeck 1989, S. 221-227.

[63] Bradby 1993, S. 148ff.

[64] Ubersfeld 1989, S. 181.

Alfonso de Toro und Patrice Pavis hingegen sehen Vinaver als Vertreter eines postmodernen Dramas, wobei sich beide auf das „Katastrophendrama“ *L'ordinaire* beziehen. Pavis charakterisiert dieses Werk als postmodern, da sein Mythengebrauch nicht metaphorisch sei, sondern ganz im Sinne Lyotards die Ungläubigkeit gegenüber den großen Metaerzählungen zum Ausdruck bringe. Postmodern sei auch Vinavers ironischer Skeptizismus.[65]

De Toro ordnet das Stück in seiner Typologie eines postmodernen Theaters derjenigen Gruppe zu, die die Tradition des Sprechtheaters wiederaufnimmt mit allen Elementen, die dafür charakteristisch sind, wie z.B. genau definierten Figuren (vollständige Namen, berufliche und private Charakterisierung und Bezüge zwischen den Personen). Der Unterschied zum traditionellen Theater bestehe in einer radikalen Ablehnung jeder offenkundigen Botschaft oder in der absoluten Anonymität des Diskurses.[66] *L'ordinaire* werde charakterisiert durch den Rekurs auf Ready-mades, auf fragmentarische Dialoge, eine Mimesis des Alltagsdialogs werde angestrebt, ein Gemisch von beruflichen, politischen und privaten Diskursen. Das Stück könne als nichtideologisch, apolitisch, indifferent und restaurativ qualifiziert werden. Gerade diese oberflächliche Indifferenz rufe beim Zuschauer aber eine starke Reaktion hervor.[67]

Die unterschiedlichen Einschätzungen des Verhältnisses Vinavers zur Postmoderne sind einmal auf die teils vagen Definitionen dessen, was postmodern sei, zurückzuführen. Es wird nicht unterschieden zwischen Drama und Theater, so daß die Einordnung der Texte häufig auf der Folie der Charakterisierungen des postmodernen Theaters als Aufführungspraxis erfolgt. Schließlich werden nur einzelne Stücke als Beleg für die eine oder andere Sicht herangezogen, nie aber das Gesamtwerk oder zumindest die Dramen einer Epoche unter diesem Aspekt analysiert.

---

[65] Patrice Pavis: „'Malaise dans la civilisation.' La représentation de la catastrophe dans le théâtre franco-allemand contemporain“, in: Floeck 1989, S. 79-96, hier S. 91.

[66] Alfonso De Toro stellte dieses Modell erstmals vor in dem Aufsatz „Semiosis teatral postmoderna: intento de un modela“, in: *Gestos* 9, 1990, S. 23-51 und entwickelte es dann weiter in: „Die Wege des zeitgenössischen Theaters. Zu einem postmodernen Multimedia-Theater oder: das Ende des mimetisch-referentiellen Theaters?“ in: *Forum Modernes Theater* 10, 1995, S. 135-183.

[67] De Toro 1990, S. 47f.

1.4 Anlage der Arbeit

Michel Vinavers eher ungewöhnliche Doppelexistenz als Manager und Dramenautor hatte weitreichende Folgen für seine literarische Produktion, nicht minder aber für die Rezeption seines Werks. Die meisten seiner Dramen haben nicht nur einen engen Bezug zur Welt der französischen Wirtschaftsunternehmen, sondern sie sind auch in der Forschung überwiegend unter soziologischen oder symbolischen Gesichtspunkten betrachtet worden. Das ist insofern naheliegend, als Vinavers Dramen nicht selbstreferentiell sind, sondern durchaus Aussagen zu Fragen der realen Welt enthalten. Was ihre Themen angeht, so unterscheiden sie sich wenig von denjenigen der Autoren, die dem Theater des Alltags zugerechnet werden. Am originellsten erscheinen in diesem Zusammenhang sicher seine Stücke, die im Industriemilieu angesiedelt sind und ihr Interesse keineswegs auf die unterprivilegierten Arbeiter beschränken, sondern ebenso die Manager-Etage einbeziehen.[68]

Das Interesse meiner Untersuchung gilt jedoch weniger den politischen und wirtschaftlichen Aspekten des Werks, die ja bereits verschiedene Untersuchungen angeregt haben, vielmehr wird es darum gehen, diese Dramen in ihrer ästhetischen Struktur zu beschreiben und zu analysieren. Verschiedene Gründe sprechen dafür, den Fokus auf die Dramenpoetik zu richten.

Zunächst einmal ist nicht nur die Thematik dieser Stücke auffällig, sondern sie zeichnen sich auch durch die Vielfalt der dramaturgischen Entwürfe aus. Die Wirklichkeit der modernen Industrie- und Informationsgesellschaft wird in ihnen in immer wieder neuen Variationen registriert, absorbiert, transformiert. Spezifisch für Vinaver ist die Art und Weise, in der er sich dieser Alltagswelt annähert und wie er sie in seinen Stücken ästhetisch strukturiert. Die verschiedenen Verfahren sollen hier untersucht werden. Dabei wird deutlich werden, daß in der Wahl der stilistischen Verfahren jeweils auch epistemologische Entscheidungen zum Ausdruck kommen, denn diese Texte reflektieren die

---

[68] In einem Artikel über *L'émission de télévision* von 1990 sagt Vinaver, sein Theater sei häufig als „sozial" etikettiert worden. Wenn er aber das Unternehmen als Ort gewählt habe, so nicht, weil er den Zuschauern die Funktionsweisen eines Unternehmens habe zeigen wollen, sondern weil er glaube, daß das Band zwischen Arbeit und Privatleben im Leben der Menschen heute zentral sei. Interview Vinaver/Sadowska-Guillon 1990, S. 38.

Wahrnehmung in der (post-)modernen Gesellschaft und vermitteln das Erlebnis von Formen menschlichen Bewußtseins.

Schließlich ist Vinavers Werk in der Vielzahl seiner intertextuellen Bezüge eine Auseinandersetzung mit der Kunst der Moderne und Postmoderne. Nicht nur in den theoretischen Schriften, sondern auch in den Dramen kommt eine scharfer ästhetischer Sinn für den je gegenwärtigen Stand von Kunst zum Ausdruck. In diesem Zusammenhang werden seine Versuche einer Übertragung von künstlerischen Verfahren anderer Gattungen auf das Drama zu reflektieren sein.

Das Hauptaugenmerk meiner Untersuchung wird also auf Fragen der Poetik liegen, die sowohl aus den ausdrücklichen Erklärungen des Künstlers als auch aus der Strukturanalyse seiner Dramen erarbeitet werden soll. Ausgegangen wird von dem gesamten dramatischen Werk Michel Vinavers, wobei jene Stücke im Vordergrund stehen werden, in denen er mit verschiedenen Montagetechniken experimentiert. Da Vinavers Dramen sich vornehmlich als ein Texttheater verstehen, erscheint es mir legitim, die Textanalyse in den Vordergrund zu stellen und Fragen der Aufführungspraxis sowie der Theatersemiotik nur am Rande zu berücksichtigen.

Thema des ersten Kapitels sollen die theoretischen Äußerungen Vinavers zu seinem Theaterschaffen sein. Seine eher distanzierte Einstellung zur zeitgenössischen Theaterpraxis einerseits und sein „zufälliger“ Zugang zur dramatischen Schreibweise legen eine Betrachtungsweise nahe, die ihn nicht nur im Umfeld der modernen Theaterliteratur situiert, sondern auch seine vielfältigen Beziehungen zur Musik und zu den zeitgenössischen darstellenden und bildenden Künsten berücksichtigt. Vinaver hat sich häufig mit Malern der klassischen Moderne wie Cézanne, Braques, Dubuffet verglichen, auch die für ihn charakteristischen Begriffe der Collage und des „entre-deux“ sind ja ursprünglich der bildenden Kunst entliehen. Es wird zu zeigen sein, wie die verschiedenen Montageverfahren den Leser auf Grund dieser Strukturen zur Performanz, zur Teilhabe einladen, indem sie ihm einen Teil des „travail poétique“ überlassen.

Zur Montagediskussion gibt es eine Fülle von wichtigen Beiträgen. Ein gewisser Vorrang soll in meiner Untersuchung solchen Ansätzen eingeräumt werden, die von der Rezeption ausgehen und die Aufgabe der Interpretation darin sehen, Sinnpotentiale zu entschlüsseln, nicht aber die Vielzahl der Perspektiven auf einen virtuellen Konvergenzpunkt zu reduzieren (Eco, Iser). Diskontinuität und Fragmentarisierung, die durch die Montage bedingt werden, sollen unter dem Aspekt der Leerstellen, der Unbestimmtheitsstellen, schließlich im Hinblick auf das Konzept des „offenen Kunstwerks" analysiert werden. Es wird zu fragen sein, ob die offene Form des Strukturprinzips auch eine Offenheit der Deutungsangebote des Textes zur Folge hat.

Die im biographischen Überblick vorgenommene Einteilung in die drei chronologisch-thematischen Gruppen (die frühen, von Brecht beeinflußten Stück der fünfziger Jahre, das Alltagstheater mit Themen aus dem Bereich der Industrie aus den siebziger Jahren und schließlich das Theater des „fait divers" in den Achtzigern) erscheint zunächst praktikabel, sie ist jedoch wenig aufschlußreich im Hinblick auf die formalen Charakteristika des Werks.[69] Die Komplexität der Stücke folgt keinem chronologischen Schema, vielmehr verwendet Vinaver in den drei Schaffensperioden ganz verschiedene Techniken, so daß es eine Aufgabe dieser Untersuchung sein wird, andere Kriterien für eine Beschreibung seiner Dramaturgie zu entwickeln.

Ausgehend von der Klotzschen Unterscheidung der Montage auf der Ebene der Werkgenese einerseits und auf der des vollendeten Werks andererseits bietet es sich an, zunächst die Dramen Vinavers aus den fünfziger Jahren unter dem Aspekt ihrer intertextuellen Bezüge zu untersuchen. Schon in seinem Frühwerk sieht sich Vinaver vor die Schwierigkeit gestellt, Verfahren zu entwickeln, die es ihm erlauben, auf eine starke Fabel zu verzichten und dennoch einen kohärenten Text zu produzieren. Es soll gezeigt werden, welche strukturierende Rolle im Falle von *Les huissiers* im Sinne eines Palimpsests eine griechische Tragödie oder, was *Iphigénie Hôtel* angeht, verschiedene moderne Romane und ein Film spielen.

Im folgenden wird die chronologische Betrachtungsweise aufgegeben zugunsten einer Einteilung der Stücke entsprechend ihrem Montagetypus. *Par-dessus bord* repräsentiert die erste Gruppe der totalen Montage auf der Makro-Ebene des Textes. In dieses Drama fließen die verschiedensten Tendenzen des Theaters der späten sechziger und frühen siebziger Jahre ein, sie werden in einer losen Szenenfolge ironisiert und parodiert. In einer der letzten Szenen dieses Stücks entwickelt Vinaver erstmals die Technik der Verflechtung der Dialoge, die von nun an die meisten seiner Stücke charakterisieren wird.

---

[69] Diese Einteilung in drei Abschnitte liegt auch der Untersuchung von Ubersfeld 1989 zugrunde.

Die totale Montage der Dialoge auf der Mikro-Ebene wird am Beispiel der beiden aus verschiedenen Schaffensperioden stammenden Dramen *Les travaux et les jours* und *L'ordinaire* untersucht. Beide Stücke sind im Industriemilieu angesiedelt; während der erste Text jedoch völlig auf eine starke Intrige verzichtet, liegen dem zweiten die Ereignisse nach einem Flugzeugabsturz zugrunde. In beiden Texten steht die Arbeit mit der Alltagssprache ganz im Vordergrund. Bei der Analyse wird daher von einem textpragmatischen Ansatz ausgegangen werden, um dann zu fragen, welche Rolle der Rezipient für die Konstitution der Sprechakte in einem durch Begriffe wie Fragmentarität, Diskontinuität und Polyphonie zu charakterisierenden dramatischen Dialog einnimmt.

Das folgende Kapitel widmet sich den formal am komplexesten strukturierten Stücken, die das Verfahren der Montage nun auf der Makro- wie auf der Mikro-Ebene einsetzen. Während *La demande d'emploi* und *Portrait d'une femme* ihren Angelpunkt noch in einer zentralen Figur der ansonsten mit den verschiedenen Orten, Zeit- und Handlungsebenen spielenden Stücke finden, geht in *A la renverse* auch dieser verloren. Vinavers Operieren mit Musikanalogien regt zu der Auseinandersetzung mit der Frage an, ob an die Stelle dramatischer Strukturen nun musikalische Formverläufe treten wie etwa in den Dramen eines Jean Tardieu.

Der letzte Analyseabschnitt widmet sich solchen Dramen Vinavers, die zwar nicht im bisher verwendeten Sinne Montagetechniken einsetzen, in denen sich aber verschiedene intermediale Einflüsse wie etwa die Kurzschnitt-Technik im Film oder das Zappen des Fernsehzuschauers nachweisen lassen, die nun diese Dramen strukturieren. Die Funktionsanalyse dieser Verfahren wird der Frage nach der Stellung Vinavers im Verhältnis von Theater und neuen Medien nachgehen müssen.

Ein Hauptziel der vorliegenden Arbeit ist es, zu zeigen, daß Vinaver in seinem gesamten dramatischen Schaffen nach neuen Formen sucht, die an die Stelle der traditionellen dramatischen Strukturen treten können und der Daseinserfahrung des Menschen in der modernen Industrie- und Informationsgesellschaft adäquat sind. Ziel des Schlußkapitels wird es daher sein, Vinavers Dramen im Spannungsfeld zwischen einem referentiellen, engagierten Theater, bestimmten Ausprägungen des nouveau théâtre und schließlich den postmodernen Tendenzen zu verorten. Die Analyse von Werken verschiedener Epochen unter systematischen Gesichtspunkten soll es erlauben, der Frage nachzugehen, ob trotz gleichbleibender Techniken eine Tendenz im Sinne einer Entwicklung vom engagierten zum wertneutralen oder indifferenten Drama festzustellen ist.

2 Poetologische Grundlagen

Im Zentrum dieses Kapitels werden Vinavers theoretische Schriften und die mit ihm geführten Interviews stehen. Ausgangspunkt für die folgenden Ausführungen soll Umberto Ecos Definition der Poetik sein, der darunter nicht ein System zwingender Regeln versteht, sondern „das Operativprogramm, das der Künstler von Fall zu Fall entwirft, ... den Plan des zu erzeugenden Werkes, wie der Künstler ihn ausdrücklich oder unausdrücklich versteht".[1]

Vinavers Reflexionen stellen zwar keine kohärente Theorie dar, sie geben aber wichtige Aufschlüsse über den Schaffensprozeß, die Struktur seiner Stücke und schließlich die von ihm intendierte Publikumshaltung. Dabei wird zu berücksichtigen sein, daß Vinavers Äußerungen unter rezeptionsästhetischem Gesichtspunkt die *eines* zeitgenössischen Lesers sind, der aber nicht nur als Autor einen privilegierten Standpunkt einnimmt, sondern zudem Roland Barthes als einen seiner geistigen Väter nennt[2] und insofern mit dessen Leserkonzepten vertraut ist, die wiederum Rückwirkungen auf sein Theaterschaffen hatten. Die Unterscheidung eines ausdrücklichen und eines nichtausdrücklichen Plans weist darauf hin, daß immer von einer Ungleichheit von Projekt und Resultat auszugehen ist. Daher müssen Vinavers theoretische Äußerungen, so treffend sie auch scheinen, nichtsdestoweniger im Rahmen der einzelnen Dramenanalysen überprüft werden. In diesem Abschnitt werden die ausdrücklichen Erklärungen des Künstlers im Vordergrund stehen, mittels derer schwerpunktmäßig allgemeine Grundzüge erarbeitet werden sollen, während später der Versuch unternommen wird, von einer Strukturanalyse der Werke ausgehend auf die Art rückzuschließen, wie diese Dramen gemacht sein wollten. Die Experimentierfreude des Autors und sein spielerischer Umgang mit verschiedenen Techniken haben zu einer großen Vielfalt der dramatischen Formen geführt, deren differenzierte Untersuchung Stoff der folgenden Kapitel sein wird.

---

[1] Umberto Eco: *Das offene Kunstwerk*, 6. Aufl., Frankfurt a.M. 1993, S. 10.

[2] Interview Vinaver/Rach, S. 232.

Der Charakter der das gesamte dramatische Werk begleitenden Texte hat sich im Laufe der Jahrzehnte geändert. In den fünfziger und sechziger Jahren verfaßte Vinaver ausführliche Begleittexte, die als eine Art Inszenierungsanweisung verstanden werden können. Später wurden die Anmerkungen spärlicher, sie haben nun eher den Charakter eines Journals, das den Schaffensprozeß begleitet.[3] Während seiner Tätigkeit als Universitätsprofessor hat Vinaver eine eigene Interpretationsmethode entwickelt und diese auf zahlreiche zeitgenössische wie klassische Theatertexte angewandt.[4] So verwundert es nicht, daß er gerade in den letzten Jahren wieder in Aufsätzen und Interviews, die häufig anläßlich der Aufführungen seiner Stücke stattfanden, die poetologischen Grundlagen seines eigenen Werks reflektiert hat.

Ein Themenkreis, der ihn über Jahrzehnte hin beschäftigt hat, ist das bereits angesprochene Verhältnis von dramatischem Text und Inszenierung und deren Rezeption durch den Leser bzw. Zuschauer. Was seine eigenen Stücke angeht, so hat er immer wieder betont, diese eher gegen als für das Theater geschrieben zu haben.[5] Er versteht seine Texte als eine Matrix, aus der die Regisseure im Sinne der intertextuellen Inszenierung eine Vielzahl von Realisationen herausschneiden könnten. Das trifft ganz besonders zu auf *Par-dessus bord*, aber auch

---

[3] Diese Texte sind ausnahmslos in seinen *Écrits sur le théâtre,* 1982, publiziert.

[4] Vinavers Interpretationen von Texten der Autoren Sarraute, Koltès, Beaumarchais, Strindberg, Kroetz, Marivaux, Racine, Tschechow, Shakespeare, Dürrenmatt und Horvath sind enthalten in den von ihm herausgegebenen *Écritures Dramatiques. Essais d'analyse de textes de théâtre,* Arles 1993, S. 15-354. Alleine die Aufzählung der von ihm gewählten Autoren sagt viel über seine literarischen Vorlieben aus. Als Methode für alle Autoren hatte Vinaver eine „lecture au ralenti" von Theatertext-Fragmenten vorgegeben (S. 11), deren molekulare Untersuchung Schlüsse auf das gesamte Werk erlauben sollte. Darüber hinaus wollte er Beziehungen („conjointures") zwischen den verschiedenen Texten aufdecken.

[5] Bernard Dort geht in dem Aufsatz „Le Texte et la Scène: Pour une nouvelle alliance" Neuabdruck in: ders.: *Le spectateur en dialogue*, Paris 1995, S. 245-275, davon aus, daß der dramatische Autor die Bühne als Konzept in der Regel beim Schreiben stets mitdenke. Es bliebe aber eine kleine Anzahl von Stücken, die gegen die Bühne oder das Theater geschrieben worden seien, wie etwas die Stücke Kleists, Mussets und Büchners, die sich zu ihrer Zeit offensichtlich nur an einen Leser richteten. Während diese Werke zu ihrer Zeit jedoch als unaufführbar galten, seien sie heute um so häufiger zu sehen. So erscheine das fragmentarischste dieser Stücke, nämlich Büchners *Woyzeck*, als der moderne Dramentext par excellence „un texte qui exige de la scène la plus grande disponibilité et qui a besoin qu'elle comble ou qu'elle expose ses trous et ses raccourcis. Un texte écrit dans l'ignorance ou le refus du théâtre de son époque mais qui, ainsi, a anticipé la pratique théâtrale moderne." S. 268.

bezüglich der *Demande d'emploi* hatte sich Vinaver vorgestellt, daß die dreißig Szenen in verschiedenen Kombinationen zu spielen seien, denn nur die Pluralität der Inszenierungen erlaube es, die „Wahrheit“ über ein Stück in dem Intervall zwischen den verschiedenen Versionen zu erkennen.[6] Der „Text“ wäre für ihn dann die Summe aller Realisationen.[7] Umberto Eco hat in bezug auf solche „Kunstwerke in Bewegung“ gesagt, der Künstler biete dem Interpretierenden ein zu vollendendes Werk an:

> Er weiß nicht genau, auf welche Weise das Werk zu Ende geführt werden kann, aber er weiß, daß das zu Ende geführte Werk immer noch *sein* Werk, nicht ein anderes sein wird, ... denn die Möglichkeiten, die er dargeboten hatte, waren schon rational organisiert, orientiert und mit organischen Entwicklungsdrängen begabt.[8]

Als „Verrat“ an seinem Werk sah Vinaver daher später Inszenierungen, die das zerstörten, was er als das Ureigenste seiner Écriture ansah und was mit Begriffen wie Offenheit, Polyphonie und Diskontinuität umschrieben werden kann. Während er Interpretationen ablehnt, die seine Texte auf einen Sinn reduzieren und somit abschließen, kann er sich durchaus Realisationen vorstellen, die die Offenheit seiner Stücke bewahren:

> [...] si le passage à la scène veut dire relais pris par le metteur en scène, l'acteur, de façon telle que se trouve poursuivie et amplifiée la démarche qui était celle du texte, maintenue la même ouverture, maintenue la même pluralité des saisies possibles, alors là, je suis comblé, je suis dans une situation de bonheur par rapport au théâtre.[9]

Der Theatertext als hybride Gattung ist für Vinaver nicht nur Vorlage der szenischen Umsetzung, er kann und soll auch gelesen werden. Während Vinaver immer wieder betont, dem Theater als Aufführung wenig Interesse entgegenzubringen, fühlt er sich angezogen von dem

---

[6] Interview Vinaver/ Rach 1989, S. 71f.

[7] *Écrits*, S. 277. Seine Vorstellung von einer intertextuellen Inszenierung hat er erstmals 1978 in einem Interview mit Dominique Chautemps entwickelt, in dem er sagt, er wünsche sich für jedes Stück eine Vielzahl von Inszenierungen: „Un peu comme s'il ne pouvait y avoir de vérité scénique de la pièce qu'*entre* les différentes mises en scène qu'elle peut susciter“. *Écrits* S. 294.

[8] Eco 1977, S. 55.

[9] Interview Vinaver/ Rivière 1988, S. 26f.

„théâtre typographié", bei dessen Lektüre die Gegenwart gleichsam plötzlich auftaucht.[10] Dabei verwandeln sich die Repliken in ein imaginäres Theater, dessen Regisseur der Leser ist. Sicher stellt dieser sich die Figuren und Orte nicht präzise vor, aber

> ... la pièce se joue, se performe, toute entière à l'intérieur de lui, par l'effet de l'activité des paroles échangées. Active théâtralement est la parole qui n'a de cesse de bousculer l'attente et de la combler dans le même mouvement.[11]

Aufschlußreiche Hinweise auf die Beziehung zwischen intendierter Rezeptionsweise und der Struktur der Werke enthält der 1993 unter dem Titel „Mes Appétits" erschienene Aufsatz, in dem sich Vinaver anhand einer Zitatensammlung zu seinen künstlerischen Vorlieben äußert.[12] Wie schon früher bekennt er in der Einleitung, daß er sich eigentlich der Malerei und der Musik näher fühle als dem Theater, es bereite ihm ein größeres Vergnügen, in ein Konzert oder in eine Ausstellung zu gehen, als sich eine Theateraufführung anzusehen. Gleichzeitig hebt er aber mit aller Deutlichkeit hervor, daß ihn diese Künste gerade ihrer Andersartigkeit wegen fesseln.

> Je mentionne, à toutes fins utiles, que je ne crois pas écrire un théâtre qui 'penche' vers la peinture, ou qui se rapproche du cinéma. Tout au contraire, je tiens pour certain que mon écriture est parmi les plus opposées qui soient à toute espèce de langage cinématographique: ce qui diffère n'est rien moins que le statut de la parole qui, dans le cinéma, est un composant parmi les autres de la cellule 'image-son', alors que, de la façon dont je travaille, elle est l'action même, cela même par quoi le mouvement se produit.[13]

Wichtig ist für Vinaver der Text, das Hören, der Rhythmus; der visuelle Aspekt der Aufführung interessiert ihn wenig oder gar nicht, was er unter anderem darauf zurückführt, daß er nicht in der Lage sei, seine

---

[10] Ebd. S. 20.

[11] Michel Vinaver: „Sur Koltès", in: *Alternatives théâtrales* 35, 1990, S. 10. Diesen Gedanken findet man schon bei Schlegel, der sagt, unsere Phantasie sei seit langen daran gewöhnt, während wir ein dramatisches Werk läsen, dieses in unserer Vorstellung aufzuführen. Schlegel schließt daraus, daß die Bühne als Konzept stets in die Komposition des Textes eingehe. Siehe hierzu Dort 1995, S. 252f.

[12] „Mes appétits", S. 164-180.

[13] Ebd. S. 164f.

Stücke im Kopf szenisch umzusetzen.[14] Das Wort ist für ihn nicht *eine* Komponente unter den vielfältigen Zeichen des Theatertextes, sondern die entscheidende. Vinaver erhebt den Satz des Abbé d'Aubignac von 1657: „Au théâtre parler, c'est agir" auch für sich zur Maxime.[15] Er befindet sich in Übereinstimmung mit Ingarden, der in bezug auf die Funktionen der Sprache im Theaterschauspiel sagt, daß „die von der dargestellten Person in einer Situation ausgesprochenen Worte eine Tat bedeuten und somit ein Glied in der Handlung bilden."[16] Während Ingarden aber von einer klassischen Konzeption des Wortes als Verbindung zwischen Vergangenheit und Gegenwart ausgeht, postuliert Vinaver den Primat des „instant présent", des Augenblicks, zu dem ein Wort ausgesprochen wird. Die Beziehungen, die zwischen diesen Augenblicken entstehen, sind nicht von kausaler Notwendigkeit, sondern haben lediglich eine augenblickliche Evidenz.[17] Trotz dieser „Momenthaftigkeit" präsentiert sich der Theatertext dem Rezipienten immer in einem zeitlichen Kontinuum. Das Bild hingegen bietet für Vinaver den Vorteil, in seiner Gesamtheit auf einmal begriffen werden zu können, die Erfassung des Sinns erfolgt „d'un coup de langue", wobei das augenblickliche Erfassen dann in der Erinnerung fortgeführt wird und sich vertieft. Die Rezeptionsweise literarischer Texte erscheint Vinaver demgegenüber schwerfällig, denn die Aneinanderfügung von Wörtern produziere sofort einen Sinn, ob man es wolle oder nicht. Vinavers Ideal wäre es jedoch:

> Que le sens, les sens, ne se dégagent qu'après coup. Et peut-être ne serait-il pas faux de dire que, en écrivant, je tends, de façon asymptotique, vers un état de langage qui rejoindrait cette indépendence.[18]

---

[14] Interview Vinaver/ Rach, S. 235: „Vielleicht ist dieses Gefühl der Distanz zur Bühne gebunden an ein Charakteristikum meiner Person: ich kann mir die Bühne nicht vorstellen. Ich sehe nicht die Figuren vor mir, ich sehe nicht, wie sie sich bewegen. Wenn ich schreibe, höre und sehe ich nichts. Es ist so, als ob die szenische Umsetzung dann irgendwie noch hinzu käme."

[15] „Sur la pathologie de la relation auteur metteur en scène", 1982, S. 131-133.

[16] Roman Ingarden: „Von den Funktionen der Sprache im Theaterschauspiel", in: *Das literarische Kunstwerk*, Tübingen 1960, S. 413. Ingarden sagt weiterhin, in einem „guten" Drama sei jedes Wort, das eine Tat ohne „Bedeutung" sei, entbehrlich und damit, wenn doch vorhanden, ein Fehler der Komposition.

[17] *Mémoire sur mes travaux*, présenté en vue de la soutenance de l'Habilitation à diriger des recherches, Paris, Université de la Sorbonne Nouvelle, 1986, S. 27.

[18] „Mes appétits", S. 165.

Vinaver bedauert, daß der den Text linear durchwandernde Blickpunkt des Lesers diesen verfrüht zu Schlüssen über das Kunstwerk verführt. Seine Absicht ist es, solche Festlegungen durch die Kompositionstechnik zu verhindern. Obwohl seine Schreibweise einem „théâtre pour l'oeil" diametral entgegengesetzt ist, stellt sich die für ihn überraschende Erfahrung ein, daß gerade in den Äußerungen darstellender Künstler seine eigenen Vorstellungen am besten zum Ausdruck kommen. Als ihm kongenial erscheinend nennt er so verschiedene Persönlichkeiten wie Robert Motherwell, einen Vertreter des abstrakten Expressionismus, Dubuffet, der durch seine Nähe zum Art Brut charakterisiert werden kann, Rauschenberg und andere Vertreter der Pop Art, den spanischen Künstler Tapiès, den Choreographen Merce Cunningham sowie die Cineasten Jean Luc Godard, Antonioni und Jean Renoir. In früheren Texten hat Vinaver bereits Maler der klassischen Moderne wie Cézanne und Braques zu seinen Vorbildern gezählt.[19] Die Spannweite der Kunstrichtungen mag zunächst verwundern; im folgenden soll versucht werden zu zeigen, welche Aspekte seines Schaffens Vinaver in den verschiedenen Werken wiederfindet.

Von den beiden Malern Dubuffet und Motherwell sagt Vinaver, sie seien ihm durch ihren gesamten künstlerischen Weg besonders nahe.[20] Schon die Biographie des 1901 in Le Havre geborenen Dubuffet zeigt auffällige Parallelen zu der Vinavers: Auch Dubuffet schwankte lange zwischen einer bürgerlichen Existenz im elterlichen Weinhandel und seiner Malerkarriere. Erst vierzigjährig wandte er sich ganz der Kunst zu und begann gleichzeitig, eine umfassende Sammlung von Art Brut anzulegen. Sein Mißtrauen gegenüber dem offiziellen Kunstbetrieb kommt in dem 1949 unter dem programmatischen Titel „Art brut préféré aux arts culturels" anläßlich seiner Art-Brut-Ausstellung in der Galerie René Drouin gehaltenen Vortrag zum Ausdruck. Vinaver zitiert aus dieser Rede einen Ausschnitt, der verschiedene Aspekte seines eigenen Werkes beschreibt:

---

[19] *Écrits*, S. 124. S. 178 zitiert Vinaver Braque, der in einem Interview sagte, es sei genauso schwierig, das „entre-deux" zu malen wie die Gegenstände selbst. „C'est justement le rapport de ces objets entre eux et de l'objet avec l'entre-deux qui constitue le sujet." Siehe hierzu auch den Aufsatz von Bogumil 1991, die S. 82 die Auffassung vertritt, durch die Dramaturgie des Dazwischen besitze der Dialog bei Vinaver keine reflexive oder informative Bedeutung mehr, er werde zum Hintergrundgeräusch.

[20] *Écrits*, S. 291: „Par exemple, je me suis senti très en fraternité avec tout le parcours de Motherwell, découvert récemment. Comme avec celui de Dubuffet, depuis longtemps."

> C'est à l'esprit que l'art s'adresse, et non, bien sûr, aux yeux. Trop de gens se font l'idée que l'art s'adresse aux yeux. C'est en faire bien pauvre usage ... Personnellement je m'intéresse peu à l'exceptionnel, en quelque domaine que ce soit. Mon aliment est le commun. Plus c'est banal, mieux cela fait mon affaire.[21]

Dubuffet lehnt wie Vinaver das Pittoreske und Spektakuläre ab, er entnimmt den Stoff seiner Bilder der Banalität, dem Alltag, wobei der „gesteuerte Zufall" für die Auswahl eine entscheidende Rolle spielt. Von den Dingen selbst geht eine große Autorität aus. Vinaver bewundert besonders die Werkgruppe der Texturologies, in der der Künstler sich mit dem „sol", mit dem, was unter uns ist, worauf wir uns bewegen, beschäftigt.[22] Es gibt für ihn keine Hierarchien unter den Materialien, was sich in der Komposition seiner Bilder aus dieser Epoche ausdrückt: Die vertikalen, häufig monochromen Landschaften ohne Horizont erinnern an den Blick auf eine Mauer oder an eine Aufsicht der Landschaft. In diesen Gemälden konkretisierte sich für Vinaver etwas, was er schon seit langem vage empfunden hatte und was er als die Beziehung zwischen der Person und der Landschaft bezeichnet, die im Werk Dubuffets stets ironisch sei. Dieses Verhältnis ist nie hierarchisch, vielmehr gehen die Individuen in ihrer Umgebung in einer Weise auf, die er mit einer Emulsion vergleicht. Sich in der Landschaft zu verlieren mag einerseits Ausdruck der Angst sein, die der Einzelne in seiner Relation zur Welt empfindet, gleichzeitig verweist solches Verlorensein für Vinaver aber auch auf die Komödie: „Enfin! le fait d'être perdu quelque part, c'est drôle!"[23] Der Begriff der Landschaft (paysage) konnotiert für ihn in diesem Zusammenhang nicht oder zumindest nicht in erster Linie Natur, sondern vielmehr die Opposition zur Maschine, zu dem was kontrolliert ist. Der Vorstellung der Maschine entspricht seiner Auffassung nach im Theater die Tragödie oder das Boulevardstück.

Vinaver strebt in seinen Dramen eine ähnlich parataktische Ausdrucksweise wie Dubuffet in seinen Landschaftsbildern an. Sein Ziel ist es, sprachliche Landschaften entstehen zu lassen – man denke an das Bürostück *Les travaux et les jours* –, die sich an der Grenze zum apeiron, zum Formlosen befinden, und aus denen dennoch eine Topo-

---

[21] Jean Dubuffet, zitiert nach: „Mes appétits" 1992, S. 166.
[22] *Écrits*, S. 236: „Il faut partir de rien. [...] Texturologies de Dubuffet."
[23] Interview Vinaver/ Rivière 1988, S. 28.

graphie, ein Sinn aufsteigen können. Aus dem Wissen heraus, daß wir, um zu überleben, unseren Alltag ständig nach Werteskalen ordnen, die uns nur teilweise bewußt sind, möchte er mit solchen „Landschaftsstücken" ein Theater schaffen, das diese Ordnungen aufbricht:

> Ce que je cherche, c'est à dégager un quotidien dé-hiérarchisé. Le quotidien à l'état négatif. Celui que nous ne connaissons pas. Celui de tous les possibles, le quotidien non réduit. Le quotidien pluriel, acentré. Le quotidien non encore socialisé, psychologisé, idéologisé. Le quotidien de l'incident. Ce qui tombe.[24]

Seine Arbeitsweise auf der Suche nach dem disparaten Alltagsmaterial vergleicht Vinaver mit der eines Archäologen, der in einem bestimmten Sektor ausgräbt, ohne genau zu wissen, was er sucht.[25] Schreiben bedeutet für Vinaver nicht etwas enthüllen, eine Überzeugung mitteilen, sondern es ist für ihn ein „acte de fouille", eine tastendes Vorgehen. In seinem 1978 veröffentlichten Aufsatz „Le théâtre et le quotidien" berichtet er, daß er als Kind die alltäglichsten Dinge nicht als etwas Selbstverständliches erfahren habe, sondern daß sie ihm immer prekär, am Rande des Verbotenen erschienen seien. Sein Schreiben sei stets ein Versuch gewesen, in diesen Bereich des Alltäglichen einzudringen:

> Toute mon activité d'écriture [...] est une tentative de pénétrer ce territoire, le quotidien, qui ne m'a jamais été donné, dont l'accès est toujours à pénétrer, à forcer.[26]

Das von ihm zitierte Programm Godards: „Ce que je veux c'est le définitif par hasard"[27] resümiert Vinavers eigene Arbeitsweise. Während das von ihm verwendete Bild des Archäologen die aktive Rolle des Autors unterstreicht, hat er in anderen Vergleichen mehr die Funktionen der Rezeptivität und des Filterns hervorgehoben.

> Le rôle de l'écrivain (de l'artiste) est, non pas de se battre pour le triomphe de ses idées – militer – mais de se faire pleuvoir dessus, de se faire poreux,

---

24 *Écrits*, S. 134.

25 „Iphigénie Hôtel. Entretien avec Michel Vinaver", propos recueillis par Nicole Collet, in: *Théâtre public* 15, 1977, S. 25-26.

26 *Écrits*, S. 123.

27 „Mes appétits", S. 170.

> d'emmagasiner ça souterrainement jusqu'à ce que ça fasse nappe et hop! ça ressort sous la forme d'une source et si tout va bien la source devient rivière et change le paysage.[28]

In ganz ähnlicher Weise haben darstellende Künstler wie Matisse und Braque ihren kreativen Prozeß beschrieben. Matisse sagt:

> Mon travail consiste à m'imbiber des choses. Et après, ça ressort... Je ne peins pas les choses, je ne peins que les rapports entre les choses.[29]

Auch Braque äußert, es sei genauso schwierig, das „entre-deux" zu malen wie die Gegenstände selbst. Auf den Theatertext übertragen bedeutet dies, daß der Psychologie der Figuren, der Handlung, den Beschreibungen weniger Bedeutung beigemessen wird als den Sprüngen, den Leerstellen im Text, die das Herstellen von Relationen herausfordern. Letztere spiegeln für Vinaver den „aspect hasardeux" seiner Suche wider und verweisen auf ein weiteres Motiv, warum er andere literarische Gattungen zugunsten des Theaters aufgegeben hat:

> ... l'écriture théâtrale, elle au moins, n'exige pas au départ le lié, ça peut, au départ, n'être pas autre chose que des répliques banales jetées dans le désordre et la *discontinuité*.[30]

So wie Dubuffet in seine Bilder verschiedene Materialien einarbeitete (z.B. Sand, Papierblätter), fügt Vinaver seinem Werk gleich einem Teig unzusammenhängende Fragmente bei, bis die „pâte" die richtige Konsistenz angenommen hat.[31] In ihrer Dissertation über die Sprache in den Dramen der Friederike Roth weist Lisa Hottong darauf hin, daß das Kneten als schöpferischer Akt der Formung dramatischer Strukturen einer Grundidee der Chaosforschung entspricht. Chaos erscheint nur auf den ersten Blick als bloßer Zufall, in Wirklichkeit entsteht es streng gesetzmäßig. Die „Bäcker-Transformation", ein Fachterminus der Chaos-Forschung, vergleicht die Erzeugung des deterministischen Chaos mit der Teigherstellung, bei der die einzelnen Zutaten durch den gesetzmäßigen Vorgang des Knetens und Faltens zu einem ordentli-

---

[28] *Écrits*, S. 238.
[29] Zitiert nach „Mes appétits" S. 177.
[30] *Écrits*, S. 124.
[31] Zu Dubuffets Arbeitstechnik in bezug auf die Texturologies siehe Elstob 1992, S. 116, Anmerkung 17.

chen Teig verarbeitet werden.[32] Als solchen Vorstellungen entsprechende literarische Verfahren können die von Vinaver verwendeten Techniken der Assemblage, Montage, Collage und Tissage angesehen werden, mittels derer die scheinbar unbedeutenden Bruchstücke der alltäglichen Konversation in Beziehungen geraten. Das Ergebnis ist nach Auffassung Vinavers keineswegs bruchstückhaft oder heterogen, sondern durchaus „komponiert“:

> Cette poussée vers la composition aboutit à des objets, et je parle des pièces une fois qu'elles sont terminées, des objets qui pour moi ne sont aboutis que s'ils sont aussi rigoureusement construits, et donnent une apparence de fabrication aussi forte que la pièce de boulevard la mieux ficelée ou la tragédie de Racine.[33]

Über die zur Charakterisierung der Vinaverschen Schreibweise verwendeten technischen Termini besteht in der Literatur- und Theaterwissenschaft keineswegs Einigkeit. Da sie aber für die gesamte folgende Untersuchung grundlegend sein werden, soll hier doch eine vorläufige Klärung im Sinne von Arbeitsbegriffen vorgenommen werden, die später in Hinblick auf die Montage im Drama konkretisiert und anhand der zu analysierenden Texte überprüft werden müssen.

Montage und Collage werden weder in der bildenden Kunst noch in der Literaturwissenschaft streng unterschieden. Hat die Montage ihren Ursprung im Kino der zwanziger Jahre (Griffith, Eisenstein, Poudovkine) und meint die Aneinanderreihung von Sequenzen, die autonome Einheiten darstellen, so wurde der Terminus der Collage von den Kubisten in die Kunstgeschichte eingeführt und von den Surrealisten und Futuristen weiterverwendet, um die Technik zu beschreiben, in ihre Werke heterogene Materialien verschiedenen Ursprungs einzuarbeiten. Als eine erste Definition der literarischen Montage mag die von Seibel gegebene dienen, derzufolge darunter „das unvermittelte Zusammenfügen vorgeformter Textelemente zu einem inhomogenen Produkt“[34] zur verstehen ist. Oft wird der Montagebegriff als der übergeordnete angesehen, so etwa bei Klotz, bei dem Montage ein Kunstverfahren ist, das äußerstenfalls zur Collage führt, wenn quantitativ und qualitativ

---

[32] Lisa Hottong: *Die Sprache ist ein Labyrinth von Wegen*, Tübingen 1994, S. 124f.

[33] Interview Vinaver/ Rivière 1988, S. 24.

[34] Wolfgang Seibel: *Die Formenwelt der Fertigteile, Künstlerische Montagetechnik und ihre Anwendung im Drama*, Würzburg 1988, S. 115.

der Fremdcharakter des vorgefundenen und vorfabrizierten Materials überwiegt.[35] Auch Brigitte Schultze faßt Collage als einen Unterbegriff der Montage auf, erste ist als nicht ästhetisch codierte Einlagerung in den Text ausgewiesen, sie meint „Elemente, die als Fertigteile oder identifizierbare Teilstücke von Fertigteilen in lebensweltlichen Bereichen vorliegen".[36] Die Assemblage würde gegenüber der Technik der Collage noch eine Steigerung insofern darstellen, als aus den zusammengefügten, inkongruenten Elementen keine neue Einheit entsteht.[37]

Den Begriff Tissage verwendet Vinaver, um die Besonderheit der Textstruktur seiner Dramen zu charakterisieren, die sich durch eine sehr enge Verflechtung der Dialoge auszeichnen.[38] Dieser Technik entspricht die Vorstellung, daß die Wirklichkeit vertextet wird. Roland Barthes schreibt in *Die Lust am Text*:

> Text heißt Gewebe; aber während man dieses Gewebe bisher immer als ein Produkt, einen fertigen Schleier aufgefaßt hat, hinter dem sich, mehr oder weniger verborgen, der Sinn (die Wahrheit) aufhält, betonen wir jetzt bei dem Gewebe die generative Vorstellung, daß der Text durch ein ständiges Flechten entsteht und sich selbst bearbeitet; in diesem Gewebe – dieser Textur – verloren, löst sich das Subjekt auf wie eine Spinne, die selbst in die konstruktiven Sekretionen ihres Netzes aufginge.[39]

---

[35] Volker Klotz: „Zitat und Montage in neuerer Literatur und Kunst", in: *Sprache im technischen Zeitalter* 16, 1976, S. 277.

[36] Brigitte Schultze: „Facetten der Montage in Kartoteka von Tadeusz Rózewicz", in: Horst Fritz: *Montage im Theater und Film*, Tübingen 1993, S. 143.

[37] Seibel 1988, S. 105.

[38] Während Pavis 1996 den Begriffen Montage und Collage zwei getrennte Einträge widmet, beschränkt sich Michel Corvin in seinem *Dictionnaire Encyclopédique du théâtre,* Paris 1991. auf einen einzigen Eintrag. Für Pavis liegt der Unterschied ganz eindeutig auf der Sinnebene: „On voit ici toute la différence avec le collage: le montage est organisé en fonction d'un mouvement et d'une direction à imprimer à l'action, tandis que le collage se borne à des entrechocs ponctuels, produisant des effets de sens 'étoilés'", S. 252f. D. Lemahieu, von dem der Artikel in Corvin stammt, will die beiden Begriffe verschiedenen Bereichen zuordnen. Sieht er die Montage als ein dramatisches Erzählverfahren, bei dem sich die Fabel aus autonomen Sequenzen zusammensetzt, so situiert er die Collage auf den Ebenen der „écriture" und der Dramaturgie: der Schriftsteller wählt disparate Materialien aus dem alltäglichen Leben aus, sammelt, mischt und kombiniert sie. um der Komplexität des Lebens gerecht zu werden. Die 'fragments collés' bewahren gegenüber der Fabel eine große Autonomie. S. 571.

[39] Roland Barthes: *Die Lust am Text*, Frankfurt a. M. 1974, S. 94.

Entscheidend ist die Auflösung des Subjekts in diesem Prozeß. Es gibt keine Zentren mehr, sondern nur noch den Versuch, Beziehungen zwischen enthierarchisierten Fragmenten zu knüpfen.

Erscheinen die von Vinaver bevorzugten Techniken zunächst einem „realistischen“ Theater entgegenzustehen, so möchte er, wenn von Realismus überhaupt die Rede sein soll, diesen Begriff ganz anders auffassen. Die Struktur seiner Texte soll dem Umstand Rechnung tragen, daß, wenn in unserer fragmentarischen, diskontinuierlichen Alltagskonversation überhaupt ein Sinn entsteht, dies weniger durch den Willen des Sprechers geschieht als durch gleichsam elektrische Entladungen, die bewirken, daß die Kommunikation sich knüpft:

> Je dirai un mot de ces mises en relation, de ces liaisons. Elles sont de nature *matérielle* – je veux dire c'est au niveau de la matière du langage qu'elles se produisent – effets rythmiques, frottements de sons, dérapages de sens d'une phrase à l'autre, collisions déclenchant comme de mini-phénomènes de décharges ironiques.[40]

Zu ähnlichen Überlegungen wurde Umberto Eco in einer Untersuchung zu ästhetischen Strukturen der Live-Sendung in den Anfangszeiten des Fernsehens angeregt. Während dieser Erzähltypus als Ausgangsmaterial stets nur die rohe Folge der Ereignisse verwendete, verführten die „romanhaften Instinkte“ des Zuschauers diesen aber dazu, das Geschehen in Kategorien des traditionellen Romans zu verfolgen und Zusammenhänge zu konstruieren, wo gar keine sind. Das Publikum erkannte das Leben nur insoweit als real an, als es seiner Zufälligkeit enthoben und zu einer Handlung vereinigt und ausgewählt erschien:

> Es ist nur natürlich, daß das Leben mehr dem Ulysses als den Drei Musketieren gleicht: dennoch sind wir alle eher geneigt, es in den Kategorien der Drei Musketiere zu denken als in denen des Ulysses: oder besser, ich kann das Leben nur erinnern und beurteilen, wenn ich es als traditionellen Roman denke.[41]

Vinavers Schreiben ist seinem Verständnis nach ein an der Wirklichkeit orientiertes und gegen unsere „romanhaften Instinkte“ gerichtetes. Wenn unser Alltag bruchstückhaft und unzusammenhängend ist, wenn die moderne Industriegesellschaft, wie es Kafitz ausdrückt, als eine

---

[40] *Écrits*, S. 125.
[41] Eco 1993, S. 206.

„gigantische Realmontage“[42] gesehen werden kann, dann drängt der Verzicht auf eine kohärente Fabel sich auf. Die Lust am Text entsteht für Vinaver auf der Ebene der Mikro-Deskription, keineswegs aber bei der Erarbeitung eines wie auch immer gearteten Plans.[43] Der Akt des Schreibens besteht nicht im Ordnen der diskontinuierlichen Materialien, sondern in ihrer Kombination:

> C'est l'entrelacs, qui permet aux matériaux de se séparer pour se rencontrer, qui introduit des intervalles, des espacements. Peu à peu tout se met à clignoter.[44]

Die Verflechtung der dem Alltagsdiskurs entliehenen Repliken findet ihr Pendant in der Collagetechnik der von Vinaver genannten Künstler. Für Dubuffet wie Motherwell steht das Material im Vordergrund, nicht die Wiedergabe einer Idee.[45] Motherwell berichtet, daß er sich als Abstrakter beim Malen auf einen inneren Monolog einlasse, wohingegen seine Collagen die äußere Welt in das Bild mit einbezögen. Nun schließt der Begriff der Collage schon definitionsgemäß die Abbildung von Dingen ein. Die in eine Komposition eingeklebten Gegenstände können einerseits durch den neuen Zusammenhang für andere Dinge als für sich selbst stehen, andererseits hat Motherwell seine Collagen aber auch mit einem privaten Tagebuch verglichen, das in der Art von Prousts Madeleine assoziativ arbeite:

> Für einen so abstrakten Maler wie mich bieten Collagen einen Weg, Stücke der Alltagswelt in Bilder einzubauen. Einige meiner Collagen lassen in

---

[42] Dieter Kafitz: „Die Funktion der Bildmontage in Botho Strauß' 'Trilogie des Wiedersehns'“, in: Fritz 1993, S. 169-190, hier S. 170.

[43] *Écrits*, S. 287: „...pour moi, ce plaisir [de l'écriture] gît uniquement dans la microdescription, pas du tout dans la construction d'un plan d'intrigue ou d'un plan symbolique, d'un plan rationnel entre plusieurs niveaux d'écriture. Le plaisir est au ras du langage. Cela se relie au fait que l'écriture est une démarche de connaissance à tâtons, non de révélation.“

[44] *Écrits*, S. 133.

[45] Robert Motherwell: „Tout le processus consiste à s'éloigner du rendu, et à s'approcher d'une façon de faire dans laquelle le matériau peinture lui-même et par lui-même devient image“, zitiert nach: „Mes appétits“, S. 170. Ebd. S. 172 Zitat Dubuffet über die Bedeutung des Materials: „En même temps que mon mortier, lancé à coup de grosses spatules, me procurait de doter de reliefs des objets où des reliefs sont le moins attendus, il se prêtait par ailleurs aussi à des effets très réalistes de terrains bosselés et pierreux.“

> meinen Gedanken vergangene Jahre und Orte in all ihrer Konkretheit entstehen, wie es Gemälde nicht tun: die Gemälde sind zeitloser.[46]

Man könnte zunächst meinen, Vinaver sehe die Parallelen zu seinem eigenen Werk ganz besonders im Bereich der die Alltagswelt einbeziehenden Collagen, in Wirklichkeit aber ist er nicht weniger fasziniert von den großen Gemälden der *Spanischen Elegien*, die sich an den Rhythmen polyphoner Musik orientieren. Offenbar hat ihn gerade die Simultaneität von großer und kleiner Form im Werk Motherwells gefesselt. Der Künstler verfolgte mehrere Projekte in verschiedenen Ateliers seines Hauses, was ihm erlaubte, gleichzeitig an den großen, öffentlichen Formen der Gemälde und an den eher kleinen, privaten Collagen zu arbeiten. Auch Vinaver äußerte, nachdem er sein in der Langfassung über dreihundert Seiten umfassendes Stück *Par-dessus bord* vollendet hatte, den Wunsch, sich wieder einer kleinen Form zuzuwenden, die auf der Bühne leichter umzusetzen wäre:

> J'aimerais assez pouvoir aussi alterner: travailler sur une oeuvre de type symphonique et en même temps, sur une oeuvre de type musique de chambre, beaucoup plus modeste dans sa structure mais posant d'autres difficultés, présentant un autre type d'intérêt.[47]

In der bisher unveröffentlichten *Mémoire sur mes travaux* ordnet Vinaver seine Stücke zwei entgegengesetzten Polen zu, während keines seiner Werke eine mittlere Position einnehme: Dem „pôle symphonique" rechnet er *L'Ordinaire* (11 Personen), *Portrait d'une femme* (17), *Les Coréens* (21), *Iphigénie Hôtel* (21) zu. *Par-dessus bord* umfaßt 41 identifizierbare Figuren und eine unbestimmte Anzahl nicht individualisierter Gestalten. Dieses Verfahren hat Vinaver dann in *A la renverse* radikalisiert, so daß eine Angabe der Figurenzahl nicht mehr möglich ist. Die einzige Einschränkung, die er sich auferlegt habe, sei die gewesen, daß für eine Aufführung nur sechs Schauspieler nötig seien, die ständig von einer Person zur anderen wechselten:

---

[46] Zitiert nach Jack Flam: *Motherwell*, Recklinghausen 1992, S. 17.
[47] *Écrits*, S. 294.

> D'un point de vue formel, la pièce peut se définir comme une vaste plate-forme symphonique et chorale, d'où se détachent des duos, des trios, des quatuors ... et cela va jusqu'au sextet.[48]

Um den „pôle musique de chambre" gruppiert er die Stücke *Les Travaux et les jours* (5 Personen), *La Demande d'emploi* (4), *Les Voisins* (4), *Nina, c'est autre chose* (3), *Dissident, il va sans dire* (2). Diese Stücke konzentrieren sich jeweils auf eine Zelle der Gesellschaft (Mitarbeiter einer Firma, die in einem Büroraum zusammenarbeiten; Nachbarschaft; Dreiecksverhältnis zwischen zwei Brüdern und einer Frau; Mutter-Sohn). Vinaver schreibt ihnen aber keine grundsätzlich andere Zielrichtung als seinen symphonischen Stücken zu:

> ... faire apparaître la porosité entre le noyau intime de la vie et les grandes pulsations du monde auquel ce noyau participe.[49]

Die dem modernen Alltag entliehenen Sujets und die Techniken der Collage und Montage scheinen die Anschlußstelle zu den Künstlern der Pop Art zu bilden. Jacques Lassalle berichtet, daß einer von Vinavers Hauptwünschen für die Inszenierung von *A la renverse* der gewesen sei, den Hyperrealismus eines Segal oder Kienholz zum Vorbild zu nehmen.[50] Die Vertreter dieses Neuen Realismus in der Kunst der sechziger und siebziger Jahre sind durch die Erfahrung des Surrealismus wie der abstrakten Malerei hindurchgegangen. Zielte die Montage in den Werken der klassischen Avantgarde auf den Schockeffekt, die Provokation ab, so problematisieren ihre Werke eher das Verhältnis von Wirklichkeitsillusion und Kunst, die Grenzen zwischen Realität und Fiktion werden unklar. Sie sind Ausdruck einer „Unfaßlichkeit" der Wirklichkeit, einer „Neuen Unübersichtlichkeit".[51] So gesehen kann Vinavers Theater auch verstanden werden als eine Auseinandersetzung mit der prekär gewordenen Wirklichkeitsauffassung unserer Epoche. Sein Verzicht auf Hierarchien und auf einen Plan, die Weigerung, in seinen Stücken irgendeine Wahrheit mitzuteilen, sind zu erklären aus

---

[48] *Mémoire sur mes travaux,* S. 40-42.

[49] Ebd. S. 42.

[50] „A la renverse. Entretien avec Bernard Dort, Jacques Lassalle et Michel Vinaver", S. 11.

[51] Zur Verwendung der Montage in der zeitgenössischen Kunst und Literatur siehe: Kafitz 1993, S. 170-173, der sich hier auf Habermas bezieht.

Vinavers Überzeugung, daß die Welt nicht vorgegeben sei: „... Je ne prends pas le monde pour donné, sans cesse il faut le faire".[52]

Nicht nur die Fabel, sondern auch der Raum verliert seine Kohärenz. Am deutlichsten wird dies in den modernen Choreographien, von deren Vorbild Vinaver sich leiten läßt:

> Que se passe-t-il si, comme c'est le cas dans ce que je fais, vous décidez que tout endroit de la scène est également intéressant... J'ai choisi d'ouvrir l'espace, de le considérer en tout point égal, chaque endroit, occupé ou non par quelqu'un, devenant aussi important que n'importe quel autre. Dans un tel contexte, il n'y a plus à prendre appui sur tel ou tel point privilégié... Naturellement, beaucoup de spectateurs et de danseurs n'arrivent pas encore à penser ainsi, ils ont grandi avec cette idée d'un espace stable auquel se réfèrent en même temps spectateurs, solistes ou corps de ballet. Mais si vous abandonnez tout cela, vous découvrez une autre vision. Vous pouvez voir quelqu'un non plus seulement de face, mais de côté, ou de partout ailleurs, avec un égal intérêt.[53]

In dem bereits zitierten Gespräch mit Jacques Lassalle über seine Inszenierung von *A la renverse* berichtet der Regisseur, er und Vinaver seien bei den Proben stark von der Zusammenarbeit John Cages und Merce Cunninghams beeinflußt gewesen. Die Schauspieler seien in *A la renverse* vergleichbar mit einem corps de ballet. Vinavers Idealvorstellung einer Inszenierung seiner Dramen entspräche einer solchen modernen Choreographie, die dem Zuschauer mehrere Zugänge und eine Freiheit des Wegs durch das Stück ermöglichten. Die zunächst banal anmutende Erfahrung, daß jeder Zuschauer aufgrund seiner individuellen Perspektive an einem Theater- oder Ballettabend das Bühnengeschehen etwas anders sieht, wird hier zum Strukturprinzip erhoben. Der Verzicht auf einen privilegierten Blickpunkt eröffnet eine Vielzahl neuer Perspektiven und ermöglicht in letzter Konsequenz auf das Drama bezogen das, was Bachtin als „echte Polyphonie" bezeichnet hat, nämlich die Vielfalt gleichberechtigter Bewußtseinsinstanzen mit ihren Welten, die nicht im Lichte eines einheitlichen Autorenbe-

---

[52] Man wird hier an Umberto Ecos Beschreibung der Aufgabe der Kunst erinnert, die weniger darin bestehe, „die Welt zu erkennen, als Komplemente von ihr hervorzubringen, autonome Formen, die zu den schon existierenden hinzukommen ...". Eco 1993, S. 46.

[53] Merce Cunningham, zitiert nach „Mes appétits", S. 173.

wußtseins entfaltet werden, sondern alle gleichwertig sind.[54] Daß die Realisierung dieser Vorstellungen auf der Bühne nicht unproblematisch war, wird später am Beispiel der verschiedenen Inszenierungen von *Par-dessus bord* dargestellt werden.

Hatten die von Vinaver zitierten Maler sich gewünscht, daß ihre Werke den Eindruck der Unmittelbarkeit erweckten (Bacon)[55], daß sie nicht von einem Übermaß von Bewußtsein gestört würden (Dubuffet)[56], daß kein Zuviel an Interpretation ihnen das Leben raube (Cézanne)[57], so fand Vinaver seine Dramen dort am besten verstanden, wo ihre szenische Umsetzung noch im Stadium der Improvisation, der ersten Lektüre steckte, so daß die von ihm intendierte Offenheit bewahrt wurde. In den Notizen zu *Par-dessus bord* zitiert Vinaver einmal Dubuffet, der die Erfahrung machte, daß seine Bilder, je abstrakter sie waren, um so mehr die Vorstellungskraft seiner Betrachter anregten.[58] Der Zuschauer soll sich keinem vollendeten Kunstprodukt gegenübersehen, sondern vielmehr die Möglichkeit haben, an dessen Konstituierung teilzuhaben:

> Ce qui m'intéresse, c'est le processus d'échange où le spectateur est actif et apporte sa part dans l'acte théâtral.[59]

Der Wunsch, den Zuschauer bzw. Leser aktiv werden zu lassen, ihn zur Teilhabe am Kunstwerk aufzurufen, die Unabhängigkeit der Szenen untereinander und das daraus resultierende Interesse des Publikums am Gang, nicht am Ausgang des Stückes, all diese Elemente sind nicht denkbar ohne eine Auseinandersetzung mit der Brechtschen Dramatur-

---

[54] Michail Bachtin: *Probleme der Poetik Dostoevskijs*, Berlin 1985, S. 10.

[55] Francis Bacon: „Je pense que la seule chose, c'est que ma peinture ait l'air immédiate...", zitiert nach „Mes appétits", S. 174.

[56] Dubuffet: „Il me semble que trop de conscience, portée délibérément au regard que je dirige sur un objet, fausse les mécanismes normaux du regard, et je crois que le peintre doit prendre grande attention à s'interdire cet excès de conscience ...", zitiert nach „Mes appétits", S. 175.

[57] Paul Cézanne: „...si j'interprète trop un jour, si une théorie aujourd'hui m'emporte qui contrarie celle de la veille, si je pense en peignant, si j'interviens, patratras! tout fout le camp", zitiert nach „Mes appétits", S. 174.

[58] Dubuffet, zitiert nach *Écrits*, S. 237. „Ainsi m'a-t-il toujours semblé qu'à figurer les personnages dans des formes abrégées sinon aberrantes j'obtiendrai d'exciter fortement l'imagination à se mettre en mouvement et donc par là de les doter d'un contenu bien plus ample que par tout ce que j'aurais pu y mettre."

[59] „L'Atelier d'écriture de Michel Vinaver", Propos recueillis par Pierre-Henri Gergonne, in: *Acteurs* 40/41, 1986, S. 8.

gie.[60] Bahnbrechend für die französische Brecht-Rezeption waren die Gastspiele des Berliner Ensembles zwischen 1956 und 1960 in Paris und die Propagierung des Brecht-Theaters durch die Zeitschrift *Théâtre Populaire*, zu deren Begründern Roland Barthes und Bernard Dort zählten und für die auch Vinaver schrieb.[61] Ein großer Teil der französischen Kritik schenkte Brechts theoretischen Schriften wenig Beachtung, teilweise aus allgemeiner Theoriefeindlichkeit, teilweise, weil man Theater als eine Sache der Praxis ansah. Brechts theoretische Schriften wurden allenfalls als Zugang zu seinem individuellen Werk angesehen, nicht aber als ein Schlüssel zum Verständnis des Theaters verschiedener Epochen. Roland Barthes hingegen erkannte schon früh, daß die Theorien Brechts ein konstitutives Element des Gesamtwerks waren.[62] Vinavers zu dieser Zeit keineswegs gängiges Bemühen, sein eigenes Theaterschaffen in Aufsätzen und Interviews theoretisch zu reflektieren, muß sicher auch im Zusammenhang mit seiner Beschäftigung mit Brecht gesehen werden.

Dennoch ist seine Haltung Brecht gegenüber stets zwiespältig gewesen, denn einerseits hebt er zwar dessen Bedeutung hervor, anderer-

---

[60] Siehe hierzu die beiden Gegenüberstellungen der dramatischen und der epischen Form des Theaters in: Bertolt Brecht: „Das Epische Theater", in: *Gesammelte Werke 15, Schriften zum Theater*, Frankfurt a. M. 1967, S. 263-5 sowie in den Anmerkungen zu „Aufstieg und Fall der Stadt Mahagonny", *Gesammelte Werke* 17, S. 1009-1010. Die Grundzüge der von Vinaver intendierten Rezeption seiner Stücke stimmen in zahlreichen Punkten mit den Charakteristika des epischen Theaters bei Brecht überein.

[61] Zur Brechtrezeption in Frankreich siehe die Arbeiten von Agnes Hüfner: *Brecht in Frankreich 1930-1963. Verarbeitung, Aufnahme, Wirkung,* Stuttgart 1968, die sich bei ihrer Untersuchung vorwiegend auf Pressestimmen stützte, sodann die neuere Arbeit von Daniel Mortier 1986, der in seine Untersuchung auch die Verbreitung der Brechtschen Schriften in den Buchhandlungen einbezieht und im zweiten Teil der Arbeit, den er „L'écriture théâtrale" nennt, die Auswirkungen auf französische Autoren untersucht. Hüfner wie Mortier setzen sich mit dem Fortleben Brechts im Werk Michel Vinavers auseinander, wobei sich beide Untersuchungen fast ausschließlich auf das Debut-Stück *Les Coréens* und den Aufsatz „Brecht et Stanislawski" stützen. Während Hüfner den Unterschied zu Brecht vor allem auf der Ebene der Verbindung von Verfremdung und Einfühlung sieht (S. 99-101), kommt Mortier zu dem Schluß, daß Vinaver zwar den Intentionen Brechts folge, wenn er das aristotelische Theater ablehne und zu einer „évolution des mentalités" beitragen wolle, daß er sich aber auf der Form-Ebene von der Brechtschen Dramaturgie distanziere.

[62] Roland Barthes: *Essais critiques*, Paris 1964, S. 86: „Contre toute une tendance de la critique, il faut affirmer l'importance capitale des écrits systématiques de Brecht: ce n'est pas affaiblir la valeur créative de ce théâtre que de le considérer comme un théâtre pensé."

seits distanziert er sich gleichzeitig von ihm. Vinaver hat noch in einem jüngeren Interview bekannt, daß Brecht für ihn eine große Entdeckung gewesen sei und daß er von ihm stark geprägt worden sei[63]; einen Einfluß Brechts auf sein Frühwerk lehnt er aber weitgehend ab.[64] Das, was er in seinen frühen Stücken gemacht hat, ist seiner Meinung nach grundverschieden von Brechts Theater, wobei deutlich wird, daß Vinaver sich nicht von der epischen Dramaturgie distanziert, sondern vielmehr die mit ihr verknüpften politischen Intentionen ablehnt. Brecht habe in seinen Hauptwerken die Welt in zwei Lager mit all ihren Zwischentönen aufgeteilt; er, Vinaver, sei hingegen von der Gleichgültigkeit, der Unbestimmtheit des Alltäglichen ausgegangen, um zu sehen, wie nach der Bearbeitung dieses Stoffes ein Sinn, selbst ein fragmentarischer, auftauchen könne. Er macht dies deutlich am Beispiel von *Par-dessus bord*, einem Stück, das sehr wohl etwas mit dem epischen Theater zu tun habe. Wenn Brecht aber in einem Drama das Räderwerk eines kapitalistischen Wirtschaftsystems zerlege, so tue er es als Angriff und weil er eine bessere Welt kenne. Er selbst hingegen gehe das kapitalistische Wirschaftssystem von innen an, wobei er einerseits das Schreckliche daran empfinde, andererseits auch Verständnis und Bewunderung.[65]

---

[63] Interview Vinaver/Rach, S. 229-240.

[64] Während Vinaver in früheren Interviews den Einfluß Brechts auf sein Werk als wichtig ansah, wurde seine Ablehnung im Laufe der Jahre immer entschiedener. 1988 sagt er: „On a un peu réussi à me convaincre que j'étais dans la mouvance de Brecht, mais ce n'était pas vrai. Pendant quelque temps, j'y ai cru, et puis je me suis aperçu qu'au fond ce n'était pas vraiment le cas et aujourd'hui ce qui m'étonne, c'est combien, pour l'essentiel, je suis resté étanche au phénomène du brechtisme, de même que je n'avais pas été affecté, dans une toute autre direction, par le séïsme Artaud et ce qui s'en est suivi ....". Interview Vinaver/Rivière 1988, S. 35f.

[65] Einen kurzen Überblick über die französische Brecht-Rezeption der fünfziger Jahre beginnend mit dem Gastspiel des Berliner Ensembles in Paris 1954 gibt Bradby 1991, S. 94-104. Mit einer gewissen Verwunderung stellt er fest, daß Jean-Pierre Sarrazac es noch 1981 in seinem Buch über die dramatischen Poetiken der 70er Jahre (*L'Avenir du drame*, Paris 1981) für notwendig erachtete, auf den ersten zwanzig Seiten zu beweisen, daß die Kritierien des traditionellen aristotelischen Theaters nicht auf epische Stücke angewandt werden können. Bradby führt dies darauf zurück, daß das künstlerische Leben in Frankreich wohl stärker von Orthodoxien beherrscht sei als in anderen Ländern (S. 101). Bradbys Verwunderung würde sich noch steigern bei der Lektüre der jüngst erschienenen Einführung in das zeitgenössische französische Theater Jean-Pierre Ryngaerts, der eben diesen Beweis für das Theater der 80er Jahre erneut antritt: Er weist darauf hin, daß die Frage „qu'est-ce que ça raconte?" insofern ein Mißverständnis ausdrückt, als eine dem klassischen, geschlossenen Drama angemessene Fragestellung

Brechts Erfindung der Distanz nennt Vinaver epochal. In ihrer strengsten Form zeigen dessen Stücke keine Lösungen, es obliegt dem Zuschauer, aus der Dialektik von Distanz und Identifikation seine Schlüsse zu ziehen. Eco sagt von Brechts Dramen, sie endeten mit einer Situation der Ambiguität. Das Kunstwerk sei hier offen, so wie eine Diskussion dies sein könne, eine Lösung werde erhofft, indem sie aus der bewußten Mitarbeit des Publikums hervorginge.[66] Im Anhang zum *Kleinen Organon* hatte Brecht jedoch darauf hingewiesen, daß er unter der Fabel „zurechtgemachte Vorgänge, in denen die Ideen des Fabelerfinders über das Zusammenleben der Menschen zum Ausdruck kommen“ verstand, auch die Figuren seien „nicht einfach Abbilder lebender Leute, sondern zurechtgemacht und nach Ideen geformt“.[67] Aus Vinavers Sicht sind Brechts didaktische Hinweise auf die zu ziehenden Schlüsse allzu eindeutig, er möchte das Konzept der Distanz im Theater neu interpretiert wissen:

> ...la distanciation ... ne s'obtient plus par l'acte de brandir, de désigner à bout de bras; elle s'intériorise, elle est constante dans l'écriture même, et doit l'être dans le jeu des acteurs. Elle réside, au niveau moléculaire de ce théâtre, dans le refus de ce qui est attendu.[68]

---

auf einen offenen Text übertragen wird, dessen Leerstellen gerade entscheidend für die Sinn-Erstellung sind. Dem klassischen Modell stellt Ryngaert dasjenige gegenüber „... d'une écriture qui ne s'essouffle pas à fournir du récit mais qui, si elle est réussie, impose ses 'manques' comme autant d'aimants à attirer du sens, à exciter l'imaginaire pour construire la scène à venir.“ *Lire le Théâtre Contemporain*, Paris 1993, S. 7. Beide Autoren scheinen nicht Peter Szondis *Theorie des modernen Dramas,* Frankfurt a. M. 1979, zu berücksichtigen, der schon 1956 die Geschichte des Dramas im 20. Jahrhundert als die seiner Episierungstendenzen verstanden hat und für den das epische Theater seine Wurzeln bereits im ausgehenden 19. Jahrhundert bei Autoren wie Ibsen, Tschechow, und Maeterlinck hat.

[66] Eco 1977, S. 40-41.

[67] Bertolt Brecht: *Gesammelte Werke* Bd. 16, S. 704. In der Exposition seiner Arbeit über *Geschlossene und offene Form im Drama*, 8. Aufl., München 1976, hat Volker Klotz neben anderen Stücken den *Baal* als Grundlage für die Erarbeitung der offenen Form im Drama gewählt. Brechts spätere Stücke hätten hingegen wieder festere Formen sowohl der Weltsicht (dialektischer Materialismus) als auch der Struktur (überwiegend parabolisch) S. 21. Dabei ist zu bedenken, daß Klotz' Begriff des „offenen Dramas“, den er für die Dramen Shakespeares, Grabbes, Büchners und Brechts anwendet, nicht gleichzusetzen ist mit demjenigen des „offenen Kunstwerks“, das sich dem Interpretierenden als „ein zu vollendendes Werk“ bietet. (Eco 1993, S. 55).

[68] *Écrits*, S. 131.

Die Distanz stellt sich ein, indem auf der molekularen Ebene des Textes die Erwartungen des Lesers oder Zuschauers frustriert werden, da er auf immer neue Brüche, Unstimmigkeiten und Lücken im Text trifft. Hielten Brechts episodische Texte an einer Fabel fest, ja war diese seiner Meinung nach das „Herzstück der theatralischen Veranstaltung“[69], auf das alles ankam, so sieht Vinaver keine Rechtfertigung mehr für ein solches Vorgehen. Mit den Mitteln der Montage wird der Text so weit aufgesprengt, daß keine durchgängige Geschichte, keine vom Autor privilegierte Perspektive mehr festzumachen ist.[70] Die von Brecht als verderblich gekennzeichneten Auswirkungen der Einfühlung werden durch die ständigen Perspektivenwechsel vermieden, wobei sich der Autor jeden Urteils enhält, was dem Zuschauer eine um so größere Arbeit abverlangt.[71]

Vinavers kritische Auseinandersetzung mit der Rezeption der Brechtschen Dramaturgie kündigt sich schon in seinem 1958 verfaßten Aufsatz über Brecht und Stanislawski an, in dem er im Hinblick auf die praktische Theaterarbeit die beiden Ansätze nicht als Opposition, sondern als komplementär auffaßt. Das Mißverständnis besteht seiner

---

[69] Bertold Brecht: „Kleines Organon“, in: *Gesammelte Werke* Bd. 16, S. 693. Weiterhin sagt Brecht: „Das große Unternehmen des Theaters ist die *Fabel*, die Gesamtkomposition aller gestischen Vorgänge, enthaltend die Mitteilungen und Impulse, die das Vergnügen des Publikums nunmehr ausmachen sollen.“

[70] Vinaver sagt in bezug auf seine Situation, als er *Par-dessus bord* schrieb: „C'est vraiment par l'écriture que le théâtre m'intéressait. Tout cela n'empêchait que je n'arrivais plus à justifier pour moi une fable comme point de départ. Une histoire, toute histoire sur laquelle j'essayais de m'ancrer, ne me paraissait jamais se justifier.“ *Écrits*, S. 276

[71] Ubersfeld 1989, S. 188, sagt dazu: „Notre sympathie voyage; et par là évitant sans doute les effets pervers de l'identification telle que la voit Brecht. S'identifier non à un héros seulement, mais à tous ceux qui apparaissent, ce n'est pas un plaisir, c'est une sorte de travail, c'est une sorte de trajectoire.“ Elstob 1992, S. 194, kommt in seiner Untersuchung zu dem Schluß, daß die fragmentarische Form der späten Vinaver-Stücke bei dem Zuschauer ein politisches Bewußtsein bezüglich des „political background of everyday life“ schafften. Mortier 1986, S. 301, leitet aus *Les Coréens* und dem im Zusammenhang mit diesem Stück publizierten Text „L'Usage du théâtre“ (*Écrits*, S. 35-6) Vinavers Tendenz ab, Brechts Zielsetzungen für richtig zu halten, das epische Theater jedoch abzulehnen, ja er setze gerade darauf, daß die zu weckenden Emotionen den Zuschauer über die Identifikation schließlich zu einer „prise de conscience“ führten: „Pour restaurer l'émotion sur scène, le jeune auteur ne fait pas appel aux techniques dramatiques traditionnelles et donne plutôt l'exemple d'un nouveau théâtre réaliste dont l'ambition est de décrire la matière dont nous sommes faits, de raconter le tissu de l'histoire et laisser les joints se faire, les jugements se former chez le spectateur.“

Auffassung nach darin, „participation“ und „identification“ miteinander zu verwechseln.[72] Brecht sei es nicht darum gegangen, die Emotion durch die Reflexion zu ersetzen, vielmehr habe er die Dimension der Geschichte und somit des Zweifels in das Theater eingeführt.[73] Die Originalität dieses Versuchs einer Synthese ist immer wieder hervorgehoben worden, wobei sich natürlich die Frage stellt, ob der unter dem Einfluß der Brechtwelle entwickelte Begriff der „participation“ auf Vinavers gesamtes Werk anzuwenden ist oder lediglich auf seine frühen Stücke. Allein von einem so wenig repräsentativen Stück wie *Les Coréens* ausgehend zu dem Schluß zu kommen, Vinaver habe die Brechtsche Dramaturgie abgelehnt, erscheint mir als eine unerlaubte Verkürzung. Mortier begründet sein Urteil damit, daß in diesem Stück die klassische Einheit der Zeit erhalten bleibt und keine Songs Verwendung finden.[74] Aber schon Vinavers zweites Stück, *Les Huissiers,* erhält ja seinen Titel von dem Chor der Amtsdiener, der zweifellos von Brecht beeinflußt ist. Was die Aufsprengung der Zeitstruktur betrifft, so ist Vinaver später sicher weit über Brecht hinausgegangen, man denke nur an *La Demande d'emploi,* ein Stück, von dem der Autor einmal sagte, hier gehe es nicht nur um die Dekonstruktion der Chronologie, vielmehr sei die Zeit verloren gegangen.[75]

In welcher Weise Vinaver neue epische Formen des Theaters entwickelte und welche Rolle dabei der Einsatz verschiedenster Montagetechniken gespielt hat, soll im Mittelpunkt der folgenden Untersuchung stehen. Dabei werden die den bildenden Künsten entliehenen Begriffe Assemblage und Collage in den Hintergrund treten, soweit damit nicht ganz konkret die Einlagerung nicht-literarischer Elemente in den Text gemeint ist, etwa im Bereich eines Arbeitsjournals. Ansonsten soll der aus der Welt des Films übertragene Begriff der Montage im Vordergrund stehen, der nun im Hinblick auf das Theater einer präzisen Begriffsbestimmung bedarf.

---

[72] *Écrits*, S. 70.

[73] *Écrits*, S. 74f.

[74] Mortier 1986, S. 286ff. das Kapitel: „Le rejet du théâtre épique“ zur Zeitstruktur besonders S. 290, zur Verwendung der Songs S. 291.

[75] Interview Vinaver/ Rivière 1988, S. 48.

3 Zur Definition der Montage im Drama

Im folgenden soll versucht werden, den Montagebegriff im Hinblick auf die Dramen Vinavers enger zu definieren und eine formale Kategorisierung verschiedener Verfahren vorzunehmen. Dabei wird bewußt auf eine Darstellung der historischen Entwicklung des Begriffs verzichtet, es werden lediglich verschiedene neuere Definitionsversuche und ihr Erkenntniswert für diese Untersuchung diskutiert.[1]

Was bisher zu den poetologischen Grundlagen der Dramen Vinavers gesagt wurde, stimmt in vieler Hinsicht überein mit den von Brigitte Schultze aufgeführten allgemeinen Merkmalen des Konstruktionsprinzips Montage. Als unabdingbar nennt sie:

1. den Verzicht auf ein Handlungs- bzw. Vorgangskontinuum
2. den Verzicht auf raum-zeitliche Kohärenz
3. die Destabilisierung der einheitlichen Perspektive
4. die Öffnung des Textes für Verfahren und Materialien anderer ästhetisch codierter und nicht ästhetisch codierter Formen.[2]

Schultze hebt hervor, daß ein einscheidendes Merkmal der Montage im engeren Sinn die Offenlegung des Konstruktionsprinzips sei. Unter „impliziter" Montage wäre hingegen zu verstehen, daß ein Autor auf der Ebene der Werkgenese literarische Vorbilder verarbeitet, indem er Bezug nimmt auf Gattungskonventionen, Motive und Zitate und diese in seinen Text integriert. Intertextualität, wie sie Kristeva im Anschluß an Bachtin versteht als die Überschneidung von Texten, die Absorption und Transformation anderer Texte, das Mosaik von Zitaten, ist keineswegs auf das 20. Jahrhundert beschränkt, sondern ein grundlegendes Verfahren von Literatur überhaupt.[3] Das Interferieren von Aussagen, die einem anderen Text entstammen, ist aber nicht notwendigerweise

---

[1] Einen Abriß der Geschichte der Montage in Theorie und Praxis gibt Wolfgang Seibel 1988 im ersten Teil seiner Untersuchung, S. 1-115. Als Überblick kann auch der von Horst Fritz herausgegebene Sammelband: *Montage in Theater und Film,* Tübingen 1993, dienen.

[2] Schultze 1993, S. 142.

[3] Julia Kristeva: „Wort, Dialog und Roman bei Bachtin", in: Jens Ihwe (Hrsg.): *Literaturwissenschaft und Linguistik, Ergebnisse und Perspektiven,* Bd. 3. Frankfurt a.M. 1972, S. 345-375. Siehe auch hierzu Schultze 1993, S. 144f.

gleichzusetzen mit Montage. Ebenso besteht die Möglichkeit, daß Faktenmaterial und andere nicht literarisch kodierte Elemente Eingang in einen Text finden. Sind diese Zitationen oder Einlagerungen aber auf der Fiktionsebene motiviert, die Konstruktion also verborgen, so kann durchaus in den beiden genannten Fällen als Endergebnis ein „organisiertes Kunstwerk" (Volker Klotz)[4] vorliegen. Montierte Kunstwerke, auf die die zu Beginn genannten Konstitutionsmerkmale Anwendung finden, sind hingegen solche, die das Verfahren und die Konstruktion offenlegen, wie dies seit den zwanziger Jahren dieses Jahrhunderts geschieht. Der Herstellungsprozeß gibt sich hier zu erkennen, das Endresultat ist lückenhaft und fortsetzbar. Schultze muß aber einräumen, daß die Grenzen zwischen impliziter und expliziter Montage häufig fließend sind und von der kulturellen Kompetenz jedes einzelnen Rezipienten abhängen.

Eine Definition von Montage im Drama in diesem engeren Sinn (explizite Montage, die sich im vollendeten Werk manifestiert) unter Ausblendung historisch bedingter wirkungsästhetischer Kategorien wie des Schock-Effekts gibt Seibel.

> Unter Montage im Drama ist das Verfahren der unvermittelten Ein- bzw. Zusammenfügung einzelner, mehrerer oder ausschließlich eigenständiger, vorgeformter Textelemente – von einzelnen Dialogpartikeln bis hin zu ganzen Szenen – in einen bereits vorgegebenen Dialog oder Szenenzusammenhang bzw. zu einem erst konstituierten Stückganzen zu verstehen.[5]

Vorgeformtheit der Textelemente, Heterogenität der Teile und Unvermitteltheit der Zusammenfügung machen für Seibel einen Text zum Montagetext.[6] Wesentlich ist für ihn, daß durch die Anordnung der Teile auf eine über den Inhalt der Einzelszenen hinausgehende semantische Qualität abgezielt wird. Er erhebt die Anwendung des Montage-

---

[4] Klotz 1976, S. 268, untersucht Montagewerke im ersten Drittel unseres Jahrhunderts und stellt sie Kunstwerken entgegen, die der bürgerlichen Weltanschauung seit dem 18. Jh. entsprechen. In einer Übersichtstafel vergleicht er das traditionelle, organisierte, organische Kunstwerk, das als Werk der Natur erscheinen will, mit dem avantgardistischen Kunstwerk, das im Zeichen der Technik steht und seinen Herstellungsprozeß zu erkennen gibt. Während das organisierte Kunstwerk eigenzwecklich ist und sich als formulierter Gegenalltag versteht, setzt sich das montierte Kunstwerk mit dem Alltag auseinander, aber auch mit anderer Kunst. Was Klotz hier von der Avantgarde-Kunst zu Beginn des Jahrhunderts sagt, trifft uneingeschränkt auch auf Vinavers Theater zu.

[5] Seibel 1988, S. 131.

[6] Ebd. S. 80 und 83.

verfahrens, wie es bei Brecht, Piscator und in jüngerer Zeit bei Heiner Müller Anwendung findet, zur Norm, andere Formen läßt er nicht als Montage gelten.[7] Schwierigkeiten, die sich aus der Bedingung der „Vorgeformtheit" der Teile ergeben, versucht er auszuräumen, indem er den Begriff in der Weise versteht, daß durchaus auch der Autor selbst Textelemente verfassen kann, die den Eindruck erwecken, aus einem anderen literarischen oder lebensweltlichen Bereich zu stammen. Entscheidend sei lediglich, daß sich der „Eindruck der Unabhängigkeit des Textelements vom Kontext erweist". Es bleibt jedoch unklar, woher die Modalitäten zur Bestimmung diese „Eindrucks" stammen. Es erscheint mir daher sinnvoller, den Aspekt der Fragmentarisierung zu betonen, die sich aus der diskontinuierlichen Anordnung autonomer Sequenzen ergibt, denjenigen der „Vorgeformtheit" jedoch in den Hintergrund zu stellen, da er ohnehin in erheblichem Maße vom Informationsgrad des Rezipienten abhängt.

Innerhalb des enger gefaßten Montagebegriffs kann formal differenziert werden zwischen der totalen Montage, bei der ein Text aus lauter Einzelteilen zu einem heterogenen Ganzen zusammenmontiert wird, und der partiellen Montage, bei der nur einzelne Elemente in einen schon vorhandenen dramatischen Zusammenhang interpoliert werden. Beide Verfahren sind auf der Ebene der Mikro- wie der Makro-Struktur des Textes möglich.

Vinavers Bemerkung, bereits in seinem ersten Stück *Les Coréens* habe es einen „embryon de montage" gegeben, wird vor diesem Hintergrund verständlich.

> Déjà dans *Les Coréens*, il y a un embryon de montage: la mise en regard de deux mondes réfractaires l'un à l'autre, les soldats du corps expéditionnaire français et le village coréen. L'efficacité de la pièce tient beaucoup au frottement entre deux langages fortement contrastés, celui des soldats, celui des villageois.[8]

Die partielle Montage wäre hier also aus der Sicht des Autors auf der Ebene von Dialogpartikeln zu situieren, deren unvermitteltes Aufeinandertreffen Reibungen hervorrufen soll, die dem Leser noch zu bestimmende Schlüsse erlauben. Das Montage-Verfahren findet hier nur andeutungsweise Anwendung und ist eher auf der Ebene der Textpro-

---

[7] Ebd. S. 115.
[8] *Écrits*, S. 288.

duktion als auf der des vollendeten Werkes anzusiedeln. Die Gegenüberstellung der verschiedenen Gruppensprachen ist in *Les Coréens* durch die Intrige motiviert, so daß für den Rezipienten der Eindruck eines relativ homogenen Textganzen entsteht. Am anderen Ende der Skala wären Werke Vinavers wie *A la renverse* oder *Portrait d'une femme* anzusiedeln, die nur noch aus Bruchstücken zusammengesetzt zu sein scheinen. Es soll nun innerhalb des hier angedeuteten Spektrums eine formale Kategorisierung der Montageverfahren vorgenommen werden. Dabei werde ich ausgehen von Seibels Unterscheidung der vier Haupttypen dramatischer Montage, dieses Modell jedoch im Hinblick auf seinen Erkenntniswert für die Dramen Vinavers soweit nötig modifizieren. Seibel unterscheidet graduell vier Typen der Montage im Drama

1. Montage als abrupte Einfügung „fremden" Sprachguts in die Figurenrede (partielle Montage auf der Mikro-Ebene)
2. Montage als abrupte Einfügung einzelner Szenen in eine primäre Szenenfolge (partielle Montage auf der Makro-Ebene)
3. Montage als kombinative Zusammenfügung verschiedener Szenen bzw. Szenenfolgen nach einem die Anordnungen bestimmenden, einer Intention folgendem Plan (totale Montage auf der Makro-Ebene)
4. Montage als additive Zusammenfügung völlig selbständiger Einzelszenen, die keine Prinzipien einer konstruktiven Anordnung erkennen läßt (totale Montage auf der Makro-Ebene).[9]

Additive Montagewerke im Sinne der letztgenannten Gruppe – als Beispiel wäre hier Brechts *Furcht und Elend des Dritten Reiches* zu nennen – findet man nicht im Werk Michel Vinavers, wohingegen Varianten der anderen drei Typen auftreten. Daß jedoch eine starre Anwendung solcher Kategorien die Gefahr einer Einengung des Blicks in sich birgt, wird anhand der folgenden Vorüberlegungen deutlich: In verschiedenen Dramen Vinavers liegen Mischformen vor, gerade der Reichtum an dramaturgischen Techniken zeichneten ja sein Werk aus. Zudem ist die Trennung in Mikro- und Makro-Ebene nicht immer eindeutig. So bestimmt Vinavers ureigene Technik der dichten Verflechtung der Dialoge einerseits die Mikro-Struktur, andererseits durchzieht sie aber in verschiedenen Werken den gesamten dramatischen Text und hat dort dann Rückwirkungen auf dessen Makro-Struktur.

---

[9] Seibel 1988, S. 132.

Problematisch ist auch die Anwendung von Seibels Begriff der kombinativen Szenenmontage, die dadurch definiert ist, daß sie „nach einem Konstruktionsschema angeordnet wird, das eine gedankliche Position zum Ausdruck bringt“.[10] Erinnert man sich an Vinavers Äußerungen, denen zufolge seine Arbeit vom Zufall gesteuert sei und er kein Interesse am Befolgen eines wie auch immer gearteten Plans habe, so erscheint es zumindest zweifelhaft, ob der Leser/Zuschauer aus den Facetten Vinaverscher Stücke eine klare Intention oder gar eine Fabel im Brechtschen Sinne erstellen kann, zumindest entsprach dies nicht der Absicht des Autors. Eine andere Frage ist es, ob es in Vinavers Werken chaotische Strukturen gibt, die auf ein gänzliches Verschwinden der Gewißheit verweisen, daß überhaupt noch ein Sinn konstruiert werden kann.[11] Neuere Arbeiten zeigen, daß gerade das deterministische Chaos, das trotz seiner Gesetzmäßigkeiten nicht berechenbar ist, sich besonders gut für die Beschreibung von Strukturmerkmalen postmoderner Theatertexte eignet, die sich durch ein kompliziertes Geflecht von Strängen und Nebensträngen, von Text und Metatext auszeichnen.[12]

Will man am Montage-Begriff festhalten, so bleibt wesentlich, daß sich aus der Kombination zweier oder mehrerer Sequenzen ein Sinn ergibt, der mehr als deren reine Addition ist. Es kann in diesem Zusammenhang hilfreich sein, auf die Herkunft des Begriffs im Kino zurückzublicken. In seiner Unterscheidung der Begriffe Schnitt und Montage führt Albersmeier aus, daß der Schnitt nur die zeitliche Begrenzung einer Einstellung und deren Verknüpfung mit anderen Einstellungen meine, wohingegen „Montage eine Verbindung qualitativ höherer Art“ stifte, um anderes, Verzichtbares wegzulassen.[13] Eine

---

[10] Ebd. S. 144.

[11] Die Frage, was dann mit Montage geschehe, stellt zu Recht Bernd Kiefer in dem Aufsatz: „Kulturmontage im Posthistoire. Zur Filmästhetik von Hans Jürgen Syberberg“, in: Fritz 1993, S. 234.

[12] Siehe hierzu die bereits erwähnte Übertragung von Erkenntnissen der naturwissenschaftlichen Chaosforschung auf Dramentexte bei: Hottong 1994, S. 124f.

[13] Franz-Josef Albersmeier: „Die Auseinandersetzung um die Montage als filmhistorisches Paradigma“, in: Fritz 1993, S. 203. In der Filmsprache werden die beiden Begriffe häufig synonym gebraucht für die Auswahl und Zusammenstellung von Bild- und Tonteilen zu einem Film. Erst als speziellere Bedeutung wird dann im Sinne Albersmeiers die „theoretisch und ästhetisch fundierte Anordnung der Filmpartikel“ angeführt. Siehe hierzu James Monaco: *Film verstehen*. Überarbeitete und erweiterte Neuausgabe, Reinbek bei Hamburg 1995, S. 564.

Übertragung dieser Technik auf die Bühne erscheint zunächst einmal schwierig, da sich das Bühnengeschehen ja kaum in der Weise bearbeiten läßt wie eine Filmaufnahme auf dem Montagetisch. Dennoch ist die Beobachtung D. Lemahieus aufschlußreich, daß die Autoren des „théâtre du quotidien", denen er Vinaver mit Einschränkungen zuordnet, zu den cinematographischen Ursprüngen der Montage-Technik zurückkehren und diese auf die Ebene der Sätze und Wörter des dramatischen Textes übertragen.[14] Die daraus resultierende „dramaturgie de la fragmentation" gründet sich stärker auf das Hören als auf das Sehen. Vinavers Technik zielt – folgt man seinen eigenen Äußerungen – darauf ab, die Partikel des Textes in assoziative Beziehungen zueinander treten zu lassen. Die Frage, ob das Ergebnis ein reines Spiel mit ästhetischen Konstellationen ist, das auf jegliche rationale Erkenntnisvermittlung verzichtet, wird sich erst nach der Analyse der Dramen beantworten lassen. Daß dies zweifelhaft erscheint, geht schon daraus hervor, daß Vinaver immer wieder betont, beim Lesen seiner Stücke entstünden „des bouts de sens".[15] Von den übergeordneten Geschichtsvisionen, über die ein Brecht oder Heiner Müller noch verfügten, ist er jedoch, soviel kann schon jetzt gesagt werden, weit entfernt.

Als Grobraster für die Dramenanalysen, mittels derer die vorherrschenden Strukturmerkmale einzelner Werkgruppen herausgestellt werden sollen, wird die folgende Kategorisierung zugrunde gelegt, die einerseits auf die Unterscheidung von impliziter und expliziter Montage (Schultze) zurückgreift und sich andererseits unter Berücksichtigung der hier gemachten Einschränkungen an das Seibelsche Schema anlehnt. Den theoretischen Rahmen für die Untersuchung der letzten Gruppe von Werken, in denen Montagetechniken im oben definierten Sinn nur wenig oder gar nicht auftauchen, werden neuere Untersuchungen zur Intermedialität (F. de Toro, Pavis, Norman) liefern.

1. Intertextuelle und collagierende Verfahren in der Werkgenese der frühen Dramen (*Les huissiers. Iphigénie Hôtel)*
2. totale Montage auf der Makro-Ebene: *Par dessus bord*
3. totale Montage auf der Mikro-Ebene, dargestellt an der Verflechtung der Dialoge in *Les travaux et les jours* und *L'ordinaire*

[14] Lemahieu 1991, S. 686.

[15] *Écrits*, S. 305.

4. totale Montage auf der Makro- wie der Mikro-Ebene in Werken aus drei verschiedenen Schaffensperioden (*La demande d'emploi*; *Portrait d'une femme*; *A la renverse)*
5. Intermediale Einflüsse in den stärker „organisierten“ Dramen Vinavers, dargestellt an der Kurz-Schnitt-Technik des *Théâtre de chambre* und dem Zapping in *L'émission de télévision.*

Im Anschluß an die einzelnen Analysen wird jeweils zu fragen sein, welche inhaltlichen bzw. die Rezeption betreffenden Rückwirkungen diese Strukturmerkmale haben, ob sie etwa im Sinne einer dichten, kohärenten Aussage genutzt werden oder ob der Offenheit der Form ein offenes Deutungsangebot im Sinne einer postmodernen Poetik entspricht. In diesem Zusammenhang müssen dann auch Vinavers eigene poetologischen Aussagen überprüft werden.

4 Intertextuelle und collagierende Verfahren in der Werkgenese der frühen Dramen

4.1 *Les huissiers*

Vinavers zweites Stück entstand 1957, mitten im Algerienkrieg kurz vor dem Ende der IV. Republik.[1] Es handelt von den Ereignissen um den Außenminister Paidoux, in dessen Sekretariat sich verschiedene Handlungsstränge durchkreuzen. Da geht es einmal um die Algerienpolitik, dann um das Schicksal einer vom Fall bedrohten Regierung und schließlich um den Kampf der Friseure für oder gegen die kurzen bzw. langen Haare und die damit verbundenen ökonomischen Interessen. Fünf nicht näher differenzierte Amtsdiener, die in den Gängen des Ministeriums herumstehen, das Publikum dirigieren und plaudern, bilden den Chor und geben dem Stück seinen Namen.

4.1.1 Schreiben als Verarbeiten des politischen Tagesgeschehens

Les huissiers ist dasjenige Stück Vinavers, das am unmittelbarsten aus der aktuellen politischen Situation heraus entstanden ist. Der Autor berichtet, daß er im Herbst 1957 seinen Tagesablauf in zwei Abschnitte unterteilt habe: Nachmittags und abends habe er die Tageszeitungen gelesen, Artikel und Photos ausgeschnitten und diese in Hefte eingeklebt, am nächsten Morgen habe er das Material dann zu Dramendialogen verarbeitet. Diese Schreibweise vergleicht er mit einem „acte culinaire" oder mit den Vorgängen der Nahrungsaufnahme und des Verdauens.[2] Bezeichnend ist, daß er sich bei der Stoffsuche auf das Medium der Zeitung stützte, die ja selbst schon Texte, Photos und

---

[1] *Théâtre Complet* I, S. 121-205.

[2] *Écrits*, S. 249-264: *Les huissiers*: Notes vingt-trois ans après, hier S. 249.

Zeichnungen montiert. Auf der Grundlage der aus heterogenen Materialien bestehenden Collagen zeichneten sich nach und nach verschiedene Handlungsfäden ab, die sich zunächst verwirrten, mit der Zeit aber einen Stoff („tissu") bildeten.[3]

Um diesem disparaten nicht-literarischen Stoff eine Struktur zu geben, hat Vinaver in der Form eines Palimpsests eine Sophokles-Tragödie verwendet, wobei seine Wahl – er glaubte zunächst zufällig – auf *Ödipus auf Kolonos* fiel. Gérard Genette hat in seinem Werk *Palimpsestes* die „littérature au second degré" zu seinem Untersuchungsgegenstand gemacht. Die Kunst, mit Altem etwas Neues zu machen, hat für ihn den Vorteil, daß das Ergebnis komplexer und köstlicher („plus savoureux") als ein eindimensionaler Text sei.

> [...]une fonction nouvelle se superpose et s'enchevêtre à une structure ancienne, et la dissonance entre ces deux éléments coprésents donne sa saveur à l'ensemble.[...] Cette duplicité d'objet, dans l'ordre des relations textuelles, peut se figurer par la vieille image du palimpseste, où l'on voit, sur le même parchemin, un texte se superposer à un autre qu'il ne dissimule pas tout à fait, mais qu'il laisse voir par transparence.[4]

Der Begriff des Palimpsestes eignet sich insofern hier besonders gut zur Beschreibung, als er die Zufälligkeit bei der Auswahl des Prätextes konnotiert. Für den Leser/Zuschauer von *Les huissiers* sind auf den ersten Blick keine direkten Bezüge zwischen den beiden Werken wahrnehmbar. Der Inhalt wurde sozusagen gelöscht und nur die dramatische Struktur übernommen. Dennoch scheint die klassische Vorlage an einzelnen Stellen durch, so etwa in der Wahl einiger Figurennamen, die sich an Sophokles anlehnen (Antigone-Mme Tigon; Ismène-Mlle Simène; Créon-Créal) oder noch folgenreicher für die Dramenstruktur in den Auftritten des Chors. Vinaver hatte im selben Jahr die *Antigone* des Sophokles übersetzt und für eine in Annecy geplante Aufführung neue Chöre hinzugeschrieben.[5] Die Einflüsse dieser Arbeit finden ihren Niederschlag in den Auftritten der Huissiers.

---

[3] Ebd.

[4] Gérard Genette: *Palimpsestes. La littérature au second degré*, Paris 1982, S. 451.

[5] *Écrits*, S. 40-49. Bradby 1993, S. 19, hebt die Originalität dieser Texte hervor. Chöre seien normalerweise typisch für die Kunst hierarchisch organisierter Gesellschaftsordnungen. In einer Zeit, in der soziale Disziplin und Hierarchie in Frage gestellt würden, erschienen sie artifiziell. Vinaver sei es gelungen, eine authentische Chorstimme des

Vinaver wollte den Begriff der Collage wenn überhaupt nur auf die Genese dieses Werks anwenden:

> Sans qu'il y ait 'collage', il s'agit dans cette pièce d'un découpage, d'un assemblage de mes lectures.[6]

Daniel Lemahieu wählt hingegen in Corvins *Dictionnaire Encyclopédique du théâtre* gerade *Les huissiers* als Beispiel für den Artikel Montage-Collage, er hält auch das Theaterstück als vollendetes Werk, so wie es uns vorliegt, für montiert und collagiert.[7] Mehr Klarheit soll nun die formale Analyse des Textes auf der Folie der erarbeiteten Kriterien für Montage im Theater bringen.

Les huissiers besteht aus zwei gleichlangen Akten, die jeweils in vier Szenen unterteilt sind. Orte der Handlung sind die beiden Büros des Außenministers Paidoux und des Regierungschefs Letaize. Auf der Vorderbühne, die die Gänge des Ministeriums und des Palais Bourbon markiert, agieren die Amtsdiener, der Vorhang hebt sich jeweils, wenn die Handlung in die Ministerien wechselt. Es gibt keinen Ortswechsel innerhalb der Szenen, wenn ein solcher zwischen den Szenen stattfindet, so wird er auf der Ebene des Dialogs und der Handlung motiviert: Am Ende der 1. Szene kündigt die Sektretärin Simène an, daß sie in den Palais Bourbon gehe, um die Post zu holen, Szene 2 und 3 spielen dort, Szene 4 wieder im Außenministerium, die Szenen 5 und 6 im Büro des Président des Conseil, 7 wiederum im Sekretariat Paidoux und die letzte Szene vereinigt das gesamte Personal des Stückes in einem Gang des Palais Bourbon. Die Handlung schreitet linear vorwärts, sie wird begrenzt von den Ereignissen um den „unaufhaltsamen Aufstieg Paidoux'". Der erste Akt beginnt damit, daß der neuerdings ganz im Ministerium wohnende Minister aufsteht und frühstückt, am Ende der 4. Szene begibt er sich mit Evohé, einem jüngeren Politiker, zum Mittagessen. Der zweite Akt beginnt mit dem Kaffee nach dem

---

20. Jahrhunderts zu schaffen: „...it is the voice of many people speaking, but speaking in dissonance and discontinuity, at cross-purpose and in confusion."

[6] *Écrits*, S. 284.

[7] Lemahieu schreibt: „Ainsi, en même temps qu'il écrit la pièce, Vinaver fait éclater par des jeux de coupures, d'ellipses, de contradictions d'espaces, l'ensemble de ces informations hétéroclites. Par ces gestes de montage et de collage, elles deviennent le matériau premier de la production d'une écriture, d'une structure neuve, d'entrechoquements de sons et de sens à découvrir, bref de fictions inouïes à inventer." In: Corvin 1991, S. 571.

Essen und erstreckt sich über den Nachmittag. Die Einheit der Zeit wird nie durchbrochen. Wenn es darum geht, die ärmliche Herkunft Paidoux' und seine kommunistische Vergangenheit in der Résistance zu beleuchten, so geschieht dies in der Form von erzählten Erinnerungen, mit denen er selbst und seine Sekretärin und ehemalige Geliebte Tigon ihn in ein besseres Licht setzen wollen, nicht aber durch Rückblenden, die sich an cinematographischen Techniken orientieren.

Verschiedene Handlungsstränge durchlaufen das ganze Stück, wobei ein Teil nur den Regierenden, ein Teil nur den Amtsdienern zuzuordnen ist und es schließlich auch Überschneidungen gibt. Auf der Seite der Politiker bildet einmal die sich verschärfende Situation in der Algerienpolitik einen Schwerpunkt der Konversation. Das Massaker von Zéboula wird innerarabischen Konflikten zwischen den Frankreich treuen Algeriern und den Rebellen der Nationalen Befreiungsfront angelastet. Paidoux hat einen Gesandten nach Algier geschickt, um Kontakte mit gemäßigten arabischen Kreisen aufzunehmen, muß aber feststellen, daß der in Algier ansässige Generalgouverneur gegen ihn arbeitet. Schließlich wird auf die Foltermethoden der Franzosen in Algerien angespielt im Zusammenhang mit der Affaire Aiguedon. Aiguedon war ein Freund Paidoux' in der kommunistischen Jugend. Nachdem er festgenommen wurde und seitdem verschwunden ist, verlangt seine Frau eine Klärung der Ereignisse durch den Außenminister.

Ein zweiter Themenkomplex kreist um die Intrigen zwischen den Politikern und um den Überlebenskampf der Regierung Letaize, die durch die „affaire du blé" immer mehr in Bedrängnis gerät. Der eher grotesk wirkende Kampf der Friseure um die Mode der kurzen oder langen Haare und die damit verbundenen ökonomischen Interessen haben Rückwirkungen auf die Parteien und die Politiker, die im Wahlkampf von der finanziellen Unterstützung bestimmter Unternehmensgruppen abhängig sind. All diese Themen werden in einem häufig elliptischen Stil angeschnitten, unterbrochen, später wieder aufgenommen, durchkreuzen sich und erlauben dem Leser, sich nach und nach ein Bild des Kampfes um die Macht zu machen.

4.1.2 Zur Funktion des Chors

Dem eher realistischen Dialog zwischen den Politikern und ihren Sekretärinnen steht der Chor der Huissiers gegenüber, der sich formal dadurch absetzt, daß diese Repliken lediglich durch einen Gedankenstrich und nicht durch Personenangaben markiert sind. Aufgrund inhaltlicher Andeutungen können zumindest drei Amtsdiener näher differenziert werden: derjenige, der gerade aus den Ferien zurückkehrt, ein Verdun-Veteran mit einem Holzbein und schließlich ein dritter, der zum fünftenmal Vater wird. Trotz solcher Charakterisierungen bleiben diese Figuren aber anonym, ihre Repliken erscheinen austauschbar. Die Redeteile der Huissiers nehmen etwa ein Drittel des Stücks ein. Die Auftritte des Chors finden am Anfang (Szene 1,5) oder am Ende (Szene 3,7) einer Szene statt, oder sie umschließen sie (Szene 2,4,6). Lediglich in der letzten Szene unterbricht der Chor den Dialog.

Wie schon angedeutet, hat sich Vinaver von der Verwendung des Chors im attischen Theater beeinflussen lassen. Die griechischen Chöre bestanden aus einer homogenen Gruppe von Tänzern, Sängern oder Rezitierenden, die gemeinsam das Wort ergriffen, um die Handlung zu kommentieren.[x] Blänsdorf schreibt bereits dieser Form der Chorgesänge Montage-Eigenschaften zu. Der Chor bewegte sich auf der kreisrunden Orchestra vor der Bühne, war also räumlich von der Bühnenhandlung abgesetzt. Auch der hochartifizielle lyrische Stil der Chorgesänge hob sie vom übrigen Text ab. Inhaltlich stehen sie zwar in engem Bezug zu der Handlung, bringen sie aber nicht voran. Das stilistische und räumliche Sich-Absetzen von der Handlung des Stücks, vor allem aber der Zugewinn an Sinn, den der Chor durch reflektierende Distanz zur dramatischen Handlung schafft, sind für Blänsdorf wesentliche Merkmale der Montage, die auf den Tragödienchor zutreffen.

Vinaver hat sich in mehrfacher Hinsicht an dem klassischen Vorbild orientiert. So agieren die Huissiers in der Regel vor geschlossenem Vorhang. Ihre Auftritte folgen stets dem gleichen Aufbau: Sie beginnen mit Alltagskonversationen, die häufig um die Familie, das Häus-

---

[x] Als Grundlage für die folgenden Überlegung dient die Definition des Chors in Pavis 1996, S. 44f.: „Choeur. Terme commun à la musique et au théâtre. Depuis le théâtre grec, le choeur est un groupe homogène de danseurs, chanteurs et récitants prenant collectivement la parole pour commenter l'action à laquelle ils sont diversement intégrés. Le choeur, dans sa forme la plus générale, est composé de forces (actants) non individualisées et souvent abstraites, représentant des intérêts moraux et politiques supérieurs." Pavis weist im folgenden auf die große Spannbreite der Formen und Funktionen hin und gibt einen historischen Abriß der Entwicklung von der Antike bis in die Mitte unseres Jahrhunderts. Während die Chöre im 19. Jahrhundert durch den Einfluß des Realismus und Naturalismus kaum noch eine Rolle spielten, da sie die „vraisemblance" störten, so erlebten sie in der Folge der Brechtschen Dramaturgie der Illusionsdurchbrechung und Distanzierung eine Renaissance.

chen in einer Banlieue oder die Ferien am Meer kreisen. Ein anderer Themenbereich sind die Ereignisse im Ministerium, die zu schlechte Bezahlung, der Klatsch über die Politiker. Zur Illustration soll ein Textausschnitt herangezogen werden, in dem sich zwei Amtsdiener darüber unterhalten, wie es den Politikern möglich sei, in kurzer Zeit eine Vielzahl von folgenschweren Entscheidungen zu treffen, wohingegen sie selbst Wochen brauchten, um das Für und Wider ihrer alltäglichen familiären Probleme abzuwägen.

> – Et à tous les coups c'est le sort de quarante-quatre millions d'individus qui se règle. T'as beau les regarder de près, va savoir comment ils font.
> – Ils ont de l'instruction.
> – Pas tous.
> – Prends le nôtre, qui est le fils d'un pâtre dans les Causses.
> – Ils n'ont pas tous de l'instruction.
> – Admettons qu'ils ont de l'instruction. Qu'est-ce que ça change? Je ne comprends pas comment ils font, pour réfléchir aux problèmes de l'heure parmi tellement d'obligations
> (I, S. 132)

Diese Alltags-Konversation wird abrupt durch die Szenenanweisung „Scandé, et d'un pas marqué" unterbrochen. Es folgt ein Chortext, der Fragmente der vorausgegangenen Gespräche wieder aufnimmt und zu einer Art Ketten-Rondo verarbeitet, indem ein immer wiederkehrender Satz rhythmisch bearbeitet wird und einzelne, diesen Satz illustrierende Episoden jeweils zwischen die Ritornellen eingefügt werden.

> – Comment font-ils?
>   – Va savoir comment ils font.
> – Font-ils seulement?
>   – Oh! comme ils font.
> Pour réfléchir aux problèmes de l'heure
>   Parmi tellement d'obligations
> Au milieu
>   Sous le poids
> Milieu de
>   Le poids de
> Milieu
>   Poids de
> Tant et tant d'obligations
> Comment font-ils?
>   Une commémoration

Un vernissage une réception
Va savoir comment ils font
Font-ils seulement?
Une soirée artistique
Une remise de décoration
Oh! comme ils font
Pour réfléchir aux problèmes de l'heure
Parmi tellement d'obligations
Au milieu
Sous le poids
Milieu de
Le poids de
Milieu
Poids de
Tant et tant d'obligations
(I, S. 133)

Diesen rhythmischen Chorteilen kann durchaus im klassischen Sinn eine reflektierende Distanz zugeschrieben werden, wenngleich das Reflexionsniveau der kleinbürgerlichen Herkunft der Huissiers entspricht. In unserem Beispiel wird die auf den Politikern lastende Verantwortung durch die Wiederholung von „sous le poids de“ betont und zugleich ironisiert, da die Verpflichtungen aus eher repräsentativen, zum Teil mondänen Anlässen wie Empfängen, Vernissagen, Ordensverleihungen und künstlerischen Soireen bestehen.

Die Verwendung solcher Chöre war in den fünfziger Jahren ein unter dem Einfluß des epischen Theater geschätztes Verfahren, man denke an Stücke wie Anouilhs *Antigone* oder Max Frischs *Biedermann und die Brandstifter*. Die epochenübergreifende Anwendung des Montage-Begriffs erscheint mir aber in diesem Zusammenhang problematisch. Das Auftreten des Chors in *Les huissiers* ist wohl eher im Sinne eines Fortschreibens bestimmter literarischer Traditionen im Rahmen der Gattungsbezüge zu sehen, als daß es sich um den Versuch handelte, durch „das unvermittelte Zusammenfügen einzelner, vorgeformter Textelemente“ ein Montagewerk im eigentlichen Sinn zu schaffen.[9]

---

[9] Genette 1982, S. 11, zählt die Gattungsbezüge eines Textes unter dem Begriff der Architextualität zu den intertextuellen Beziehungen. Gerade hier scheiden sich aber die Geister, denn verschiedene Autoren wollen die Intertextualität von der Systemreferenz abgrenzen, um den Begriff nicht zu weit zu fassen und ihn dadurch seiner Trennschärfe zu berauben. Pfister hat dagegen wiederum eingewandt, daß durch solche Abgrenzun-

Daß der Chor der Huissiers für das Funktionieren des Stücks essentiell ist, hat Vinaver dadurch belegen wollen, daß er es sich ohne ihr Auftreten vorstellte. Der Text würde dadurch abstrakt, es fehlte ihm an der Verwurzelung im Alltagsgeschehen:

> *Les huissiers* sont ce dans quoi les acteurs (qui les gouvernent) sont plantés. Ils sont leur sol. C'est d'eux qu'ils se nourrissent. C'est que *Les huissiers* „bavent" c'est-à-dire „quotidiennent".[10]

Das Verhältnis von Chor und Figuren spiegelt für ihn die Beziehung wider zwischen den Handelnden („acteurs") und denen, die diesen Handlungen im politischen System ausgesetzt („actés") sind. Dabei würden die Amtsdiener nicht mehr und nicht weniger karikiert als die Mächtigen, die Komik des Stücks liege auch hier im „entre-deux". Es sei ihm darum gegangen, jede allegorische 'Dualität' zu vermeiden:

> Huissiers et Gouvernants, à la fois sont „un autre monde" les uns par rapport aux autres, et ne font qu'un.[11]

So sind in *Les huissiers* zwar Elemente verschiedenster Herkunft verschmolzen, diese fügen sich aber in eine geschlossene Raum- und Zeitstruktur ein. Indem sich die zunächst so heterogen erscheinenden politischen Ereignisse um den Aufstieg des Ministers Paidoux ranken, gewinnt auch die Handlung eine feste Struktur. Das Werk endet jedoch mit einem Zustand der Ambiguität, der beim Leser/Zuschauer eher Unbehagen verursacht: Alle politischen Skandale und Intrigen führen zu keiner Umwälzung der Machtverhältnisse; selbst Mme Aiguedon, die für ihren in Algerien verschwundenen Mann kämpft, wird zum Schweigen gebracht, indem man ihr die Leitung des Tabakladens an der Place du Palais-Bourbon verspricht. Die Erkenntnis, daß eigentlich nichts Wesentliches geschieht, kommt im Schlußchor zum Ausdruck, in dem von den Politikern gesagt wird:

---

gen häufig auseinandergerissen werde, was von der Intention zusammengehöre, da ein System nur über seine Aktualisierungen greifbar sei und umgekehrt. Siehe hierzu Pfister, Konzepte 1985, S. 17-19. Sinnvoller erscheint es, sich im Rahmen eines weiter definierten Intertextualitätsbegriffs am Grad der Intensität zu orientieren. Die Beziehung zu den antiken Prätexten wird gerade in den Chören bei Vinaver relativ stark thematisiert.

[10] *Écrits*, S. 261.

[11] *Écrits*, S. 261.

– Ça court
– Ça saute
– Ça tombe
– Ça se relève
– Ça s'affaisse
– Ça remonte
– Ça défaille
– Ça retourne
– Ça se dissout
[...]
– C'est tout à fait
– Involontaire
– Véritablement
– Étonnant
– Absolument
– Prodigieux
– Parfaitement
– Sans précédant
– Ça court
– Ça saute
– Ça tombe
– Ça se relève.
(I, S. 204f.)

Vinaver hat die Verhältnisse gegen Ende der 4. Republik mit dem Begriffspaar „L'Usure–L'Erosion" charakterisiert. Die politische Landschaft ist ohne Relief, sie erinnert an eine von der Erosion geglättete Wüste, in der die wechselnden Regierungen keine Veränderungen bringen.

> Il n'y a plus trace de relief. Les mots employés ont perdu presque tout leur sens, leur charge. Les personnages sont des restes. L'action ressemble au mouvement de masses de sable déplacées par le vent. Mais il faut donner le change. En s'agissant, on fait *comme si.*[12]

So gerät auch die dramatische Handlung in den Bereich des „als ob". Sie folgt zwar formal bis zu einem bestimmten Punkt dem Schema der unterlegten Sophokles-Tragödie, dann aber wendet sich das Schicksal für Paidoux noch zum Guten. Während Oedipus sich weigert, nach Theben zurückzukehren und stirbt, versöhnen sich Paidoux und seine

[12] *Écrits*, S. 254.

Gegner in einem neuen politischen Bündnis. Ihr Schicksal ist nicht tragisch, es versandet vielmehr in der Banalität der Komödie.[13]

4.1.3 *Les huissiers* als Collage-Album

Die Art und Weise, in der sich Vinaver mit den zeitgenössischen politischen Verhältnissen auseinandersetzte, war Ende der fünfziger Jahre wohl so brisant, daß Planchon, auf dessen Veranlassung *Les huissiers* geschrieben worden war, lieber auf eine Aufführung verzichtete. So blieb das Stück viele Jahre in der Schublade liegen, bis Chavassieux, ein Schüler Planchons, es 1980 inszenierte. Anne Ubersfeld, die diese Aufführung gesehen hat, schreibt in ihrem Vinaver-Buch, daß sie beim Zuschauen manchmal gerne einen Schlüssel für die Ereignisse und Figuren auf der Bühne gehabt hätte.[14] Der Autor muß selbst wohl ähnliche Überlegungen angestellt haben, jedenfalls hat er gemeinsam mit Michelle Henry, der Herausgeberin seiner theoretischen Schriften, ein Buch zusammengestellt, in dem der Text des Stücks mit einer Vielzahl von ganz unterschiedlichen Dokumenten zu großformatigen Collagen verarbeitet wurde.[15] Abgedruckt sind Auszüge des Manuskripts, ein Teil der 1957 ausgeschnittenen Photos und Zeitungsartikel, Anmerkungen zu zeitgeschichtlichen und literarischen Bezügen, schließlich eine von Vinaver selbst erstellte Konkordanz zwischen *Oedipus auf Kolonos* und *Les huissiers*. Dabei ging es den beiden Autoren nicht darum, das Stück zu aktualisieren, vielmehr wollten sie das Rohmaterial, so wie es vorlag, zeigen, ohne es auf eine Epoche zu fixieren:

> ... ne pas l'annexer (la pièce) aux années 80, ne pas la figer dans les années 50. Varier les éclairages: faire apparaître les écarts et les convergences

---

[13] Vinaver hebt die Opposition von tragischem Ende und Happy End in seiner Wirkung auf das Publikum hervor: „IRONIE: dans la tragédie, l'action finit mal avec évidence, les acteurs en sont aussi les commentateurs; c'est leur lucidité quand s'achève le trajet, c'est leur compréhension du sens de l'événement, qui amène la résolution de l'angoisse dans le public, l'apaisement final. Dans la comédie, le 'happy end' dénonce sa propre imposture; le malaise du public atteint son point culminant", *Écrits*, S. 260.

[14] Ubersfeld 1989, S. 25f.

[15] Michel Vinaver: *Le livre des huissiers*, Paris 1981 (in Zusammenarbeit mit Michelle Henry).

entre 1957 et 1980: faire réfléchir l'une dans l'autre les deux époques, faire réfléchir l'une dans l'autre la réalité politique et la fiction théâtrale.[16]

Abgesehen von dem sicher wichtigen dokumentarischen Wert der reproduzierten Dokumente und Kommentare verbinden sich hier zwei Aspekte: Zunächst einmal ist das ludische Element von großer Bedeutung. Der Blick des Lesers kann in diesem Album zwischen den durch Pfeile und Kreise markierten und in Beziehung gesetzten Elementen hin und her reisen, er kann Hypothesen über die Funktion der collagierten Elemente für das Stück aufstellen und immer neue Beziehungen knüpfen. So mag man sich beispielsweise fragen, warum ein Photo den General Franco beim Angeln zeigt oder welche Bedeutung ein „Moscou contre Brecht" betitelter Zeitungsausschnitt hat. Aufschlußreich ist in dieser Hinsicht Genettes Beschreibung der Hypertextualität[17] als ein Spiel, in dem die Prätexte in einer unerwarteten, nicht programmierten, unbegründeten Weise behandelt und benutzt würden. Die Offenlegung des Konstruktionsprinzips im *Livre des huissiers* unterstreicht diesen spielerischen Aspekt. Die Beliebtheit solcher Versteck- und Aufdeckspiele, die als ein Charakteristikum postmoderner Literatur angesehen werden können, wird ganz deutlich in der drei Jahre später erschienen Nachschrift Umberto Ecos zu *Il nome della rosa*[18], die separat veröffentlicht wurde und in der die intertextuellen Beziehungen, die im Roman zunächst getarnt wurden, nun offengelegt werden.[19]

Abgesehen von diesem spielerischen Aspekt geben die angewandten Verfahren aber auch Aufschluß über ein bestimmtes Geschichts- und Wirklichkeitsverständnis und deren Rückwirkungen auf die Dramen Vinavers. Zwei Beispiele seien hier angeführt.

Der Autor erarbeitete für das Album eine Konkordanz zwischen *Les Huissiers* und *Ödipus auf Kolonus* auf der Ebene der Handlung und der Figuren und kam danach zu dem Schluß, daß die Auswahl des klassi-

---

[16] Michelle Henry in der Einleitung zu *Le livre des huisssiers*.

[17] Unter „hypertextualité" versteht Genette Intertextualität im engeren Sinn als das Aufpfropfen eines Textes A auf einen Text B unter Ausschluß des Kommentars. Genette 1982, S. 11f.

[18] Umberto Eco: *Postille à 'Il nome della rosa'*, Mailand 1984.

[19] Ulrich Broich schreibt in *Intertextualität. Formen, Funktionen, anglistische Fallstudien*, Hrsg. Ulrich Broich/ Manfred Pfister, Tübingen 1985, S. 38: „Eco treibt also ein Spiel mit dem Leser, indem er zunächst einige der Prätext-Bezüge in seinem Roman tarnt und kaschiert und sie erst in seiner Nachschrift augenzwinkernd offenlegt."

schen Textes doch nicht so zufällig gewesen war, wie er dies zunächst gedacht hatte. Die griechische Mythologie hatte ihn seit seiner Kindheit aufs intensivste beschäftigt und die Überzeugung in ihm genährt, daß jedes dramatische Werk, das sich mit sozialen, ökomonischen oder politischen Themen auseinandersetzte, in einer mythologischen Struktur im weitesten Sinne verankert sein müsse. Der aus Theben vertriebene Ödipus und der aus seiner Partei ausgeschlossene Paidoux entsprechen sich und verweisen auf das Ausgestoßensein als eine tragische Grundsituation des Menschen in der (nach-)modernen Industriegesellschaft, das eines der Hauptthemen Vinavers bleiben wird.[20] Unter diesem Aspekt erscheint dann auch der Begriff des Palimpsestes weniger treffend, weil die Beziehung zwischen Prätext und Text keine rein zufällige ist, was aber letztendlich auch für den größten Teil der von Genette untersuchten Werke zutrifft.

Wichtige Hinweise auf das Geschichtsverständnis des Autors deuten sich an in den bereits erwähnten Photos aus Paris Match von Staatsmännern beim Angeln oder beim Apéritif in einem Straßencafé. Vinaver erklärt, daß er das von der Boulevard-Presse geschätzte Verfahren, Personen des öffentlichen Lebens „ganz privat" zu zeigen, in sein Stück übertragen habe, indem er Paidoux vorübergehend im Ministerium wohnen läßt, wo seine Sekretärin ihm das Frühstück bringt und ihn immer wieder daran erinnert, daß er sich nun aber rasieren und anziehen müsse. Dahinter steht Vinavers Überzeugung, daß nicht „die Gipfel" des politischen Geschehens für ein historisches Stück von Interesse sind, sondern dessen Verwurzelung im Alltag einerseits und seine Rückwirkungen auf das alltägliche Leben andererseits:

> C'est donc l'environnement historique dans lequel baigne le quotidien qui m'intéressait, davantage que l'événement historique lui-même.[21]

Das Vergnügen für den Leser besteht darin, das Heft zu durchblättern und immer neue Bezüge zu entdecken. Dabei wird deutlich, daß die verschiedenen Prätexte in *Les huissiers* nicht den gleichen Status haben. Während die zahlreichen Presseausschnitte das „banale", alltägliche Rohmaterial für das Stück bereitstellen, übernehmen die intertextuellen Verweisungen in Form der mythologischen Elemente und des

---

[20] Siehe hierzu: *Les livre des Huissiers*, S. 20f. Später wird es dabei weniger um den politischen Ausschluß als um das Ausgestoßensein der arbeitslosen Manager gehen.
[21] *Écrits*, S. 284.

Sophokles-Dramas die syntagmatische Integration der verschiedenen Handlungsstränge. Die den Fortgang des Stücks unterbrechenden Chöre knüpfen gleichermaßen an die antiken Vorbilder wie an die Brechtsche Dramaturgie an. Sie haben einerseits eine reflektierende Funktion und vermitteln andererseits die Verankerung des Politischen im Alltagsgeschehen.

An diesem Punkt schließt sich der Kreislauf: Er führte von der Collage/Montage-Technik auf der Ebene der Werkgenese über ein sich an klassischen Strukturen orientierendes, relativ geschlossenes Theaterstück bis hin zu einem Collagewerk, das den Schaffensprozeß offenlegt und den Rezipienten zur Mitarbeit auffordert.

4.2 *Iphigénie Hôtel*

4.2.1 Zur Dramaturgie des „entre-deux“

Als Vinaver 1963 eine Einleitung für die gekürzte Gallimard-Ausgabe von *Iphigénie Hôtel* verfaßte, stellte er dieser das in der Folge von der Kritik immer wieder kommentierte Braque-Zitat über das „entre-deux“ in der Malerei voraus.

> Il y a des gens qui disent: „Que représente votre tableau?... Quoi?... Il y a une pomme, c'est entendu, il y a... Je ne sais pas... Ah! une assiette; à côté...“ Ces gens là ont l'air d'ignorer totalement que ce qui est ENTRE la pomme et l'assiette se peint aussi. Et, ma foi, il me paraît tout aussi difficile de peindre l'entre-deux que les choses. Cet „entre-deux“ me paraît un élément aussi capital que ce qu'ils appellent l'„objet“. C'est justement le rapport de ces objets entre eux et de l'objet avec l'„entre-deux“ qui constitue le sujet.[22]

[22] Georges Braque in einem Interview mit Georges Charbonnier, L'Express, 2. Juli 1959, zitiert nach Michel Vinaver: *Théâtre complet* I, S. 277. Zum Begriff des „entre-deux“ und seiner Bedeutung für *Iphigénie Hôtel* siehe die Arbeit von Judith D. Suther: „The Medium is not the Message: Myth in Vinaver's Iphigénie Hôtel“, in: *The French Review*, 45, 1972, S. 1105-1116, hier S. 1113. Suther vertritt die Auffassung, Vinaver habe das kubistische Verfahren auf ein traditionelles Thema übertragen: „He has reduced his material to its most basic components and then rearranged the components in completely new patterns or – the choice is ours – no patterns at all.“ Vinaver selbst hat seine Textstruktur lieber mit den schon erwähnten Bildern Dubuffets aus der Phase der

Vinavers Absicht war es, dieses Konzept auf den dramatischen Text zu übertragen, was bedeutete, daß er den dargestellten Figuren und Ereignissen weniger Bedeutung beimessen wollte als dem, was sie trennt und verbindet.

> La démarche consiste à partir de bruits et de paroles, de mouvements et de pas, d'objets, d'espaces; une matière se sécrète, celle-là même de la vie quotidienne.[23]

Der Zuschauer wird eingeladen, seinen eigenen Zugang zu den Figuren zu finden und seine eigenen „significations" herauszulesen. Als einzigen Vorgänger, der seines Wissens eine solche Dramaturgie des Dazwischen geschaffen hat, nennt Vinaver Tschechow. Auch in Tschechows Dramen muß der Leser oder Zuschauer in der Vielstimmigkeit der Alltagsdialoge auf Widersprüche, Überschneidungen und Bestätigungen achten, um „seinen" Text zu erstellen. Als bekanntes Beispiel sei hier nur die Eröffnungsszene der *Drei Schwestern* genannt, in der eine Säulenreihe die drei weiblichen von den drei männlichen Figuren trennt, deren Gespräche unverbunden zu verlaufen scheinen. Die zunächst willkürlich herüberdringenden Gesprächsfetzen aus der Unterhaltung der Männer können auch als Kommentar oder Korrektiv zu der Unterhaltung der Frauen verstanden werden, die sich um deren Hoffnungen und Wünsche nach einem anderen, aktiveren Leben in Moskau dreht. Neben der Technik der sich überkreuzenden Dialoge gibt es natürlich eine ganze Reihe anderer Bezugspunkte zu Tschechow wie die Alltagsthematik, den Verzicht auf zentrale Helden oder die Verlagerung der dramatischen Handlung in marginale Bezirke, auf die aber an dieser Stelle nicht detailliert eingegangen werden soll.[24]

Texturologies vergleichen wollen, weil diese ihm weniger konstruiert und dem Zufall näher erschienen. „Le travail que je fais sur les textures, les sonorités, les frottements entre les répliques, selon moi, me rapprocherait plutôt, comme je le disais, d'un travail comme celui de Dubuffet." Zitiert nach: „*Iphigénie Hôtel*. Entretien avec Michel Vinaver" 1977, S. 25f.

[23] *Écrits*, S. 178.

[24] Anton Tschechow: *Drei Schwestern*. Übersetzt von Sigismund Radecki, Stuttgart 1985, S. 5-7. Als erste Orientierung können die Aufsätze von Maria Deppermann (Onkel Wenja), Richard Peace (Die drei Schwestern) und Bodo Zelinsky (Der Kirschgarten) in: Bodo Zelinski (Hrsg.): *Das Russische Drama*, Düsseldorf 1986, S. 147-199 dienen. Besonders die beiden letzten Tschechow-Dramen – *Drei Schwestern* und *Der Kirschgarten* – verzichten ganz auf zentrale Helden, es gibt hier nur noch die Tschechow-Gruppe. Auf der thematischen Ebene taucht immer wieder das

Außer Tschechow als wichtige Referenz nennt Vinaver in seiner Einleitung eine ganze Reihe von Quellen, aus denen er die Themen und Figuren seines Stücks geschöpft hat: Henry Greens Roman *Loving*, den er 1954 unter dem Titel *Amour* ins Französische übersetzt hatte[25], sodann den Roman *L'Apprenti*[26] von Raymond Guérin, das fragmentarische Theaterstück *Sweeney Agonistes* von T.S. Eliot[27] und den Rossellini-Film *Viaggio in Italia*. Auffällig ist, daß Vinaver – sieht man einmal von Eliot ab – drei neorealistische Werke nennt, die sich durch ihre lineare Erzählweise auszeichnen und in denen die Montagetechnik keine Rolle spielt. Die aus heutiger Sicht weniger bekannten Romane und der damals von der Kritik viel diskutierte Film haben Vinavers Stück unterschiedlich stark – und, wie noch zu zeigen sein wird – auf ganz verschiedenen Ebenen beeinflußt. Vinaver äußert sich in diesem Vorwort nicht zu der Rolle der klassischen Mythen, welche Bedeutung er ihnen beimißt, geht erst aus den „Notes pour la mise en scène" hervor, die erstmals in den *Écrits* veröffentlicht wurden.[28]

Indem Vinaver explizit das Universum der Texte nennt, die sich in *Hôtel Iphigénie* überschneiden, gibt er einen Hinweis darauf, daß der Begriff des „entre-deux" nicht nur auf die Inhaltsebene des Stücks,

---

Motiv des Verschleißes im Alltag auf, das Deppermann mit dem Tschechow-Zitat belegt: „Eine Krise kann jeder Idiot erleben, aber was uns auslaugt, das ist der Alltag." (Deppermann S. 147f.). Bradby hat hervorgehoben, daß in Vinavers Stücken einfache Leute im Mittelpunkt stehen „lacking in political influence or historical importance". Wie in Tschechows Stücken seien sie aber weit davon entfernt, uninteressant zu sein: „the characters acquire general significance, become representative of anyone who has known the feeling of not being in control of his or her own fate, of having to maneuver within a range of strictly limited freedoms." Bradby 1993, S. 16 und 23.

[25] Henry Green: *Amour*, traduit de l'Anglais par Michel Vinaver, Paris 1954. Greens Romane erleben in den letzten Jahren in Deutschland eine Renaissance. Meinen Ausführungen liegt die deutsche Übersetzung von *Loving* zugrunde: Henry Green: *Der Butler*. Aus dem Englischen von Walter Schürenberg, Frankfurt a.M. 1991.

[26] Raymond Guérin: *L'Apprenti*, Paris 1946, 2. Aufl. 1973. Guérins Roman hat die Erlebnisse eines jungen Mannes aus der Provinz zum Thema, der in einem der großen Hotels in Paris eine Lehre macht. Die detaillierte Beschreibung der Arbeit in Küche, Restaurant und im Zimmerservice sowie der Beziehungen zwischen den Angestellten aus der Sicht des Lehrlings läßt für den Leser ein düsteres, deprimierendes Bild dieser an der Oberfläche glänzenden Welt des „Palace" entstehen. Guérin hat seinem Roman den Untertitel „Ebauche d'une mythologie de la réalité" gegeben, wobei es sich um die Mythen des Alltags in der Zeit zwischen den beiden Weltkriegs handelt.

[27] *Sweeney Agonistes*, Fragment of a Prologue. Fragment of an Agon, in: *The Complete Poems and Plays of T.S. Eliot*, London 1969, S. 113-130.

[28] „Iphigénie Hôtel: Notes pour la mise en scène", in: *Écrits*, S. 179-232.

sondern auch auf die textuelle Produktion angewendet werden kann. Der Autor versteht sich nicht mehr als originärer Schöpfer eines Kunstwerks, das eine vom Autor intendierte Aussage repräsentiert, sondern er wird zu einer „Echokammer“ (Barthes), die von Hall und Rauschen fremder Texte erfüllt ist.[29] Nun greifen literarische Texte von jeher auf ein „Repertoire“[30] zurück, aus dem sie Bestandteile selektieren; Intertextualität ist aber mehr als die Präsenz von Zitiertem, als der Bezug auf ein Repertoire. Indem sich die verschiedenen Diskurse überschneiden, verliert das Wort die Fixierbarkeit seiner Denotations- und Konnotationselemente. Nicht die „Wahrheit“, der „Sinn“ eines Textes sollen dechiffriert werden, sondern die Möglichkeiten seines Spiels nachgezeichnet werden. Der Text als polyphones Geflecht des Schreiben-Lesens wird dynamisiert, wobei ironische und parodierende Verfahren eine entscheidende Rolle spielen.[31]

Verfolgt man die verschiedenen literarischen Spuren, die sich in *Iphigénie Hôtel* durchkreuzen, so sind die Hinweise auf Eliot und Rosellini in erster Linie als ein literarisches Programm zu verstehen was die Verwendung des Mythos, die Rolle des Alltags und der Alltagssprache, schließlich die Auffassung der dramatischen Figur betrifft. Henry Greens Roman *Loving* von 1945 hingegen diente ganz konkret als „Steinbruch“ für die Handlung des Stücks, und Guérins *L'apprenti* hat Vinaver zahlreiche Details über die Arbeit in einem großen Hotel entnommen.

Greens Roman spielt in einem irischen Landsitz. Dem Wechsel zwischen der Empfangshalle des Hotels und dem Aufenthaltsraum der Angestellten entspricht im Roman derjenige zwischen den Wohnräumen des Schlosses und der Küche. Der alte Butler liegt im Sterben, und wie im Theaterstück der Diener Alain versucht der ehrgeizige Charley Raunce, seine Nachfolge anzutreten, wozu er sich in den Besitz der Notizbücher bringt, die Aufschluß darüber geben sollen, wie er sich die Macht sichern kann. Dem Werben Alains um das Zimmermädchen Pierrette entspricht dasjenige Charley Raunce' um das Hausmädchen Edith; beide Paare verlassen am Ende das Haus, die einen gehen nach Frankreich, die anderen nach London zurück. Während die französi-

[29] Siehe hierzu Hottong 1994, S. 75.

[30] Wolfgang Iser: *Der Akt des Lesens*, München 1976, S. 116.

[31] Siehe hierzu Hans-Thies Lehmann: „Müller/ Hamlet/ Grüber/ Faust: Intertextualität als Problem der Inszenierung“, in: Chr. W. Thomsen (Hrsg.): *Studien zur Ästhetik des Gegenwartstheaters*, Heidelberg 1985, S. 36ff.

schen Touristen aus der Ferne die Ereignisse um die Machtergreifung De Gaulles verfolgen, erleben die irischen Adligen und ihre Bediensteten die Ereignisse des 2. Weltkriegs vom Rande des britischen Empire aus. Bis in kleine Details wie den Diebstahl des kostbaren Rings und die daraus resultierenden Wirren, die Ausgrabung von Königsgräbern oder die Verzweiflung des Küchenjungen Albert angesichts des sterbenden Butlers wird die Romanhandlung in einen dramatischen Text umgearbeitet. Zwei Aspekte haben Vinaver wohl in erster Linie dazu bewogen, diesen Roman zunächst ins Französische zu übersetzen und ihn dann als Grundlage für sein Theaterstück zu verwenden:

Da ist einmal die Bedeutung des Alltags und der alltäglichen Arbeiten bei Green, der in seinem Roman auf Höhepunkte und dramatische Verwicklungen verzichtet. So erscheinen der Ehebruch der jungen Lady und das Werben von Raunce um Edith durch die banalen Begleitumstände eher in einem komischen Licht. Der andere Aspekt ist die Behandlung der Kommunikation. Der Text enthält nur in geringem Maße beschreibende und kommentierende Passagen, er besteht vorwiegend aus banalen Dialogen, die die Ausdrucksweise und den Tonfall insbesondere der unteren Schichten imitieren.[32] Nach und nach entsteht aus diesen vom Erzähler kommentarlos aneinandergereihten Gesprächen das differenzierte Bild der Beziehungen zwischen den Bewohnern des Schlosses, ihrer Macht- und Abhängigkeitsverhältnisse. *Loving* wie *Iphigénie Hôtel* können verstanden werden als ein „parcours initiatique", der den Aufstieg Alains bzw. Charley Raunce' vom Concierge zur Macht zum Thema hat. Gegenüber der Romanvorlage Greens fügt Vinaver dem „tissage" von *Iphigénie Hôtel* nun aber einen entscheidenden Faden hinzu:

> C'est le fil de l'histoire des Atrides, suite de transgressions de l'ordre du monde, de meurtres, de violations d'interdits entraînant une dégradation de la situation d'origine qu'on peut craindre irréversible.[33].

---

[32] Zu Vinavers Auseinandersetzung mit Henry Greens Roman siehe Anthony Quinton: „A French View of 'Loving'", in: *The London Magazine* 6.4, 1959, S. 25-35. Quinton hat zwar wenig für Vinavers angeblich existentialistisch-intellektuelle Interpretation des Romans übrig, gesteht ihm aber zu, daß er die Qualitäten der Dialogführung doch genau eingeschätzt habe: „One is never told what is going on in the minds of the characters beyond what one could have inferred from the look of the faces if one had been there. His work is closer to that of a painter than is any other considerable novelist's."

[33] *Mémoire sur mes travaux*, S. 30bis.

4.2.2 Der Atriden-Mythos als literarisches Scharnier

Welche Funktion das „Einweben" des Atriden-Mythos in den Text hat, soll durch einen Vergleich mit dem ebenfalls von Vinaver als Quelle zitierten Rossellini-Film erhellt werden. Rossellini verwendet in seinem Film *Viaggio in Italia* von 1953 eine der Technik Greens vergleichbare parataktische Erzählweise. Im Mittelpunkt steht die Reise des großbürgerlichen englischen Ehepaares Katherine und Alexander nach Neapel, wo sie eine Erbschaftsangelegenheit regeln wollen. Während der Autofahrt durch Italien und später in der geerbten Villa in Neapel wird ihnen klar, daß ihre Beziehung kalt und distanziert geworden ist. Die Krise wird nicht in traditioneller Weise durch das Auftauchen einer dritten Person ausgelöst, sondern durch das Reiseerlebnis und die Begegnung mit der antiken Kultur.

Während die Welle des Neorealismus nach 1952 in Italien schon abflaute, bedient sich Rossellini hier noch der typischen Filmtechnik dieser Bewegung, die auf Montage und Rückblenden verzichtet. Die Kamera sieht mit den Augen Katherines die italienische Landschaft vom Auto aus vorbeiziehen, später fährt sie ganz langsam durch Neapel und beobachtet Gebäude, Heiligenfiguren, Kinder, schwangere Frauen und einen Leichenzug. Katherines Gedanken bleiben unausgesprochen und unkommentiert, der Zuschauer kann sie jedoch aus der Auswahl der Bilder und Dialogfetzen erschließen. Realität wird fragmentarisch dargestellt, erst die kombinierende Aktivität des Zuschauers läßt die Zusammenhänge deutlich werden. André Bazin, der zu den entschiedenen Verfechtern eines „Anti-Montage-Kinos" zählte, hat die neorealistische Regie Rosselinis als zugleich elliptisch und synthetisch bezeichnet: „Der Neorealismo betrachtet die Realität als einen Block, als Gesamtheit, sicher nicht unverständlich, aber untrennbar."[34] Der Blick des neorealistischen Regisseurs bleibe global, er analysiere nicht, um dann eine dem moralischen Weltverständnis des Künstlers entsprechende Synthese herzustellen, sein Bewußtsein „filtere" lediglich die Realität. Als Beispiel nennt Bazin die Darstellung der Stadt Neapel, die nur in einer sehr unvollständigen, fragmentarischen Form gezeigt werde. Das wenige, was man sehe, habe einen globalen Charakter:

---

[34] André Bazin: „Verteidigung von Rossellini", in: *Was ist Kino? Bausteine zur Theorie des Films,* Köln 1975, S. 156-165, hier S. 161.

> Das ist das durch das Bewußtsein der Heldin 'gefilterte' Neapel; und wenn die Landschaft arm und begrenzt ist, so deshalb, weil dieses mittelmäßige bürgerliche Bewußsein selbst unter einer außerordentlichen geistigen Armut leidet.

Das Neapel in diesem Film sei aber nicht falsch:

> ...es ist vielmehr eine geistige Landschaft, die gleichzeitig die Objektivität der reinen Fotografie und die Subjektivität des reinen Bewußtseins hat.[35]

Die Mischung von dokumentarischer Beobachtung und scheinbar unbeteiligt dargestellten Personenporträts, die wohl Vinaver faszinierte, wurde von der zeitgenössischen italienischen Kritik wenig goutiert, da man sie als einen Verrat an den Idealen des sozialkritischen Neorealismo ansah, in Frankreich hingegen wurde der Film mit einhelliger Begeisterung aufgenommen.

Auch in *Iphigénie Hôtel* erscheinen Mykene und die antiken Denkmäler in der beschränkten Perspektive der Touristen, aber Rossellinis Film unterscheidet sich dennoch grundsätzlich in seiner Intention von der Vinavers. Dies läßt sich verdeutlichen am Beispiel des zunächst verblüffenden Happy-End des Films. Auf dem Heimweg von Pompeij gerät das Paar in eine Heiligen-Prozession, die es an der Weiterfahrt hindert. Während Alexander zunächst in gewohnter Distanz von Aberglaube redet, ist Katherine sogleich offener. Als sich schließlich – von der Kamera unbeobachtet – eine Wunderheilung ereignet, wird das Paar vom Geschiebe und Gedränge mitgerissen. Der Film endet mit dem plötzlichen und unerwarteten Ausbruch ihrer Liebe und dem melodramatisch erscheinenden Versprechen der beiden zusammenzubleiben. Diese Schlußsequenz erhellt nun die Bedeutung der Reiseerlebnisse des Paares. Eine Reihe von Eindrücken bereitet ihre Umkehr vor: das Vorbeifahren eines prächtigen Leichenwagens, Katherines Besuch der Katakomben von Neapel, die als Beinhaus dienen, und schließlich der Ausflug nach Pompeij, wo Katherine und Alexander dabei sein können, als die Körperformen eines im Schlaf vom Tod überraschten Paares mit Gips ausgegossen werden. Katherine wird sich der Endlichkeit des Seins bewußt, die Reise in den Süden zu den antiken Denkmälern wird in durchaus romantischer Tradition eine Reise zu sich selbst und zu einer tieferen, sinnerfüllten Existenz.

---

[35] Ebd. S. 162.

Nichts von alledem bei Vinaver. Während Alexander in *Viaggio in Italia* sein Urteil über die faulen und unberechenbaren Südländer revidiert und durch deren natürliche und fröhliche Lebensweise zu einer neuen Grundhaltung findet, werden weder der Butler Alain und seine französischen Kollegen noch die Gäste im Hôtel Iphigénie am Ende etwas dazugelernt haben. Der antike, der zeitgenössisch politische und der private Text des Stücks durchkreuzen einander, ohne einander zu erhellen, ihr Bezug ist – wie schon zu Beginn angedeutet – bestenfalls ein ironischer, nicht aber ein symbolischer oder metaphorischer. Vinaver selbst meint, der Aufstieg Alains, die Mythen von Mykene und die Machtergreifung De Gaulles entsprächen sich nicht und täten es doch:

> L'ironie crée un va-et-vient entre les correspondances qui affleurent sans cesse à notre conscience, et la destruction incessante par notre conscience des mêmes correspondances... Elle jette des ponts ici et là dans notre univers discontinu, les seuls ponts qui ne s'effondrent pas sur les bases glissantes et mouvantes où ils s'accrochent, parce qu'ils sont légers, déformables et étirables à l'infini à peine là...[36]

Vinaver hat die für seine Stücke typische Beziehung als „navette mythique"[37] bezeichnet. Verschiedene mythologische Fäden durchkreuzen das Stück. Am offensichtlichsten sind zunächst die Bezüge zu den mykenischen Sagen. Der Mythos erscheint hier unter seinem grausamen Aspekt, alle Anspielungen der Hotelgäste beziehen sich auf die Greueltaten der Atriden. So sieht Mme Lhospitallier in Mykene weniger den Ursprung der Zivilisation als den aller Schrecken:

> Quand on y pense, c'est plutôt l'origine de toutes les horreurs qui ont abouti de nos jours aux camps de concentration. Qu'est-ce qu'ils n'ont pas fait, dans les murs de ce palais. Moi, ce qui m'est resté en travers, ce sont ces deux frères dont l'un a servi à l'autre un ragout fait de la chair de ses propres enfants.
> (I, S. 296.)

Am zweiten Tag, 2. Szene, ist es wiederum Mme Lhospitallier, die auf das Schicksal der Cassandra anspielt. In die Konversation über die Entwicklung des Tourismus in Mykene wirft sie ein, sie habe davon geträumt, wie die Zwillinge Kassandras erwürgt wurden (I, S. 328);

---

[36] *Écrits*, S. 204.

[37] *Mémoire sur mes travaux*, S. 33.

etwas später berichtet sie von einem Traum, in dem Soustelle in Frankreich die Macht übernommen habe. Die beiden Elemente des Traums scheinen keinen Zusammenhang zu haben, sie bleiben ohne Reaktion der anderen Gäste.

Am dritten Tag schließlich ist die Rede von einem Plan Onassis', in Mykene ein riesiges Amphitheater aus Beton zu bauen, in dem für die Touristen an jeweils drei aufeinanderfolgenden Abenden ein Zyklus von Stücken aufgeführt werden soll. Veluze entwickelt zur allgemeinen Erheiterung die Idee, daß jeder Abend einem Mörder gewidmet sein sollte: der erste dem Kinder-Mörder Atreus, der zweite dem Tochtermörder Agamemnon, der dritte dem Mutter-Mörder Orest. In der Schlußszene hat Veluze seinen großen Auftritt, er spielt vor den versammelten Gästen und dem Hotelpersonal den Anwalt zunächst der Anklage, dann der Verteidigung in einem fiktiven Prozeß gegen Ägistheus und Klytaimnestra. Sein Auftritt wird unterbrochen durch die Nachricht vom Sieg De Gaulles.

Während die Mehrzahl der Gäste den Mythos vor allem als Gelegenheit benutzt, ihre klassische Bildung selbstgefällig zur Schau zu stellen, suchen zwei Frauen einen anderen Zugang zur Vergangenheit: Mlle Lhospitallier betätigt sich auf ihren Spaziergängen als Archäologin und bringt einzelne Scherben von antiken Gefäßen mit, die sie dem Alltag längst vergangener Zeiten annähern: „Je trouve ça très émouvant. [...] J'avais la sensation de communiquer avec quelque chose de très lointain"(I, S. 338). Ihr archäologischer Enthusiasmus wird jedoch durch die Gespräche der Zimmermädchen Laure und Pierrette ins Lächerliche gezogen, die hinter dieser Fassade nur den verzweifelten Versuch sehen, noch einen Mann zu bekommen. Veluze hingegen, für den sie sich interessiert, „lui tient des discours sur les dieux et les héros" (I, S. 316). Als sich gegen Ende des Stücks die Gelegenheit abzeichnet, gemeinsam der Ausgrabung eines neu entdeckten Doppelgrabs beizuwohnen, in dem man Ägistheus und Klythaimnestra vermutet, scheitert das Vorhaben daran, daß alle Hotelzimmer ausgebucht sind. Hatte das Erlebnis der Ausgrabung in Rossellinis Film das entfremdete Paar wieder einander angenähert, verläuft bei Vinaver alles im Sande, Veluze begleitet die Damen lediglich zum Bahnhof.

Das Zimmermädchen Pierrette schließlich entflieht den Konventionen des Hotelalltags, indem sie in der Küche einen großen Krug mit Olivenöl stiehlt, der sie während der ersten beiden Tage überall hin begleitet. Sie hat davon gehört, daß die alten Griechen Olivenöl als produit de beauté benutzten, und läßt sich nun von dem Küchenjungen Jacques während eines nächtlichen Spaziergangs in der Nähe der Perseia-Quelle von Kopf bis Fuß einölen. Die Eskapade gewinnt für sie dadurch an Reiz, daß in dieser Quelle angeblich in mythischer Zeit orgiastische Zeremonien stattfanden. Der Versuch, ihrem Verlangen nach einer unkonventionellen Sinnlichkeit nachzugeben, wird jedoch dadurch beendet, daß sie dem Werben des Butlers Alain nachgibt, der sie in den spießbürgerlichen Alltag reintegriert.

Der Atriden-Mythos und der Plan, die Touristen von Mykene in ein dreitägiges Gesamtschauspiel eintauchen zu lassen, Mlle Lhospitalliers Versuche, via Archäologie mit einer anderen Epoche zu kommunizieren, schließlich Pierrettes Nachahmung mythischer Initiationsriten an der Perseia-Quelle können verstanden werden als das, was Foucault mit dem Begriff der Heterotopie beschreibt.[38]

Foucault hat sich von den unwirklichen Räumen der Utopie abgegrenzt und an ihre Stelle die Heterotopie gesetzt. Solche Gegenorte sind eine Art effektiv durchgeführter Utopie, in der die wirklichen Orte, welche in einer Kultur gefunden werden können, gleichermaßen repräsentiert sind. Die Herotopie ist in der Lage, an einem einzigen wirklichen Ort verschiedene Räume, die an sich unvereinbar sind, einander gegenüberzustellen. Während utopische Denkformen häufig auf die Zukunft bezogen sind mit dem Anspruch, einen Weg in eine bessere Welt anzubahnen, sieht Foucault unsere aktuelle Epoche eher als die des Raumes an, in dem simultan Nahes und Fernes, Gegenwärtiges und Vergangenes nebeneinander existieren.[39] Foucault unternimmt den Versuch einer systematischen Beschreibung der Heterotopie. Dabei unterscheidet er sechs Grundsätze, von denen hier nur die für uns wichtigen Aspekte Erwähnung finden sollen: Prinzipiell gibt es für ihn keine Kultur ohne Heterotopien, wobei für die Urgesellschaften eher Krisenheterotopien, für unsere Gesellschaft hingegen die „Abweichungsheterotopien" typisch sind. Heterotopien setzen ein System von Öffnungen und Schließungen voraus: Sie haben gegenüber dem verbleibenden Raum eine Funktion, z.B. diejenige, einen Illusionsraum zu schaffen, der den Realraum als noch illusorischer denunziert.

---

[38] Michel Foucault: „Andere Räume", in: Karlheinz Barck (Hrsg.) *Aisthesis. Wahrnehmung heute oder Perspektiven einer anderen Ästhetik*, Leipzig 1990, S. 34-46. Abdruck eines Vortrags, der am 14. März 1967 im Cercle d'Etudes Architecturales in Paris gehalten wurde.

[39] Ebd. S. 34.

(Beispiele: das Bordell oder die Kolonie).Von besonderem Interesse ist für uns der dritte Grundsatz, dem zufolge die Heterotopie an einem einzigen Ort mehrere Orte zusammenzulegen vermag, die an sich unvereinbar sind, was in vollkommener Weise im Theater realisiert ist.

In dem offenen Raum der Heterotopie muß der Mythos nicht mehr in einer hierarchischen Struktur als Erklärung der Gegenwart dienen, sondern er repräsentiert vielmehr den „anderen Ort". Für Vinaver hat es die Vergangenheit, „où tout se tenait"[40], nie gegeben, wir brauchen sie aber dennoch als Hilfe. Das Hotel am Rande archäologischer Ausgrabungen soll als Ferienort die Funktion erfüllen, die Defizite des Lebens am realen Ort zu kompensieren. So sagt Mme Lhospitallier: „La Grèce a cette vertu de restituer aux choses leur juste mesure."(I, S. 327) Vinaver selbst hält das Thema „entrée-sortie" und die dialektische Bewegung zwischen diesen beiden Polen in seinem Werk für fundamental. So wacht Alain über Öffnung und Schließung des heterotopischen Raumes Hotel. Als die Damen Lhospitalier gegen Ende ihren Aufenthalt verlängern wollen, weil die Tochter hofft, Veluze doch noch zu mehr als zu unverbindlichen Reden über die antiken Helden bewegen zu können, verschließt Alain ihr diese Möglichkeit: das Hotel ist schon ausgebucht.

Die in den Gesprächen des Personals immer wieder auftauchende Perseia-Quelle zitiert als Ort ritueller Reinigungen die Krisenheterotopien sogenannter Urgesellschaften, in denen die Jungen sich an einen anderen, geheiligten oder verbotenen Ort begeben mußten, um dann als Männer in ihre Gemeinschaft zurückkehren zu können. Bezeichnenderweise bleibt dem 17-jährigen Jacques nach der „archaischen Initiation" mit Pierrette nur die Flucht zu den Fallschirmspringern, um sein Erwachsensein unter Beweis zu stellen.

Nimmt man Vinavers programmatisches Braque-Zitat und sein Sich-Berufen auf T.S. Eliots poetisches Werk ernst, so ist *Iphigénie Hôtel* wohl kaum als eine „Abrechnung mit der zeitgenössischen, platten Kultur" und als pessimistisches Bild unserer Epoche anzusehen.[41] Das hieße, Vinavers Perspektive mit derjenigen Mme Lhospitalliers zu identifizieren, die sich über die pauschalreisenden Bus-Touristen lustig macht. Vielmehr sind die Fäden der Alltagshandlung und der mythologischen Komponente schon in diesem frühen Stück eng miteinander

[40] *Écrits*, S. 310.

[41] Suther 1972, S. 1115f.

verwoben, ohne daß sich eine Hierarchie abzeichnete. Zwar kann der Mythos nicht mehr als Erklärungsmodell unserer Wirklichkeit dienen, er fungiert aber ähnlich wie in Eliots Werk als kohärenzstiftendes Element, man könnte auch sagen als literarisches Scharnier innerhalb der ansonsten von Disharmonie und Heterogenität geprägten Alltagswelt des Textes. So kann der Kampf um die Macht in der Hotelhierarchie als Parodie der Kämpfe zwischen den Atriden verstanden werden. Charakteristisch ist die Substitution der Handlungsträger (statt des Palastes die Hotelküche und die Zimmer der Angestellten, statt Königen schielende Hoteldiener und Zimmermädchen) und die Einführung in den Werthierarchien niedrig eingestufter Signifikate.[42] An die Stelle von Mord und Schändung treten Ohrfeigen und beleidigende Reden, skatologische und sexuelle Anspielungen. Daß die Relation von Original und Parodie, von Hoch und Tief nicht so eindeutig ist, wie dies zunächst erscheinen mag, geht aus der Art und Weise hervor, in der der mythologische „Originaltext" eingeführt wird, etwa als Alptraum, als Skandalgeschichte oder als die schon erwähnte in einer Art „Spiel im Spiel" inszenierte Gerichtsreportage.

Während der Mythos in zeitliche Ferne gerückt ist, zeichnen sich die Ereignisse in Algerien und um den Aufstieg De Gaullles durch räumliche Distanz aus, sie werden durch die mangelnden Kommunikationsmittel verzerrt und neutralisiert. Die Offenheit des Textes macht es dem Leser/Zuschauer möglich, die politische Handlung aus verschiedenen Blickwinkeln zu sehen, er kann sie in Beziehung setzen zum mythologischen, aber auch zum alltäglichen Kontext des Stükkes.[43] Was für die späteren, stark montierten und auf den ersten Blick durch ihre fragmentarische, diskontinuierliche Form geprägten Stücke

---

[42] Zum Begriff der Parodie siehe Wolfgang Karrer: *Parodie, Travestie, Pastiche*, München 1977, besonders S. 119-122.

[43] Bradby wie Pavis heben diese Qualität von *Iphigénie Hotel* hervor. Bradby 1988, S. 211, schreibt hierzu: „The quality of the dramatic text that results from this frame of mind is best described as open. Every action, every statement can be understood in a variety of different ways and in relation to different 'harmonics' or associations of ideas. The text is constructed so as to favor a multiplicity of reference, and indeed it makes a univocal rendering almost impossible." Pavis, „Malaise dans la civilisation" 1989, S. 91, sieht in diesem Verzicht auf einen metaphorischen Gebrauch des Mythos einen Hinweis auf Vinavers ganz postmodernes Mißtrauen gegenüber den Meta-Texten: „Le mythe ainsi réactualisé n'a plus pour fonction d'expliquer métaphoriquement le monde, mais à la manière barthésienne, d'en dire l'ambiguïté et la duplicité: il reste illisible tant que le lecteur ne s'engage pas et ne l'engage pas dans une direction privilégié."

zutrifft, läßt sich auch schon von den frühen Dramen sagen: Sie entwickeln weder im Sinne der „pièce bien faite“ eine Fabel, noch zielen sie auf eine klare politische Aussage ab, vielmehr bleibt *Iphigénie Hôtel* in der Vielzahl der intertextuellen Bezüge ein heterogenes Werk, was durchaus der Intention des Autors entsprach:

> Elle [l'écriture] procède par établissement de connexions entre éléments disparates. Les stries se tracent et peu à peu réduisent l'état initial d'indistinction. Il y a une poussée vers le sens. Aucune pièce ne se boucle sur un sens. Mais du début à la fin de chaque pièce, et d'une pièce à l'autre, se creusent des galeries de sens à communications multiples, se disposent des croisements, des carrefours, qui participent d'un aménagement du territoire.[44]

[44] *Mémoire sur mes travaux*, S. 25.

5 Totale Montage auf der Makro-Ebene: *Par-dessus bord*

5.1 Der Text als „pâte": Die Zutaten und ihre Strukturierung

Nach einer langen Schaffenspause, die Vinaver als Panne in seiner Karriere als Theaterautor ansah, schrieb er zwischen 1967 und 1969 *Par-dessus bord*, sein mit Abstand umfangreichstes Werk. Die „version longue", die den ursprünglichen Text darstellt, umfaßt 255 Seiten, daneben existieren eine „version brève", die jedoch unveröffentlicht blieb, und schließlich eine auf 185 Seiten gekürzte „version super-brève", die im ersten Band des *Théâtre Complet* abgedruckt ist. Vinaver selbst hat keiner dieser drei Fassungen den Vorzug gegeben, als Grundlage soll hier jedoch die Langfassung dienen, wobei punktuelle Vergleiche mit der „version super-brève" aufschlußreich sein können.[1]

Die Aufführung der Langfassung beansprucht acht bis zehn Stunden, was zu Beginn der siebziger Jahre als unzumutbar galt. Planchon hatte daher bei den Vorbereitungen zur Uraufführung gemeinsam mit Vinaver als eine Möglichkeit erwogen, den gesamten Text auf einer großen Simultanbühne zu spielen. Auf den einzelnen Bühnen wären die Geschichten des Firmenchefs, des Vertreters, der Jugendlichen etc. aufgeführt worden. Den Zuschauern wären am Eingang verschiedene

[1] Die Langfassung erschien zunächst 1972 bei Arche. Diese Ausgabe ist vergriffen. 1983 erschien eine Neuausgabe in der Collection du Théâtre Populaire Romand, La Chaux-de-Fonds, die hier, wenn nicht anders vermerkt, zitiert wird. Kurzfassung in: *Théâtre complet* I, S. 385-506. Im Anhang dieser Ausgabe schreibt Vinaver S. 579: „Les trois versions sont à considérer comme autant d''états', sans hiérarchie à établir entre eux, d'une même oeuvre." Insgesamt zeichnet sich in der späteren Kurzfassung eine Tendenz zur Straffung und Abstraktion ab. Gestrichen werden persönliche Details zur Biographie Passemars/Vinavers, konkrete zeitpolitische Bezüge (z.B. taucht in der Langfassung, S. 298, der Name Willy Brandts auf), die Namen real existierender Firmen und Produkte. Die Geschichte der Asen und Wanen wird an verschiedenen Stellen gekürzt, ebenso fallen die ersten, grotesk anmutenden, da sehr drastischen Werbeplakat-Entwürfe für das neue Toilettenpapier weg.

Wege durch die Aufführung angeboten worden, sie hätten die Möglichkeit gehabt, von einer Bühne zur anderen zu wechseln, während die verschiedenen „Teilstücke“ gleichzeitig gespielt worden wären. Die gesamte Inszenierung hätte dann nicht länger als zwei oder drei Stunden gedauert.[2] Planchon hat letztendlich auf dieses Projekt verzichtet, wahrscheinlich vor dem Aufwand und den Kosten zurückschreckend, erkannte dies aber später als einen Fehler.[3] Als gelungen sah Vinaver erst die 1983 durch das Théâtre Populaire Romand in Lausanne realisierte Aufführung des Urtextes an, die den genau entgegengesetzten Weg einschlug, indem sie im Vergleich mit Planchons „Musical-Version“ nur geringe Mittel aufwendete, sich ganz auf den Text konzentrierte und die visuellen Theaterzeichen auf ein Mimimum reduzierte. 1992 wurde in Evora (Portugal) eine dritte, nun wieder kürzere Aufführung realisiert, die ganz auf die Schnelligkeit des Rhythmus setzte. Der Regisseur Pierre-Etienne Heymann konnte zwanzig Jahre nach der Uraufführung auf eine beachtliche Reihe langer Inszenierungen zurückblicken, die in den achtziger Jahren immer mehr in Mode gekommen waren, man denke nur an die Projekte Ariane Mnouchkines oder an die *Orestie* Peter Steins. Wichtig war die Erfahrung, daß es sich hier nicht nur einfach um *längere* Aufführungen handelte, sondern daß das Theater eine andere Qualität gewann, indem sich das Verhältnis des Zuschauers zum Bühnengeschehen wandelte. Welche Bedeutung die Zeit in solchen langen Stücken gewinnen kann, geht aus Roland Barthes Äußerungen über das griechische Theater hervor:

> Associé au dénouement du temps laborieux, le théâtre installait un autre temps, temps du mythe et de la conscience, qui pouvait être vécu non

---

[2] Die Kühnheit eines solchen Entwurfs Anfang der 70er Jahre wird daran deutlich, daß Peter Pütz in: *Die Zeit im Drama. Zur Technik dramatischer Spannung*, Göttingen 1970, S. 19, noch schreibt, die Simultanbühne erlaube es nicht, gleichzeitige Geschehnisse gleichzeitig darzustellen: „[...]sie läßt lediglich verschiedene Schauplätze gleichzeitig sehen. Sobald jedoch agiert und geredet wird, müssen wichtige Gesprächs- und Handlungsteile gesondert und daher nacheinander vorgetragen werden, wollen sie vom Publikum verstanden werden.“ Ronconi hat den von Vinaver und Planchon nicht realisierten Weg 1990 für die Aufführung der *Letzten Tage der Menschheit* in einer ehemaligen Montage-Halle von Fiat in Turin gewählt. Durch die Simultaneität verschiedener Handlungen im Raum wurde das Stück von 10 auf 4 Stunden reduziert. Bernard Dort 1995, S. 37, schreibt über diese Aufführung, durch die Simultaneität sei die Zeit sozusagen annuliert worden bzw. „transformé en un seul moment de grinçante Apocalypse“.

[3] Entretien Planchon/ Vinaver 1975, S. 34-40, hier S. 34.

comme un loisir, mais comme une autre vie. Car ce temps suspendu, par sa durée même, devenait un temps saturé.[4]

Vinaver war sich der Problematik eines solch ausufernden Stückes durchaus bewußt, er sah aber keine andere Möglichkeit, als sich in einem „Akt des Exorzismus" von seiner Schreibhemmung zu befreien, um sich selbst zu akzeptieren:

> Le débouchage s'est produit 'un beau jour' que m'est venue la pensée (jusqu'alors impensable) qu'il était possible de lier mon existence professionnelle et mon existence d'écrivain, qu'à la limite je pouvais essayer de les rapprocher jusqu'à ce qu'elles s'appuient l'une sur l'autre. [...] Pour surmonter les résistances internes, j'ai pris le parti de ne me contraindre à aucune économie, de laisser venir, de tout dire.[5]

Vinaver steht mit diesem neuen Ansatz in seinem Werk nicht alleine. In ähnlicher Weise wollte Godard in seinen Filmen der gleichen Epoche um 1968 (*La Chinoise*, 1967, *One plus One*, 1968) nicht mehr verbergen, was in ihm vorging: Privates vermischt sich mit Politischem und Künstlerischem, die Authentizität dieser Filme beruht auf der Durchdringung von Fiktion und Dokument, die beide Künstler formal mit den Mitteln der Montage realisieren. In einem Interview mit Marguerite Duras hat Godard einmal gesagt, seine Filme seien fertig, wenn er sie auseinandergenommen habe.[6] Dabei gelang es ihm immer wieder, mehrere Filme in einem Film zusammenzumontieren: So verknüpft er beispielsweise in *Passion* von 1982 die Geschichte der europäischen Malerei mit den Bedingungen des Filmemachens in Frankreich, der Schweiz und Polen sowie mit der Lage der französischen Fabrikarbeiterinnen und dem Schicksal der polnischen Solidarnosc.[7]

---

[4] Roland Barthes: „Le théâtre grec", in: *Histoire des spectacles, Encyclopédie de la pléiade*, Paris 1965, S. 525. Dort 1995, S. 38, hebt den epischen Aspekt in der Tradition Piscators und Brechts hervor.

[5] *Écrits*, S. 309.

[6] Zitiert nach Klaus Theweleit: „One plus One oder Wie man im Kino die Schönheit erträgt. Eine Lobrede auf den Film-Arbeiter Jean-Luc Godard, aus Anlaß der Verleihung des Adorno-Preises der Stadt Frankfurt am Main." Abdruck der gekürzten Fassung in: *Die Zeit*, 22. Sept. 1995, S. 69-70.

[7] Helga Finter hat darauf hingewiesen, daß die Wirkung dieses Films „das Ergebnis einer Addition von Ketten verschiedener Zeichenmaterialität" ist. Als Elemente nennt sie Musiksequenzen, Stimmen mit verschiedenen Akzenten, Inszenierungen lebender Bilder und Sequenzen aus der Arbeits- und Liebeswelt derer, die sie inszenieren. Die

Kein Wunder also, daß Vinaver Godard als ihm verwandten montierenden Künstler begreift, auch wenn bei diesem das Sehen im Vordergrund steht, wohingegen Vinaver die Arbeit mit dem Text und folglich das Hören betont. Die Originalität Vinavers liegt darin, daß er nicht primär seine Künstler-Biographie als Ausgangspunkt nimmt, sondern vielmehr sein Manager-Dasein in der Industrie. Wie Godards Filme enthält auch *Par-dessus bord* mehrere Unterstücke, was Vinaver damit erklärt, daß er dem Text gleich einem Teig immer neue Elemente beigefügt habe, damit er die richtige Konsistenz erlange und zusammenhalte:

> La pâte est faite de choses, d'éléments, de fragments décomposés. Elle est bonne, de consistance suffisante, elle a pris, si d'autres choses, éléments, venant constamment s'y ajouter, s'y fichent et tiennent dans n'importe quel sens (et ainsi grossit la boule...).[8]

Die Kritik hat es unternommen, die verschiedenen Handlungsstränge des Werks zu entwirren. Anne Ubersfeld unterscheidet für das gesamte Stück vier Fäden, die die Fabel strukturieren, nämlich erstens die Abenteuer der Firma, zweitens die Geschichte der Familie Dehaze (Tod des Vaters, Bruderzwist, Scheidungen und Heiraten), drittens die Geschichte des Vertreters Lubin und seiner Familie, viertens das Schicksal Passemars, der wiederum in seinen vielfältigen Bezügen als Theaterautor, leitender Angestellter in Schwierigkeiten und Hörer des Mythenforschers M. Onde auftritt.[9] Bradby, der die formalen Prozesse als eigene Handlungsstränge auffaßt, entwirrt ihrer sieben alleine im 4. Akt.[10] Vinaver selbst hat darauf verzichtet, den auseinandergenommenen Text in seinen Notizen „En cours d'écriture de *Par-dessus bord*"

Struktur dieses Films bestimme nicht mehr eine Narration, vielmehr generiere die Montage der genannten Elemente Sinnpotentiale für den Zuschauer. „Das Kameraauge des postmodernen Theaters", in: Thomsen 1985, S. 49.

[8] *Écrits*, S. 239.

[9] Ubersfeld 1989, S. 42.

[10] Bradby 1993, S. 45: „(1) The development of the firm's strategy in meeting the American challenge; (2) the process of marketing a new product; (3) the development of power relations within the firm; (4) the development of the associated thematic material; (5) the process of telling a story, writing a play, composing a ballet, and how their different approaches to similar thematic material may intersect or diverge; (6) the development of the love interest; (7) the process of language". Bradby vermischt hier formale und inhaltliche Entwicklungsstränge, was sich auf Grund der meta-theatralischen Komponente des Stücks anbietet.

wieder zusammenzufügen, er verzeichnet aber eine Liste von Materialien, die in dieses Werk Eingang gefunden haben. In dieser Aufzählung findet man bestimmte Shakespeare-Dramen, Aristophanes, Dumézils Schriften zu den nordischen Mythen, das Boulevard-Theater, Oldenburgs Happenings, Rabelais, Werbetexte, die Maler Dubuffet, Picasso und Yves Klein.[11] Auffällig ist, daß es sich hier nicht nur wie bei *Iphigénie Hôtel* um ein literarisches Quellenverzeichnis handelt, sondern daß auch andere Gattungen genannt werden, in denen verwandte künstlerische Verfahren verwendet werden. Die Liste ist weit davon entfernt, vollständig zu sein, das Stück enthält unter anderem Material aus den Werken Freuds, Nietzsches, C.G. Jungs, Max Webers, und es ist immer wieder die Rede von Mme Pompadour und dem galanten 18. Jahrhundert. In der ausufernden Intertextualität des Stücks ist sicher ein postmoderner Aspekt des Werkes zu sehen, von dem später noch die Rede sein wird.[12]

Das Konzept der „pâte“ läßt auf eine chaotische Struktur schließen, auf ein Auseinandernehmen der Teile im Sinne Godards, die nach und nach dem Werk „beigefügt“ werden. In welcher Weise Vinaver dieses Chaos ordnet, um ihm eine künstlerische Gestalt zu geben, wird durch die musikalischen Bezüge des Werks angedeutet. Die Kritik hat immer wieder auf die Kontrapunkt-Technik Vinavers hingewiesen, die ihre volle Entfaltung aber erst in späteren Werken findet. Hinsichtlich *Par-dessus bord* drängt sich der Bezug zum Free Jazz auf, der insbesondere im 3. Akt thematisiert wird. In den Szenenanweisungen wird genau beschrieben, wie Alex und seine beiden Freunde auf wechselnden Instrumenten zu spielen haben:

> Ce sont des morceaux de durée variable, la plupart brefs, moins d'une minute: musique à la limite extrème de la tension, parfois de l'audible.[13]

---

[11] *Écrits*, S. 242.

[12] Siehe hierzu Évrard 1993, S. 17-32, der auf die große Menge der intertextuellen Bezüge im skatologischen Bereich hinweist. Neben Aristophanes, der Dada-Bewegung und Swift nennt er als wichtigste Referenz den grotesken Realismus Rabelais'. „L'inversion carnavalesque du haut et du bas, des parties 'nobles' et des parties 'dégradantes' de l'anatomie humaine, du sublime et de l'abject est exploitée par l'auteur de *Par-dessus bord* pour montrer la réversibilité de la bouche et de l'anus [...] Cette déterritorialisation des lieux du corps est sous-tendue par une critique virulente de la hiérarchie au sein de l'entreprise.“ S. 32.

[13] *Par-dessus bord*, S. 125. Ubersfeld berichtet über die Aufführung in Evora, daß der Jazz-Musiker Alex hier zu Recht als eine Angelfigur des Stücks interpretiert werde:

Ähnlich wie der Free Jazz in den sechziger Jahren von seinen Hörern forderte, daß sie sich von eingeschliffenen Hörgewohnheiten, von vertrauten Harmonien und Rhythmen verabschiedeten, um offen für das Neue sein zu können, verlangt auch ein Text wie *Par-dessus bord* von seinen Rezipienten, sich auf dessen ungewohnte Komposition einzulassen.[14] Die kurzen Musikstücke werden von Alex mit surrealistisch wirkenden Texten unterlegt. Er erklärt Jiji: „En ce moment on travaille sur un morceau qui s'enroule sur lui-même", und Jiji ergänzt: „Qui se mord la queue".[15] Diese Beschreibung deckt sich mit Passemars Schlußsatz am Ende des Stücks: „De sorte que la fin rejoint le commencement."[16] Die zyklische Struktur ist laut Vinaver/Passemar ebenso den Komödien des Aristophanes entliehen wie die Einteilung in sechs Sätze (Mouvements), die eine dramatische Progression im Sinne des klassischen Dramas in fünf Akten verhindern soll:

> Pour *Par-dessus bord*, j'ai pris chez Dumézil l'ordre des événements dans la guerre des Ases et des Vanes, et chez Aristophane la structure obligée de toutes ses comédies (l'Offense, le Combat, l'Agon (sacrifice), la Contre-Offense, le Banquet, le Mariage).[17]

Inwieweit der mythologische Teil der Handlung das gesamte Stück tatsächlich zusammenhält, wird im Anschluß an die nun folgende Vertiefung der formalen Analyse zu untersuchen sein.

„Alex, pivot de la fable, image de l'Histoire qui déborde l'entreprise et la rejoint pour s'y fondre. Comme si, prophétiquement (la pièce date de 1970), l'Histoire était rattrapée par l'Economie de marché." Ubersfeld Anne: „D'Evora à Par-dessus bord, Vinaver au Portugal", in: *Théâtre/ Public* 105, Gennevilliers 1992, S. 47-50.

[14] Zur Rezeption des Free-Jazz in den 60er Jahren siehe Joachim E. Berendt: *Das große Jazz-Buch*, Frankfurt am Main 1981, S. 39-50. Berendt schreibt: „Dazu will uns Free Jazz zwingen: Wir müssen aufhören, Musik als Medium unserer Selbstbestätigung zu sehen[...] Mit Selbstbestätigung in der Musik meine ich die Art, in der wir alle bisher Musik gehört haben: immer um ein paar Takte voraus – und wenn's dann genauso oder so ähnlich eingetroffen ist, wie man erwartet, fühlt man sich bestätigt[...] Free Jazz muß ohne das Bedürfnis, bestätigt zu werden, gehört werden. Die Musik folgt nicht mehr dem Hörer; der Hörer muß der Musik folgen – voraussetzungslos, wo immer sie hin führt." S. 49-50.

[15] *Par-dessus bord*, S. 128.

[16] Ebd. S. 305.

[17] *Écrits*, S. 308.

5.2 Raum- und Zeitstruktur

Im Gegensatz zu späteren Stücken hält *Par-dessus bord* an einer chronologischen Anordnung des Materials fest. Beschrieben wird der Niedergang einer traditionsreichen Firma, ihr erneuter Aufschwung durch den Einsatz moderner Marketing-Strategien und schließlich ihre Übernahme durch einen amerikanischen Großkonzern, da die Banken die notwendige finanzielle Unterstützung verweigern. Alle anderen Handlungsfäden sind in irgendeiner Weise mit diesem Rückgrat verbunden. Die wenigen Ausflüge in die Vergangenheit werden entweder von Passemar als Spielleiter angekündigt – es handelt sich hier immer um Vorlesungen des M. Onde zur skandinavischen Mythologie – oder aber sie werden als erzählte Erinnerungen präsentiert, etwa von Alex, der seine Kindheit im KZ verbracht hat, oder von den Halbbrüdern Dehaze. Von diesen Ausnahmen abgesehen ist die Handlung konsequent in der Gegenwart angesiedelt.

Der chronologischen Zeitstruktur steht eine völlige Auflösung der räumlichen Einheit entgegen. Die einzelnen Mouvements spielen an bis zu 9 verschiedenen Orten, insgesamt kommt man auf etwa 30 sehr unterschiedliche Spielplätze. Daß dies eine naturalistische Bühnengestaltung unmöglich machte, wurde schon angedeutet. Für die Inszenierung boten sich entweder eine Simultanbühne an, auf der die verschiedenen Handlungsstränge parallel zueinander gespielt wurden – was die Aufführungsdauer erheblich verkürzt hätte –, oder aber eine Lösung in der Tradition der Shakespearebühne, die sich durch eine Vielzahl an Spielflächen einerseits und eine starke Reduzierung der Requisiten andererseits auszeichnet. Die atmosphärische Vergegenwärtigung des Raumes würde hier alleine durch das Wort ermöglicht.[18] In der Aufführung des Théâtre Populaire Romand entschloß man sich dazu, den Raum durch eine Balkenkonstruktion in 24 Würfel von 3 Meter Kantenlänge einzuteilen. Diese „cubes d'aires“ waren durch Leitern miteinander verbunden, was die Kommunikation zwischen den einzelnen Spielebenen ermöglichte.[19] Auch die Inszenierung von Evora arbeitete

[18] Zur Shakespearebühne siehe Elke Platz-Waury: *Drama und Theater*, 4. Aufl., Tübingen 1994 , S. 21-23.

[19] Die genaue Beschreibung der Bühnengestaltung und Photos der Inszenierung findet man in der Einleitung der Ausgabe von 1983, S. 24-26. Die Aufgabe, die sich dem Bühnenbildner stellte, wird hier wie folgt beschrieben: „Il faut donc inventer une sorte d'espace de synthèse, ou composite, qui intègre sans les effacer totalement les multi-

mit der Verschachtelung der Räume, in denen verschiedene Handlungsstränge simultan abliefen, wobei hier stärker mit Beleuchtungseffekten gearbeitet wurde.[20]

Wie wichtig die Lösung des Raumproblems ist, wird deutlich, wenn man die verschiedenen Montage-Verfahren untersucht, die in diesem Werk Anwendung finden.

5.3 Der Spielleiter als „bouffon“: metatheatralische Aspekte

Zunächst sei auf die Rolle Passemars eingegangen, der als Regiefigur eine ganze Reihe von Funktionen übernimmt. Als typische Gestalt des epischen Theaters tritt er vermittelnd zwischen die innere Spielebene und das Publikum. Während der Chor in der Regel eine kommentierende und reflektierende Rolle innehat – man erinnere sich an *Les huissiers* – ist es dem Spielleiter möglich, die Handlung zu unterbrechen, ihr vorzugreifen oder auch die Chronologie umzustellen. Er kann sich zu den Prinzipien des Arrangements der Handlung äußern, und schließlich ist es ihm möglich, selbst eine Nebenrolle im Stück zu übernehmen.[21]

Par-dessus bord beginnt mit einer kurzen Szene zwischen Mme Lépine und dem Vertreter Lubin, in der die Absatzschwierigkeiten der Firma angedeutet werden. Danach tritt ein Masken tragendes Ballett auf. Die Tänzer mißhandeln ohne ersichtlichen Grund Passemar, dann vierteilen sie ihn, um ihn anschließend wieder zusammenzusetzen, und schließlich tragen sie ihn auf ihren Schultern wie bei einer Prozession. Die Szene steht in der Tradition früher Brechtstücke, man denke etwa an das *Badener Lehrstück vom Einverständnis*, in das eine Clownsszene montiert ist, während derer ein Herr Schmitt von drei Männern auseinandergeschraubt wird. Die komisch-gräßliche Clowns-Nummer verursachte bei der Uraufführung 1929 in Baden-Baden einen Theater-

---

ples lieux de l'univers de la pièce; les indications de Vinaver sont à cet égard précieuses: il parle de pâte, de magma. On pourrait y ajouter la notion de labyrinthe.“ S. 25.

[20] Siehe hierzu die Analyse der Aufführung in Evora von Ubersfeld 1992, S. 50, die zur Raumordnung dieser Inszenierung schreibt: „Emboîtement des espaces, image des strucures emboîtées de notre monde, chacun des espaces étant en correspondance symbolique ou en contraste avec un autre.“

[21] Zur Rolle des Spielleiters siehe Pfister 1988, S. 111f.

Skandal, wobei die Schock-Wirkung wie in den Happenings der sechziger Jahre durchaus intendiert war. Mennemeier interpretiert das Stück als eine Auseinandersetzung mit der Frage, „was im angeblichen Zeitalter der Humanität, in dem die Menschen rar geworden sind, der Mensch sei und, vor allem, wie ihm als Gattungswesen das Überleben ermöglicht werden könne“.[22] Solche Schock-Wirkung ging und geht ganz zweifellos von Vinavers Szene nicht mehr aus. Passemar als Alter ego Vinavers charakterisiert sie als

> [...]un petit divertissement masqué à la façon d'Aristophane dont j'ai pensé qu'il pourrait peut-être servir de prologue à la pièce je suis l'auteur de cette pièce et je mène une existence un peu écartelée en tout cas pas commode[23]

Es ist offensichtlich, daß bei Vinaver nicht mehr gefragt wird, was der Mensch sei, sondern daß vielmehr der Theater-Autor demontiert wird. Er führt ein zerrissenes Dasein und wird in der Tradition Pirandellos von seinen Figuren überrumpelt. In diesem ersten, fast zwei Seiten umfassenden Monolog stellt sich Passemar als der Autor des Stückes vor. Er berichtet von seiner Doppelexistenz als Romanschriftsteller und als leitender Angestellter, die er nicht als Widerspruch, sondern als sinnvolle Ergänzung versteht, eine Auffassung, die Vinaver in zahlreichen Interviews auch in späteren Jahren immer verteidigt hat.

> [...]quand on est cadre si on veut remplir convenablement ses fonctions il faut user de son imagination c'est la même dans laquelle on puise en écrivant alors il n'y en a pas toujours assez oui mais ça vaut mieux que d'être un artiste en marge de la société qui parle d'un monde qu'il ne connaît pas[24]

Zugleich greift Passemar der Handlung voraus, indem er andeutet, daß durch das Auf-die-Bühne-treten der Amerikaner erhebliche Veränderungen in der Firma zu erwarten sind. Schließlich gesteht er schon jetzt ein, daß er nicht wisse, ob er das Stück zu Ende bringen könne: „j'ai du mal à trouver un axe.“ Im Verlauf des ersten Aktes tritt Passemar nun auf der inneren Spielebene in seiner Nebenrolle als Leiter des „service

---

[22] Brecht, *Gesammelte Werke 2*, S. 593-598. Siehe hierzu auch den Aufsatz von Franz Norbert Mennemeier: „Montage und Menschenbild: Brecht, Benn, Jelinek“, in: Fritz 1993, S. 53-82, hier S. 58.

[23] *Par-dessus bord*, S. 70.

[24] *Par-dessus bord*, S. 71.

administration des ventes“ in Dialogen mit anderen Angestellten auf, zugleich schlüpft er aber auch wieder aus seiner Rolle, um neue Figuren vorzustellen.

Zu Beginn des 4. Mouvement, also in der Mitte des Stücks, folgt die zweite große Intervention Passemars. Nicht ohne Ironie reflektiert er sein bisheriges Vorgehen und die Krise des zeitgenössischen Theaters, in dem er noch nicht seinen Platz zwischen Avantgarde und Tradition gefunden hat:

> [...] je me suis laissé influencer par certains procédés extrêmement modernes l'intrusion du cinéma dans le théâtre l'agression du public par les comédiens une jeune fille nue dans le premier acte encore que cela soit fait d'une façon assez conventionnelle il n'est pas choquant qu'un modèle nu soit nu tandis que dans le théâtre réellement d'avantgarde les comédiens se déshabillent ou déchirent leur vêtement en se roulant par terre pour retrouver leur pureté animale [25]

Als die drei Tänzer beginnen, ihm die Kleider vom Leib zu reißen, überlegt er, ob er die Zwischenspiele („intermède“) nicht ganz streichen sollte, da sie nur die Produktionskosten in die Höhe treiben würden. Passemar sieht sich im folgenden vor zwei Probleme gestellt: Einerseits läuft er Gefahr, bei der dramatischen Umsetzung der Geburt des neuen Produkts und der damit verbundenen technischen Aspekte zu didaktisch und langweilig zu werden, andererseits bereitet ihm der „aspect scatologique“ Schwierigkeiten: „Tout ce qui est grossier m'est personnellement pénible“.[26]

Passemars Überlegungen werden durch die Aktivitäten der drei Tänzer unterbrochen, die Szenen aus der skandinavischen Mythologie nachspielen. In einer pirandellianischen Vermischung der Spielebenen wird Passemar von einem für den Gott Baldr bestimmten, als Pfeil benutzten Misteltrieb getroffen und fällt „tot“ um.[27] Pirandellos Stück *Sei Personaggi in cerca d'autore* endet mit dem Selbstmord des Jungen, der sich sowohl auf der Ebene der Erzählung als auch in der Ge-

---

[25] *Par-dessus bord*, S. 162.

[26] Ebd. S. 175.

[27] Manfred Schmeling schreibt in *Métathéâtre et intertexte*, Paris 1982, S. 69: „Le tragique pirandellien est profondément a-dialectique. Sa structure est circulaire, c'est le jeu comme répétition de ce qui ne change jamais. [...] chaque scène, chaque action n'est rien d'autre que l'illustration de la thèse centrale de l'impossibilité d'un théâtre qui voudrait être en même temps le jeu et la vie.“

genwart des Theaterstücks ereignet.[28] Während bei Pirandello der Tod des Jungen die Tragik der Unvereinbarkeit von Spiel und Leben illustriert, wird sich Passemar bis zum 5. Mouvement von dem Angriff seiner Tänzer erholt haben und erneut den Kampf mit ihnen aufnehmen. Als er sie in seiner Funktion als Spielleiter zwingen will, eine Rolle in der Handlung um die Geschichte der Firma Dehaze zu spielen, reisen sie verärgert ab. Das Stück endet für Passemar mit seiner Kündigung, es gibt in der amerikanisierten Firma keinen Platz mehr für ihn. Noch einmal denkt er – jetzt mit einer gewissen Selbstzufriedenheit – über sein Theaterstück nach:

> [...] il me semble qu'elle a trouvé son axe mais elle est un peu foisonnante d'un côté le handicap c'est l'âge de l'autre c'est la longueur et le nombre de personnages naturellement je ne m'opposerai pas à certaines coupures mais ce que je souhaiterais préserver c'est cette structure dont je n'ai pas scrupule à avouer que je l'ai empruntée à Aristophane[29]

Noch für Brecht hatte sich der Spielleiter durch seinen absoluten Informationsvorsprung gegenüber den Personen des Spiels ausgezeichnet, da er vergleichbar mit dem Erzähler in narrativen Texten das Dargestellte als ein abgeschlossenes Ganzes sieht. Ganz anders Passemar, der als der fiktive Autor seinen Figuren, aber auch dem Leser/Zuschauer immer nur ein wenig voraus ist. Von Beginn an stellt er auf der Meta-Ebene des Stücks dessen Fortgang in Frage (weil er, wie schon erwähnt, nicht dessen Achse findet); später erwägt er, ob er nicht besser den ganzen mythologischen Apparat über Bord werfen solle. Die schon erwähnten ständigen Angriffe seiner Ballett-Truppe sind als deren Versuch zu verstehen, in ihm symbolisch den Dichter zu ermorden. Das Stück erscheint so als ein *work in progress*, dessen Ausgang insofern offen ist, als es fraglich erscheint, ob es dem Autor gelingen wird, einen Sinn oder eine Perspektive in den heterogenen Materialien aufzudecken. Es gelingt Passemar weder als Autor noch als Angestellter sich durchzusetzen, was ihn aber nicht im Sinne Pirandellos zur tragischen Gestalt werden läßt, sondern er bleibt der „bouffon", der sich selbst zum Narren hält, eine Vaudeville-Gestalt.[30] Sarrazac hat im

---

[28] Mailand 1978, S. 122.

[29] *Par-dessus bord*, S. 303.

[30] Vinaver selbst definiert den Künstler als „bouffon" wie folgt: „C'est celui dont la démarche, qu'elle soit fulgurante ou tranquille, fait voler en éclats les conformismes et les stéréotypes du système, et ouvre ses voies non encore imaginées", *Écrits*, S. 317.

Anschluß an Brecht für diesen Autoren-Typ den Begriff des „écrivain-rhapsode" geprägt:

> Écrivain-rhapsode donc (en grec, rhaptein signifie coudre), qui assemble ce qu'il a préalablement déchiré et qui dépièce aussitôt ce qu'il vient de lier.[31]

In Godards Film *Passion* läßt der polnische Regisseur Jerzy am Ende der Geschichte alle Aufnahmen der lebenden Bilder nach Werken aus der europäischen Malerei wieder löschen, weil das Licht nicht stimme; sie gelingen aber dennoch, wie im Vorbeigehen, denn die Arbeit an ihnen ist ein Teil des Films, den wir nun sehen. In ähnlicher Weise hat Vinaver/Passemar gerade dieses Stück, das er ständig in Frage stellt, geschrieben, ohne auf die Götter, die Tanzeinlagen, den skatologischen und bürokratischen Aspekt verzichtet zu haben. Traditionelle wie avantgardistische Verfahren – von der nackten Schauspielerin und den Boulevard-Elementen über die Happenings bis hin zum montierten Film- und Werbematerial – sind in *Par-dessus bord* enthalten. Durch die Kommentare Passemars werden sie jedoch ironisiert und gewissermaßen in Anführungszeichen präsentiert.

5.4 Die Funktion der Montage von Filmmaterial und nicht literarisch codierten Texten

Wie vielseitig die angewandten Verfahren aus dem Bereich der Montage in diesem Werk sind, soll nun an einigen Beispielen deutlich wer-

---

Siehe hierzu auch die sehr aufschlußreichen Überlegungen der Schauspieler über Passemar bei den Proben 1982, die in der Einleitung zu *Par-dessus bord*, S. 19-20, abgedruckt sind.

[31] Jean Pierre Sarrazac: *L'Avenir du drame*, Paris 1981, S. 27. Zum Vergleich sei die Brechtsche Definition aus dem Kleinen Organon zitiert: „Die Schillersche Unterscheidung, daß der Rhapsode seine Begebenheit als vollkommen vergangen, der Mime die seinige als vollkommen gegenwärtig zu behandeln habe, trifft nicht mehr so zu. Es soll in seinem Spiel durchaus ersichtlich werden, daß er schon am Anfang und in der Mitte das Ende weiß, und er soll so durchaus eine ruhige Freiheit behalten. In lebendiger Darstellung erzählt er die Geschichte seiner Figur, mehr wissend als diese und das Jetzt wie das Hier nicht als eine Fiktion, ermöglicht durch die Spielregel, setzend, sondern es trennend vom Gestern und dem andern Ort, wodurch die Verknüpfung der Begebnisse sichtbar werden kann." Brecht, *Gesammelte Werke* 16, S. 684f.

den. Vinaver selbst beschreibt seine kreative Tätigkeit ähnlich wie schon in bezug auf *Les huissiers* mit dem Begriff der Collage :

> Quand j'ai écrit, j'ai beaucoup utilisé le collage, il y a vraiment des éléments bruts qui viennent directement, que ce soit le magnétophone, la „pub" qui sont comme ça, même pas du tout retranscrits, mais qui sont justement dénoncés par les mises en relation.[32]

Solche *éléments bruts* finden ganz besonders im 4. Mouvement Verwendung. Ein Beispiel ist der zweiseitige Fragebogen, mittels dessen die Toilettenpapier-Gewohnheiten der Befragten erforscht werden sollen.[33] Vinaver gibt in den Szenenanweisungen erstmals die Verwendung von Filmen vor, wobei auf verschiedenen Bildschirmen drei Filme gleichzeitig projiziert werden sollen:

> Le texte des enquêtrices dans les trois films est identique mais les films ont des rythmes différents et les textes se chevauchent et se brouillent; dans chaque film il peut y avoir un montage de plusieurs interviewés, chacun dans le décor de son logement.[34]

Dieses „document" wird nicht durch andere Textstränge unterbrochen, es erscheint als Monolog, da die Antworten lediglich durch Schweigen markiert sind. Das mehrmalige Übereinanderspielen derselben Tonspur bewirkt ein Überzeichnen, der Text gerät durch das Vermischen der Stimmen an die Grenze des Verständlichen. Während der Filmprojektionen sollen die drei Balletttänzer mit einem Mikrophon im Publikum herumgehen und an einzelne Zuschauer Fragen stellen. Passemar kommentiert, sich selbst auf die Schulter klopfend, dieses Vorgehen in der gleich anschließenden Intervention ironisch als „procédé extrêmement moderne" und hofft, den Marktanforderungen des aktuellen Theaters zu entsprechen:

---

[32] Entretien Planchon/ Vinaver 1975, S. 36.

[33] In der Einleitung zu *Par-dessus bord* berichten die Schauspieler, daß Vinaver ihnen das Original des Fragebogens gezeigt habe: „Vinaver nous montre le document qui lui a servi pour réaliser le questionnaire du quatrième Mouvement et affirme qu'il n'y a pas de grossissement que c'est l'effet de montage qui crée le grossissement le grossissement doit être dans la tête du spectateur et pas dans la représentation", *Par-dessus bord*, S. 22.

[34] *Par-dessus bord*, S. 159.

> [...] il faut bien admettre que le seul théâtre qui fasse des recettes normales est un théâtre qui répond à la demande d'un public qui est le public de la société de consommation alors il faut lui offrir le produit qu'il désire.[35]

Die Verwendung des Films war geradezu das Markenzeichen von Piscators politischem Theater in der Weimarer Republik. Dieses Verfahren ermöglichte es, eine Reihe von Problemen, die die epische Dramaturgie aufwarf, zu lösen. Der Anspruch, komplexe Zusammenhänge anstelle von Einzelschicksalen darzustellen, konnte durch den Einsatz von Expositionsfilmen eingelöst werden, die aus dokumentarischem Material zusammengestellt waren und die Vorgeschichte in das Bühnengeschehen hereinholten. Ähnliche dokumentarische Filmstreifen konnten Ereignisse vorwegnehmen oder Handlungen simultan präsentieren, die sich an vom Bühnengeschehen weit entfernten Orten abspielten. Wichtig ist, daß bei Piscator im wesentlichen dokumentarisches Material eingesetzt wurde. Die Piscator-Bühne mit ihren vielfältigen technischen Neuerungen verlangte vom Zuschauer neue Wahrnehmungsleistungen; er mußte ständig soeben vorgenommene Funktions- und Bedeutungsattributionen im nächsten Moment wieder annulieren und durch andere ersetzen.[36]

Vinavers Verwendung von Filmen knüpft zwar an die Tradition Piscators an, aber auch die Unterschiede sind nicht zu übersehen: Zunächst einmal handelt es sich nicht um Dokumentarfilme – etwa aus Nachrichtenmaterial oder Werbesendungen –, sondern um Filme, die eigens für dieses Theaterstück gedreht werden sollten, ein Verfahren, an dem Vinaver auch in späteren Stücken festgehalten hat, was durch die technischen Möglichkeiten von Fernsehen und Video immer einfacher wurde. Wollte Piscator durch die Verwendung des Films der Komplexität politisch-historischer Zusammenhänge gerecht werden, was der kritischen Intention seines Theaters entsprach, so mag das Überblenden mehrerer Filmstreifen gleichen Inhalts bei Vinaver die Komplexität von wirtschaftlicher Verflechtung und Marketing-Strategien andeuten. Indem sich die Sätze überschneiden und verwirren und zudem die Antworten der Interviewten weggelassen werden, ge-

---

[35] Ebd., S. 163.

[36] Ich folge hier dem Überblick über die Montage-Verfahren Piscators von Erika Fischer-Lichte: „Politisches Theater als (kultur-) revolutionäre Aktion. – Zum Montage-Verfahren in Piscators Theater in der Weimarer Republik", in: Fritz 1993, S. 97-119, hier S. 113.

winnt die Montage noch eine andere Bedeutung: Sie zeigt den „Konsumenten“ als anonymes Wesen, das einer Flut von die Grenzen der Diskretion weit überschreitenden Fragen ausgesetzt ist: als Objekt der Marktforschung wird der Mensch nicht als Persönlichkeit respektiert.

Im Hinblick auf die Inszenierung ist es gar nicht unabdingbar, den Film einzusetzen, die Arbeit mit der Sprache kann auch unmittelbar von den Schauspielern präsentiert werden, wie dies in der Aufführung von 1983 der Fall war. Weiterentwickelt hat Vinaver die Verwendung des Films in *A la renverse*, in dessen Mittelpunkt nun eine Firma steht, die Sonnenschutzmittel herstellt. Durch die Vermarktung des Sterbens einer an Hautkrebs erkrankten Adligen im Fernsehen gerät die Firma an den Rand des Ruins. Die Interviews mit Benedicte von Bourbon wurden für die Aufführung des Stücks zunächst gefilmt und dann auf Monitoren auf der Bühne gezeigt. Seine bisher letzte Arbeit mit diesem Medium hat Vinaver 1990 abgeschlossen, wobei in *L'émission de télévision* der Film nun nicht mehr ein technisches Mittel darstellt, sondern die entstehende Fernsehsendung selbst das Rückgrat des Stükkes ist.

Andere in *Par-dessus bord* einmontierte Textabschnitte, die den Rahmen traditioneller Dramendialoge sprengen, sind der pseudowissenschaftliche Diskurs des Psychologen Reszani über den analen Charakter[37] oder die Gesetze des Marketing. Der Unternehmensberater Jack verliest diese sieben Tafeln „de la Loi de Donohue and Frankfurter“ vor den leitenden Angestellten der Firma Ravoir et Dehaze.[38] Der fast zwei Seiten lange Text ist in der Kurzfassung des Stücks stark gekürzt worden, wobei sich eine Tendenz zur Abstraktion abzeichnet. Dabei verliert die drastische Sprache des gewollt unkonventionell auftretenden Amerikaners mit ihren Metaphern aus dem sexuellerotischen Bereich an Plastizität.[39] Erhalten bleibt jedoch auch in der

[37] *Par-dessus bord*, S. 205.

[38] Ebd. S. 184-186.

[39] Als Beispiel sei hier nur das 2. Gesetz genannt, das zunächst allgemein formuliert wird: „Loi deux l'homme du marketing et le consommateur forment un couple l'homme du marketing c'est le mâle et le consommateur c'est la femelle [...]“. Die darauf folgenden Ausführungen, die das sexistisch gefärbte Bild ausmalen, sind aus der Kurzfassung gestrichen: „il peut quelquefois être opportun pour l'homme du marketing de se conduire avec courtoisie et respect à l'égard du consommateur mais il faut surtout le baiser et l'enculer il aime ça [...] Il crie après il achète.“ *Théâtre complet*, S. 450 und *Par-dessus bord*, S. 185.

Kurzfassung die Tendenz, das Verhältnis zwischen dem „homme du marketing“ und dem Konsumenten in Metaphern männlicher Dominanz zu umschreiben.

Im ersten und im sechsten Mouvement entwickelt Vinaver das schon in *Les huissiers* beschriebene chorale Verfahren weiter. Die Repliken während des alljährlichen Firmenfestes im ersten Mouvement und während der Hochzeitsfeier, mit der das Stück in Anlehnung an Aristophanes endet, sind nicht mehr einzelnen Figuren zugeordnet. Manchmal gelingt es, den Sprecher aus dem Zusammenhang zu ermitteln, in der Regel bleibt er aber anonym. Einzelne Gesprächsstränge etwa über Mitarbeiter, die Löhne in der Firma oder die Qualität des kalten Buffets lassen sich für kurze Zeit verfolgen, verlieren sich dann aber wieder im allgemeinen Smalltalk. Vinaver verwendet in diesen Polylogen vorgefertigte Phrasen der Alltagssprache, die als „sprachliche Ready-mades“ charakterisiert werden können.[40] Diese werden fragmentarisiert und montiert:

– Mes parents c'étaient d'honnêtes ouvriers
– Et il y en a qui veulent abolir la peine de mort
– Mais on vit mieux que nos parents
– Me touchez pas
– Je veux juste vous dire quelque chose
– La tête des ces crapules
– Il en restera
– Non nous avons un deux pièce
– Pas même dix-sept ans[41]

Es entsteht der Effekt, als sei man mit einem Mikrophon im Saal umhergegangen und habe die verschiedenen Gesprächsfetzen aufgenommen. Daß diese Abschnitte die Schauspieler vor nicht geringe Schwierigkeiten stellten, mag nicht verwundern, denn einerseits müssen die anonymen Dialogfetzen auf der Bühne nun jemandem zugeordnet werden, was zu einer Reduktion der Vieldeutigkeit führt:

---

[40] Siehe hierzu Erika Fischer-Lichte: „Postmoderne Performance: Rückkehr zum rituellen Theater?“ in: *Arcadia* 22, 1987, S. 55-65, die den Begriff des sprachlichen Ready-made auf Robert Wilsons postmoderne Performance *the Civil wars* anwendet, in der vorgefertigte Phrasen der Alltagssprache montiert und in ihre Wort- und Lautelemente zerbrochen werden. S. 57.

[41] *Par-dessus bord*, S. 278.

> Ces morceaux apparaissent comme des blocs de paroles créateurs d'atmosphère qui devraient vraisemblablement être joués par un choeur. Comment dire ces répliques sans les attribuer à des personnages? Les attribuer à des acteurs? Ne pas fixer à l'avance, mais qui apprendra par coeur?[42]

Andererseits erschwert die Diskontinuität der Diskurse die Einfühlung in die Rolle, was Ryngaert mit der Formel des „jouer le texte en éclats" umschrieben hat.[43] Die Lösung deutete sich für die Schauspieler in Lausanne darin an, die psychologische und soziologische Logik der Figuren zu zerstören und den Text als einen „discours rapporté" zu spielen.

Wesentlich ist, daß der Chor-Text nicht in der Art absurder oder bestimmter postmoderner Theaterdialoge zerbrochen oder entfremdet wird, sondern daß er im Grunde die heterogenen Wahrnehmungen in einer Massengesellschaft widerspiegelt. Zum Vergleich eignet sich *La cantatrice chauve* von Eugène Ionesco, da auch hier der äußere Rahmen eine Einladung ist, während derer Gastgeber und Gäste Small talk betreiben. Bekanntlich hatte Ionesco bei der Niederschrift seines ersten Stücks die Klischees und Gemeinplätze eines englischen Sprachlehrwerks verarbeitet. Diese werden zunächst als solche wiedergegeben, entarten aber dann zu Parodien und Karikaturen und lösen sich schließlich im letzten Teil in zusammenhanglose Fragmente auf:

> *M. Martin.* – On ne fait pas briller ses lunettes avec du cirage noir.
> *Mme Smith.* – Oui, mais avec l'argent on peut acheter tout ce qu'on veut.
> *M.Martin.* – J'aime mieux tuer un lapin que de chanter dans le Jardin.
> *M. Smith.* – Kakatoes, kakatoes, kakatoes, kakatoes, kakatoes, kakatoes, kakatoes, kakatoes, kakatoes.
> *Mme Smith.* – Quelle cacade, quelle cacade, quelle cacade, quelle cacade, quelle cacade, quelle cacade, quelle cacade, quelle cacade.
> [...][44]

Der so verfremdete Text bewirkt, daß Alltagssprache als Fremdsprache erscheint.[45] Ionescos karrikierende Darstellung der wirklichen Sprache

---

[42] Ebd. S. 29.

[43] Ebd. S. 29, über die Schwierigkeiten der Schauspieler mit dem Text. Siehe hierzu auch Ryngaert 1989, S. 221-227.

[44] Eugène Ionesco: *La cantatrice chauve* suivi de *La leçon*, Paris 1954, S. 75.

[45] Siehe hierzu Volker Roloff: „Alltagssprache als Fremdsprache: Aspekte der modernen Farcenkomik bei Brecht, Sartre, Ionesco und Botho Strauß", in: *Forum Modernes Theater* 1,1, Tübingen 1986, S. 15-34. Roloff schreibt S. 16, man könne „das Theater

zeigt, wie diese zu einem Instrument der Entfremdung geworden ist. Dahinter steht Ionescos Überzeugung, daß die Menschen unserer Epoche nicht mehr fähig seien, miteinander zu kommunizieren.[46]

Die Gesprächsfetzen in *Par-dessus bord* bewahren einen stärker referentiellen Charakter, ihre Fragmentarisierung bewirkt weniger einen Verfremdungseffekt als eine Aufforderung an den Rezipienten, die Konversationsbruchstücke in kontextuelle oder situative Rahmen einzuordnen.

5.5 Happenings

Eine besondere Rolle spielen die von Jiji, der Tochter des Vertreters Lubin, veranstalteten Happenings, die zunächst einmal keinen direkten Bezug zur Ravoire et Dehaze-Handlung zu haben scheinen. Jiji berichtet im 3. Mouvement erstmals, daß sie an einem Happening teilgenommen habe, das Oldenburg in einem Swimmingpool veranstaltete. Sie erklärt die Regeln, nach denen diese Kunstform funktioniert:

> Tout est réglé on sait ce qu'on a à faire à l'intérieur de ce qu'on a à faire on a des choix on peut faire une chose ou une autre comme on veut Oldenburg donne le signal du début et de la fin d'une action par des signaux lumineux [...][47]

Das Happening als typische Kunstform der sechziger Jahre lief zwar, ähnlich einem Theaterstück, in Raum und Zeit ab, es verzichtete jedoch auf eine imaginäre Struktur oder Matrix, was zur Folge hatte, daß es in seinem Verlauf nicht wiederholbar war. Die Trennung zwischen künstlerischer und außerkünstlerischer Realität wurde aufgegeben; der Ort

---

als einen kommunikativen Spielraum ansehen, der besonders gute Entfaltungsmöglichkeiten für diese Kunst der Vergleichs, der Verwandlung und Verfremdung bietet und dabei Alltagssprache als Fremdsprache vermitteln kann." Er will den Begriff der Verfremdung weiter fassen als Brecht im Sinne einer „Wechselbeziehung von literarischer Verfremdung und Erkenntnis der Alltagswirklichkeit und damit als eine notwendige Voraussetzung der Analyse von Alltagssprache *und* Fremdsprache überhaupt."

[46] Ionesco schreibt in *Notes et Contre-notes*, Paris 1962, S. 36: „Il est évident qu'il s'est agi, en grande partie, d'un dialogue de sourds, car les murs n'ont pas d'oreilles et les gens sont devenus des murs les uns pour les autres: personne ne discute plus avec personne, chacun voulant de chacun faire son partisan ou l'écraser."

[47] *Par-dessus bord*, S. 147.

konnte ein Parkplatz, ein Supermarkt oder, wie in unserem Beispiel, ein Schwimmbad sein. Wichtig war die Rolle des kalkulierten Zufalls, um den „effet poétique“ zu provozieren. Die Einbeziehung der Betrachter, die instrumentell eingesetzt werden sollten, war dabei intendiert.[48] Jiji wird während der Aktionen des Happenings im Swimmingpool der Kopf kahlgeschoren, ihre Haare treiben dann mit anderen Dingen auf dem Wasser. Oldenburg habe diese Objekte als „flotteurs“ bezeichnet, „ce sont les résidus de toutes les actions le moment venu.“ Auf Alex’ Frage, ob dies vorausgeplant gewesen sei, antwortet sie:

> Ça fait partie des choix Oldenburg n’avait pas prévu ça ou autre chose les acteurs peuvent faire des choses n’importe lesquelles pourvu que ça entre dans les temps entre le début et la fin d’une action et que ça n’empêche pas les autres acteurs de faire ce qu’ils ont à faire.[49]

Jijis kahlgeschorener Kopf erinnert Alex an seine jüdische Mutter und die sogenannten „Aktionen“, die die Deutschen gegen die ukrainischen Juden durchführten. Er versucht, das von Jiji beschriebene Happening mit dem ebenso völlig willkürlichen und unorganisierten Terror gegen die Juden zu vergleichen. Dabei kommt er zu dem Schluß, daß der Unterschied gerade darin liege, daß die Aktionen der Deutschen, die doch den „sens de l’organisation“ gehabt hätten, mit Abstand betrachtet durchaus einen Sinn und ein Ziel gehabt hätten, nämlich die Vernichtung der Juden. Dadurch, daß diese während der Pogrome wie die „flotteurs“ gewesen seien, die keine Einsicht in die Ereignisse hatten, war es ihnen unmöglich, sich zu verteidigen, was wiederum beabsichtigt war.

---

[48] In einem Aufsatz über „Segals lebende Mumien“ schreibt der Happening-Künstler Kaprow: „Man ist hier nicht mit der Ablehnung der Kunst konfrontiert, sondern mit der Erweiterung ihrer Domäne und einer Verwischung ihrer Grenzen, denn, weit entfernt davon, hier haltzumachen, fahren diese Künstler (die Betrachter) fort, eigene Werke zu machen.“ Zitiert nach: Jürgen Claus: *Kunst heute*. Reinbek bei Hamburg 1965, S. 209. Definitionen des Happenings in bezug auf das Theater findet man in den Dictionnaires von Corvin 1991, S. 400 und Pavis 1996, S. 157f. Pavis schreibt zur Intention des Happenings: „Rien donc, contrairement à l’idée reçue, d’un activisme désordonné ou carthatique: il s’agit plutôt de proposer in actu une réflexion théorique sur le spectaculaire et la production du sens dans les limites strictes d’un environnement préalablement défini.“

[49] *Par-dessus bord*, S. 147.

Das Happening-Thema wird dann aufgegeben, es taucht erst wieder im 5. Akt auf.[50] Nachdem die anderen Musiker Alex' Jazzband verlassen haben, sucht das Paar neue Publikums-Attraktionen. Jiji stellt in dem Lokal mehrere Badewannen auf, mit deren Hilfe sie nun selbst Happenings veranstaltet, an denen die Gäste teilnehmen können. Verschiedene Figuren des Stücks kommen hier wieder zusammen, unter anderem der Révérend Père Motte, der ein vernichtendes Urteil über die moderne Zivilisation fällt, für deren Zustand die Veranstaltung solch „sadistischer und obszöner" improvisierter Theaterspiele symptomatisch sei. Das letzte Projekt des Paares knüpft wieder an die Aktionen der SS gegen die Juden an. Alex verfolgt nun den Plan, die Kneipe in eine Gaskammer umzufunktionieren. Der Unternehmer Benoît Dehaze erkennt Alex' kreative Kapazitäten und kann ihn überzeugen, in seine Firma einzutreten, die dringend innovative Kräfte braucht. Passemars zu Beginn des Stücks geäußerte Überzeugung, daß in Wirtschaft und Kunst gleichermaßen Phantasie und Kreativität gefragt seien, kommt hier nochmals zum Ausdruck.

Fischer-Lichte hat im Anschluß an Walter Benjamin den Montage-Künstler der klassischen Moderne als Allegoriker charakterisiert, der die Elemente aus ihrem spezifischen Kontext herausbricht, wodurch das betreffende Zeichen die Bedeutung verliert, die der Kontext ihm zunächst zusprach. In der Folge „belehnt der Allegoriker dieses Element nun erneut mit Bedeutung, indem er es in einen anderen Kontext versetzt", er setzt es also in einen neuen syntaktischen Zusammenhang. Bedeutung realisiert sich in den historischen Avantgarde-Bewegungen als Differenz.[51]

Als Beispiele wurden die Konfrontation von Happening und nationalsozialistischen Aktionen, das Einfügen der Textsorte Marketingumfrage oder die Montage von Filmmaterial angeführt. Wie in den historischen Avantgardebewegungen realisiert sich die Bedeutung der Montage zunächst noch durch die Markierung der Differenz: Erst die Erfahrung des Oldenburgschen Happenings läßt Alex die Absichten und Gründe für den Erfolg des faschistischen Terrors erkennen. Dabei ist

[50] Ebd. S. 268-273.

[51] Erika Fischer-Lichte: „Zwischen Differenz und Indifferenz. Funktionalisierungen des Montage-Verfahrens bei Heiner Müller", in: Erika Fischer-Lichte; Klaus Schwind (Hrsg.): *Avantgarde und Postmoderne. Prozesse struktureller und funktioneller Veränderungen.* Tübingen 1991, S. 231-245. Zum Verfahren der Montage in den historischen Avantgardebewegungen besonders S. 232-235.

darauf hinzuweisen, daß die Schlüsse von einer Figur des Stücks nahegelegt werden, die Gegenüberstellung also nicht dem Rezipienten überlassen wird. Gleichzeitig entwickelt sich aber auch ein anderer Gebrauch der Montage: Die verschiedenen aus ihren Kontexten herausgebrochenen Elemente bleiben nicht Fragment, sie werden zu einem neuen, kohärenten Text zusammengefügt, der letztendlich die Differenzen glättet: Die gesellschaftskritische Attitüde des Geistlichen wird als Heuchelei entlarvt, die Gaskammer degeneriert zur Publikumsattraktion, und der zu Beginn als Bürgerschreck auftretende Alex wird seine kreativen Fähigkeiten im Marketing nutzen. Eine kritische Autorenintention ist auf dieser Textebene nicht festzumachen: Die einzelnen Elemente erscheinen als gleichwertig und indifferent und werden ohne Unterschied von der Konsum-Gesellschaft absorbiert. Es stellt sich die Frage, ob eine übergeordnete kritische Sicht aus dem mythologischen Teil der Handlung abzuleiten ist.

5.6 Mythos

Das erste Bild endet mit einer Rückblende in eine Vorlesung des Professors Onde am Collège de France, der über die Bedeutung der skandinavischen Mythen spricht. Passemar selbst stellt die Verbindung mit seinem Bericht über den Niedergang der Firma Ravoir et Dehaze her, die von einem amerikanischen Großkonzern übernommen wird, und legt eine explikative Relation zwischen Mythos und moderner Wirklichkeit nahe.

> *Passemar.* – Mon propos est simplement ceci l'absorbtion de la moyenne entreprise où je suis moi-même un cadre moyen par une puissante société américaine est-ce un bien? Est-ce un mal? Je ne sais pas j'aimerais y voir plus clair ça me fait penser à cette vieille histoire des Ases et des Vanes dont parlait M. Onde[52]

Der Kampf zwischen den beiden Göttergeschlechtern erscheint als „miroir en abîme“[53] der Konkurrenzkämpfe zwischen dem französischen Unternehmen und dem amerikanischen multinationalen Konzern einerseits und dem Bruderzwist der Ravoire et Dehaze-Erben anderer-

[52] *Par-dessus bord*, S. 89.
[53] Ubersfeld 1989, S. 83.

seits. Im Vergleich mit den frühen Stücken, insbesondere mit *Iphigénie Hôtel*, ist das Band zwischen der zeitgenössischen und der mythischen Handlung jedoch viel dünner. Nie beziehen sich die Figuren der „inneren" Handlung auf den Mythos, auch spielen die Figurennamen nicht auf die skandinavische Götterwelt an. Indem nun aber eine metatheatralische Ebene in *Par-dessus bord* eingeführt wird, kann Passemar als Spielleiter die Funktion des Scharniers übernehmen, an dem die verschiedenen Teil-Stücke festgemacht sind.[54] Es liegt nahe, den Mythenforscher Onde als Alter ego Passemars bzw. des Autors zu interpretieren. Seine Rolle wird im 5. Mouvement als eine unsichtbare, aber unterminierende charakterisiert:

> *Passemar*. – Il continue à forer ses galeries avec les années il n'a rien perdu de sa force creusante bien au contraire il se démultiplie son réseau souterrain se débranche à l'infini continuez à creuser M. Onde et un jour nos maisons se fissureront le sol cèdera nos pas.[55]

Bezeichnenderweise findet man keine Hinweise darauf, mit welcher ideologischen Intention das unterirdische Netz geschaffen wird, das „unsere Häuser" zum Einsturz bringen soll, zudem mag man einem weltfremden Wissenschaftler, dessen Publikum nur ein paar strickende alte Damen sind, solche Kräfte kaum zutrauen. Vinaver hat das Ende der „tyrannie des idéologies" in der Nachkriegszeit als eine Befreiung auch für das Theater angesehen.[56] In *Par-dessus bord* vollzieht sich in seinem dramatischen Werk der von Lyotard im Hinblick auf die postmoderne Gesellschaft beschriebene Verfall der erklärenden Mythen zugunsten einer Hinwendung zu den „petites histoires".[57] Die Vielzahl

---

[54] Ubersfeld 1989, S. 42, spricht von einer doppelten Zentrierung des Stücks, einerseits sei es der Weg des Unternehmens, andererseits der Passemars. Passemar schreibt sie S. 203 eine ganz zentrale Rolle zu: „Il est à la fois conscience centralisatrice du héros et hypostase du scripteur, à la fois dedans et dehors."

[55] *Par-dessus bord*, S. 231.

[56] Eine Theaterpraxis, die es als ihre Aufgabe ansieht, den Sub-Text freizulegen, um ihn einem allgemeinen Erklärungssystem (sei es nun der Marxismus, die Psychoanalyse oder andere) zu unterwerfen, lehnt Vinaver kategorisch ab, da sie den Text selbst zum Verschwinden bringe. Michel Vinaver: „Sur la pathologie de la relation auteur metteur en scène" 1981-2, S. 132.

[57] In seinem Versuch, das kulturelle Feld der Postmoderne zu umschreiben, zitiert Iban Hassan Lyotards Auffassung, wir seien heute Zeugen einer umfassenden Entlegitimierung zentraler gesellschaftlicher Normen, die sich in einem Verfall der erklärenden Mythen zugunsten einer Hinwendung zu den „petites histoires" manifestiert.

der nur lose miteinander verbundenen Geschichten um das ausufernde Personal von *Par-dessus bord* ist daher nicht die Folge mangelnder künstlerischer Disziplin, sondern symptomatisch für eine Auffassung der Gegenwart, die weder durch konservative noch durch progressive Meta-Erzählungen strukturiert wird: Indem die Gegenwart nicht mehr in das Spannungsfeld von Vergangenheit und Zukunft eingeschrieben ist, läßt sich ihre Struktur am besten mit dem nun positiv gewerteten Begriff des Chaos umschreiben.[58]

Versucht man, eine Zwischenbilanz der bisher beschriebenen Techniken zu ziehen, so lassen sich zwei Hauptlinien herauskristallisieren. Das Auftreten des Spielleiters, der Einsatz von vorgefertigten Gebrauchstexten, das Einmontieren von Filmen und Balletteinlagen, von mythologischen und clownesken Elementen sowie die Aufführung von Happenings sind einerseits aus der Tradition des epischen Theaters herzuleiten, andererseits bezeugen sie eine – wenn auch häufig ironisierte – Auseinandersetzung Vinavers mit dem um 1970 immer beliebteren Totalen Theater. Passemar erklärt hierzu am Ende des 1. Mouvement:

> Au fond je suis tenté par le théâtre total où toutes les formes d'art concourent au spectacle le ballet le cirque le cinéma l'opéra c'est assez exaltant d'imaginer un théâtre sans plus aucune limite au niveau des moyens d'expression à condition que ça soit réellement une fusion et non pas une simple juxtaposition[59]

Par-dessus bord kann somit als eine Summe der verschiedenen aus der Avantgarde-Bewegung hervorgegangenen Tendenzen verstanden werden, das Stück zitiert und parodiert gleichsam die Errungenschaften der theatralischen Praxis der sechziger Jahre. Die daraus resultierende

---

„Postmoderne heute", in: Wolfgang Welsch (Hrsg): *Wege aus der Moderne. Schlüsseltexte der Postmoderne-Diskussion,* Weinheim 1988, S. 49-50.

[58] Siehe hierzu den Aufsatz von Sophie Bertho: „Temps, Récit et Postmodernité", *Littérature* 92, 1993, S. 90-97. Ihre Überlegungen zur Renarrativierung des Romans (S. 95) lassen sich durchaus auf dramatische Texte übertragen, denn die Frage, wie die unstrukturierte Zeit der Postmoderne zu behandeln sei, stellt sich hier wie da. Die ihrer Meinung nach den postmodernen Kunsttheoretiker wie den Künstler beschäftigende Frage „s'il existe une esthétique et des procédés du *discontinu*", S. 93, ist meiner Auffassung nach schon viel früher von den Vertretern der klassischen Avantgarde-Bewegungen gestellt und beantwortet worden, was die Künstler der 70er und 80er aber nicht zu hindern brauchte, neue Antworten zu suchen.

[59] *Par-dessus bord*, S. 93.

symphonische Anlage entspricht gleichzeitig der Komplexität der ökonomischen und menschlichen Prozesse in einem großen Unternehmen, womit jedoch noch nichts über die politischen oder gesellschaftskritischen Intentionen des Stücks ausgesagt ist. Gemeinsam war so verschiedenen Richtungen wie Brecht-Theater, Happening und Totalem Theater die Destruktion der theatralischen Illusion. *Par-dessus bord* geht in der Implementierung einer Ästhetik der Diskontinuität aber noch einen Schritt weiter, indem hier eine neue Form der Text-Bearbeitung entwickelt wird, die bestimmte dramatische Konstituenten selbst fragmentarisiert, was nun am Beispiel der Dialoggestaltung genauer ausgeführt werden soll.[60]

5.7 Der „idealtypische Dialog" und seine Deformationen

Um das Spezifische des vorliegenden Textes zu kennzeichen, soll kurz auf die Definition des Dialogs im Drama und auf deren Abweichungen eingegangen werden. Pfister definiert den idealtypischen Dialog als eine

> [...] störungsfreie Zwei- oder Mehrwegkommunikation zwischen zwei oder mehreren Figuren, die zueinander in einem Verhältnis der Polarität und Spannung stehen, in ihren Repliken ständig aufeinander Bezug nehmen und aufgrund prinzipieller Gleichberechtigung einander jederzeit unterbrechen können, so daß sich eine ausgewogene quantitative Relation ihrer Repliken ergibt.[61]

[60] Helga Finter sagt vom postmodernen Theater der 70er Jahre, es sei nicht mehr ein Drama von handelnden Rollenpersonen, die sich psychologisch oder sozial motivieren ließen, das Drama sei vielmehr in die Zeichensysteme verlegt, die Raum, Zeit und Handlungskontinuum generieren: „Es wird zum Drama der Dekonstruktion der dramatischen Konstituenten." „Das Kameraauge des postmodernen Theaters", in: Chr. W. Thomsen (Hrsg): *Studien zur Ästhetik des Gegenwartstheaters*, Heidelberg 1985, S. 46-70. Diese Feststellungen beziehen sich auf ein Theater, das den Rahmen eines Texttheaters sprengt und das Drama in die Sinne verlegt, was ja nun für Vinaver gerade nicht zutrifft. Das Konzept der Dekonstruktion der dramatischen Konstituenten läßt sich dennoch auf seine Texte übertragen.

[61] Manfred Pfister: *Das Drama. Theorie und Analyse*, München 1988, S. 182.

Eine Aushöhlung des Dialogs kann laut Pfister entstehen, weil die Kommunikation gestört ist oder weil das Spannungsverhältnis zwischen den Figuren aufgehoben ist. Die Dominanz einer Figur führt zur Monologisierung. Ein anderer Grund für die Unterminierung des Dialogs ist die Beziehungslosigkeit der Repliken, deren Sprecher wenig oder keine Notiz voneinander nehmen (Aneinandervorbeireden).[62] Im Vergleich zu bestimmten späteren Stücken ist die Dialoggestaltung in *Par-dessus bord* nicht einheitlich, eine gewisse Heterogenität – man erinnere sich an das Konzept der pâte – charakterisiert nicht nur die thematischen, sondern auch die formalen Aspekte. Ein Überblick über die sechs Mouvements soll klären, ob es eine formale Weiterentwicklung innerhalb des Stücks gibt.

5.7.1 Kurzschnitt-Technik und „dialogue tressé“

Von den bereits beschriebenen choralen Abschnitten abgesehen setzt sich das erste Mouvement aus klar voneinander getrennten Einzelszenen zusammen, die durch die Interventionen Passemars und die erste Gesangs- und Tanzeinlage des Balletts unterbrochen werden. Die kurzen aneinandergereihten Szenen illustrieren die Absatzschwierigkeiten der Firma und die Machtkämpfe zwischen den Angestellten und innerhalb der Firmenleitung. Das erste Bild endet mit einer Rückblende in eine Vorlesung des Professors Onde am Collège de France.

Schon im 2. Mouvement zeichnet sich eine Steigerung auf mindestens 9 Schauplätze ab. An den einzelnen Dialogen beteiligen sich jeweils zwei oder drei Figuren. Diese Sequenzen sind zunächst noch ein bis zwei Seiten lang, im letzten Drittel des Mouvement tritt dann aber eine Komprimierung ein, erstmals werden räumlich und inhaltlich voneinander entfernte Dialoge eng miteinander verflochten. Während der Angestellte Grangier dem Juniorchef Olivier erklärt, warum er kündigen will, telephoniert Benoîts amerikanische Frau Margerie mit ihrem Schwiegervater, dem Seniorchef, um ihm die Geschichte der Madame Pompadour zu erzählen. Es ist schon bemerkt worden, daß das Telephon in *Par-dessus bord* eine ähnliche dramaturgische Rolle spielt wie die Briefe bei Shakespeare, indem es als eine Sonderform narrativer

[62] Pfister 1988, S. 183f.

Vermittlung fungiert.[63] Während Briefe und Botenberichte in der Regel zeitlich bzw. räumlich entfernte Ereignisse übermitteln, werden hier Informationen aus einem Artikel der Encyclopaedia Britannica mitgeteilt. Die Antworten der Dialogpartner sind ausgeschaltet durch die Telephonsituation einerseits und den Redeschwall Grangiers andererseits, so daß ein Pseudo-Dialog zwischen Grangier und Margerie entsteht, dessen Repliken in kurzen Abständen aufeinanderfolgen, sich jedoch in keiner Weise aufeinander beziehen:

> *Grangier.* – Les problèmes je suis payé pour en avoir c'est régulier je me plains pas même si je perds mes derniers cheveux à essayer de trouver des solutions mais c'est l'atmosphère
> *Margerie*, au téléphone. – Allô Daddy bonjour daddy c'est Margerie Daddy j'ai regardé dans l'Encylopoedia Britannica
> *Grangier.* – Une atmosphère systématique d'incompréhension le service de ventes accepte des reprises en pagaille sans que mes services en soient même avertis
> *Margerie.* – Et vous savez que la Pompadour n'a jamais été répudiée Daddy même quand elle a cessé de plaire physiquement au roi
> [...]
> *Grangier.* – Mais le jour où les gens ne travaillent plus la main dans la main que voulez-vous le jour où chacun se fout des autres et tire la couverture à soi

[63] Bei den Proben für die Aufführung von 1983 hatte man sich Gedanken darüber gemacht, wie dieses Telephon darzustellen sei: „Inventer une voie qui ne soit ni celle du simple gestus de comédien ni celle du vrai téléphone. Une boîte de conserve avec fil, à la Rauschenberg?", *Par-dessus bord*, S. 27. Eine noch viel weiter gehende Funktion wird das Telephon in *Les travaux et les jours* erlangen, wo es in den Büro-Konversationen geradezu zur dramatis persona avanciert, an die ein großer Teil der Repliken adressiert ist. Einen Höhepunkt seines dramaturgischen Einsatzes im zeitgenössischen Theater stellt David Mamets Zwei-Personen-Stück *Oleanna* dar. Während der Gespräche zwischen Studentin und Professor telephoniert letzterer ständig mit seiner Frau und seinem Rechtsanwalt. *Oleanna* kann interpretiert werden als „Tragödie der gestörten Kommunikation, ein Katastrophenstück der sprachlichen Mißverständnisse und der (absichtlich?) falsch verstandenen non-verbalen Signale", Sigrid Löffler: „Sexismus, Zeithistorie, Marzipantheater", in: *Theater Heute* 11, 1993, S. 11-14. Während bei Mamet durch das Telephon jedoch die Wirklichkeit außerhalb des Bühnengeschehens in den Dialog hereingeholt wird, kann bei Vinaver von „Wirklichkeit" kaum noch die Rede sein, geht es doch einerseits um einen Lexikonartikel, andererseits um automatisierte Antworten, von denen in dem entsprechenden Kapitel noch die Rede sein wird.

Margerie. – Alors je me demande ce qu'il y a de vrai dans l'histoire du petit chien
Grangier. – C'est la boîte entière qui fout le camp[64]

Wie in den meisten modernen Dramen liegt hier keine „idealtypische“ Dialogführung vor, gleichwohl sind aber auch die Kriterien einer Aushöhlung durch Monologisierung oder Aneinandervorbeireden nur begrenzt anwendbar. Weder die Dominanz einer Figur oder deren Befangenheit in den eigenen Idiosynkrasien noch der Konsensus zwischen den Partnern bewirken den Effekt der Monologisierung, vielmehr entsteht dieser durch das montierende Eingreifen des Autors. Der Eindruck entspricht demjenigen, der entstünde, wenn bei der Tonmontage eines Films oder eines Hörspiels die Redeanteile der jeweiligen Partner aus zwei unabhängigen Dialogen weggeschnitten und die verbleibenden Tonspuren zusammenmontiert würden. Die Folge ist die Heterogenität und die mangelnde Bezugnahme der Repliken auf referentieller wie auf syntaktischer Ebene. Dabei wird für den Rezipienten der habitualisierte Übergang vom Wahrnehmen zum Verstehen in Frage gestellt. Der Mechanismus, die beiden Teile eines Dialogs aufeinander zu beziehen, wird gestört, was zur Folge hat, daß der Rezipient seinen Wahrnehmungserfahrungen nun mißtrauen muß, wodurch aber die Konstitution neuer Sinnpotentiale ermöglicht wird.

Daß Vinaver – um bei dem Vergleich mit dem Kino zu bleiben – die verschiedenen Tonspuren nicht so willkürlich mischt, wie dies zunächst erscheinen mag, wird aus der Nähe der Redegegenstände in dem folgenden kurzen Polylog deutlich. Der Abschluß des Gesprächs zwischen Olivier und Grangier wird hier mit einem Dialog zwischen Dehaze und seinem legitimen Sohn Benoît verkreuzt:

Benoît. – Papa il faut que je vous dise un mot méfiez-vous d'Olivier
Dehaze. – Que dis-tu?
Benoît. – Olivier perd un peu la tête il s'est mis dans l'idée que vous deviez céder la place
Olivier. – Je n'accepte pas votre démission Grangier[...]
Benoît. – Je ne peux pas croire qu'il vous soit déloyal alors je me dis que peut-être il a voulu éprouver mes propres sentiments vis-à-vis de vous
Olivier. – Réfléchissez
Benoît. – Ou peut-être est-ce la fatigue
Olivier. – J'en parlerai à M. Benoît dormez bien cette nuit et demain reve-

---

64 *Par-dessus bord*, S. 117.

nez me voir
Benoît. – La tension nerveuse due à tous ces événements[65]

Die zitierten Gespräche drehen sich im Grund alle um den gleichen Punkt, nämlich um die schwindende Loyalität gegenüber Dehaze und den daraus resultierenden Machtkampf zwischen seinen Söhnen. Margeries an dieser Stelle zunächst so abwegig erscheinende schöngeistige Mitteilungen unterstellen, daß Dehaze langjähriger Tabakdosen-Antiquar ihn betrügt, der altverdiente Mitarbeiter Grangier kündigt, und Benoît beschuldigt seinen illegitimen Stiefbruder, daß er den Vater entmachten wolle. Die folgenden Sequenzen werden wieder länger, Dehaze überprüft die verschiedenen Verdächtigungen und erleidet einen Zusammenbruch, der zu seinem Tod führen wird. Erinnert man sich an Vinavers Interpretation der *Drei Schwestern*, so sind die Parallelen nicht zu übersehen: Wie bei Tschechow lassen sich Verbindungslinien zwischen den scheinbar disparaten Gesprächsgegenständen ziehen. Insbesondere die letzten vier Repliken des zitierten Textes können auf beide Dialoge bezogen werden, sie kommentieren und ergänzen einander.[66] Bleibt bei Tschechow jedoch die Fiktion der miteinander kommunizierenden Räume und der real aus einem Salon in den anderen hinüberklingenden Stimmen erhalten, so gibt Vinaver diese in *Par-dessus bord* erstmals auf; Gespräche, die an weit auseinanderliegenden Orten geführt werden, durchkreuzen sich nun. Das Telephon mag hier als ein Relikt naturalistischer Dramaturgie erscheinen, indem es das Hereindringen entfernter Redeteile motiviert.

Die Auflösung des traditionellen Dialogs kulminiert im 4. Mouvement. Die Verkreuzung der Dialoge wird weiterentwickelt, wobei die Spannbreite von der Aneinanderreihung kurzer Schnitte bis zum Zerfließen der Dialoge ineinander reicht. Begünstigt wird der Fluß dadurch, daß Vinaver in *Par-dessus bord* erstmals die Zeichensetzung (mit Ausnahme der Fragezeichen) aufgibt. So wird der Dialog Toppfer-Margerie über die galante Kultur des 18. Jahrhunderts und die „wah-

---

[65] Ebd. S. 118.

[66] Vinaver vergleicht den Beginn der *Drei Schwestern* mit den spätimpressionistischen „Nymphéas" Monets, weil diese Malerei keine klaren Konturen mehr kenne, sondern nur noch ineinander übergehende Zustände: „Il n'y a pas, entre les personnages, de chocs, mais un frottement continu; pas de sentiments mis en jeu de l'un à l'autre, mais une effusion sensible, permanente et assourdie [...] Dramaturgiquement cela se traduit par des filaments de parole qui s'accolent plutôt qu'ils ne se contrarient." *Écritures Dramatiques* 1993, S. 262f.

ren" französischen Werte kontrastiert mit Gesprächen über amerikanische Marketing-Strategien. Die Verführungsszene zwischen Margerie und dem immer weniger widerstrebenden Olivier wird im ersten Teil durchkreuzt von den Ausführungen des Werbe-Psychologen Reszanyi über den analen Charakter und die von ihm geplanten Konsumenten-Interviews, in einer zweiten Phase von dem verzweifelten Versuch des Vertreters Lubin, seine Ware abzusetzen, was ihm aber nur den Hohn seiner alten Kundin Mme L'Épine einbringt. Private und ökonomische Aspekte durchdringen einander, Mikro- und Makrokosmos beeinflussen sich wechselseitig. Wie der Markt alle Beziehungen beherrscht, wird daran deutlich, daß selbst die nostalgisch vom galanten 18. Jahrhundert schwärmende Margerie im Bett mit ihrem neuen Liebhaber Pläne für eine Firmengründung in Amerika schmiedet.

Während im 4. Mouvement die verschiedenen Diskurse alle in einem direkten oder indirekten Zusammenhang mit dem Schicksal der Firma Ravoir et Dehaze stehen, erweitert sich zu Beginn des 5. Aktes der Rahmen, die Zahl der Redestränge erhöht sich auf drei: Der Monolog des Professors Onde zur skandinavischen Mythologie wird mit Gesprächen über die Machtkämpfe in der Firma und mit den metatheatralischen Reflexionen Passemars verkreuzt. Die Themen scheinen sich inhaltlich voneinander zu entfernen, gleichzeitig erfolgen die Schnitte aber in langen Textpassagen nach jeder Replik, der Rhythmus beschleunigt sich. Dabei entstehen zahlreiche Anknüpfungspunkte zwischen den einzelnen Redesträngen. Man meint, in dem einen Dialog weiterzulesen, bemerkt dann aber, schon wieder in einen anderen gewechselt zu haben:

> *M. Onde.* – Les dieux qui rassurent occupent moins les hommes que les dieux qui les inquiètent
> *Cohen.* – La vie n'est faite que de petits progrès qui s'ajoutent
> *Passemar.* – Ce sont des transfuges de chez Béjart ils se sont mis dans la tête que Béjart c'est dépassé
> *M. Onde.* – Mais l'évolution du dieu juriste a un effet plus grave sur ce qu'on pourrait appeler la tonalité générale de la religion les dieux scandinaves ont beau punir le sacrilège et le parjure
> Passemar. – Ils sont décidés à utiliser ma pièce comme un tremplin
> *Mme Alvarez.* – J'ai honte pour cette femme quand je la vois se trémousser badiner avec nos nouveaux maîtres parlez-moi d'une déchéance
> *M. Onde.* – Aucun n'y incarne plus de façon pure et exemplaire ces valeurs absolues qu'une société a besoin d'abriter sous un haut patronage

Mme Alvarez. – Il faut plaire
M. Onde. – Aucune divinité n'y est plus le refuge de l'idéal
Mme Alvarez. – Pareil manque de dignité ça me suffoque[67]

Professor Onde erzählt hier die Geschichte des Gottes des Rechts Tyr, der, um die Götter vor dem Verschlingen durch den Wolf Fenrir zu retten, seine rechte Hand aufs Spiel setzt und dabei selbst Opfer des Betrugs wird. Nach Meinung des Professors stellt der Mythos das Recht durch den betrügerischen Aspekt in einer pessimistischen Perspektive dar. Diese Geschichte scheint in keinem direkten Bezug zu stehen zu den Auseinandersetzungen zwischen den Angestellten bei Ravoire und Dehaze darüber, inwieweit man sich mit der neuen Firmenleitung arrangieren solle. Noch weiter entfernt sind Passemars Überlegungen darüber, wie er sich den Tänzern gegenüber verhalten solle. Bei aller Heterogenität geht es jedoch auf einer sehr allgemeinen Ebene immer wieder um den Gegensatz zwischen Kultur und Barbarei, um Wertverlust und den Versuch, seine Würde zu bewahren. Der Mythos erscheint auch in diesem Zusammenhang nicht als übergeordnete Ebene, vielmehr lassen sich Bezüge zwischen den einzelnen Strängen auf horizontaler Ebene herstellen. Insbesondere die sentenzenhafte Redeweise des Professors erlaubt es, seine Repliken auf die anderen Redestränge zu beziehen, aber auch eine Bemerkung wie „Il faut plaire", die aus dem Munde der Mme Alvarez kommt, kann auf Passemars meta-theatralische Reflexionen bezogen werden.

Im 6. Mouvement, das den Titel „Le festin de mariage" trägt, herrscht wiederum das chorale Element vor. Die anonymen Polyloge werden unterbrochen durch verschiedene Festreden. Seinen Abschluß findet das Stück in dem Doppel-Monolog Passemar/Onde. Auch in formaler Hinsicht schließt sich hier die zyklische Struktur: Von den eher traditionellen Einzelszenen und Chor-Partien im 1. Mouvement ausgehend wird der Text in den folgenden Bildern zu immer komplexeren Strukturen montiert, indem zunächst einzelne Dialog-Teile, dann zwei und schließlich drei ganze Dialoge miteinander verflochten werden. Die Fiktion des gemeinsamen Raums wird aufgegeben und die thematischen Verbindungslinien werden immer dünner. Im letzten Mouvement schließlich erfährt die Handlung eine räumliche und zeitliche Komprimierung, der Text kehrt zu der Technik der Aneinanderreihung von kurzen Einzelszenen zurück.

---

[67] *Par-dessus bord*, S. 230.

5.7.2 Monologisierung des Dialogs

Neben der neuen Technik der Verflechtung der Dialoge verwendet Vinaver andere, teilweise auch von den Autoren des Absurden Theaters erprobte Verfahren der Zerstörung des idealtypischen Dialogs und entwickelt sie weiter.[68]

Als Beispiel der Monologisierung von Dialogen wurden bereits die Marktforschungsinterviews erwähnt. Ein anderer Pseudo-Dialog findet zwischen den Marketing-Experten Jack und Jenny statt, die ihre Botschaft an die neuen Kunden weitergeben wollen. In diesen Dialogen finden keine Richtungswechsel statt, die Sätze knüpfen aneinander an, als würden sie von einer einzigen Person gesprochen, was insofern logisch ist, als beide dieselbe Marktstrategie wie eine Heilslehre verkaufen wollen:

> *Jack.* – L'action Ben c'est ce qu'il y a de plus facile je dirais ça se déroule comme une pelote de laine à partir du moment où il y a une vision
> *Jenny.* – Nous pouvons vous aider à voir
> *Jack.* – A construire cette vision
> *Jenny.* – Non à la dégager parce qu'elle existe[69]

Daß Benoît die Lehren der Amerikaner schnell gelernt hat, wird deutlich am Ende des 4. Mouvement, als er mit den Consulting-Leuten Panafieu und Battistini zusammentrifft: Dieser „Dialog“ ist zunächst gekennzeichnet durch ein Aneinandervorbeireden, das unter anderem durch abgebrochene Sätze charakterisiert wird, die nicht aufeinander Bezug nehmen, dann aber gelingt es den Dialogpartnern, wie aus einem Mund zu sprechen:

> *Benoît.* – Nous voulons un message qui claque
> *Panafieu.* – Qui déclenche l'acte d'achat c'est tout le but
> *Benoît.* – Et qui impose le nom de la marque
> *Panafieu.* – Avec une puissante promesse consommateur
> *Benoît.* – Qui distingue notre produit

---

[68] Eine sehr ausführliche Darstellung der Rolle der Sprache im absurden Theater findet man bei Jacques Le Marinel: *La mise en question du langage dans le „nouveau théâtre“*, Nice 1981. Le Marinel unterscheidet in seiner Untersuchung eine horizontale Achse (l'axe de communication) und eine vertikale Achse, die den metaphysischen Aspekt meint. Die Tatsache, daß Vinaver die Absurden ablehnt, bedeutet nicht, daß er ihre Techniken nicht rezipiert hätte.

[69] *Par-dessus bord*, S. 159.

Panafieu. – Un plus qui fait tilt
Benoît. – Voilà [70]

Erwähnt werden soll noch die Brainstorming-Sequenz des 4. Aktes, in der die 187 Vorschläge für einen neuen Produktnamen ohne Angabe des Sprechers aneinandergereiht sind, was teilweise poetische, stellt man aber den Bezug zum Produkt Toilettenpapier her, auch wieder komische Effekte produziert.

5.8 Resümee

Indem die in verschiedenen Räumen ablaufenden Diskurse parallel montiert bzw. verflochten oder verkreuzt werden, stellen sich ständig Brüche ein: Die kurzen Schnitte haben jedoch in der Regel eine andere Funktion als im Film. Dort bewirkt die Parallelmontage zweier getrennter, meist inhaltlich zusammenhängender Handlungen oft eine rhythmische Kulmination, die durch eine dramatische Musik akzentuiert werden kann. In *Par-dessus bord* erfolgen die Schnitte auf der Ebene des Textes und nicht des Bildes. Wie im Zusammenhang mit der Aufführung von 1983 beschrieben wurde, können die Partner der an verschiedenen Orten stattfindenden Dialoge durchaus gleichzeitig auf der Bühne gegenwärtig sein. Ihre Verkreuzung bewirkt weniger eine Dramatisierung als die Auflösung der Rollenpersonen und des Handlungskontinuums.

In ihrer Fragmenthaftigkeit bzw. Diskontinuität spiegeln die Dialoge in *Par-dessus bord* die Kommunikationssituation des Menschen in der modernen Industriegesellschaft wider. Gleichwohl trifft P. Larthomas' auf den klassischen Dialog bezogene Feststellung, ein guter dramatischer Dialog könne der gesprochenen Sprache noch so nahe kommen, er vermische sich niemals mit ihr, ohne Einschränkungen auch auf die Theatertexte Vinavers zu.[71] Das ergibt sich schon daraus, daß

---

[70] Ebd. S. 221.

[71] Pierre Larthomas: *Le langage dramatique,* 4. Aufl., Paris 1993, S. 175. „L'auteur peut choisir un langage parfait, sans bavures, ou utiliser plus ou moins adroitement les accidents qui sont ceux de la conversation courante. Il peut aussi prendre ses distances à l'égard du dialogue ordinaire en le déformant. Quel que soit le parti adopté, le fait stylistique, lorsqu'il s'agit de théâtre, se définit toujours par un double écart par rapport

eine Replik nie nur an den Adressaten der inneren Textebene gerichtet ist, sondern daß der Dialog immer auch auf die Schauspieler und die Zuschauer ausgerichtet ist.[72] Den Schauspielern hat Vinaver, indem er in diesem Stück erstmals weitgehend auf die Zeichensetzung verzichtete, die für ihn so wichtige Rhythmisierung des Textes überlassen. Der Zuschauer übernimmt bei der Konstitution des Dialogs eine nicht weniger bedeutende Rolle, die bereits in den Ausführungen über das offene Kunstwerk beschrieben wurde. Von diesen allgemeinen, die theatrale Kommunikation betreffenden Überlegungen abgesehen, wird eine Replik im Text-Theater nie spontan geäußert, sie ist stets festgelegt, bearbeitet, montiert.[73] Der sich so stark an der heterogenen „Wirklichkeit" orientierende Dialog in *Par-dessus bord* kann daher bei aller Einbeziehung von Rohelementen aus der Alltags- und Marketingsprache nicht als mimetische Wiedergabe der realen Sprache aufgefaßt werden, sondern er ist vielmehr eine Simulation, aus der wir aber mehr über die Mechanismen bestimmter Diskurse erfahren können als aus der Analyse realer Alltagsgespräche.[74]

---

au langage parlé et par rapport au langage écrit; mais il tient nécessairement, parce qu'il s'agit encore de langage, de l'un et de l'autre."

[72] Siehe hierzu den sprach-pragmatischen Ansatz bei Catherine Kerbrat-Orecchioni: „Le dialogue théâtral", in: *Mélanges offerts à P. Larthomas*, Paris 1988, S. 235-250, zur Spezifizität der theatralen Kommunikation besonders S. 237-239. Ryngaert hat darauf hingewiesen, daß der Dialog bei Vinaver sich gerade durch seine Abweichungen von den bei Kerbrat-Orecchioni beschriebenen Konversationsregeln im Theater auszeichnet. Ryngaert 1989, S. 222-3.

[73] In diesem Zusammenhang erscheinen auch die bereits erwähnten Happenings in einem anderen Licht: Sie sind eben nicht „echte" Happenings, die ohne eine Matrix auskämen und die Spontaneität des Publikums herausfordern, sondern sie zitieren diese Kunstform lediglich und werden zu „Literatur".

[74] Roland Barthes hat diese Rolle der Literatur für die Soziolinguistik wie folgt beschrieben: „L'une des fonctions [de la littérature] est de reproduire exemplairement des modes, des inflexions de discours. Chaque fois, donc, que les sciences sociales ont à traiter d'un objet de langage (ou, pour être plus précis, d'un 'discours'), elles auraient bien tort de ne pas recourir au corpus littéraire; sans doute, sauf exception (nous pensons à Proust), elles n'y trouveront pas des 'analyses', des 'explications', mais en contrepartie, des descriptions, des reproductions, des simulacres, si bien agencés, que l'intelligence première des propos se double virtuellement d'une intelligence théorique et comme structurale du langage lui-même." Zitiert nach Kerbrat-Orecchioni 1988, S. 61.

6 Totale Montage auf der Mikro-Ebene: Die Verflechtung der Dialoge

Wenn Vinaver *Par-dessus bord* als eine „pièce-mère“ bezeichnet hatte, aus der eine Vielzahl von Stücken hervorgehen könnte, so hatte er dies auf das Verhältnis von dramatischem Text und theatralischer Praxis bezogen. Das Konzept läßt sich aber ebenso auf Vinavers eigene dramatische Tätigkeit übertragen, denn *Par-dessus bord* enthält im Kern Themen und formale Charakteristika der meisten in der Folge verfaßten Stücke. In *Les travaux et les jours* und in *L'ordinaire* wird die in den Büro-Gesprächen von *Par-dessus bord* erstmals entwickelte Mikro-Montage der Dialoge zwischen den Angestellten, die dort ein „Teilstück“ darstellten, wieder aufgenommen. Die Verflechtung der Dialoge breitet sich nun aber über die gesamte Mikro-Struktur des Textes aus.

Beiden Stücken ist gemeinsam, daß sie im Industrie-Milieu angesiedelt sind und ihre Zeit- und Raumstruktur klar definiert ist. Während *Les travaux et les jours* auf einer unteren Ebene des Unternehmens spielt – es handelt sich um den telephonischen Kundendienst einer Firma, die elektrische Kaffemühlen herstellt –, gehören die Figuren von *L'ordinaire* der Chef-Etage eines multinationalen Unternehmens an. Beide Stücke beschränken sich auf einen einzigen Schauplatz, in *Les travaux et les jours* ein Großraumbüro, in *L'ordinaire* das Wrack des abgestürzten Flugzeugs und seine Umgebung. Während in *L'ordinaire* die Zeitabstände im Nebentext jeweils zu Beginn des Bildes exakt angegeben werden – insgesamt umfaßt das Stück eine Periode von 34 Tagen – hat Vinaver in *Les travaux et les jours* fast vollkommen auf Szenenanweisungen verzichtet. Aus den Dialogen geht aber hervor, daß die Handlung sich über mehrere Wochen erstreckt. Der Einheit des Raums und der linearen Zeitstruktur steht in beiden Texten eine Dialogbearbeitung entgegen, die mit Begriffen wie Diskontinuität, Fragmentarität und Polyphonie umschrieben werden kann. Das Augenmerk der folgenden Untersuchung wird darauf gerichtet sein zu klären, inwieweit diese Dialoge einerseits die Kommunikationsbeziehungen in einem Büro oder zwischen leitenden Angestellten widerspiegeln und in welchem Maße sie andererseits durch das Verfahren der Mikromontage ästhetisch bearbeitet und verfremdet sind.

6.1 Sprechakte und der Ort des Lesers im „dialogue tressé“

Ein pragmatischer Interpretationsansatz scheint mir der geeignete Ausgangspunkt zu sein, um die Besonderheit der Montagetechnik auf der Mikro-Ebene der Dialoge zu beschreiben.[1] Anne Ubersfeld hat bereits darauf hingewiesen, daß an Vinavers Texten exemplarisch gezeigt werden kann, wie mit Sprache Handlungen realisiert werden.[2] Der vordergründigen Ereignislosigkeit bzw. Handlungsarmut insbesondere von *Les travaux et les jours* stehen sprachliche Handlungen gegenüber, die wichtige Informationen über die Figuren und ihre Handlungsmotivationen vermitteln. Man erinnere sich, daß Vinaver das Prinzip des Abbé d'Aubignac „Au théâtre parler, c'est agir“ auch für seine Dramen zur Maxime erhoben hatte. So verspricht die Übertragung von Methoden der linguistischen Gesprächsanalyse auf die literaturwissenschaftliche Analyse aufschlußreich zu sein. Dabei muß jedoch dem Umstand Rechnung getragen werden, daß auch ein sich stark an der Alltagskonversation orientierender Theater-Dialog nie mit einem natürlichen Alltagsgespräch identisch sein kann.[3] Aus diesem Grund schicken bei-

---

[1] Zur Bedeutung der Pragmatik für die Interpretation von Texten siehe Eco 1995. Im Resümee seines Kapitels über die Präsuppositionen schreibt er S. 396: „Jeder Text ist unter diesem Gesichtspunkt ein komplexer Schlußfolgerungsmechanismus, der vom Leser in seinem impliziten Inhalt aktualisiert werden muß. Um einen Text zu verstehen, muß der Leser ihn 'ausfüllen' mit einer Menge von textuellen Schlußfolgerungen, die zusammenhängen mit einer großen Zahl von durch einen bestimmten Kontext definierten Präsuppositionen (Wissensgrundlagen, Hintergrundannahmen, Konstruktion von Schemata, Verbindung zwischen Schemata und Text, Wertesystem, Konstruktion des Gesichtspunktes usw).“

[2] Ubersfeld 1993, S. 283: „Or le théâtre contemporain travaille à l'aide du langage quotidien à montrer avec un grand raffinement la dynamique propre des rapports humains, telle que l'exhibe la stratégie des actes de parole. [...] L'écriture des dramaturges de l'aujourd'hui (par exemple M. Vinaver) est fondée sur la stratégie des actes de parole.“

[3] C. Kerbrat-Orecchioni 1988, S. 237, sagt über den artifiziellen Charakter des Theaterdialogs: „Il s'agit là d'artefacts, de simulations que l'on ne saurait donc prendre pour des reproductions parfaitement mimétiques des échanges observables dans la vie quotidienne.“

spielsweise Brinker/Sager ihrer Einführung in die Gesprächsanalyse die Bemerkung voraus, diese sei nur für mündliche Gespräche geeignet. Für sinnvoll halten die beiden Autoren allerdings eine Übertragung auf Dramendialoge, die alltags- und umgangssprachliche Gesprächskommunikation als literarisches Kunstmittel verwendet haben, was ja für die vorliegenden Texte zutrifft. Im Anschluß daran heißt es dann:

> Bei der Analyse ist allerdings angemessen zu reflektieren, daß auch Dialoge, die natürlichen Gesprächen nachgebildet sind, insofern immer künstliche Produkte darstellen, als sie vom Autor im Rahmen eines bestimmten literarischen Programms entworfen werden.[4]

Die Artifizialität der Vinaverschen Alltagsdialoge kann an folgendem Beispiel deutlich gemacht werden. Bei der schriftlichen Fixierung eines nicht für die Kommunikation mit einem Leser konzipierten Textes tritt immer eine Verarmung und Verfremdung des Gesagten ein. Was im mündlichen Gespräch als Zeichen der Natürlichkeit und Offenheit der Gesprächseinstellung erscheint, kann in der schriftlichen Fixierung platt und ungeschickt wirken.[5] So muß der dramatische Alltagstext gerade da, wo er die schon erwähnten sprachlichen Ready-mades verwendet, nicht nur das Wegfallen der parasprachlichen und nonverbalen Zeichen kompensieren, sondern auch den sprachlichen „Kodierungsunrat" (Redundanzen, Pausen, Floskeln) wegschneiden oder bearbeiten. Dabei wird der persönliche Stil des Dramenautors mehr oder weniger das simulierte Alltagsgespräch prägen.[6] Die Aufführung wird parasprachliche und nonverbale Zeichen wieder hinzufügen, wobei sie diese nun aber in künstlerischer Absicht einsetzt.

---

[4] Siehe hierzu die Bemerkungen von Klaus Brinker/ Sven Sager: *Linguistische Gesprächsanalyse. Eine Einführung*, 2. Aufl., Berlin 1996, S. 13.

[5] Zur Problematik der Aufzeichnung mündlicher Gespräche allgemein siehe Brinker/Sager 1996, S. 39-54; sowie Wolf-Dieter Stempel: „Bemerkungen zur Kommunikation im Alltagsgespräch", in: Karlheinz Stierle/ Rainer Warning (Hrsg): *Das Gespräch*, München 1984, S. 151-169, hier S. 151ff., der stärker den literarischen Aspekt berücksichtigt.

[6] Jean-Pierre Ryngaert betont, daß Vinaver hier einen ganz eigenen Weg gefunden habe: „Il échappe cependant à la fois à la mécanisation du théâtre de l'absurde et à la tentation parfois vériste du théâtre du quotidien. Quand il réutilise ses découvertes, c'est au prix d'un savant montage, de tronçonnages-collages rigoureux, et d'une bonne dose d'humour. Si bien que ses personnages parlent comme vous et moi et pourtant comme personne", in: „Saisir le monde entre ordre et désordre", in: *Théâtre public* 39, 1981, S. 17-21, hier S. 17.

Besonders augenfällig ist in den hier zu untersuchenden Dramen Vinavers die durch die Montage bewirkte Verfremdung der Sprecherwechsel, denn neben solchen Formen, bei denen wie im Alltagsgespräch der Übergang des Rederechts vom Sprecher an den Hörer durch Selbstwahl oder Fremdzuweisung stattfindet, gibt es noch häufiger Wechsel, die durch die enge Verflechtung verschiedener Redestränge entstehen. So kann es sein, daß ein Redebeitrag mehrmals unterbrochen wird durch Repliken aus einem anderen Gespräch, ohne daß dies von den Figuren im inneren Kommunikationssystem wahrgenommen würde.[7]

Der Hinweis auf die Einbettung der Rede im Drama in ein umfassendes Kommunikationssystem macht deutlich, daß Unterschiede von alltagssprachlicher und fiktionaler Kommunikationssituation berücksichtigt werden müssen, die noch grundsätzlicherer Art sind und keineswegs nur die Dramen Vinavers betreffen. Während die Anwendung von Sprechakttheorie und Konversationsregeln im textinternen System für die Konversation der Figuren im Theaterstück naheliegend ist, erscheint es hingegen zumindest fragwürdig, ob im textexternen Kommunikationssystem zwischen dem empirischen Autor und dem empirischen Leser eine Konversation zustande kommt, die vom Kooperationsprinzip gesteuert ist.[8] Ein stark fragmentarisierter Text würde den Griceschen Maximen zufolge bewirken, daß die Kommunikation mißlänge und seine Lektüre somit unproduktiv und sinnlos würde.[9]

---

[7] Zum Sprecherwechsel siehe Brinker/Sager 1996, S. 60-63 und zu seiner Bedeutung für den Dramendialog Reinhard Schmachtenberg: *Sprechakttheorie und dramatischer Dialog. Ein Methodenansatz zur Drameninterpretation,* Tübingen 1982, S. 29.

[8] Siehe hierzu die grundlegenden Ausführungen von Schmachtenberg 1982, S. 6-7 sowie von Manfred Pfister: „Eloquence ist Action: Sprechen als Handeln im Drama Shakespeares aus der Sicht der Sprechakttheorie", in: *Kodikas, Code. Ars semeiotika* 8, 1985, S. 195-216. Pfister wie Schmachtenberg schließen sich an die Arbeiten Austins und Searles zur Sprechakttheorie und an die Konversationstheorie von H.P. Grice an.

[9] Die wichtigsten Konversationsmaximen nach Grice werden aus dem allgemeinen Kooperationsprinzip von Sprecher und Hörer abgeleitet:

1. Maxime der Quantität: Mache deinen Beitrag so informativ wie möglich. Mache deinen Beitrag nicht informativer als erforderlich.
2. Maxime der Qualität: Versuche, deinen Beitrag so zu machen, daß er wahr ist; [...] sage nichts, wofür dir hinreichende Evidenz fehlt.
3. Maxime der Relation: Mache deinen Beitrag relevant.
4. Maxime der Art und Weise: Sei klar und deutlich; vermeide Dunkelheit im Ausdruck; vermeide Mehrdeutigkeit im Ausdruck, sei kurz, sei methodisch.

Zitiert nach Schmachtenberg 1982, S. 34.

Daß dies nicht unseren Erfahrungen entspricht, hat verschiedene Gründe. Einerseits spielen im literarischen Text – und nicht nur dort – ganz andere Interessen eine Rolle als das der Kooperation: Die Regeln werden mißachtet, um Macht auszuüben, zu täuschen, zu überlisten. So kann das Durchbrechen bestimmter Maximen im Drama gerade ein gesuchter Effekt sein (z.B. die Verletzung der Maxime der Modalität – sei klar und deutlich – durch Ambiguität).[10] Andererseits sind literarische Kunstwerke nicht in dem Maße wie Alltagskonversationen auf das Erreichen bestimmter Ziele ausgerichtet, denn die Interaktion zwischen Autor und Leser ist grundsätzlich verschieden von dem Sich-Aufeinander-Einstellen von realen Konversationspartnern. Es ist zwar teilweise möglich, mit den Methoden der Gesprächsanalyse die Prinzipien der Sinnkonstituierung im inneren Kommunikationssystem des Dramas zu beschreiben, indem etwa danach gefragt werden kann, welcher Prozeduren sich die Figuren bedienen, um Sinn hervorzubringen, zu sichern oder wiederherzustellen. Die Gesprächsanalyse wird dabei allerdings angesichts eines so lückenhaften und verflochtenen Textes an Grenzen stoßen. Vor allem aber wird sie die ästhetische Dimension des Textes vernachlässigen.

Trotz der die Gesprächssequenzen durchbrechenden Mikro-Montage sowie des weitgehenden Verzichts auf Techniken, die rezeptionserleichternd wirken – wie etwa Hinweise im Nebentext oder eine initial-isolierte Exposition –, gelingt es dem aufmerksamen Leser dennoch, die Figuren und die Beziehungen und Konflikte zwischen ihnen lebendig werden zu lassen. Um dies zu erklären ist es naheliegend, die Sprechaktanalyse in einen Interpretationsansatz einzubinden, der die Bedingungen der Sinnkonstitution im literarischen Kunstwerk selbst zum Gegenstand macht, wie dies bei Umberto Eco[11], Wolfgang Iser[12] und Rolf Fieguth[13] der Fall ist. Isers Begriff des impliziten Lesers und Ecos Modell-Leser wurden beide in bezug auf narrative Texte entwickelt, sie sind aber mit gewissen Einschränkungen auch auf das Drama

[10] Einen kurzen Überblick über die kritischen Einwände zur Anwendung der Sprechakttheorie auf literarische Texte gibt Jeremy Hawthorn in seinem Artikel „Sprechakttheorie" in: ders.: *Grundbegriffe moderner Literaturtheorie: ein Handbuch*, Tübingen 1994, S. 297-299.

[11] Umberto Eco: *Lector in fabula. Die Mitarbeit der Interpretation in erzählenden Texten*, 2. Aufl., München 1994.

[12] Iser 1976.

[13] Rolf Fieguth: „Zur Rezeptionslenkung in narrativen und dramatischen Werken", in: *Sprache im technischen Zeitalter* 47, 1973, S. 186-201.

anwendbar, da der Übertragungsvorgang, durch den sich Textstrukturen über Vorstellungsakte in den Erfahrungshaushalt des Leser übersetzen, für die Lektüre fiktionaler Texte allgemein gültig ist.[14] Isers Begriff des impliziten Lesers „verkörpert die Gesamtheit der Vororientierungen, die ein Text seinen möglichen Lesern als Rezeptionsbedingungen anbietet". Ähnlich definiert Eco seinen Modell-Leser als „ein Zusammenspiel glücklicher Bedingungen, die im Text festgelegt worden sind und die zufriedenstellend sein müssen, damit ein Text vollkommen in seinem möglichen Inhalt aktualisiert werden kann".[15]

Faßt man mit Iser das Lesen literarischer Texte als einen Prozeß dynamischer Wechselwirkung zwischen Text und Leser auf, so ist zu berücksichtigen, daß die vom Text ausgelösten Akte sich einer totalen Steuerbarkeit durch den Text entziehen, was durchaus beabsichtigt ist, denn: „Das Lesen wird erst dort zum Vergnügen, wo unsere Produktivität ins Spiel kommt."[16] Da es uns nie möglich ist, einen Text wie ein Objekt in einem einzigen Augenblick wahrzunehmen, ist der Leser immer im Text mitten drin, er „bewegt sich als perspektivischer Punkt durch seinen Gegenstandsbereich hindurch".[17] Der Ort des Lesers vermag sich nur über die Kombinationsvielfalt der Textperspektiven zu etablieren. Iser sieht dabei den Hiatus als eine unabdingbare Voraussetzung, um zu einer Abhebung der Textperspektiven zu kommen. In unserem Zusammenhang wird der Hiatus geradezu zum Strukturprinzip, denn durch die mikro-strukturelle Montage reiht sich ein Sprung im Text an den anderen. In Isers Modell faltet der wandernde Blickpunkt den Text zu Interaktionsstrukturen zusammen und gruppiert diese mit dem Ziel der Gestaltbildung auf der Ebene der Figurenkonstellationen und Handlungszusammenhänge. Die Gestaltbildung ist nur möglich, indem wir im Strukturierungsangebot des Textes Selektionsentscheidungen treffen. Erscheinen uns Charaktere, Ereignisse und Handlungen beim Weiterlesen oder bei einer erneuten Lektüre in einem anderen Licht, so bedeutet dies, daß wir die Richtung unserer Selektionsentscheidungen geändert haben. Auf der Rezipientenseite kann

---

[14] Iser 1976, S. 60. Die Inszenierung eines Dramas kann die Empfangssteuerung gegenüber dem stillen Lesen stark modifizieren. Da hier jedoch das Lesen des Theatertextes im Vordergrund steht, sollen solche Differenzen nur am Rand erörtert werden. Siehe hierzu Fieguth 1973, S. 187.

[15] Eco 1994, S. 76.

[16] Iser 1976, S. 175f.

[17] Ebd. S. 178.

es dabei nicht darum gehen, die Gestaltbildung zum Abschluß zu bringen, vielmehr wird diese und mithin der Kommentar immer wieder innehalten, ohne an ein Ende zu kommen. Der Erfassungsakt erscheint als eine Kettenreaktion von Gestaltbildungen, während derer gebildete Gestalten angesichts mangelnder Integrationsleistungen zum Kippen gebracht werden.[18] Daß solche Vorgänge in der modernen Literatur besonders häufig anzutreffen sind, zeigt Iser am Beispiel von Joyce, der die Darstellungsperspektiven selbst in wechselseitiger segmentierender Durchschichtung anordne, um den einheitlichen perspektivischen Ort des Textes zu verschleiern.

In bezug auf die hier zu untersuchenden beiden Dramen stellt sich die Frage, ob dieser Ort nur verschleiert ist oder ob hier nicht ganz auf eine einheitliche Perspektivierung verzichtet wird. Man erinnere sich in diesem Zusammenhang an Vinavers Äußerung, die Rolle des Autors bestehe darin „de se faire pleuvoir dessus, de se faire poreux, d'emmagasiner ça souterrainement jusqu'à ce que ça fasse nappe et hop! ça ressort sous la forme d'une source...".[19] Anstelle des allmächtigen Autors, der den Text produziert, wird die Bedeutung der Rezeptivität hervorgehoben, des Sammelns und Aufsaugens des ungeordneten Materials, das sich dann im Akt des Schreibens strukturieren wird.[20] In diesem Sinn müssen wohl auch Vinavers Äußerungen verstanden werden, Stücke wie *Les travaux et les jours* oder *L'ordinaire* seien weder politisch noch polemisch, sie wollten weder beschreiben noch illustrieren, sondern „elles cherchent à reconnaître une zone aussi inconnue que familière".[21] Es geht dabei um die Erforschung und Vermittlung von Alltag und Fremdheit, die als die zwei Seiten ein und derselben Wirklichkeit erscheinen. Wie die zur Erforschung der Alltagssprache nötige Distanz oder Verfremdung entsteht, soll nun die Analyse von Sprech-

---

[18] Ebd. S. 213.

[19] *Écrits*, S. 238.

[20] Zur Rolle des Autors aus diskurstheoretischer Sicht siehe den Aufsatz von Uwe Japp: „Der Ort des Autors in der Ordnung des Diskurses", in: Fohrmann/Müller 1988, S. 223-234. Japp sagt, der Begriff des Autors sei neutral, zugleich aber auch undeutlich. „Gesagt ist nur, daß der Autor ein Verfasser von Schriften ist, deren Form und Inhalt er (bis zu einem gewissen Grade) selbst verantwortet." S. 225. Gleichzeitig sei der Autor mehr oder weniger bekannter Werke aber auch in Diskurse verwickelt, die nicht von ihm selbst verantwortet würden – und deren strukturierende Funktion ihm bisweilen nicht einmal bewußt sei.

[21] *Écrits*, S. 276f.

akten auf dem Hintergrund der Konversationsregeln in *Les travaux et les jours* zeigen.

6.2 *Les travaux et les jours*

6.2.1 Konversationsregeln und Alltagssprache

Die nun folgende pragmatische Beschäftigung mit dem für *Les travaux et les jours* charakteristischen „dialogue tressé“ wird berücksichtigen, daß jeder Dramen-Dialog sich immer auch an den Zuschauer/Leser richtet, daß er andere Ziele verfolgt als die einer möglichst effektiven Kommunikation und daß er schließlich auch eine poetische Dimension hat, die sich den Kriterien der Gesprächsanalyse entzieht.

Zwei Aspekte werden bei der Analyse im Vordergrund stehen. Einerseits wird es darum gehen, Sprechakte zu identifizieren, ihre Basisfunktion (illokutive Funktion) zu benennen und sodann ihre Gesprächsfunktion, d.h. ihre Wirkungen auf den Gesprächspartner (perlokutive Funktion) zu untersuchen.[22] Die Dominanz gewisser Illokutionstypen macht Rückschlüsse auf die Charakterisierung einzelner Figuren sowie auf die Figurenkonstellation möglich.[23]

Andererseits sollen an einzelnen Beispielen die interaktiven Verfahren analysiert werden, die im inneren Kommunikationssystem des Dramas das Zustandekommen des Gesprächs oder aber dessen Scheitern bewirken. Die Kritik hat in diesem Zusammenhang schon verschiedentlich auf die Tatsache hingewiesen, daß die Dialoge bei Vinaver sich nicht an die sogenannten Konversationsregeln halten. Ryngaert hat, um die Schwierigkeiten der Schauspieler bei der Erarbeitung des Textes zu erklären, sechs Gruppen solcher Verstöße herausgearbeitet,

---

[22] Ich werde mich in meinen Ausführungen vornehmlich an der von Pfister 1985, S. 203-206 vorgeschlagenen Terminologie orientieren. Pfister erarbeitet für den dramatischen Text eine Typologie illokutionärer Akte, deren fünf Hauptgruppen die Expositiva, Deklarativa, Direktiva, Responsibilitiva und die Exekutiva sind. Er weist S. 199 darauf hin, daß eine einzige Äußerung häufig mehrere illokutionäre Rollen erfüllen kann. Während die *illokutionären* Akte einen Akt vollziehen, *indem* man etwas sagt (z.B. feststellen, fragen, befehlen, versprechen), haben die *perlokutionären* Akte, *dadurch*, daß man etwas sagt, gewisse Wirkungen auf die Gefühle und Handlungen des Hörers, sie können gerade mit der Absicht vollzogen worden sein, diese Wirkung hervorzubringen.

[23] Siehe Schmachtenberg 1982, S. 70ff.

die hier kurz referiert werden sollen: Erstens wisse man nicht, wer als nächster sprechen werde, der Replikenwechsel folge einer anderen Logik als im psychologischen Drama. Zweitens wisse man in der Regel nicht, an wen sich eine Replik wende; auch gebe es drittens kein Fortschreiten in der Konversation. Viertens widersprächen die Äußerungen in der Regel dem Kooperationsprinzip, was fünftens ebenso für die Adressaten zutreffe, die Repliken aufgriffen, welche nicht an sie gerichtet seien bzw. die auf an sie gerichtete Repliken nicht reagierten. Sechstens seien die Antworten auf bestimmte Fragen stark verzögert, da mehrere Repliken eingeschoben würden.[24] Im weiteren soll untersucht werden, in welchem Zusammenhang solche „Verstöße" auftreten, wie sie motiviert sind und welche Auswirkungen sie auf die Rezeption haben.[25]
Viele die Sprache in *Les travaux et les jours* betreffende Beobachtungen können auf *L'ordinaire* übertragen werden. Im letzten Teil des Kapitels werde ich auf die Parallelen, vor allem aber auf gewisse Abweichungen eingehen, die sich aus der ganz anders gearteten Fabel und der stärker hierarchisch gegliederten Struktur der Figuren ergeben.

Die fünf Figuren in *Les travaux et les jours* werden in den Szenenanweisungen hinsichtlich ihres Alters und ihrer Funktionen im Büro vorgestellt. Während über die drei Sekretärinnen zunächst nur gesagt ist, daß sie im „service après vente" der Firma Cosson arbeiten, erfährt man etwas mehr über Guillermo, einen Arbeiter, der die zur Reparatur eingeschickten Gegenstände sichtet. Jaudouard schließlich als Abteilungsleiter ist durch seine Funktion und seine Position in dem Großraumbüro herausgehoben, innerhalb der Firmenhierarchie nimmt aber auch er eine untergeordnete Stellung ein. Während des gesamten Stükkes sind diese fünf Figuren meistens gleichzeitig auf der Bühne, wo sich ihre Dialoge untereinander und mit den zwischen den drei Frauen und den Kunden geführten Telephongesprächen durchkreuzen. Eine detaillierte Analyse des ersten Bildes[26] soll exemplarisch zeigen, mit welchen Verfahren und auf welchen Ebenen des Dialogs Diskontinuität

---

[24] Ryngaert 1989, S. 221-227.

[25] Siehe André Petitjean: „La conversation au théâtre", in: *Pratiques* 41, 1984, S. 63-88, S. 85f., der sagt: „[...] ces règles conversationnelles deviennent utiles, cependant, dans la mesure où elles servent souvent de révélateurs des stratégies qui, en interaction concrète, les transgressent: polémique, ironie, dissimulation, séduction...".

[26] *Théâtre complet* II, S. 63-69.

und Polyphonie hergestellt werden, um im Anschluß daran Möglichkeiten der Deutung zu diskutieren.

Les travaux et les jours beginnt mit einem Polylog, in dem die Verschränkung der Repliken besonders engmaschig ist. Im Anschluß daran entwirren sich die Fäden und es folgen drei Mini-Dialoge, a) zwischen Jaudouard und Yvette, b) zwischen Yvette und Guillermo, c) zwischen Nicole und Anne. Das Bild endet wiederum mit einem Polylog aller Figuren, wobei dieser jedoch weniger aufgesprengt ist als derjenige zu Beginn des Stücks; die letzte Replik, in der Jaudouard einen Brief vorliest, kann als „récit" bezeichnet werden. Das Stück beginnt mit den Sätzen:

> 01 *Nicole.* – On lui a déjà changé le moteur trois fois
> 02 *Yvette.* – J'ai cru mourir
> 03 *Nicole.* – Un moulin neuf modèle Aristocrat au prix du Standard c'est l'offre exclusive Cosson à ses fidèles clientes chaque fois qu'il s'agit d'un cas irréparable
> 04 *Yvette.* – Oui au fond du couloir c'est moche d'être belle c'est pareil et si je me défends
> 05 *Anne.* – Ça lui arrache les entrailles il faudra qu'elle s'y fasse
> 06 *Nicole.* – Profitez-en la vitesse n'est pas plus grande c'est même le contraire /.../ j'ai votre fiche sous les yeux trois fois qu'on lui a changé le moteur la première fois il y a sept ans
> 07 *Yvette.* – Amoureuse?
> 08 *Anne.* – De Guillermo
> 09 *Yvette.* – Oui
> 10 *Anne.* – A quitté son mari pour lui
> (II, S. 63)

Während Yvettes und Annes Repliken „fließen" – man kann zu diesem Zeitpunkt weder den situativen Kontext noch ihre Adressaten klar bestimmen –, ergeben die drei Repliken 01, 03 und 06, die Nicole zugeschrieben sind, einen zusammenhängenden Text, der durch die im Nebentext festgelegte Szenographie „Büro des telephonischen Kundendienstes" ohne große Schwierigkeiten dekodiert werden kann.[27] Dem Leser ist sogleich klar, daß Nicole am Telephon spricht, daß die

[27] Zum Begriff der Szenographie oder des *frame* siehe Eco 1994, S. 99. Eco definiert die Szenographie als „eine Datenstruktur, die dazu dient, eine stereotype Situation zu repräsentieren [...] Jeder *frame* umfaßt eine bestimmte Anzahl von Informationen." Eine Szenographie sei immer ein virtueller Text oder eine kondensierte Geschichte.

angeredete Person abwesend ist und daß „il", dem man den Motor ausgewechselt hat, eine elektrische Kaffeemühle sein muß.

Untersucht man nun die Sprechakte, so ergibt sich für Nicoles Repliken folgendes Bild: Die verschiedenen deklarativen Sprechakte (01; 06, zweite Hälfte) beurteilen den schlechten Zustand des Gerätes. Zwischen sie ist ein Expositiv (03) eingeschoben, das über ein besonders günstiges Angebot der Firma informiert, wodurch auf der Ebene der Perlokution die Kundin darauf eingestimmt wird, daß es sich nicht mehr lohnt, ihre Kaffeemühle zu reparieren, worauf der direktive Sprechakt in 06 in der Tat ausgerichtet ist: Die Auforderung, von den gebotenen Vorteilen zu profitieren, zielt darauf ab, die Gesprächspartnerin zum Kauf eines neuen Modells zu veranlassen. Das Gespräch und mithin die Analyse bleiben insofern unvollständig, als die Anworten der Kundin fehlen. Die Repliken, die jeweils auf diejenigen Nicoles folgen, nehmen keinen Bezug auf sie, sie gehören zu einem anderen Gespräch zwischen Yvette und Anne über Männer (02, 04, 05 und 07-10). Dadurch wird das Prinzip der Direktionalität verletzt, denn es ist nur unzureichend geregelt, welche Kommunikationsachsen aktuell gültig sind.[28] Die Zuordnung bleibt dem Leser/Zuschauer überlassen ebenso wie die Ergänzung der durch die Telephonsituation entfallenden Repliken der Kundin. Deuten sich hier nun Hypothesen der Art an, daß die Kundin hinsichtlich der Qualität des Produkts oder des Preises Zweifel anmeldet, so werden diese wenige Repliken später falsifiziert. Nicole gibt zunächst in indirekter, sodann in direkter Rede die Antworten der Kundin wieder, in denen diese sentimentale Gründe dafür anführt, daß sie ihre Kaffeemühle behalten möchte (II, S. 64-5). Der kommerzielle Diskurs triftet in ein privates Gespräch über gewalttätige Ehemänner ab. Nicoles Rede bricht jäh ab mit den Worten „...et elle voulait savoir si moi aussi et quand je lui ai dit que je suis mariée moi aussi", wobei offen bleibt, welche Konsequenzen sich aus diesem „mariée moi aussi" ergeben. Die Hörersignale Annes wie „T'y crois" oder „Mais c'est pas vivable ça" oder „Mais oui elle a perdu la tête et lui aussi", die in phatischer Absicht geäußert werden, verstärken den Eindruck, daß der kommerzielle Diskurs von Dialogfäden durchwirkt ist, die man in den Bereich des Bavardage einordnen kann.

Diese Form des Alltagsgesprächs wird fortgeführt in dem sich anschließenden Dialog zwischen Anne und Nicole, in dem so verschiede-

[28] Brinker/Sager 1996, S. 132.

ne Themen wie die Aufstiegschancen verschiedener Personen in der Firma, Annes Kleidung oder Jaudouards Annäherungsversuche gegenüber Yvette angesprochen und wieder fallengelassen werden. Gleichzeitig massiert Anne Nicole ihren von der Büroarbeit verkrampften Nacken:

> 01 *Anne.* – Laisse aller ce muscle détends-toi depuis qu'il a remplacé M. Benin
> 02 *Nicole.* – M. Benin était infiniment plus humain
> 03 *Anne.* – C'est surtout qu'il veut pas d'histoires avec la promotion prochaine de M. Célidon
> 04 *Nicole.* – Tu crois qu'il a des chances qu'on le nomme à sa place?
> 05 *Anne.* – De M. Célidon?
> 06 *Nicole.* – C'est une jupe en vrai tweed d'Ecosse que t'as là oh que j'aime cette couleur ça promet de beaux jours
> 07 *Anne.* – Ils le nommeront pas Nicole avec Cécile on en parlait jamais ils voudront le faire cadre [...]
> (II, S. 67)

Der Ausschnitt beginnt mit einem direktiven Sprechakt, durch den Anne Nicole auffordert, sich zu entspannen. Ihre nun folgenden Äußerungen über die Aufstiegschancen verschiedener Mitarbeiter in der Firma sollen damit in einem angenehmen Gesprächsklima situiert werden. Das so angezielte Einverständnis kommt darin zum Ausdruck, daß Nicole einen Sprecherwechsel herbeiführt, um Annes Gedanken weiterzuführen und sie so zu bestätigen (02). Auf die Frage nach den Karrierechancen Jaudouards (04) folgt eine Rückfrage Annes (05), durch die sie den Sinn des Gesagten absichern will. Es folgt nun aber nicht eine Antwort, die dem Prinzip der bedingten Erwartbarkeit entspräche, sondern vielmehr eine Äußerung Nicoles über die Kleidung der Gesprächspartnerin, die als Sympathiebekundung interpretiert werden kann (06). Erst dann folgt der respondierende Gesprächsschritt zu (04), in dem Anne die Aufstiegschancen Jaudouards negativ einschätzt (07).

Die Brüche, die einerseits – wie im ersten Beispiel – durch die Interferenz paralleler Gesprächsstränge und das Hereinspielen von fließenden Repliken, andererseits durch den häufigen Themenwechsel im Zweiergespräch und die Sprunghaftigkeit der Gedankenführung der Dialogpartner verursacht werden, haben die Kritik immer wieder zu dem Schluß veranlaßt, in Vinavers Drama werde nicht mehr kommuniziert, der Text bestehe aus nebeneinandergestellten Monologen.[29] Dieser Verdacht wird verstärkt durch die bereits angesprochenen Verletzungen der Griceschen Konversationsregeln, die ohne große Schwierigkeiten in den zitierten Texten zu belegen sind. Es kann ja keine Rede davon sein, daß die Sprecher hier ihre Redebeiträge im Hinblick auf das Gespräch sinnvoll einbrächten und sie nach Möglichkeit wahr sowie relevant, klar und im Umfang angemessen informativ machten. Es fragt sich aber, ob diese Maximen überhaupt ein geeignetes Kriterium für die Beurteilung der kommunikativen Funktion dieser Dialoge darstellen.

Grice selbst hat seine Regeln als Grundlage für einen „maximal effizienz- und rationalitätsorientierten Informationsaustausch" entwikkelt. Wie Stempel gezeigt hat, kann jedoch deren Nichtbeachtung im Alltagsgespräch häufig durchaus erwünscht sein.[30] So ist ein Abweichen von der Wahrheitsmaxime etwa als ein Akt der Höflichkeit zu verstehen, die generelle Relevanzschwäche von Alltagsgesprächen kann dazu beitragen, sie zum erwünschten Ort effizienzentlasteter Kommunikation zu machen. Dadurch wird es für den Sprecher möglich, sich vorteilhaft in Szene zu setzen, der Hörer seinerseits kann dessen Selbstentwurf anerkennen. Nicoles völlig unmotiviert wirkende Bemerkung über Annes Rock hat innerhalb des Gesprächs über die Vorgesetzten die Funktion, ein Kompliment zu machen, damit Sympathie auszudrücken und sich dadurch möglicherweise gegenüber der Hörerin positiv darzustellen. Indem im um sich selbst kreisenden Bavardage das zeitweise Heraustreten aus den 'kleinen' Zwecken des Alltags möglich wird, können zudem ereignishafte Wahrnehmungen wie die der Zuwendung, Sympathie oder Lebhaftigkeit in den Vordergrund treten. Diese zuletzt genannten Redeabsichten stehen im Gespräch der alteingespielten Dialogpartnerinnen Nicole und Anne im Vordergrund: Indem sie über andere reden, stellen sie Solidarität untereinander her.

Diskontinuität im Alltagsgespräch kann jedoch auch ganz anders motiviert sein. Nicoles Liebhaber Guillermo entzieht sich in dem die

[29] Bogumil 1991, S. 82.

[30] Stempel 1984, S. 158, sagt hierzu: „Der Freiraum, in dem sich das Alltagsgespräch konstituiert, ist der privilegierte Ort der sprachlichen Inszenierung von Subjektivität, und die Offenheit des Verlaufs nichts anderes als die Erhöhung dieser Möglichkeit bezüglich ihrer zeitlichen Erstreckung."

Szene beschließenden Polylog auf verschiedene Weisen dem Gespräch der übrigen Angestellten:

01 *Guillermo.* – Vous n'avez pas vu M. Jaudouard?
02 *Anne.* – Et qu'est-ce qu'il en pense notre Guillermo?
03 *Nicole.* – Qu'est-ce qu'il en aurait pensé ton père Guillermo? Toi tu penses autre chose Guillermo il pense
04 *Anne.* – Mais laisse-le dire ce qu'il pense
05 *Guillermo.* – Vous n'avez pas vu M. Jaudouard?
06 *Nicole.* – Tu vois?
07 *Guillermo.* – Pourquoi tu parles de mon père?
08 *Nicole.* – Il a pas été tué pour ses idées?
09 *Guillermo.* – C'est Mme Serge qui demande M. Jaudouard
10 *Nicole.* – Mort dans les cachots de Franco
11 *Guillermo.* – Pour lui remettre une note de service de M. Bataille
12 *Nicole.* – Après avoir fait ce petit garçon
13 Yvette. – Cosson Après-Vente à votre service je vous écoute quel est votre numéro de référence?
14 *Anne.* – Je ne sais pas encore
15 *Nicole.* – Mais c'est pour quand?
16 *Guillermo.* – Pour une petite fête
17 *Anne.* – Oui j'espère
18 *Yvette.* – Trois semaines c'est le delai normal notre usine est dans les Vosges [...]
19 *Nicole.* – Guillermo et moi là-dessus on n'est pas d'accord pour Guillermo la direction doit savoir ce qu'elle fait donc elle a toujours raison
20 *Guillermo.* – Ce qui compte c'est pas avoir d'histoires
21 *Anne.* – C'est un sage Guillermo
22 *Guillermo.* – On a déjà assez de problèmes
(II, S. 68)

Es können zunächst einmal zwei Hauptgesprächsstränge unterschieden werden, die in keinem Zusammenhang miteinander stehen, nämlich das Beratungsgespräch Yvettes am Telephon und das Gespräch zwischen Anne, Nicole und Guillermo, der gerade erst das Büro betritt. Nur letzteres soll hier analysiert werden.

Ganz auffällig ist die Aneinanderreihung von Fragesätzen (01-08), die lediglich in der Replik (04) durch Annes Aufforderung an Nicole durchbrochen wird, Guillermo zu Wort kommen zu lassen, wodurch sie die immer kritischer werdende Kommunikation wieder in geordnete Bahnen zurückführen und stabilisieren will. Ein interrogativer Sprechakt erfordert, werden die Konversationsregeln respektiert, eine Antwort. Setzt der Angesprochene den Dialog durch eine erneute Frage fort, so kann dies verschiedene Gründe haben, deren Wahrscheinlichkeit der Leser am Fortgang des Gesprächs überprüfen wird. Indem Guillermo seine Frage wiederholt (05), kann er andeuten, daß er die ihm gestellte Frage nicht wahrgenommen hat, sei es aus akustischen Gründen, sei es, weil er in seine eigenen Belange eingesponnen ist. Auf die letztgenannte Möglichkeit deutet seine Zwischenfrage: „Pourquoi tu parles de mon père?“ (07) hin, die als Versuch verstanden werden kann, den kontextuellen Zusammenhang herzustellen, um angemessen antworten zu können. Nicole reagiert jedoch auch auf diese Frage mit Zurückweisung, indem sie erneut ihrerseits einen interrogativen Sprechakt anschließt und Informationen über Guillermos Vater erfragt (08). Dadurch, daß Guillermo aber weiterhin auf seiner ersten Frage beharrt und diese noch weiter differenziert, zeigt er an, daß er sich nicht auf das von Nicole und Anne initiierte Sprachspiel einlassen will. In den Repliken (09), (11) und (16) schließt er mehrere informative Sprechakte an, die sich nicht auf die ihm gestellten Fragen beziehen, sondern lediglich auf seinen Auftrag zurückkommen, den Vorgesetzten zu suchen. Nicoles mit diesen Repliken verflochtene Informationen über Guillermo und seinen Vater (10, 12) decken nun einen anderen perlokutionären Effekt der zu Beginn gestellten Frage auf, was Guillermos Vater von den Verhältnissen in der Firma gedacht hätte (03): Indem von dem Vater gesagt wird, er sei in Francos Gefängnissen für seine Ideen umgekommen, wird präsupponiert, er sei als Held gestorben. Nicoles Frage ist somit als Vorwurf gegen den Sohn zu verstehen, er mache sich der Feigheit oder der Gleichgültigkeit schuldig. Die Repliken (14) bis (17) schließlich fließen wieder völlig, da sie weder semantisch-thematisch noch durch grammatische Verknüpfungsbeziehungen in Relation zueinander oder zu den vorausgehenden Gesprächsschritten stehen. Lediglich Guillermos Äußerung (16) kann auf seine vorangehende Replik (11) bezogen werden (die Notiz, die er überbringen soll, betrifft ein Fest); sie kann hingegen nicht als respondierend auf Nicoles Frage, an die sie sich anschließt, aufgefaßt werden. Mit seinen letzten beiden Repliken (20,22) verletzt Guillermo wiederum das Kooperationsprinzip und bricht das Gespräch schließlich ganz ab, indem er sagt: „On a déjà assez de problèmes“. Damit macht er deutlich, daß er nicht bereit ist, sich der ethischen Bewertung durch die beiden Frauen zu unterwerfen.

Diskontinuität und Fragmentarität charakterisieren auch die Dialog-Fetzen zwischen dem Abteilungsleiter Jaudouard und der zur Probe angestellten Yvette. Jaudouards Informationen über die Traditionen der Firma in Form von deklarativen Sprechakten zeigen an, daß er sich als institutionalisierte Autorität darstellen will, aufgrund derer er ein Urteil über Yvettes Situation fällen kann (z.B.: „Chez Cosson on ne s'excuse pas on explique", II, S. 64; oder: „Vous avez un contrat temporaire ici petite qui expire", II, S. 65). Die Ungleichheit des Einflusses kommt auch in direktiven Sprechakten zum Ausdruck, denen als Basisfunktion der Ratschlag zuzuordnen ist, wodurch das zukünftige Handeln Yvettes bestimmt werden soll:

> *Jaudouard*. – Tu m'as dit oui qu'elle [ta mère] est morte si on a besoin de travailler ce serait pas une mauvaise idée de faire ce qu'il faut pour qu'on veuille vous garder
> (II, S. 65)

Der wechselnde Gebrauch von tu und vous und die Anrede „petite" bestätigen das aus der Analyse der Sprechakte sich abzeichnende hierarchische Verhältnis, das Jaudouard sexuell ausnutzen will. Yvette unterbricht das Gespräch über ihre berufliche Qualifikation mit der Bemerkung: „Vous sentez l'ail excusez-moi" (II, S. 66). Anstatt auf die Vorwürfe gegen sie mit einer Entschuldigung oder Rechtfertigung zu reagieren, übernimmt sie die Rolle derjenigen, die ein Urteil über Jaudouard fällt und entlarvt gleichzeitig dessen Reden als plumpen Annäherungsversuch. Es deutet sich ein Wandel der Hierarchie an, der sich im Verlauf des Stücks dann auch in der Tat vollziehen wird. Im 7. Bild wird Yvette auf Jaudouards Frage „Le petit bijou est fatigué?" antworten: „Vous par exemple arrêtez vos familiarités" (II, S. 95), womit sie die Umkehrung der Machtverhältnisse markiert. Jaudouard kann dieser Zurechtweisung nichts mehr entgegensetzen.

Ein Überblick über die Formen der Diskontinuität im ersten Bild macht deutlich, daß diese auf mehreren Ebenen des Dialogs anzutreffen ist und durchaus verschiedene Funktionen haben kann. Prinzipiell zeichnet sich ein Unterschied ab zwischen Brüchen, die in der sprunghaften oder inkohärenten Redeweise einzelner Figuren angelegt oder durch thematische Sprünge im Gespräch motiviert sind, und solchen Formen der Diskontinuität, die durch die Mikro-Montage bzw. die Flechttechnik entstehen, ohne im inneren Kommunikationssystem motiviert zu sein.

Abgebrochene Sätze, Brüche in der Satzkonstruktion und Relevanzschwäche der Dialoge als Beispiele für die erste Gruppe können als Versuch einer mimetischen Wiedergabe der Alltagssprache verstanden werden. Diskontinuität kann hier wie bereits dargelegt auf verschiedene Weise interpretiert werden: als Offenheit der Gesprächsführung im Bavardage (Anne – Nicole), als Verweigerung der Teilnahme an bestimmten Sprachspielen (Guillermo) oder als Strategie, um die hierarchischen Verhältnisse zu durchbrechen (Yvette – Jaudouard). Die Griceschen Konversationsregeln bilden insofern einen guten Orientierungspunkt, als gerade die festgestellten Abweichungen es erlauben, die verschiedenen Techniken einer „anderen", nicht effizienzorientierten Kommunikationsweise herauszuarbeiten. Sie belegen hingegen nicht die Sprachlosigkeit oder Kommunikationsstörung der Figuren in *Les travaux et les jours*.

Wichtige Hinweise auf die ästhetische Strukturierung der „dramatischen" Alltagssprache in *Les travaux et les jours* ergeben sich aus den schon erwähnten Brüchen im Text, die durch die Mikromontage der Dialoge verursacht werden. Der „normale" Alltagsdialog zeichnet sich dadurch aus, daß er im Gegensatz zum dramatischen Dialog durch seinen situativen Kontext verständlich wird. In einer Gegenüberstellung von *conversation quotidienne* und *dialogue dramatique* sagt Swiontek:

> Dans le dialogue dramatique où les actes de langage sont subordonnés à la fable et, en même temps, la forment, les énoncés sont imprégnés des informations qui décrivent la situation d'énonciation, projettent ses changements et situent les répliques particulières dans le cadre de la fable.[31]

Nun verzichtet Vinaver in *Les travaux et les jours* jedoch weitgehend darauf, Hinweise auf den situativen Kontext zu geben, vielmehr gewinnen seine montierten Dialoge durch Wegschneiden und Kombinieren an Bedeutung. Ein Beispiel hierfür sind die Telephongespräche, in denen die Repliken der Kunden partiell erschlossen werden können aus denen sich mit ihnen kreuzenden Gesprächen der Angestellten und aus einer durch die Alltagsthematik relativ großen Vorhersehbarkeit der Gesprächsschritte.

---

[31] Slawomir Swiontek: „Le dialogue dramatique et le métathéâtre", in: *Zagadniena rodzajów literackich* 36, N.1-2, 1993, S. 7-41, S. 10.

Für Vinaver spielt hier seine Technik der Verfremdung eine zentrale Rolle, die er auf der molekularen Ebene ansiedelt:

> Alors la distanciation [...]s'intériorise, elle est constante dans l'écriture même, et doit l'être dans le jeu des acteurs. Elle réside, au niveau moléculaire de ce théâtre, dans le refus de ce qui est attendu.“[32]

Während die Alltagsthematik es dem Rezipienten zunächst zu erlauben scheint, aufgrund der vertrauten Szenographien den lückenhaften Text zu füllen und den Fortgang der Situationen vorauszusehen, stößt er durch die eingeflochtenen Redestränge immer wieder auf Unstimmigkeiten und Entwicklungen, die den Erwartungen widersprechen, wie dies am Beispiel des ersten Polylogs gezeigt wurde.

Was die Aufführung der Texte angeht, so wird die Rhythmisierung für die Herstellung dieser Relationen eine entscheidende Rolle spielen. Vinavers Überzeugung ist es, daß erst durch sie die in den montierten Texten angelegten Sinn-Partikel („bribes de sens“) in Beziehung treten können.[33]

Die hier einsetzenden Mechanismen lassen sich mit Ecos Begriff der Trägheit literarischer Texte erklären. Hatte Iser sich vornehmlich mit der Frage auseinandergesetzt, in welcher Weise sich trotz oder wegen des Hiatus im Text für den Leser Bedeutung aufbaut, so fragt Eco auch nach den Gründen, warum literarische Texte mehr oder weniger mit Zwischenräumen oder Leerstellen durchsetzt sind. Als erste Erklärung führt er an, daß ein Text ein träger (oder ökonomischer) Mechanismus sei, der von dem – vom Leser aufgebrachten – Mehrwert an Sinn lebe. Der zweite Grund liegt für ihn darin, daß mit dem Übergang von der beschriftenden zur ästhetischen Funktion ein Text nach und nach die Initiative zu seiner Auslegung dem Leser zu überantwor-

[32] *Écrits*, S. 131.

[33] Das einzige Stück, an dessen Uraufführung er selbst als Regisseur mitgewirkt hat, ist *L'ordinaire*. Françon, mit dem er zusammenarbeitete, berichtet, Vinaver habe den Text wie eine Partitur bearbeitet: „Il notait les moments où il voulait que ça s'enchaîne, parce que, entre la fin d'une réplique et le début de l'autre, si ça s'accrochait, il y avait un sens nouveau qui pouvait se produire. Par exemple, il notait quand ça s'accrochait, il notait les pauses, il notait les intensités, il notait dans la phrase sur quel mot devait être l'intensité, et non sur tel autre.“ Zitiert nach Dominique Nores: „Françon – Vinaver le présent du théâtre“, in: *Acteurs* 14, 1983, S. 31. Vinaver war dann von dem Resultat doch nicht so überzeugt, daß er in Zukunft seine Stücke weiter selbst inszeniert hätte. Dennoch entsprach die von ihm geleistete rhythmische Bearbeitung des Textes seiner Idealvorstellung einer Annäherung an seine Dramen.

ten sucht: „Ein Text will, daß ihm jemand dazu verhilft zu funktionieren."[34] Wichtige Hinweise darauf, wie dies im Fall von Vinavers Dramen zu bewerkstelligen sei, erhält der Leser aus deren polyphoner Anlage.

6.2.2 Polyphonie und Perspektivierung

Bachtin hat unter Polyphonie die Vielfalt gleichberechtigter Bewußtseinsinstanzen mit ihren Welten verstanden, die alle gleichwertig sind. Für das Drama schloß er die Polyphonie jedoch aus, da dieses sich seiner Auffassung nach gerade dadurch auszeichnete, daß hinter der Vielzahl der Stimmen sich immer diejenige des Autors verbarg.[35] Bachtin geht dabei von einer ganz bestimmten Vorstellung vom dramatischen Text aus, die sich am aristotelischen Theater und den Werken der französischen Klassik orientiert. Folgerichtig spricht er Werken, in denen sich die Dialoge der Helden nicht in den einheitlichen Horizont ihres Autors einfügen, die Dramatik ab. Auf dem Hintergrund der Auseinandersetzung mit dem epischen Theater läßt sich der Begriff der Polyphonie nun aber durchaus auch für das Drama fruchtbar machen, ja er kann sogar noch ausgeweitet werden, indem er nicht nur auf das Bewußtsein verschiedener dramatischer Figuren angewendet wird, sondern darüber hinaus auf die Rede einzelner Figuren.

So hat O. Ducrot im Anschluß an Bachtins Sprachtheorie den Versuch unternommen, die Einheit des sujet parlant zu kritisieren. Unter der Aufspaltung des Subjekts in polyphone Stimmen versteht er, daß

---

[34] Eco 1994, S. 63f.

[35] „Die Repliken des dramatischen Dialogs zerreißen nicht die dargestellte Welt, machen sie nicht vielschichtig; im Gegenteil, um wirklich dramatisch zu sein, bedürfen sie der monolithischen Einheit dieser Welt. Im Drama muß sie aus einem Stück gemacht sein. Jede Schwächung dieser Einheitlichkeit führt zur Schwächung der Dramatik. Die Helden begegnen einander dialogisch im einheitlichen Horizont des Autors, des Regisseurs und des Zuschauers auf dem klaren Hintergrund einer einfach gefügten Welt. [...] Im Drama ist die Verbindung in sich geschlossener Horizonte zu einer übergeordneten Einheit unmöglich, denn ihm fehlt eine entsprechende strukturale Grundlage." Bachtin 1985, S. 22. Zur Kritik an Bachtin siehe Sarrazac 1981, S. 129: Ihm zufolge wird im zeitgenössischen Theater und ganz besonders im théâtre du quotidien die Homogenität der Theatersprache durch den Kampf der Sprachen ersetzt. „Confrontée à la nécessité d'un exode hors des frontières de la traditionnelle relation intersubjective, la dramaturgie comtemporaine trouve avec le polylogue, une ligne de fuite et de renouvellement au bout de laquelle l'univers objectif et l'univers subjectif pourront sceller une nouvelle alliance." S. 135.

énonciateur und locuteur innerhalb der Rede ein und derselben Person nicht identisch sein können. Als Beispiele nennt er Formen der indirekten Rede, das Echo, die Ironie und bestimmte Formen der Negation. Vinaver setzt solche Verfahren häufig ein, was an den folgenden Beispielen verdeutlicht werden mag.

Wenn Nicole im ersten Bild sagt: „Il me l'a donné pour mes vingt-deux ans on s'est mariés on avait vingt ans on n'avait pas réfléchi il était violent pas rancunier mais tourne-toi qu'il disait" (II, S. 64), so handelt es sich nicht nur um eine doppelte, sondern um eine verdreifachte Enunziation, denn Nicole rapportiert, ohne die indirekte Rede explizit zu markieren, die Mitteilung einer Kundin und diese wiederum diejenige ihres verstorbenen Ehemanns.[36] Die Mitarbeit des Lesers ist hier gefragt, der erst im weiteren Verlauf der Szene in die Lage versetzt wird, diese Repliken zuzuordnen.

Ähnlich geht Yvette im 8. Bild vor, als sie über ihren Ausflug mit Annes schwer erziehbarer Tochter berichtet, die die Reden ihrer Eltern imitiert hatte.

> *Yvette.* – Tu sais Judith ma petite combien tu as fait souffrir ta maman ces premiers cheveux blancs tu sais d'où ils viennent et ces plis sous les yeux nous existons nous aussi
> (II, S. 101)

Hier spaltet sich die Enunziation sogar in drei Ebenen auf, womit verschiedene Absichten verfolgt werden. Indem Judith die Moralpredigten ihrer Eltern nachahmt und ironisiert, setzt sie sich von der Welt der Erwachsenen ab und sucht gleichzeitig Anerkennung bei Yvette und ihrem Bruder. Yvette wiederum festigt ihre Position im Büro, indem sie Judiths Rede wiedergibt und so zeigt, daß sie Einfluß auf das Privatleben ihrer Kollegen gewinnt. Aufschlußreich ist hier Ducrots Definition der Ironie, die nicht darin bestehe, daß man das Gegenteil von dem sage, was man meine, sondern: „L'essentiel est qu'il soit clair que le locuteur ne prend à son compte aucune des positions exprimées dans son énoncé."[37]

Wie in einem inneren Theater geben die Sprecher verschiedenen Personen das Wort, wobei nicht immer eindeutig ist, ob sie die ver-

---

[36] Oswald Ducrot: „Esquisse d'une théorie polyphonique de l'énonciation", in: ders.: *Le dire et le dit*, Paris 1984, S. 171ff.
[37] Ducrot 1984, S. 213.

schiedenen Diskurse kontrollieren – wie im Fall Yvettes –, oder ob der Sprecher seinerseits von den verschiedenen Diskursen kontrolliert und beherrscht wird. Als typisches Beispiel dafür, daß ein Sprecher einen Diskurs abspult, der keineswegs ihm gehört, sind die standardisierten Antworten der Telephonistinnen zu nennen, die sie auswendiglernen und variieren.[38]

Wendet man sich nun der Dialogebene zu, so stellt sich die gleiche Frage, nämlich inwieweit es sich im Sinne echter Polyphonie um das unvermittelte Nebeneinander von Bewußtseinsinstanzen handelt oder ob sich nicht doch das vereinheitlichende Bewußtsein des Modellautors festmachen läßt. Hinweise darauf, wie in dramatischen Texten die Rezeption gesteuert wird, gibt Fiegurth. Er unterscheidet zwischen Dramentypen, die dem Leser eine Reflexion auf die eigene Rezeptionssituation aufbürden, und solchen, die die empfangssteuernde Wirkung idealisierter Rezeption verschleiern wollen. Als „Sendung" rezipiert der Empfänger den Konsens zwischen dargestellten Figuren. Im konventionellen Drama handelt es sich um einen im Sinn des Werkganzen „richtigen", also auch für den Empfänger verbindlichen Konsens, der die Konfliktmöglichkeiten auf ein relativ geringes Maß beschränkt und die verbleibenden um so dramatischer hervortreten läßt (Vergleich mit dem olympisch-allwissenden Erzähler). Im anderen Extremfall handelt es sich um lauter ganz widersprüchliche und damit für den Rezipienten unverbindliche Konsense über die dargestellte Welt, die Vielheit von Erzählerstandpunkten bleibt disparat. Im Extremfall handelt es sich dann um Dramen, die ihre Adressaten zum Eingeständnis vergeblicher Verstehensbemühungen bringen wollen.[39]

Als Raster bietet sich hier Pfisters Modell der Perspektivenstruktur im Drama an. Pfister hat für das Drama auf der Grundlage des zunehmenden Entzugs vorgegebener Lösungen und progressiver Polyperspektivität eine Typenreihe aufgestellt, die von der a-perspektivischen Struktur über die geschlossene bis hin zur offenen Perspektivenstruktur reicht. Dabei orientiert er sich an dem Grad der Vermittlung von Wertnormen: Im Drama mit offener Perspektivenstruktur würde dem Rezi-

---

[38] Jaudouard sagt dies explizit: „Chez Cosson on ne répond pas comme ça Anne mon voiseau montrez-lui comment on répond chez Cosson faites-lui voir un certain nombre d'exemples", *Théâtre complet* II, S. 65.

[39] Fiegurth 1973, S. 191 und 194.

pienten gerade die Relativität aller Wertnormen erfahrbar gemacht.[40] Das Modell läßt sich jedoch nicht nur auf die Vermittlung von Wertnormen anwenden, es hat auch Gültigkeit für die Konstitution der Fabel eines Dramas. Indem gewisse Ereignisse sich in den Dialogfetzen der Figuren widerspiegeln, gelingt es dem Leser mehr oder weniger, aus der Überlagerung der Stimmen Aussagen über den Verlauf der Fabel zu machen und den Fortgang der Geschichte zu antizipieren.[41] Dabei wird er, je nachdem welche Aspekte er bei seinen Selektionsentscheidungen in den Vordergrund stellt, zu unterschiedlichen Hypothesen bzw. Gestaltbildungen (Iser) gelangen, die dann in den folgenden Szenen bestätigt oder enttäuscht werden können. Die Auswahl der möglichen Fortsetzungen des Stücks läßt sich vergleichen mit den Spielzügen etwa im Schachspiel, der Erfolg oder der Mißerfolg eines Zugs entscheidet über die Richtigkeit. Texte können in diesem Zusammenhang ganz verschiedene Spiele spielen. Das Strukturprinzip der engen Verflechtung der Dialoge in *Les travaux et les jours* intensiviert den Mechanismus der ständig neu zu bildenden Hypothesen. Durch die fehlende starke Fabel und die geringe Finalspannung wird sich das Spiel stärker auf die Zuordnung und Interpretation der einzelnen Sprechakte konzentrieren als auf die Vorhersage des Ausgangs. Gleichwohl wirkt das Ende des Stücks auf die getroffenen Antizipationen zurück, so daß bestimmte Aspekte nun in einem ganz neuen Licht erscheinen.

---

[40] Pfister 1988, S. 100-103, unterscheidet: 1. Dramen mit einer *a-perspektivischen Struktur*. Hier decken sich die einzelnen Figurenperspektiven alle mit der vom Autor intendierten Rezeptionsperspektive, sowohl im inneren wie im äußeren Kommunikationssystem herrscht Monoperspektivität. 2. Dramen mit *geschlossener Perspektivenstruktur*, in der die auktorial intendierte Rezeptionsperspektive vom Rezipienten selbst erschlossen werden muß. Hier sind zwei Untertypen zu differenzieren, nämlich a) solche, in denen die auktorial intendierte Rezeptionsperspektive im Text als eine der Figurenperspektiven formuliert ist, die der Leser/Zuschauer nur als solche erkennen muß, und b) Dramen, in denen der Zuschauer die Rezeptionsperspektive als „Resultante" der korrespondierenden und kontrastierenden Figurenperspektiven konstituieren muß. Der Polyperspektivität im inneren Kommunikationssystem steht Monoperspektivität im äußeren Kommunikationssystem gegenüber. 3. Dramen mit *offener Perspektivenstruktur*, hier herrscht Polyperspektivität im inneren wie im äußeren Kommunikationssystem, im Drama der offenen Perspektivenstruktur werden weder auf direkte noch auf indirekte Weise konkrete Wertnormen vermittelt.

[41] Zum Begriff der Antizipation siehe Eco 1994, das Kapitel „Vorhersagen und inferentielle Spaziergänge", S. 140ff.

Welche Strategien in *Les travaux et les jours* eingesetzt werden, die dem Rezipienten bestimmte Züge bei der Aktualisierung nahelegen, soll wiederum am Beispiel des ersten Bildes gezeigt werden, in dem die Figur der Yvette in allen Handlungsfäden auftaucht.[42] Die Szene beginnt mit den Klagen Yvettes darüber, jung und hübsch zu sein und dadurch das Interesse der männlichen Kollegen auf sich zu ziehen. Wenige Repliken später scheint sich diese Hilflosigkeit zu bestätigen, sie kann Jaudouards Vorwurf beruflicher Inkompetenz kaum etwas entgegensetzen. Die Tatsache, daß sie als Waise für einen jüngeren Bruder sorgen muß, unterstreicht ihre Abhängigkeit. Ihr Ausbrechen aus dem hierarchisch strukturierten Gespräch mit Jaudouard kündigt jedoch schon an, daß sie nicht kampflos aufgeben wird. Während Guillermo Yvette den Rat gibt, sich an die bestehenden Verhältnisse anzupassen, sehen ihre Kolleginnen bereits voraus, daß sie trotz mangelnder beruflicher Qualifikation wegen ihres guten Aussehens und des Interesses der männlichen Kollegen eine Verlängerung ihres Vertrags erhalten wird. Die polyphon angelegten Stimmen lassen ein Bild der Figur Yvette entstehen, das nicht als stimmig bezeichnet werden kann, dessen Varianten sich jedoch durch die Unterschiede des Geschlechts, des Alters, der Position in der Firmenhierarchie und des Charakters der Sprecher erklären lassen, so daß es aus der Sicht des äußeren Kommunikationssystems nicht widersprüchlich erscheint.

Ducrot hat für den dramatischen Text dieses Vorgehen mit dem Begriff der „paroles dérivées“ bezeichnet, worunter er versteht, daß der Autor hier nicht bestimmte Figuren zu seinem „porte-parole“ macht, sondern vielmehr dem Gesagten durch die Eigenschaften des Sprechers eine bestimmte Färbung verleiht. Wenn Molière Sganarelle zum Verteidiger von Tugend und Religion macht, so wird durch die Wahl der grotesken Figur diese Verteidigung ihrerseits lächerlich und grotesk.[43] Explizit wird dies in *Les travaux et les jours*, als Jaudouard Anne vorwirft, sie sei in bezug auf Yvette nicht objektiv:

---

[42] Zum Begriff der Strategie siehe Eco 1994, S. 65-67: „einen Text hervorbringen bedeutet, eine Strategie zu verfolgen, in der die vorhergesehenen Züge eines Anderen miteinbezogen werden...“. Dabei läuft der Autor immer Gefahr, daß Zufälle oder unvorhergesehene Begebenheiten eintreten, deren Auftreten ein guter Stratege jedoch voraussehen muß. Wichtig ist, daß er sich an eine Gesamtheit von Kompetenzen wendet, die es erlaubt, den Ausdrücken, derer er sich bedient, Inhalte zuzuweisen.

[43] Ducrot 1984, S. 225.

Anne. – Non je suis une femme n'est-ce pas
Jaudouard. – Qui parle d'une autre femme
Anne. – Et j'ai quarante ans et elle vingt et c'est tant mieux
(II, S. 71)

Annes Replik ist insofern doppelt gebrochen, als sie einerseits die Subjektivität ihres Urteils über Yvette eingesteht, andererseits ihre Begründung jedoch ironisch ist, denn sie spiegelt ja die Meinung Jaudouards wider und nicht ihre eigene.

Kehren wir noch einmal zu der Pfisterschen Matrix der Perspektivität zurück, so läßt sich *Les travaux et les jours* auf einem mittleren Wert der Skala zwischen geschlossener und offener Perspektivenstruktur ansiedeln. Die Konstruktion einer Fabel gelingt relativ eindeutig, wenn man auf die grundlegenden Requisiten der aristotelischen Poetik zurückgreift, wonach es ausreichen würde, einen Agenten zu unterscheiden, einen Anfangszustand, eine Reihe von Veränderungen, die sich in der Zeit abspielen bis hin zu einem Endresultat.[44] Der Einsatz der genannten Requisiten erinnert an bestimmte Tschechowsche Stücke wie den *Kirschgarten*, die sich auch durch eine „schwache Fabel" auszeichnen. Die fünf Figuren von *Les travaux et les jours* durchlaufen jede eine andersgeartete Veränderung ihrer beruflichen und privaten Position: Während Yvette als einzige Angestellte im service après-vente verbleiben wird und sich als die Gewinnerin in den verschiedenen Machtkämpfen erweist, bezahlt Nicole ihr gewerkschaftliches Engagement mit der Entlassung und muß sich zudem auf einen „ménage à trois" mit Guillermo und Yvette einlassen. Guillermo, der zunächst das Opfer der Rationalisierungsmaßnahmen der Firmenleitung und seiner ihm eigenen Gleichgültigkeit zu werden scheint, gelingt es hingegen, eine neue, befriedigendere Arbeit bei einem Antiquitätenhändler zu finden. Anne kann in der Firma bleiben, sie geht aber halbherzig auf eine Liaison mit Jaudouard ein, dessen Position in der Firmenhierarchie sich verschlechtert hat.

Der Inhalt der Fabel könnte daher umschrieben werden als eine Schilderung der Auswirkungen, die das Eindringen der Informatik auf die Gesellschaft, das heißt in unserem Fall auf die Angestellten des „service après-vente", hat. Der Vergleich mit Tschechows Kirschgarten läßt sich hier fortsetzen: Die Axtschläge, die am Ende des Stücks die alten Kirschbäume fällen, kündigen eine neue, an wirtschaftlicher

[44] Eco 1990, S. 136.

Innovation und Profitstreben orientierte Zeit an, in der die kultivierten, aber untätigen Adligen keine Rolle mehr spielen werden. Ähnlich ergeht es den Angestellten des telephonischen Kundendienstes, die die Kunden persönlich beraten. Erschien die Durchdringung von kommerziellen Telephonaten und privaten Alltagsgesprächen zunächst als ein Zeichen der Entfremdung, so spricht Anne im letzten Bild ihrer zuendegehenden Tätigkeit eine ganz andere Rolle zu:

> – Moi je crois que les gens restent humains la vie est si peu supportable pour eux
> – Dans leur travail dans leurs rapports familiaux il y a tant de choses qui ne vont pas souvent ils nous téléphonent ce n'est pas tellement pour la réclamation
> – Un sourire au bout du fil un petit coin chaud quelqu'un qui les écoute qui les comprend tout ça ne veut plus rien dire?
> (II, S. 102f.)

Für Anne spielt der Inhalt dieser Gespräche keine Rolle, wichtig ist für sie der menschliche Kontakt mit dem Gesprächsteilnehmer, dessen Stimme der Zuschauer nicht hört. Sie bedauert, daß, indem der Telephonservice durch 64 Standard-Briefe ersetzt wird, die ein Computer auswählt, dieser Kontakt verlorengeht. In diesem Zusammenhang muß die Frage nach der Vermittlung der Wertnormen erneut gestellt werden, denn innerhalb der Polyphonie der Stimmen spricht zunächst nichts dafür, daß Annes Diskurs die Autorenperspektive mehr repräsentiert als derjenige der anderen Figuren.

6.2.3 Mythologischer Rahmen und Wertnormen

Als wichtige Hinweise können die vier dem Stück vorangestellten Zitate herangezogen werden. Das erste und das letzte stammen aus *Tage und Werke* von Hesiod, das zweite aus der *Queste del Saint Graal* (13. Jh.) und das dritte aus einer Verlautbarung des Industrieministers.[45]

Die *Erga* des Hesiod, die Vinavers Stück den Namen gegeben haben, sind in mehrfacher Hinsicht aufschlußreich für das Verständnis von *Les travaux et les jours*. Vinaver hat sich in den fünfziger Jahren in einem langen Aufsatz mit Hesiods erstem Werk, der Theogonie, beschäftigt, wobei für ihn die strukturellen Besonderheiten dieses Textes

[45] Zu den Quellen siehe Elstob 1992, S. 123, 126f, 133.

aus dem 7. Jahrhundert v.Chr. im Vordergrund standen. In der Einleitung schreibt er:

> Pour qui ne fait pas profession d'étude de textes mais est conduit par un désir de mieux apprécier l'actualité à s'efforcer de saisir le passé de l'homme et de le comprendre et l'abolir dans l'exercice du quotidien, la lecture de la Théogonie d'Hésiode est difficile: glissante pour l'esprit qui dérape sur une succession de catalogues qu'interrompt ça et là la relation d'une anecdote où l'on s'accroche, se crispe, et qui enfin élude toute prise, car ni le récit de la guerre des Titans ni celui de la castration du Ciel ne débouchent sur ce qu'obscurément on attend: l'éclatement du mythe dans sa signification.[46]

Der fragmentarische Charakter verhindert, daß sich dem Leser die „Bedeutung" des Mythos auftut. Schon Bradby hat die oben zitierte Einleitung zu Vinavers Hesiod-Aufsatz als dessen poetologisches Programm interpretiert. Von besonderem Interesse scheint in diesem Zusammenhang der Chaos-Begriff Hesiods zu sein. Für Hesiod entstand zuerst das Chaos, das er jedoch nicht als wirres Gemenge oder rohe Masse versteht, sondern als „leeres Klaffen", aus welchem die Nacht und aus dieser der Tag generieren. Vinaver beschreibt in seiner Interpretation, wie die Göttersukzession, der Ungeheuerkatalog und die Flut von Namen und Gestalten Gefahr laufen, Ausdruck einer unbegrenzten Expansion zu werden, so daß aus dem leeren ein volles Chaos würde.[47] Dieser ausufernden Bewegung sei jedoch eine andere entgegengesetzt, die sich auf eine „cohérence absolument singulière" zubewege. Eine besondere Rolle spielten die in die Kataloge eingeschobenen Episoden, die wiederum fragmentarisch und unvollkommen sind.

> ...dans l'étude de la Théogonie ce n'est pas de la découverte d'un secret caché entre les lignes que peut jaillir le sens, mais d'un regard neuf sur les matériaux retournés, qui offrent au lecteur étonné leur évidence.[48]

In ähnlicher Weise fügt Vinaver in das chaotisch wirkende Geflecht der wenig aufeinander Bezug nehmenden Dialogfetzen einzelne Geschichten aus dem Alltag der fünf Figuren ein, an denen der Leser sich festhalten kann.

---

[46] Michel Vinaver: „Les mythes de la Grèce ancienne", in: *Critique* 94, S. 195.
[47] Ebd. S. 198.
[48] Ebd. S. 196.

Während die Theogonie die Entstehung der Welt aus dem Chaos zum Thema hat, ist die Fragestellung der Erga eine andere. Hier geht es um die Stellung des Menschen in der Welt des Zeus, um deren Ordnung sowie die Notwendigkeit der Arbeit im Ablauf des Jahres. Im Mittelpunkt steht der Mythos des Prometheus, der die Struktur des Werks begründet und eine Meditation darüber ist, warum die Menschen arbeiten müssen. Prometheus tritt dabei als abschreckendes Beispiel auf. Schon in der Theogonie wird seine Haltung derjenigen der Titanen-Tochter Hekate gegenübergestellt. Vinaver sagt dazu:

> Ainsi, tandis que l'action de Prométhée, qui est révolte, entraîne misère et calamités, l'action d'Hécate, qui est acceptation, apporte un soulagement aux peines infinies des humains.[49]

Der Zeitaltermythos endet mit einem Ausblick auf das jetzige eiserne Menschengeschlecht, das untergehen wird, wenn der Verfall der Sitten vollständig sein wird. Während das erste dem Stück vorangestellte Zitat den Wert der Arbeit betont, aus der Reichtum und das Wohlwollen der Götter erwachsen, wird im zweiten Text das Schicksal der Menschen im eisernen Zeitalter beklagt. Es liegt nahe, das erste Zitat mit Guillermos Erzählungen von der glorreichen Vergangenheit der Firma zu vergleichen, als die Vorgesetzten sich für das persönliche Schicksal der Angestellten interessierten und diese sich wiederum mit ihrer Arbeit und der Firma identifizierten. Laut Hesiod muß man arbeiten, wie die Götter es wollen, ohne daß man sich dessen zu schämen brauchte, wohingegen das Nichtstun Schande und Verderben bringt. Anne, Nicole und Guillermo haben diese Moral auch in einer Gesellschaft ohne Götter bewahrt. Sie schätzen den Wert der Arbeit und identifizieren sich in einem solchen Maß mit ihrem Job, daß sie die stereotypen Formeln am Telephon abspulen können, ohne dabei ihre privaten Konversationen abzubrechen. Diese Haltung bringt ihnen aber weder Anerkennung noch Wohlstand ein, sondern den Verlust ihres Arbeitsplatzes, der wegrationalisiert und durch einen Computer ersetzt wird. Es bleibt jedoch fraglich, ob diese Entwicklung die Menschen des Computerzeitalters in den Untergang treiben wird wie der Verfall im eisernen Zeitalters Hesiods. Verwandelt sich die Gesellschaft in eine moderne „Terre Gaste", oder wird es gelingen, die neuen Medien in den Dienst der Menschen zu stellen, für die sie eine Befreiung be-

[49] Ebd. S. 212.

deuten könnten, wie dies sich in der Verlautbarung des Ministeriums andeutet?[50] Der Text gibt hier keine Antworten, vielmehr arrangiert sich jeder beruflich wie privat mit den neuen Verhältnissen so gut er kann: Der Polylog der letzten Szene erscheint noch zerrissener als diejenigen zu Beginn des Stücks.[51] Gegen Ende kann der Leser/Zuschauer die einzelnen Repliken ohne große Mühe den verschiedenen Kontexten zuordnen, die lange hinausgezögerten Informationen scheinen nun aber ohne Relevanz. Während Guillermo endlich die Geschichte seines Vater erzählt und Yvette sich daran erinnert, wie sie den Krebstod ihrer Mutter erlebt hat, knüpft Jaudouard eine neue Liaison mit Anne an. Im inneren Kommunikationssystem nehmen die verschiedenen Konversationsstränge kaum noch Bezug aufeinander. Die drei Dialoge durchkreuzen sich in der beschriebenen Weise, während Yvette und Nicole weiter ihre stereotypen Antworten am Telephon abspulen. Die großen Tragödien versickern in der Banalität des Alltags. Es scheint keine allgemeingültigen Modelle des Zusammenlebens und -arbeitens mehr zu geben. Moralische Urteile über einzelne Figuren werden neutralisiert, etwa indem die Position des Sprechers als Heuchelei entlarvt wird. Dem Rezipienten mag die eine oder andere Figur mehr oder weniger sympathisch erscheinen, eine klare Perspektivierung oder die Stimme des Autors ist im Text jedoch nicht auszumachen. Das Chaos in den Kommunikationsstrukturen wie in den zwischenmenschlichen Beziehungen wird nicht verurteilt, es erscheint weder als Ausnahmezustand noch als Zeichen des Niedergangs, sondern es wird zur Normalität. Indem der Glaube an die großen Meta-Erzählungen verfällt, wird der Blick frei für das narrative Gewebe des Alltagslebens und die darin eingeflochtenen „petites histoires".[52]

---

[50] Vinaver selbst hat den Mythos der Terre Gaste für dieses Stück als den wichtigsten angesehen: „Mais c'est le mythe du Graal qui fournit à la pièce son arrière-fond: 'Si en avint si grant pestilence et si grant persecution (...) Et por ce a len apelee la Terre Gaste'", in: *Mémoire sur mes travaux* 1986, S. 31f.

[51] Anne Ubersfeld schreibt in „Le Téléphone et le Parthénon", in: *Théâtre public* 32, 1980, S. 60-63, hier S. 61, über die Reaktionen der Personen: „Mais ce qui est montré, certes, c'est la dépendance des vies individuelles par rapport à l'économie et à son histoire, – mais aussi, c'est le plus neuf et le plus singulier, la réaction, la réponse, l'autonomie, l'autodéfense de ces vies dans leurs sentiments, dans leur travail, dans leur permanence. Chacun réagit comme il peut."

[52] Zur „Entübelung" des Chaosbegriffs siehe die Arbeit von Norbert Bolz: *Die Welt als Chaos und Simulation,* München 1992, S. 8 und S. 17. Er vertritt die Auffassung, in modernen Gesellschaften sei der Ausnahmezustand des Chaos zur Regel geworden. Der Begriff werde wertfrei, rein deskriptiv gebraucht. „Es kann nicht mehr darum

6.3 *L'ordinaire*

6.3.1 Die Begrenzung des Chaos durch die Fabel?

Das Stück *L'ordinaire* markiert thematisch eine Stelle des Übergangs im Werk Vinavers. Obwohl die Dialogbearbeitung derjenigen von *Les travaux et les jours* gleicht, hebt Vinaver hervor, daß er *L'ordinaire* in einer Gegenbewegung zu dem erstgenannten Stück geschrieben habe:

> Je disais que j'écris contre la ou les pièces précédentes. *L'ordinaire* a été écrit notamment contre une pièce qui s'appelle *Les travaux et les jours.* (...) *Les travaux et les jours* se situe donc dans un milieu très homogène sur le plan sociologique, la banalité est non seulement dans la conversation mais aussi dans la situation dramatique, celle-ci est en creux, concave, il n'y a pas crise. [...] Avec *L'ordinaire*, j'ai voulu faire quelque chose de moins fragile sans pour autant écrire hors du banal qui est vraiment ma matière. Mais, cette fois-ci, inscrire la banalité dans une situation qui, elle, est le contraire du banal, avec la volonté de voir ce que provoquerait cet éloignement des deux pôles.[53]

Vinaver machte während der Aufführungen von *Les travaux et les jours* die Erfahrung, daß die soziologische Homogenität, die Banalität der Dialoge und das Fehlen einer starken Fabel zur Folge hatten, daß das Stück manchmal beim Publikum gut ankam, manchmal aber die gleiche Inszenierung nur Langeweile produzierte. Anläßlich einer Diskussion mit Antoine Vitez darüber, ob das zeitgenössische Theater sich mit dem „ici et maintenant" oder dem „ailleurs autrefois" zu beschäftigen habe, erinnerte er sich an eine Aufführung von *Les travaux et les jours* in Straßburg. Die Zuschauer – ausschließlich Vertreter der örtlichen Industrieunternehmen – lehnten das Stück in der sich anschließenden Diskussion zunächst ab, kamen dann aber doch zu dem Schluß, daß es ihnen viel über ihre eigene Situation gesagt habe. Vinaver zweifelte daraufhin am Sinn seiner Arbeit, da man ja nicht jeder Aufführung eine Diskussion folgen lassen kann, kam aber später doch zu einem anderen Schluß:

---

gehen, das Chaos auszuschalten, sondern lediglich, es in Risikokalküle zu transformieren.[...] Gesellschaftliche Ordnungen schalten das Chaos also nicht aus, sondern übersetzen es in eine Kombinatorik sicherer Erwartungen. Ja man kann sagen: Ordnung und Chaos sind koextensiv."

[53] Interview Vinaver/Curmi 1983, S. S. 18-20.

> Je me dis aujourd'hui que si le fait de traiter ici et maintenant au théâtre suscite des résistances, il faut quand même le faire, et qu'il faut chercher à le mieux faire, c'est-à-dire en allant vers l'accessibilité la plus grande et l'agrément le plus vif, et que ceci peut se faire sans concession aucune; je me dis qu'une dramaturgie du présent, à certaines conditions, peut activer les forces latentes que ni la télévision ni aucune autre forme de divertissement ne saurait mettre en éveil.[54]

Die Absicht, einerseits am Prinzip des „hier und jetzt" festzuhalten, andererseits aber dem Stück auch mehr Stabilität zu verleihen, veranlaßte Vinaver, einen „fait divers" als Ausgangspunkt zu wählen. Der Absturz eines Privat-Jets in den Anden und der nun folgende Überlebenskampf der Insassen gaben *L'ordinaire* in der Tat ein klares Gerüst. Von daher erklärt es sich auch, daß Vinaver nun auf explizite mythologische Bezüge verzichtete, die in den früheren Dramen die alltägliche Handlung strukturierten.[55] Im Unterschied zu den kleinen Angestellten in *Les travaux et les jours* sind die Figuren hier in der Chefetage eines großen amerikanischen Unternehmens, das Fertighäuser produziert, angesiedelt. Die fünf Manager werden begleitet von Bess, der Frau des Präsidenten Bob, von Pat, seiner Sekretärin, von Nan, der Tochter des Vize-Präsidenten Joe, und von Sue, der Geliebten Jacks, des Marketing-Chefs von Housies. Die beiden Piloten sind unter den ersten Opfern des Unglücks und spielen nur eine Nebenrolle. Unter den übrigen Figuren, die überleben, indem sie ihre Toten essen, gibt es zu Beginn der Handlung eine klare Hierarchie, die jedoch nicht stabil bleibt. Während die dünne Firnis der Zivilisation zerbricht, verändern sich die Kräfteverhältnisse zwischen den Anwesenden. Die Hoffnung, von irgendwelchen Suchtrupps gefunden zu werden, wird immer geringer. Gleichzeitig reduziert sich die Zahl der Überlebenden mit jedem Akt, so daß die Geschichte nach dem Schema der zehn kleinen Negerlein verläuft. Am Ende bleiben nur noch Ed und Sue, die das Wrack verlassen, um einen Weg aus dem Gebirge zu finden. Ging es in *Les travaux et les jours* lediglich darum, wer unter den Angestellten seine Stellung

[54] Vinaver: „Ici et maintenant" 1989, S. 39-42.

[55] Damit ist nicht gesagt, daß der Mythos in *L'ordinaire* keine Rolle spiele. Bradby 1993, S. 106, betont, daß dem Stück kein vorgeformter Mythos zugrundeliege, das gesamte Stück sei aber mit Problemen befaßt, auf die der Mythos Antworten zu geben versuche: „The harking back to origins, the need to explain the workings of fate, the significance to be attached to human life, especially in the rituals surrounding the absorption of nourishment and the disposal of the dead".

innerhalb der Firma halten konnte, so kämpfen die Manager um das physische Überleben. Die so in aller Kürze rekonstruierte Fabel verspricht ein spannendes, auf den Ausgang zielendes und sich am Sensationsjournalismus orientierendes Theaterstück, ein Eindruck, der sich für den Rezipienten in dieser Weise aber nicht einstellt, was durch die Analyse des Plots deutlich wird.[56]

6.3.2 Banalisierung und Komik als Effekte der Mikro-Montage

Der Sensationscharakter der Geschichte geht einerseits dadurch verloren, daß während des ganzen Stücks weder die sterbenden Personen noch Szenen der Verzweiflung dargestellt werden, ja der Tod ist nahezu aus der Konversation verbannt. Es geht vielmehr darum, wie die Figuren in einer lebensbedrohlichen Lage ihren Alltag organisieren.[57] Andererseits wird Vinavers Absicht, die Banalität in eine Situation einzuschreiben, die das genaue Gegenteil der Banalität ist, formal mit den Mitteln der Mikro-Montage verwirklicht, die auch in diesem Stück den Leser immer wieder auf Lücken und Leerstellen im Text treffen läßt, so daß sich das Puzzle der Informationen nur zu einem unvollständigen Bild zusammenfügen läßt. Vereinzelte tragische Augenblikke – wie etwa der Herztod Bobs – werden durch die Kontrastierung mit Alltagsverrichtungen – hier die Zubereitung des kannibalischen Ragouts – banalisiert und geraten an die Grenzen des Makabren.[58]

---

[56] Zur Unterscheidung von Fabel und Plot siehe Eco 1994, S. 128, der im Anschluß an die russischen Formalisten die Fabel als das grundlegende Schema der Erzählung, die Syntax der Personen und als den zeitlich geordneten Ablauf der Ereignisse definiert, den Plot hingegen als die Geschichte, wie sie tatsächlich erzählt wird und wie sie an der Oberfläche erscheint mit ihren zeitlichen Verschiebungen, Sprüngen, Einblendungen von vorangegangenen und zukünftigen Ereignissen.

[57] Pavis, „Malaise..." 1989, S. 80f. hat die Darstellung der Katastrophe bei Vinaver, Harald Mueller, Bernard-Marie-Koltès und Heiner Müller verglichen. In bezug auf *L'ordinaire* hebt er hervor, daß die Katastrophe eben nicht dargestellt werde: „Aucun catastrophisme, aucune panique, aucune émotion facile au cours de ce passage des sommets de l'industrie du bâtiment aux sommets de la Cordillière des Andes. ... La catastrophe la plus terrible, puis le passage à l'anthrophagie sont absorbés et dédramatisés par la banalité de la restructuration de l'organigramme. La catastrophe, en somme, n'a rien de catastrophique."

[58] Siehe hierzu die ausführliche Interpretation des 4. Bildes in Bradby 1993, S. 98-100, der hervorhebt, daß diese Szene auf der Bühne unweigerlich Lachen hervorrufen müsse.

Vinaver hat *L'ordinaire* mit einer großen Bananenschale verglichen, um den Effekt der Mikro-Montage zu beschreiben. In der Schrift *Mémoire sur mes Travaux* erläutert er diesen Vergleich:

> Quelque chose dans ces textes est constamment décalé. Serait-elle là, l'énergie qui les fait fonctionner? Le décalage est entre ce qu'on peut attendre, et ce qui en fait survient, au niveau moléculaire: d'une réplique à l'autre et à l'intérieur même des répliques, mais aussi d'une mini-séquence à une autre et ainsi de suite en agrandissant le champ. Le décalage est par essence comique (son enblème est la peau de banane). Il n'est efficace que si, aussitôt la surprise obtenue, une évidence se produit, entraînant l'adhésion."[59]

Der Abstand zwischen dem, was man erwartet, und dem, was durch den Montage-Effekt tatsächlich eintritt, bewirkt Komik. Durch die engmaschige Verflechtung kann sich diese aber nie konkretisieren, da der Rezipient sich sogleich wieder auf eine andere Situation einstellen muß. So berichtet der Autor, seine Hoffnung, mit *L'ordinaire* eine richtige Komödie geschrieben zu haben, sei enttäuscht worden. Das Publikum habe eher verhalten reagiert, was wohl teilweise darauf zurückzuführen ist, daß sich ein Verzögerungseffekt einstellt, denn der Rezipient braucht Zeit, um das Puzzle der Repliken zusammenzusetzen.[60]

Eine Analyse des „dialogue tressé", in dem sich ähnlich wie in *Les travaux et les jours* kommerzielle und private Redestränge durchkreuzen, soll exemplarisch an einem Ausschnitt aus dem 2. Morceau durchgeführt werden, wobei wiederum die Sprechaktanalyse und die (Nicht-) Beachtung der Konversationsregeln im Vordergrund stehen werden.

Drei Tage nach dem Absturz sind die Vorräte im Flugzeug aufgebraucht, und die Überlebenden gehen dazu über, sich von den Toten zu ernähren, wobei die Frauen die Initiative übernehmen. Während die Männer in ihre Gespräche über die Unternehmensstruktur eingesponnen sind und versuchen, ein Funkgerät zu reparieren, lädt Sue die Anwesenden zu dem ersten kannibalischen Mahl ein:

---

[59] *Mémoire sur mes travaux*, S. 34f.

[60] Michael Merschmeier: „Absturz aus der 59. Etage in den ewigen Schnee. Ein THEATER HEUTE-Gespräch mit dem französischen Dramatiker Michel Vinaver", in: *Theater Heute* 10/83, S. 41.

01 *Sue.* – Et toi Nan?
C'est mieux de s'y mettre ensemble plutôt que chacun dans son coin
02 *Bob.* – Pour l'Argentine
La gamine est adorable je crois qu'elle va enfin pleurer
Approche-toi Nan pose la tête sur les genoux de Mister Lamb
Nan ne bouge pas
03 *Sue.* – Ed prenez
04 *Nan.* – Je suis allée faire le ménage dans la cabine (...) Jimmy était mort
Il avait la gorge tranchée
05 *Bob.* – Pour l'Argentine
Je laisse Jeff encore un an ou deux au Japon
06 *Jack.* – C'est toi Sue?
07 *Sue.* – Il fallait le délivrer vous venez?
08 *Bob.* – La réalité japonaise c'est un fait qu'il faut un temps pour la saisir
et Jeff alors voilà je ne touche pas à la France et je mets Pete en Argentine
09 *Bess* (hurlant). – Elle a tué Jimmy
10 *Dick.* – C'est la meilleure solution
Pete est l'homme qu'il nous faut en Argentine
Ça nous permet aussi de laisser Larry à Santiago
11 *Bob.* – Et Steve au Brésil
Le moins de remous possible Dick ne pas faire de vagues
12 *Dick.* – Mais qui remplacera Joe?
13 *Sue.* – Vous venez Mister Lamb? Dick et vous si vous voulez Missis
Lamb
(II, S. 322)

Der zitierte Polylog läßt sich in drei Redestränge auflösen. Während Bob und Dick Personalbewegungen innerhalb des Unternehmens durchsprechen, berichtet Nan, daß sie Jimmys gewaltsamen Tod entdeckt habe (04). Sue bekennt sich wie beiläufig zu der Tat und fordert die Anwesenden wiederholt zum Essen auf (07, 13). Die Brüche in der Dialogführung stellen sich einerseits dadurch ein, daß Figuren innerhalb ihrer Rede das Thema wechseln – während Bob über Geschäftliches spricht, beobachtet und kommentiert er Nans Verhalten –, andererseits und vorwiegend aber durch den Montageeffekt. Konnte die Durchdringung von kommerziellem und privatem Diskurs in *Les travaux et les jours* noch als eine mimetische Wiedergabe der Kommunikationssituation in einem Großraumbüro interpretiert werden, so entfernt sich die hier angewandte Kontrapunkttechnik entschieden von jeglichem Naturalismus. Es widerspricht der Vorstellung von „vraisemblance", daß Bess Aufschrei „Elle a tué Jimmy" keine andere Reaktion hervorruft als die Entscheidung ihres Mannes, einen Angestellten nach Argentinien zu versetzen.

Unter sprachpragmatischen Gesichtspunkten fällt auf, daß sich am ehesten die Repliken von Bob und Dick zu einem kohärenten, die Konversationsregeln beachtenden Dialog zusammenfügen lassen. Es erstaunt wenig, daß Bob als der Firmenchef häufig deklarative Sprechakte verwendet, aufgrund derer er Urteile fällt (Aussagen über die réalité japonaise, 08; Maxime, so wenig Wellen wie möglich zu verursachen, 11) und den Status von Figuren festlegt („cette gamine est adorable", 02), was ihm erlaubt, seine institutionalisierte Autorität zur Schau zu stellen. Dick als der zweite Mann bedient sich hier konnektiver Sprechakte, er bezieht sich auf Bobs Äußerungen („C'est la meilleure solution", 10), führt dessen Gedanken weiter (13) und zeigt sich so als sein enger Vertrauter. Während diese Dialoge – setzt man die Repliken zusammen – formal den Kritierien einer effektiven Kommunikation entsprechen, erweisen sie sich angesichts der lebensbedrohlichen Situation als völlig inadäquat, was durch die Verflechtung mit den anderen Redesträngen zutage tritt.

Sue, die bisher als die Geliebte Jacks eine Außenseiterrolle spielt – sie gehört nicht zum Kreis der Housies-Mitglieder und entstammt einem anderen sozialen Milieu –, verwendet auf der Ebene der Illokution vorwiegend interrogative Sprechakte, denen häufig die direktive Funktion einer Aufforderung bzw. eines Befehls zukommt. („Et toi Nan?", 01; Vous venez? 07, 13). In der Tat ist sie diejenige, die konkret die Initiative ergreift, indem sie den schwerverletzten Jimmy von seinen Leiden erlöst, die Leichen zerschneidet und die anderen immer wieder zum Essen auffordert.

Die drei Fäden, die zunächst parallel zu verlaufen scheinen, überkreuzen sich an bestimmten Punkten. Dicks Kommentar: „C'est la meilleure solution" bezieht sich vordergründig auf Bobs Personalentscheidungen, kann aber ebenso ein Urteil darüber sein, daß Sue Jimmy die Kehle durchgeschnitten hat. Bobs Grundsatz, in der Firmenpolitik so wenig Unruhe wie möglich zu verursachen, kann auch auf die lebensbedrohliche Lage übertragen werden. Schließlich entsteht ein grausam-komischer Effekt, wenn sich auf die Frage Dicks „Mais qui remplacera Joe?" eine erneute Einladung Sues anschließt, eben diesen zu verspeisen.

Vinaver hat den „effet d'entrelacs" als eine Quelle der Komik herausgestellt, wobei er hervorhebt, daß die Verknüpfung rein textuell sei, da die einzelnen Konversationsgruppen sich an verschiedenen Orten und teilweise in verschiedenen Zeitebenen befänden, so daß sich die Bezüge nur im äußeren Kommunikationssystem herstellen ließen, nicht aber zwischen den Dialogpartnern des inneren.[61] In der Regel trifft dies trotz der Einheit des Ortes auch für *L'ordinaire* zu. Von seltenen Ausnahmen abgesehen nehmen die einzelnen Gesprächsgruppen trotz räumlicher Nähe ähnlich wie in der theatralischen Konvention des dialogischen Beiseite[62] ihre Repliken nicht wahr. Ein krasses Beispiel solcher Dialogverflechtung ist die Szene, in der Nan und Sue ein Ragout aus menschlichen Innereien herstellen, während Bess, Ed, Dick und Jack dem sterbenden Bob beistehen.

01 Sue. – Encore une minute sur le feu ça sera encore plus savoureux
02 *Ed.* – Le coeur bat
03 *Nan.* – Tu es sûre qu'on peut manger ça?
04 *Sue.* – J'y ai mis aussi une cervelle
05 *Nan.* – Tu es sûre
06 *Jack.* – Les narines remuent
07 *Nan.* – Que ça ne va pas nous rendre malade?
08 *Sue.* – Une couille regarde
09 *Nan.* – Vraiment
10 *Bess.* – Dieu soit loué
11 *Dick.* – Le vent s'est levé
Transportons-le dans la cabine
12 *Sue.* – Maintenant on peut les appeler
(II, S. 345)

Im inneren Kommunikationssystem verlaufen die beiden Redestränge getrennt und ohne auf einander Bezug zu nehmen, denn die beiden Frauen haben den Zusammenbruch Bobs zu diesem Zeitpunkt noch nicht bemerkt. Während Sue die Qualität der von ihr zubereiteten Mahlzeit hervorhebt (01), fragt Nan wiederholt nach, ob sie davon überzeugt sei, daß sie eßbar sei (03, 05, 07), wodurch sie Sue dazu auffordert, ihre Zweifel auszuräumen. Sue antwortet nur indirekt auf

[61] *Mémoire sur mes Travaux*, S. 35.
[62] Nach Pfister 1988, S. 195, beruht das dialogische Beiseite auf der Konvention, „daß eine Rede auf der Bühne zwar vom Publikum, nicht jedoch von bestimmten Figuren auf der Bühne gehört wird." Die innerdramatische Motivation ist im klassischen Drama meist bedingt durch ein konspiratives Sprechen oder durch ein Sprechen in einer Belauschungssituation. Diese Bedingung entfällt in Vinavers Stücken, da die Mikro-Montage nicht naturalistisch motiviert ist.

diese Interrogativa, indem sie die Zutaten aufzählt (04, 08) und dann Nan ankündigt, man könne nun die anderen zum Essen zu rufen. Im zweiten Gesprächsstrang beobachten Ed und Jack die Reaktionen des zusammengebrochenen Firmenchefs, bis Dick schließlich seine Kollegen auffordert, diesen ins Innere des Flugzeugs zu transportieren.

Für den Rezipienten im äußeren Kommunikationssystem entstehen durch die Verflechtung makabre Effekte, denn die Repliken der beiden Gesprächsstränge können aufgrund der thematischen Nähe miteinander verknüpft werden.[63] Bob, der noch wenige Minuten zuvor angekündigt hat, von nun an werde er in seiner Unternehmensführung über Leichen gehen („et s'il faut qu'il y ait des cadavres", II, S. 343), stirbt an Herzversagen und wird wie die anderen verspeist werden. Dabei spielt der Text mit der Überschreitung der Grenze zwischen übertragener und wörtlicher Bedeutung. Die Manager selbst stellen nie die Verbindung zwischen ihrem Geschäftsgebaren und ihrem vom Hunger diktierten Kannibalismus her. Es gibt jedoch vereinzelte Momente, in denen die verschiedenen Stränge sich kreuzen bzw. gebündelt werden, so etwa gegen Ende des 2. Aktes, als Bess genau diese Verbindung anspricht:

> *Bess.* – [...] Je ne sais pas s'ils ont découpé Billy ou bien Jimmy c'est sans doute Billy une partie de Billy je n'ose pas penser à la partie qu'ils ont choisie et toi tu parles de la loi de Petersen
> Quand ces deux-là seront terminés ils iront chercher Joe
> Un collègue à eux de même rang qu'eux Joe
> *Bob.* – Son papa
> Bess cette génération m'étonne Nan a-t-elle pleuré une seule fois?
> Joe avait une façon de prendre les choses
> Au retour il y aura tellement à faire tu me rappelleras de téléphoner à Donald
> (II, S. 325)

Bess revoltiert als einzige gegen den Verlust der Menschenwürde, wobei es für sie besonders schockierend ist, daß ihre Schicksalsgenossen auch vor sozial Gleichgestellten nicht halt machen. Sie macht ihrem

---

[63] Alain Françon, der die Uraufführung von *L'ordinaire* inszenierte, berichtet, die Reaktionen auf das Stück seien von Aufführung zu Aufführung unterschiedlich gewesen: „... Vinaver a une grande envie d'être un auteur comique, et ce que j'ai trouvé assez beau, dans certaines représentations qui ont très bien marché, c'est que le rire était là. Les gens se retenaient de rire, mais il y avait en eux comme un bouleversement." Zitiert nach Nores 1983, S. 29-31.

Gatten Bob den Vorwurf, angesichts des nicht mehr aufzuhaltenden Kannibalismus seiner Kollegen völlig unangemessen zu reagieren. Bob scheint zunächst auf diesen Vorwurf eingehen zu wollen, denn er greift den Namen Joes wieder auf. Mit dem Hinweis, Joe habe eine besondere Art gehabt, die Dinge hinzunehmen, scheint er eine Umdeutung der negativen Interpretation des kannibalischen Verhaltens zu intendieren.[64] Die Korrektivsequenz bricht dann aber plötzlich ab und mündet in eine ausweichende Bemerkung, in der er sich wieder geschäftlichen Belangen zuwendet. Durch die Art und Weise, in der er das Kooperationsprinzip durchbricht, bestätigt er ungewollt die Sichtweise seiner Frau.[65]

6.3.3 Montage und Metapher

Nun beschränkt sich die Wirkung eines Textes wie *L'ordinaire* aber zweifellos nicht darauf, den Zuschauern das Lachen im Halse stecken zu lassen. Hinsichtlich der Rezeption des Textes zeichnen sich zwei Haupttendenzen ab. Für die erste ist die Position Jean-Loup Rivières, des Herausgebers des *Théâtre Complet*, repräsentativ, der den metaphorischen Charakter unterstreicht.

> Pour tenir physiquement, les rescapés ont mangé leurs semblables; pour tenir moralement, ils ont parlé entre eux. Et le scandale n'est pas tant le fait de l'anthropophagie que l'équivalence posée entre parler et manger de l'homme.[66]

Kannibalismus und Kommunikation stehen demzufolge auf einer Ebene und werden einander gleichgesetzt. Auch Anne Ubersfeld hebt hervor, daß in *L'ordinaire* durch die Collage die kommunikative Funktion

---

[64] Zu einer Typologie von Korrektiven, die auf einen Vorwurf folgen können, siehe Brinker/Sager 1996, S. 88. Bobs Antwort stellt insofern eher eine Rechtfertigung als eine Entschuldigung dar, als er zwar die Verantwortung für die verurteilte Handlung übernimmt, nicht aber deren negative Bewertung.

[65] Franck Evrard 1990, hat das Stück ganz unter dem Aspekt dieser Grenzüberschreitungen interpretiert. Er schreibt S. 30: Au cours des sept 'morceaux' de L'Ordinaire, tout le travail de Vinaver consiste justement à abolir la distance entre un cannibalisme matériel et une anthropophagie symbolique, entre l'instinct de survie et l'esprit d'entreprise, et de confondre ainsi le corps physique et le corps économique."

[66] Jean-Loup Rivière, *Théâtre Complet* I, S. 15.

überschritten und um eine metaphorische, im weitesten Sinne poetische Funktion erweitert werde.[67]

Dem gegenüber soll die Aussage des Autors zitiert werden, der betont, beim Verfassen des Stücks keine vorgefaßten Ideen verfolgt zu haben:

> Je n'ai rien 'voulu dire' ni sur les Américains, ni sur le pouvoir, ni sur comment les multinationales fonctionnent. Je suis parti simplement de l'idée qu'il y a encore quelque chose à explorer là-dedans, sans idées préconçues.

In dieser die Indifferenz der Intention hervorhebenden Interpretationslinie steht de Toro, der das Stück als nicht-ideologisch, apolitisch, indifferent und restaurativ und somit als postmodern qualifiziert. Gerade die oberflächliche Indifferenz rufe beim Zuschauer aber eine starke Reaktion hervor.[68]

Grundsätzlich ist die Entscheidung darüber, ob ein Text metaphorisch zu lesen sei, nicht abhängig von der intentio auctoris, sondern die metaphorische Interpretation gründet sich auf die Beschaffenheit des Textes und die enzyklopädischen Kenntnisse einer Kultur. Legitimationskriterium dafür, eine Äußerung metaphorisch zu interpretieren, wäre dann der allgemeine Kontext, in dem sie steht.[69] Was eine metaphorische Interpretation von *L'ordinaire* angeht, so erscheint es mir sinnvoll, nochmals auf die Wirkung der Verflechtung von kommerziellem und privatem Dialog zurückzukommen. In der existenzbedrohenden Schneewüste der Anden erfüllen die Gespräche über die Personalbewegungen in der multinationalen Firma verschiedene Funktionen. In einer ersten Phase stellen sie die Fortsetzung des alltäglichen Dialogs zwischen den leitenden Angestellten dar. Da sie ihre Rettung als selbstverständlich und unmittelbar bevorstehend ansehen, lohnt es sich gar nicht, sich auf eine neue Situation einzustellen. Gleichzeitig dienen

---

[67] Ubersfeld 1989, S. 164: „Mode d'écriture qui contraint le lecteur-spectateur à fabriquer avec le discontinu, apparemment et savamment désordonné, une espèce d'ordre, une unité rationnelle ou métaphorique – rationnelle *et* métaphorique."

[68] „De fundamental importancia para la descodificación de semejantes textos es la atenta consideración de anacronismos semántico-histórico-cronológicos." Alfonso de Tóro: „Semiosis teatral postmoderna: intento de un modelo", in: *Gestos* 9, 1990, S. 23-51, hier S. 48.

[69] Siehe hierzu das Kapitel „Über die Interpretation der Metaphern", in Eco 1995, S. 191-216.

diese Gespräche dem Zeitvertreib, sie funktionieren nach den Regeln eines Brettspiels: Das Verschieben einzelner Personen oder ihre Eliminierung hat Auswirkungen auf das Kräfteverhältnis der übrigen Figuren, wobei es den Dialogpartnern möglich ist, immer wieder neue Konstellationen durchzuspielen. Bis zu Bobs Tod beteiligen sich an diesen Konversationen ausschließlich die Männer, nur Bess, der Frau des Präsidenten, ist es möglich, gelegentlich Einwürfe zu machen. Eine zweite Gruppe von Konversationen konzentriert sich auf die Erinnerungen an das Leben vor dem Unglück. Die Gespräche drehen sich um eine Fülle von Personen, die – wie etwa die Kinder von Bess und Pat – konkrete Gestalt annehmen, ohne jemals auf der Bühne zu erscheinen. Jugenderinnerungen, Liebesaffairen, die Clubs der Reichen, Reisen, Gespräche über exklusive Restaurants, Geschäfte und Kochrezepte und vieles mehr bieten „Unterhaltungsstoff", man springt von einem Modethema zum anderen. Hinzu kommt eine dritte Gruppe von Gesprächen, die sich an der gegenwärtigen Lage orientieren. Sie haben die Organisation des Alltags zum Thema – wie etwa die Verteilung der Lebensmittel, die Zubereitung der Mahlzeiten und die aus der ungewohnten Kost resultierenden Verdauungsprobleme. Daneben werden die Nachrichtensendungen kommentiert, die die Angst vor Terroristen schüren, und man diskutiert darüber, wie Kontakt mit der Außenwelt aufzunehmen sei.

Gegen Ende des Stückes treten die kommerziellen Themen in immer fragmentarischerer Form auf; es stellt sich etwa die Frage, wer die Nachfolge Bobs antreten wird. Indem die Hoffnung auf Rettung schwindet, laufen die geschäftlichen Konversationen leer, sie werden zum Selbstzweck und haben nur mehr eine phatische Funktion. Ed sagt dies explizit, als es darum geht, die geschwächte Bess alleine im Wrack zurückzulassen, um einen Weg aus den Bergen zu suchen:

> *Ed.* – Je reste avec vous Bess
> Ici seul personne ne survivrait
> parler est un besoin
> (II, S. 359)

Eine metaphorische Interpretation kann hier ansetzen, indem sie einige gemeinsame Merkmale, die in unserem Kontext relevant sind, aktiviert. Kommunikation wie Kannibalismus sind notwendig, um zu überleben. Schien sich zu Beginn noch eine Trennung in männliche und weibliche Konversationsthemen abzuzeichnen, so wird diese gegen Ende hinfällig. Bobs Bedauern über den Tod Joes im 1. Akt orientierte sich an wirtschaftlichen Gesichtspunkten – er sah seinen Fünfjahresplan gefährdet – und erschien als Ausdruck eines menschenverachtenden Systems. Mit der (physischen) Auflösung der Firmenleitung werden solche Prioritäten nicht mehr gesetzt, die Hierarchien nivellieren sich schlechthin. Der gleiche Vorgang läßt sich im Bereich der Ernährung feststellen: Während die Überlebenden sich zunächst noch überwinden müssen, überhaupt Menschenfleisch zu essen, findet im 4. Akt der Übergang von den „parties nobles" zum Ragout der Innereien und im 5. Akt, nachdem das Brennmaterial aufgebraucht ist, schließlich der vom Gekochten zum Rohen statt. Auf der Ebene der Kommunikation wie der Nahrungsaufnahme wird alles gleichermaßen zu Material, das die Figuren sich einverleiben.

Eine solche Lesart deutet sich im Titel *L'ordinaire* an. Vinaver hat hervorgehoben, daß es seine Absicht gewesen sei, die verschiedenen Bedeutungen des Begriffs in eine Relation zum Text zu setzen. Er unterscheidet a) die Hausmannskost, das, was man gewöhnlich ißt, b) die im ganzen Kirchenjahr gleichbleibenden Gesänge der Messe und c) im allgemeinen Sinn das gewöhnliche oder gewohnte Denken, Fühlen und Handeln, an das sich die Figuren des Stücks in der für sie ganz unerwarteten Situation der Flugzeugkatastrophe erinnern.[70]

Die Vielzahl der Bezüge, die weit über die Gleichsetzung von Kannibalismus und Kommunikationssituation hinausgeht, läßt sich an verschiedenen Textstellen belegen. So beschreibt Nan, die Tochter des bei dem Absturz umgekommenen Vizepräsidenten Joe, die Beziehung zu ihrem Vater in den Begriffen des Verzehrens:

> *Nan.* – [...] Papa finissait toujours par me faire faire ce qu'il voulait ma volonté se dissolvait dans sa bouche mon analyste est étonné que mon identité psychique ait résisté
> Il m'aimait d'un amour dévorant j'étais un aliment entre ses dents il me broyait me triturait
> J'étais mastiquée machée je me faisais engloutir de la tête aux pieds
> (II, S. 325)

Erst der Anblick des zu Tode stürzenden Vaters läßt sie erwachsen werden. Nancy beschließt ihre Rede mit der Versicherung, solange sie lebe, lasse sie sich von niemandem mehr aufessen. Auffällig ist das

---

[70] Interview Vinaver/Curmi 1983, S. 17.

Ausschmücken der Metapher bis in konkrete Details wie das Zerkauen und Verschlingen, wodurch auf die intertextuellen Bezüge dieses Motivs verwiesen wird: So taucht das Zerfleischen des Kindes in den verschiedenen Varianten des Dionysos-Mythos auf. Dort wird in der Regel der Sohn in Stücke gerissen und und von der eigenen Mutter gegessen. Das Motiv des Verzehrens aus Haßliebe taucht dann wieder in Kleists *Penthesilea* auf. Die Amazonenkönigin hetzt die Hunde auf den wehrlosen Achilles und verbeißt sich selbst in seiner Brust, was sie als Beweis ihrer Liebe interpretiert.[71] Während Nan in einer durch ihren Psychoanalytiker geprägten Sprache das Verhältnis des Vaters zur Tochter als Anthropophagie beschreibt, greift Bess auf den christlichen Ritus und auf die Wiederholung und Erneuerung des Opfers des Gottessohns zurück, um ihr kannibalisches Tun zu rechtfertigen.[72]

Schließlich läßt sich die Metapher des Kannibalismus nicht nur auf die Kommunikationssituation zwischen den Überlebenden und auf innerfamiliäre Beziehungen übertragen, sondern durch die Verkreuzung mit den kommerziellen Redesträngen charakterisiert sie auch das Verhältnis der Manager untereinander, etwa wenn Ed den Machtkampf der Housies-Gründer untereinander beschreibt. Die reale Anthropophagie markiert jedoch nicht nur den Verlust der Zivilisation, sondern sie ermöglicht auch das Eintreten in eine neue Seins-Weise und nimmt so Elemente einer Mythologie des Übergangs wieder auf. Der Rückfall in das vorzivilisatorische Chaos bewirkt bei einigen Überlebenden eine Erneuerung, die ganz verschiedene Formen annehmen kann. Bess ver-

---

[71] Penthesilea
Wie manche, die am Hals des Freundes hängt,
Sagt wohl das Wort: sie lieb ihn, o so sehr,
Daß sie vor Liebe gleich ihn essen könnte;
Und hinterher, das Wort geprüft, die Närrin!
Gesättigt sein zum Ekel ist sie schon.
Nun, du Geliebter, so verfuhr ich nicht.
Sieh her: als ich an deinem Halse hing,
Hab ich wahrhaftig Wort für Wort getan;
Ich war nicht so verrückt, als es wohl schien.
(24. Auftritt, 2991-2999).

[72] Siehe hierzu insgesamt Jan Kott: *Das Gott-Essen. Interpretationen griechischer Tragödien*, München 1975. In dem Kapitel „Das Gott-Essen oder Die Bakchen", S. 219ff., schlägt Kott die Brücke vom Dionysos-Mythos zur christlichen Liturgie, in der sich die zwei irdischen Zeiten, nämliche die zirkuläre Zeit des Jahreskalenders und die lineare Zeit der geschichtlichen Ereignisse, mit der dritten, kosmischen oder göttlichen, überschneiden.

liert das Interesse an ihrem konventionellen, großbürgerlichen Leben und verspürt kein Verlangen mehr, die Schneewüste zu verlassen.

> *Bess.* – Tant de misère tant de laideur à quoi on a échappé
> Je trouve que c'est miraculeux
> Et ce nuage
> Je me sens comme un nuage qui se sépare en d'autres nuages et tous ces nuages
> Je ne m'ennuierai pas ici
> C'est comme si je connaissais tout et sans cesse
> Sans cesse tout recommençait
> (II, S. 360)

Jack seinerseits beschließt, nach seiner Rückkehr die Firma zu verlassen und ein neues Leben zu beginnen, aber die Pläne der beiden finden durch das Lawinenunglück ein jähes Ende. In der letzten Szene spielt die Montage keine Rolle mehr. Das ergibt sich rein technisch aus der Reduktion der Figuren auf ein einziges Dialogpaar, jedoch hat sich zugleich auch die Art der Verbindung der Repliken geändert. Zwischen Sue und Ed ist ein neues Einverständis entstanden, das seinen Ausdruck in dem Vorschlag Sues findet, nach der Rückkehr in die Zivilisation zu heiraten und gemeinsam die Leitung von Housies zu übernehmen. Der im Titel *L'ordinaire* angedeutete zyklische Verlauf – im Sinne der im ganzen Kirchenjahr gleichbleibenden Gesänge der Messe im Kirchenjahr – findet seinen Ausdruck darin, daß die Überlebenden gegen Ende des Stücks die Boten des Frühlings wahrnehmen und Sue und Ed beschließen, das Manager-Dasein wiederaufzunehmen.[73]

Die Auslotung der vielfältigen metaphorischen Relationen weisen *L'ordinaire* als einen Text aus, dem zwar nicht ein bestimmter Mythos zugrundeliegt, der sich aber durch einen großen Reichtum an mythologischen Bezügen auszeichnet. Die Mikro-Montage ermöglicht es, das von Vinaver als „navette mythologique" charakterisierte Verfahren, das er schon in *Iphigénie Hôtel* angewandt hatte, auszuweiten. Das Hin-und-Her zwischen den einzelnen Dialogsträngen legt das Herstellen von metaphorischen oder explikativen Relationen nahe, die Fragmentarität der Dialoge und ihre immer neuen Verflechtungen verhindern jedoch eine klare Perspektivierung. Daß bestimmte Haltungen die

---

[73] Vinaver schreibt über das Ende von *L'ordinaire* in *Mémoire sur mes Travaux*, S. 33: „La fin de la pièce se place sous le signe de l'Éternel Retour".

Überlebenschancen vergrößern – man erinnere sich an Sues unkonventionelles, pragmatisches Vorgehen oder an Bess, die ihre gesellschaftlichen Vorurteile abstreift –, beinhaltet noch nicht die Vision einer anderen oder gar besseren Gesellschaft. Ähnlich wie in *Les travaux et les jours* überleben schlußendlich diejenigen den Absturz in das vorzivilisatorische Chaos, die sich mit den Gesetzen der Manager-Etagen arrangieren, wobei offen bleibt, ob ihre Rückkehr gelingen wird.

6.4 Resümee

Ein Vergleich der Analyseergebnisse zeigt, daß in beiden Stücken die Dialoge sich an der Alltagskonversation bestimmter gesellschaftlicher Gruppen orientieren. Vinaver setzt die gleiche Technik der Verflechtung der Dialoge ein, wobei die Mikro-Montage in dem Bürostück stärker mimetisch und somit im inneren Kommunikationssystem angesiedelt ist, wohingegen in dem Manager-Stück die Verflechtung der Dialoge stärker artifiziell und verfremdend eingesetzt wird, indem die Verknüpfungen in der Regel nur im äußeren Kommunikationssystem stattfinden. Der Leser steht, was *Les travaux et les jours* angeht, vor der Aufgabe, aus dem Puzzle der Repliken eine rudimentäre Handlung und das Geflecht des Figurengefüges zu konstruieren. In *L'ordinaire* ist die Handlungsstruktur durch den „fait divers" vorgegeben, die Mikro-Montage arbeitet hier jedoch gegenläufig zur Story, sie demontiert sie. Während der Zeitaltermythos und der Mythos der Terre Gaste dem Büro-Stück einen thematischen Rahmen verleihen, den man mit der Stellung der Arbeit in einer Gesellschaft umschreiben könnte, läuft der Leser von *L'ordinaire* Gefahr, in der Vielzahl der metaphorischen Relationen die Orientierung zu verlieren. Auf der Pfisterschen Matrix der Perspektivität entspricht daher der stärker geschlossenen Handlungsstruktur keineswegs eine eindeutigere Vermittlung von Wertnormen. Indem jedes Urteil relativiert wird, herrschen die Grautöne vor, was jedoch nicht im Sinne de Toros ein Votum für Indifferenz und restauratives Denken sein muß, sicher aber im Sinne der Postmoderne eine Ablehnung der Meta-Erzählungen und der großen Visionen von einer „besseren" Gesellschaft. *L'ordinaire* ist mit Becketts *Endspiel* verglichen worden, wozu der erste Satz – „C'est fini Jack" –, Parallelen zwischen Bob und Hamm sowie die öde Landschaft einladen.

Vinavers Stück hat, wie Bradby[74] zeigt, sicher einen konkreteren Realitätsbezug als das *Endspiel*, die Unterschiede scheinen mir jedoch prinzipiellerer Art zu sein: Wie weit entfernt Vinaver von Becketts Nihilismus ist, zeigt die Gegenüberstellung der beiden Schlußszenen. Während Clov davongeht und den gelähmten und ihn tyrannisierenden Hamm hilflos zurückläßt, machen sich Sue und Ed gemeinsam auf den Weg, wobei Sue die Führung des unter Schwindel leidenden Ed übernimmt, der ihr mit geschlossenen Augen folgt.

[74] Bradby 1993, S. 92.

7 Totale Montage auf der Makro- wie der Mikro-Ebene

Schon im letzten Kapitel wurde deutlich, daß Vinaver bestimmte formale Verfahren in verschiedenen Phasen seines Schaffens wiederaufgenommen und in neuem Kontext eingesetzt hat. Ähnliches trifft auch auf die nun zu analysierende Werkgruppe der sogenannten „pièces éclatées“ zu. Diese drei Stücke, die in einem Zeitraum von zwölf Jahren entstanden sind, haben gemeinsam, daß sie zusätzlich zur Mikro-Montage der Dialoge die Zeit-, Raum- und Handlungsstruktur aufsprengen und montieren. Der Analyse der Montagetechnik in den einzelnen Stücken sollen überblickshaft ein Vergleich ihrer Thematik und ihrer dramatischen Grundstrukturen sowie einige Überlegungen zu ihrer Bühnenrealisierung vorangehen.

La demande d'emploi (1972), das früheste der drei Stücke, schließt sich zeitlich unmittelbar an *Par-dessus bord* an und konzentriert sich völlig auf die Verflechtung der Themenbereiche Managerdasein und Privatleben. In *A la renverse* (1977) steht nicht mehr eine Einzelperson, sondern eine Firma im Mittelpunkt. *Portrait d'une femme* (1984), Vinavers bisher vorletztes Stück, rankt sich um einen „fait divers“ und stellt insofern eine Ausnahme in seinem dramatischen Werk dar, als die Handlung nicht in der unmittelbaren Gegenwart situiert ist. Die Facettierung der Person ist hier am weitesten vorangetrieben.

Im Hinblick auf die Anzahl der Figuren sind große Unterschiede zu beobachten: Vinaver hat *La demande d'emploi* in einer Gegenbewegung zu *Par-dessus bord* als Kammerstück mit vier Personen geschrieben, die einzige Szenenanweisung lautet: „Ils sont en scène sans discontinuer“ (I, S. 508).[1] *Portrait d'une femme* gehört dem sympho-

---

[1] Es ergibt sich dadurch für das gesamte Stück die höchstmögliche Konfigurationsdichte von eins. Unter der Konfiguration ist die Teilmenge des Personals zu verstehen, die jeweils an einem bestimmten Punkt auf der Bühne ist. Platz-Waury 1994, S. 91, weist darauf hin, daß die Konfigurationsdichte von eins typisch für Dramen mit wenigen Personen sei, die sich immer alle auf der Bühne aufhalten. Sie erklärt jedoch auch, daß der Begriff dort nicht anwendbar sei, wo sog. offstage characters eine wichtige Rolle spielten. Wie stark der experimentelle Charakter von *A la renverse* ist, mag daran

nischen Pol an, die 17 Rollen sind so angelegt, daß sie von insgesamt 11 Schauspielern übernommen werden können. Am stärksten ist dieses Verfahren in *A la renverse* ausgeprägt, da hier nur sechs Schauspieler als Portemanteaux für eine unbestimmte große Zahl von Rollen fungieren.[2] Es gibt keine zentrale Figur, die wie der arbeitslose Manager Fage oder die des Mordes angeklagte Sophie Auzanneau als Angelpunkt das Stück gleichsam zusammenhalten, faßt man nicht die Firma Bronzex als Person auf. Schon in bezug auf *Par-dessus bord* hatte Vinaver dem Unternehmen eine solche Rolle zugeschrieben:

> [...]l'entreprise en elle-même est un personnage de la pièce. Je dirais, en allant plus loin, que le produit qu'elle fabrique et vend devient lui aussi, au fur et à mesure du développement de la pièce, et de plus en plus nettement, fortement, un personnage. Il y a même une déperdition de substance des personnages en chair et en os au profit de ce personnage qui naît, croît, lutte, meurt et renaît[...][3]

Diese Äußerungen charakterisieren noch besser *A la renverse*, denn hier wird das Unternehmen zu der zentralen Figur, wohingegen die Figuren im traditionellen Sinn blaß bleiben. Dazu trägt auf der formalen Ebene nicht nur bei, daß der einzelne Schauspieler mehrere Rollen übernimmt, sondern auch, daß die Repliken teilweise nicht bestimmten Personen zugeordnet sind. Außerdem greift Vinaver auf die schon in *Les huissiers* eingesetzten choralen Stimmen zurück.

Auch die Raumstruktur von *A la renverse* ist stärker aufgesprengt als die der beiden anderen Stücke: Drei Satelliten erlauben es, ähnlich wie auf einer Drehbühne die Orte zu wechseln, hinzu kommen die Handlung in den Büros der leitenden Angestellten und die Fernsehinterviews mit Bénédicte von Bourbon. In *La demande d'emploi* hinge-

---

deutlich werden, daß die Besetzung zahlreicher Rollen durch dieselben Schauspieler und der Einsatz der Gipsfiguren, des Fernsehfilms und der Stimme aus dem Off ein Operieren mit diesem Begriff unmöglich machen.

[2] Vinaver schreibt dazu in *Mémoire sur mes travaux*, S. 41: „La démarche s'est radicalisée avec *A la renverse*, où les personnages ne se dénombrent pas. Le texte comporte des répliques attribuées à des personnages spécifiques, et d'autres, en plus grand nombre, qui ne le sont pas. En abordant l'écriture de la pièce, je me suis imposé une contrainte: la représentation devrait n'exiger que six acteurs, qui seraient incessamment de passage d'un rôle à l'autre. D'un point de vue formel la pièce peut se définir comme une vaste plateforme symphonique et chorale, d'où se détachent des duos, des quatuors ... et cela va jusqu'au sextet."

[3] *Écrits*, S. 311.

gen ist es der Ort des Interviews und in *Portrait d'une femme* der Gerichtssaal, wo in einer Art umgekehrtem Stationendrama Ereignisse aus dem Leben der zentralen Figur oder aus dem der ihnen nahe stehenden Personen eintreffen. Während Vinaver in dem frühen Stück den Nebentext auf ein Minimum reduziert, gibt er in *Portrait d'une femme* exakte Anweisungen für das Bühnenbild, die den Anforderungen des erwähnten Stationendramas entsprechen. Der Gerichtssaal bildet für das gesamte Stück die Kulisse, die Requisiten für die übrige Handlung sollen von einem permanent anwesenden Bühnenarbeiter hinein- und herausgetragen werden. Videoaufnahmen von einem Theater-Atelier, das Vinaver mit Studenten durchgeführt hat, zeigen, daß sich bei der szenischen Lektüre, die auf konkrete Bühnenzeichen verzichtet, für den Zuschauer Unsicherheit über den Ort und den Zeitpunkt der jeweiligen Handlung einstellt. Die Rahmenfunktion der Prozeßhandlung wurde dramaturgisch so umgesetzt, daß der Richter, der Gutachter und die anderen Vertreter der Justiz an der Rückwand und den Seitenwänden des Bühnenraums situiert waren, während sich die Szenen der Vergangenheit im Zentrum abspielten. Die Offenheit der Handlung kann an einem Beispiel aus den Proben deutlich gemacht werden: In einer Version springt der erschossene Geliebte auf und übernimmt die Rolle des Staatsanwaltes. Während der geschriebene Text linear bleibt, können sich auf der Bühne die Dialoge tatsächlich durchkreuzen und überlagern.[4]

Die Zentrierung auf den Ort des Interviews ist in *La demande d'emploi* weniger eindeutig. Die Vielzahl der schnell wechselnden Orte – eine Straße in London, eine Skipiste in den Alpen, die Wohnung Fages etc. – macht eine realistische Inszenierung unmöglich. Naheliegend ist daher die Gestaltung eines eher abstrakten Bühnenbildes, das Elemente der verschiedenen Spielplätze enthält in der Art der Bilder von Rauschenberg oder Tapiès, die Vinaver besonders schätzt.[5] So hat der Regisseur Roland Knapp für die Aufführung am Théâtre de la Tempête 1994 einen Raum geschaffen, der sowohl Elemente eines Büros als auch eines Wohnraums enthielt, was der Verquickung von privater und geschäftlicher Handlung entspricht. Zwei Wohnwände im Stil der siebziger Jahre begrenzten die Bühne rechts und links, die Zuschauer saßen an den beiden anderen Seiten des Rechtecks. Die Schau-

[4] Die Aufzeichnung befindet sich in der Videothek der Bibliothèque Gaston Baty, Paris III.

[5] Siehe hierzu auch Bradby 1993, S. 64.

spieler holten selbst die Requisiten für die einzelnen Szenen aus den Schränken, Schubladen und Regalen dieser Wände; Schreibtisch und Eßtisch wurden von ihnen auf Rollen herein- und herausgefahren. Der räumliche Wechsel nach London wurde mit nonverbalen akustischen Zeichen signalisiert (Läuten von Big Ben).

Ist *A la renverse*, was die Raum-, Handlungs- und Figurenstruktur angeht, das am stärksten aufgesprengte Werk, so scheint zumindest vordergründig die chronologische Zeitstruktur dem Stück einen gewissen Halt zu verleihen. Es wird umrahmt von einer „voix du récit", die die Handlung in Anlehnung an *Par-dessus bord* als den Aufstieg und Niedergang einer Firma beschreibt. Diese Erzählerstimme bleibt jedoch anonym, sie hat nichts mehr mit Passemar, dem alter ego Vinavers, gemeinsam und greift auch nie in die Handlung ein.

Portrait d'une femme liegt der chronologische Verlauf des Prozesses zugrunde. Die einmontierten Rückblenden, die die Vergangenheit Sophies erhellen sollen, sind a-chronologisch angeordnet, was durch die Fiktion der Zeugenaussagen einerseits und die Erinnerungen Sophies andererseits realistisch motiviert ist.[6] Man könnte nun annehmen, daß *La demande d'emploi* in ähnlicher Weise die Chronologie des Interviews zugrundeliegt, was jedoch nur sehr partiell zutrifft. Es gibt zwar Gesprächsteile, die aufeinander aufbauen, andererseits spielt das Stück mit elliptischen Andeutungen, deren Sinn erst durch im Text später folgende, in der Chronologie der Handlung jedoch vorausgehende Szenen erhellt wird. Anders als in *Portrait d'une femme* sind diese Szenen nicht als Rückblenden markiert, der Leser/ Zuschauer hat Mühe, sie zeitlich zu situieren. Vinaver wollte diesen Effekt noch durch die Vorgabe steigern, daß die 30 Bilder in variierender Reihenfolge gespielt werden könnten.

Es ist häufig von der Musikalität der Vinaverschen Stücke die Rede gewesen. Die Kritik steht solchen Vergleichen häufig skeptisch gegenüber, was sicher berechtigt ist, wenn es um eine vage Metaphorik geht. Da Vinaver sich aber immer wieder mit künstlerischen Verfahren anderer Gattungen auseinandergesetzt hat – man denke nur an die Zitatsammlung *Confluences* –, um solche Anregungen in seinem Werk zu

---

[6] Vinaver hebt in bezug auf dieses Stück die Montage der Zeitebenen hervor: „*Portrait d'une femme*, enfin, se déroule à la fois sur une journée et sur une dizaine d'années, moyennant un entrelacs de temps réfractaires les uns aux autres. [...] dans cette dernière pièce on peut parler d'un montage de temps différents procédant d'une méthode disloquée, mais cohérente du récit [...]", *Mémoire sur mes travaux*, S. 46f.

verarbeiten, hat eine Untersuchung dieser Einflüsse ihre Berechtigung, denn sie erlaubt Rückschlüsse auf die Intentionen der innovativen formalen Anlage dieser Dramengruppe. Im Hinblick auf die in diesem Kapitel zu analysierenden Texte ist folgendes zu beobachten: In *La demande d'emploi* gibt es keine expliziten Bezüge zur Musik, Vinaver hat aber in seinen theoretischen Schriften betont, daß er das Stück nach musikalischen Prinzipien komponiert habe. *A la renverse* hingegen liegt die Struktur von Präludium und Fuge zugrunde, im Nebentext werden zahlreiche Beziehungen zur Musik, zum modernen Ballett und zu den darstellenden Künsten geknüpft. Ein Vergleich mit ähnlichen Versuchen bei Tardieu bietet sich hier an. Das letzte Stück verzichtet auf solche Bezüge, was ein Hinweis auf eine Rückkehr zu stärker konventionellen Formen sein könnte.

Da *La demande d'emploi* und *Portrait d'une femme* in vieler Hinsicht als Pendants erscheinen – man denke nur an die Bedeutung der Verhörsituation –, soll in diesem Kapitel eine vergleichende Analyse der Montageverfahren dieser beiden Stücke durchgeführt werden. Daran wird sich eine Untersuchung des strukturell ganz anders angelegten *A la renverse* anschließen, in dem das musikalische Moment stark im Vordergrund steht. Hier kann an die Überlegungen zu den musikanalogen Aspekten von *La demande d'emploi* angeknüpft werden.[7] Von zentraler Bedeutung wird in bezug auf alle drei Stücke die Frage sein, wie Vinaver das Auseinanderbrechen der traditionellen dramatischen Strukturen umsetzt und welche neuen Verfahren an deren Stelle treten.

7.1 *La demande d'emploi*

7.1.1 Metaphern zur Beschreibung der Montagetechnik

In seinem jüngst erschienenen Buch *Lire le Théâtre Contemporain* schreibt Jean-Pierre Ryngaert, ein fundamentales Mißverständnis hinsichtlich vieler moderner Stücke sei schon in der Frage angelegt, was deren Story, Fabel, Récit oder wie auch immer man es nennen wolle, sei. Die Beziehung dieser Autoren zur Fabel sei aber eine neue:

---

[7] Die Massenmedien spielen in *A la renverse* erstmals eine zentrale Rolle, dieser Aspekt soll jedoch erst im folgenden Kapitel genauer untersucht werden.

> Ils se posent moins comme des „raconteurs d'histoires", et davantage comme des écrivains faisant appel à toute l'épaisseur d'écriture[... Ils pratiquent] une écriture qui ne s'essouffle pas à fournir du récit mais qui, si elle est réussie, impose ses manques comme autant d'aimants à attirer du sens, à exciter l'imaginaire pour construire la scène à venir.[8]

Die nun folgende Inhaltsangabe kann daher nur als Hilfskonstruktion angesehen werden, um den Leser schneller mit dem Stück vertraut zu machen. *La demande d'emploi* ist in 30 kurze Morceaux gegliedert, die nie mehr als zwei bis drei Seiten füllen. Die Hauptfigur ist Fage, ein arbeitslos gewordener leitender Angestellter, der nicht nur durch seine Job-Suche, sondern auch als Ehemann und als Vater einer 16jährigen Tochter in Schwierigkeiten gerät. Die Firma, in der er Verkaufsleiter war, wurde von einem amerikanischen Konzern aufgekauft und danach reorganisiert, so daß für Fages Verkaufsstrategien kein Platz mehr war. In dem Stück durchkreuzen sich verschiedene Handlungsstränge: Da ist einmal das Interview, das Wallace, der Personalchef eines Touristikunternehmens, mit Fage führt und in dem die Vergangenheit und die Persönlichkeit des Bewerbers, seine Leistungen und Schwächen enthüllt werden. In diesen Handlungsstrang spielt ständig eine private Handlung hinein, in der es vor allem um die 16jährige Tochter Nathalie geht, die ein Kind von einem schwarzen Studenten erwartet und die ihre Eltern mit politischen Aktivitäten provoziert, welche schließlich zu ihrer Verhaftung führen. Während Fage immer tiefer in seinen Problemen versinkt, wird seine Frau Louise selbständiger und beginnt eine eigene Karriere. Eine Verbindung von Privatleben und Berufswelt ergibt sich daraus, daß einerseits Frau und Tochter die Annoncen und Antwortschreiben der Firmen vorlesen und die Erfolgsaussichten Fages kommentieren, andererseits Wallace Fage über sein Familienleben ausfragt und aus den Antworten Rückschlüsse auf seine Managerqualitäten zieht.

Kaum ein anderes Stück Vinavers ist so häufig aufgeführt worden und hat so große Beachtung durch die Kritik erfahren wie *La demande d'emploi*, was sicher durch die Verbindung einer in den siebziger Jahren ungewöhnlichen Thematik mit der neuen, radikalen Montagetechnik zu erklären ist. So hat Sarrazac in *L'avenir du drame* seine besondere Aufmerksamkeit der Einteilung in die 30 Morceaux gewidmet: Vinaver habe damit die Dekonstruktion der dramatischen Situation

[8] Ryngaert 1993, S. 6f.

vollendet, das Stück funktioniere nach dem Prinzip einer Zentrifuge „qui ferait voler en éclats, qui séparerait en quantités discrètes la vie familiale de Fage“[9], was einen ganz neuen Typ der Montage zur Folge habe.

Yoland Simon hat *La demande d'emploi* einer ausführlichen Analyse unter dem Aspekt des Systems der Oppositionen unterzogen: Um die Wirkung der Montage zu erklären, ersetzt er die Metaphern des „malaxage“ (Vinaver) und der Zentrifuge durch die des Kartenspiels: Das Mischen der Karten zu Beginn des Spiels bewirkt die zufällige Verteilung der Farben, Bilder und Zahlen; im Verlauf des Spiels werden aber dann bestimmte andere Ordnungen hergestellt. Ähnlich beruhe die Montage in *La demande d'emploi* auf dem Prinzip der Konstruktion – Dekonstruktion.[10] Die Folge sei jedoch nicht eine wie auch immer geartete Parteinahme, sondern die durch das Mischen bewirkten wechselnden Kontexte verwischten vielmehr die Grenzen: „Aucune vision du monde, aucune idéologie ne l'emporte sur les autres. ([...]) Nous sommes bien en face de ce que Vinaver appelle 'un quotidien pluriel acentré'“.[11] Die verschiedenen zitierten Metaphern haben gemeinsam, daß sie alle von einem primären kohärenten Realitätszusammenhang ausgehen, der durch die Mittel der Montage zerstört und verfremdet wird. Schoell hat demgegenüber versucht, die Diskontinuität der Dialoge in der Tradition von Joyce als eine Aufzeichnung von Fages Bewußtseinsstrom während des Interviews mit Wallace zu interpretieren.[12] Die Relationen zwischen den verschiedenen Handlungsfäden müßten dann assoziativ sein und nicht einem mechanischen Prinzip gehorchen, wie dies durch die Metaphern der Zentrifuge oder des Kartenmischens angedeutet wird.

7.1.2 Musikalische Strukturen

Hilfreich für eine Klärung scheinen mir in diesem Zusammenhang die zahlreichen musikalischen Vergleiche zu sein, die Vinaver auffälligerweise immer aus dem Bereich der klassischen Musik wählt.[13] Die Mu-

[9] Sarrazac 1981, S. 60.
[10] Simon 1987, S. 7.
[11] Simon 1987, S. 24.
[12] Schoell 1988, S. 207-219.
[13] Bradby 1993, S. 57, hat sich bereits mit diesen musikalischen Vergleichen auseinandergesetzt, wobei er davor warnt, die Analogien zu wörtlich zu nehmen: „Vinaver

sikanalogien beziehen sich im wesentlichen auf drei Bereiche: einerseits auf die Produktion des Textes, andererseits auf die Übernahme musikalischer Formprinzipien und Konstruktionstechniken sowie auf das klanglich-rhythmische Element und schließlich auf die Möglichkeiten der theatralischen Realisation bzw. der Rezeption.

In seinen theoretischen Schriften vergleicht Vinaver seine Arbeitsweise mit derjenigen Beethovens, der, während er an der 9. Symphonie arbeitete, um sich zu entspannen, die Diabelli-Variationen komponierte. Der Wechsel von einer symphonischen zu einer kammermusikalischen Form erlaubte es Vinaver, einerseits das extreme Gegenstück zu *Par-dessus bord* und andererseits aber auch wieder dessen Fortsetzung zu schreiben.[14] Stellte das Riesenstück *Par-dessus bord* seine Regisseure vor immense Aufführungsprobleme, so sollte *La demande d'emploi* geradezu Übungsmaterial für Schauspieler bereitstellen:

> Je pensais en l'écrivant au petit livre d'Anna Magdalena Bach. J'avais l'impression d'écrire quelque chose de très élémentaire pour les comédiens, une sorte de livre d'école, avec l'hypothèse que ce serait très maniable, flexible, jouable par différents groupes en différents lieux.[15]

Im Zusammenhang mit *Les huissiers* und anderen Stücken hatte Vinaver immer wieder seine Unfähigkeit betont, eine Geschichte zu erzählen, und diesen Mangel damit kompensiert, daß er den verschiedenen Themen im musikalischen Sinn die Struktur eines anderen Textes unterlegte. In *La demande d'emploi* verzichtete er erstmals völlig auf ein solches Verfahren:

> Dans *la Demande d'emploi*, qui est ma pièce la plus „musicalisante", je fais la tentative de substituer à toute histoire le tissage de motifs traités en

---

never aspires to pure abstraction, does not use words solely as patterns of sound, although, like Eliot, he pays as much attention to their sonority and texture as he does to their meaning." An späterer Stelle, S. 65, hebt er nochmals hervor, daß die Kontrapunkttechnik etwa in einem Streichquartett anders funktioniere als die in *La demande d'emploi*, da sich die verschiedenen Stimmen hier nicht überlagerten, sondern vielmehr das Prinzip der Diskontinuität und des Hin-und-Her zwischen den verschiedenen Dialogsträngen herrsche.

[14] Siehe hierzu auch die Bemerkungen zum symphonischen und zum kammermusikalischen Pol in Vinavers Werk in Kapitel 1, sowie die Bezüge zu großer und kleiner Form bei Robert Motherwell.

[15] *Écrits*, S. 294.

contrepoint, le mouvement général étant celui d'une spirale au travers d'une structure „thème et variations."[16]

Vinavers Bestreben, die Fabel durch musikalische Strukturen zu ersetzen, fügt sich ein in eine seit dem 2. Weltkrieg zu beobachtende Tendenz, den Verlust einer oder mehrerer Funktionen des traditionellen Dramas (nach Ingarden) durch eine Zunahme an musikanalogem Gehalt zu kompensieren.[17] Wie das „Verweben" der Motive, die Kontrapunkttechnik und schließlich die Struktur „Thema und Variationen" auf den dramatischen Text übertragen werden, kann exemplarisch am Beispiel des 4. Morceau gezeigt werden, das eines der kürzesten ist.

Fage. – C'est tout à fait dans mes cordes ça me séduit beaucoup
Nathalie. – Tu te méfies papa tu prends ton virage sec de l'autre côté c'est le vide
Wallace. – S'il est vrai que vous excellez dans les contacts humains
Nathalie. – Ne te laisse pas déporter suis bien la courbe de la combe
Fage. – C'est incomparable
Louise. – Le seul moyen de l'emmener à Londres c'est que toi tu partes avec elle avec moi elle ne partira pas
Nathalie. – Après il y a un mur d'une quarantaine de mètres il est étroit tu es obligé de le prendre schuss
Fage. – Dans ces circonstances c'est plutôt le rôle de la maman
Louise. – Oui mais elle est bloquée avec moi par ma faute du reste je lui ai toujours dit ses quatre vérités tandis que toi
Fage. – Mon amour je suis plus sévère avec elle que toi
Louise. – Tu es sévère oui et tu rampes devant elle
Nathalie. – Et puis après ça va tout seul
Fage. – Toi tu lui cries dessus c'est étonnant toi qui en général te contrôles si bien
Louise. – Parce que je sens qu'elle me nie
Natalie. – Tu y vas?

---

[16] *Écrits*, S. 308.

[17] Siehe hierzu Monika Schwarz: *Musikanaloge Idee und Struktur im französischen Theater. Untersuchungen zu Jean Tardieu und Eugène Ionesco,* München 1981, S. 17. Schwarz weist nach, daß es Musikanalogien im Theater im Vergleich mit der Lyrik und dem Roman erst sehr viel später gibt, im eigentlichen Sinn erst nach dem 2. Weltkrieg. Jarry und Artaud versteht sie nur als Vorläufer, ebenso Strindberg: Sein Vergleich des Traumspiels mit einer Symphonie ziele nicht auf eine bestimmte, der musikalischen Gattung konkret nahestehende Formstruktur, sondern auf das Prinzip strengster Konstruktivität überhaupt, das sich hinter der scheinbar lockeren Szenenfolge verberge, S. 14.

Fage. – Non vas-y ouvre la trace
Nathalie. – C'était superbe papa
(I, S. 514-515)

Die 17 kurzen Repliken können drei verschiedenen Orten zugeordnet werden: Einmal sehen wir Fage mit Wallace in dem Büro, in dem das Einstellungsgespräch stattfindet, dann fährt Fage mit seiner Tochter Ski, und schließlich hören wir in eine Diskussion zwischen den Eltern über ihre Tochter hinein, die sicherlich in der Wohnung stattfindet. Zeitlich sind die Winterferien in der Vergangenheit anzusiedeln. Der Plan, daß Fage mit seiner Tochter über die anstehende Abtreibungsreise nach London reden soll, wird in der 5. Szene umgesetzt, wohingegen in der 2. Szene bereits alle Vorbereitungen getroffen waren, die zitierten Repliken gehen chronologisch also der 2. Szene voraus. Ebenso wie die Zeitebenen zwischen und innerhalb der Szenen wechseln, springt die Handlung ständig von einem Strang zum anderen über, wobei der Begriff des Flechtens einerseits das Verschwinden und Wiederauftauchen der Fäden treffend beschreibt, andererseits aber auch durch die Verwendung des Begriffs ein Eindruck zu großer Regelmäßigkeit des Verfahrens entsteht, denn bestimmte Gesprächsfäden können für längere Zeit oder auch ganz verschwinden, während andere ständig wieder auftauchen. Ein Hauptstrang ist das Interview mit Wallace, das allerdings nicht linear verläuft. So endet die 30. Szene mit derselben Frage zur Person wie die erste: „Vous pesez pour une taille de[...]" (I, S. 571). In einer spiralförmigen Struktur werden immer wieder dieselben Themen umkreist, wie etwa die Suche nach den Ursachen für Fages Ausscheiden aus seiner alten Firma, das Verhältnis zu seinem dominanten Vater oder die Auseinandersetzung mit der 68er Jugend, die durch seine Tochter repräsentiert wird. Darüber hinaus kann man die Mehrzahl der Morceaux mit einem Titel überschreiben, die montierten Dialogpartikel variieren dann dieses Thema. Im Fall des zitierten 4. Morceau stimmt Fage selbst das Thema „exceller dans les contacts humains" an.

7.1.3 Das Drama in Bewegung

Vinaver hatte vorgesehen, daß die 30 Morceaux der *Demande d'emploi* in verschiedenen Kombinationen gespielt werden könnten, so daß das

Stück als ein „Kunstwerk in Bewegung“ verstanden werden kann, von dem Umberto Eco sagt:

> Das Kunstwerk in Bewegung [...] bietet die Möglichkeit für eine Vielzahl persönlicher Eingriffe, ist aber keine amorphe Aufforderung zu einem beliebigen Eingreifen: es ist die weder zwingende noch eindeutige Aufforderung zu einem am Werk selbst orientierten Eingreifen, die Einladung, sich frei in eine Welt einzufügen, die gleichwohl immer noch die vom Künstler gewollte ist.[18]

Der Begriff des „oeuvre mobile“ hat die Kritik in den letzten Jahren intensiv beschäftigt. Dabei hat man sich keineswegs auf die Interpretation zeitgenössischer Werke beschränkt. In einer neueren Aufsatzsammlung werden mittelalterliche und Renaissance-Texte unter diesem Aspekt untersucht. Auch hier stellt sich die Frage nach der Rolle des Lesers, dessen Mitarbeit nötig ist, um die Potentiale dieser Texte zu aktualisieren.[19] In der Einleitung schreibt Michel Jeanneret, es sei naiv zu glauben, es gebe auf der einen Seite vollkommen vollendete Werke („des oeuvres absolument accomplies“) und auf der anderen Seite vollkommen wandelbare („des oeuvres absolument versatiles“).

> L'immobilité totale, pour une oeuvre d'art, équivaut à la mort et la mobilité totale débouche sur l'indifférencié, de sorte que l'espace de la littérature se situe nécessairement entre les deux. Si l'auteur doit laisser à son public une marge de liberté, afin que son texte ne cesse de rebondir, il cherche aussi, plus ou moins impérieusement, à contrôler la réception et à fixer des limites aux initiatives de l'interprète.[20]

Es ist offensichtlich, an welchem Pol der oben beschriebenen Skala *La demande d'emploi* einzuordnen ist; die nun folgenden Überlegungen sollen zeigen, daß es sich gleichwohl nicht um ein amorphes Werk handelt, sondern daß dem Rezipienten vielmehr ein vorstrukturiertes Feld von Relationen angeboten wird.

Kehren wir zurück zu der zitierten 4. Szene, so fällt auf der Mikro-Ebene zunächst die Kürze der Repliken auf, die in der Art von Stichomythien aneinandergereiht sind. Durch den ständigen Wechsel der Handlungsstränge gehen die Dialoge aber meistens ins Leere, es

---

[18] Eco 1993, S. 55.

[19] *L'oeuvre mobile, Littérature* 99, 1995.

[20] Jean Jeanneret: „Ouverture“, in: *Littérature* 99, 1995, S. 5.

entsteht der Eindruck des Aneinandervorbeiredens. Der Verzicht auf Satzzeichen mit Ausnahme der Fragezeichen bewirkt den Eindruck des Fließens der Konversation. Als Scharniere zwischen den disparaten Repliken fungieren mehrdeutige Sätze, die auf verschiedene Dialogstränge anwendbar sind. Wenn Wallace in dem zitierten Text sagt: „S'il est vrai que vous excellez dans les contacts humains", so bezieht sich diese Äußerung vordergründig auf Fages Managerqualitäten, sie ironisiert aber auch die Diskussion mit Louise, die den ausweichend antwortenden Vater bittet, Nathalie zur „Vernunft" zu bringen. Nathalies Kommentar: „Et puis après ça va tout seul" meint zunächst eine Ski-Abfahrt, er kann aber ebenso auf Louises Vorwurf bezogen werden, der Vater gebe vor, streng zu sein, in Wirklichkeit krieche er aber vor seiner Tochter. Auch Nathalies Aufforderung in der 2. Replik: „Tu te méfies papa tu prends ton virage sec de l'autre côté c'est le vide" kann zunächst auf Wallace' Interview-Strategie bezogen werden, der ja ständig versucht, Fage in Fallen zu locken, um seine Schwächen offenzulegen. Erst in der 7. Replik wird aus dem Signalwort „schuss" ersichtlich, daß es ums Skifahren geht. Schließlich ließe sich der Satz noch auf den in der 1. Szene erwähnten Autounfall beziehen, bei dem durch Fages Verschulden sein Sohn umkam.

An diesen Beispielen wird deutlich, daß der Text es dem Rezipienten erlaubt, ein komplexes System von Beziehungen und Verweisungen herzustellen. Bedenkt man, daß die Leseerfassung linear verläuft, die szenische Umsetzung hingegen das Sich-Überlagern verschiedener Dialoge erlaubt, so verstärkt sich noch der Eindruck der Polyphonie und Orchestrierung.

Auf der Ebene des Figurengefüges ist es Fage, der wie ein Angelpunkt wirkt, da er als einziger mit allen anderen Figuren auf der Bühne kommuniziert. Er hat am ehesten ein Eigenleben, da er in der Vieldeutigkeit seiner Beziehungen gezeigt wird, gleichzeitig ist er aber auch hoffnungslos in diese verstrickt. So gewinnt er nie die Kontrolle über die Ereignisse um ihn herum, seine Versuche, sich als der patriarchalische Familienvater und erfolgreiche Manager darzustellen, werden immer unglaubwürdiger. Mit jeder Szene wirkt er hilfsloser, er fühlt, wie er den Boden unter den Füßen verliert, und flüchtet sich in das Schweigen:

> Il y a des petits mots qui vous engloutissent
> (I, S. 566).

Fages Angelstellung im Gefüge des Stücks hat Schoell dazu veranlaßt, *La demande d'emploi* als dessen Bewußtseinsstrom während der Gespräche mit Wallace zu interpretieren, in dem er seine Situation verarbeitet. Einer solchen Auslegung widerspricht jedoch, daß die Ereignisse nicht aus der Sicht Fages perspektiviert sind, vielmehr überläßt eine Dramaturgie des Dazwischen es dem Rezipienten, die sich häufig widersprechenden Dialogpartikel und Szenen zu kombinieren und dann seine Schlüsse zu ziehen. Die Perspektiven des Textes konvergieren nicht in einem Punkt, vielmehr ist der Abbau hierarchischer Zuordnungen total. Die durch die Flechttechnik bewirkten Zwischenräume liegen nicht mehr zwischen den Handlungen bzw. Szenen, sondern zwischen den einzelnen Repliken. In der so segmentierten Dialogführung gilt es oft von Satz zu Satz, den perspektivischen Ort der jeweiligen Repliken zu finden. Der Leser/Zuschauer kann von verschiedenen Orten aus einen Zugang zu dem dichten Beziehungsgeflecht finden, er wird zum „Mitschreiber" des Textes, zum Produzenten von Bedeutung.

Begriffe wie Angelpunkt und Scharnier sind charakteristisch für plastische Kunstwerke in Bewegung wie die mobilen Skulpturen Tinguelys und Calders. Während diese jedoch mechanisch vom Wasser oder vom Wind bewegt werden, wodurch sie sich dem Betrachter in immer neuen Varianten präsentieren, sind es, was die musikalischen und literarischen Werke angeht, die Interpreten einerseits und das Publikum andererseits, die durch ihre Ausführung bzw. durch ihren Weg der Rezeption dem Werk innerhalb gewisser Grenzen eine neue Form verleihen. Die Parallelen zu zeitgenössischen Komponisten scheinen mir in diesem Zusammenhang nicht weniger aufschlußreich als die von Vinaver angesprochenen Beziehungen zur Barockmusik. Sicherlich weisen Polyphonie und Kontrapunkt auf die Musik dieser Epoche hin, letztendlich setzt diese aber ein ganz anderes Kunstverständnis voraus. In einer von der Metaphysik bestimmten Ästhetik wird das Kunstwerk in Bewegung eher als unvollkommen erscheinen, der Komponist verlegt seinen Ehrgeiz darauf, die Grenzen der Interpretation zu bestimmen. Komponisten der postmodernen Epoche wie John Cage oder Pierre Boulez hingegen sehen die Bewegung und das Unvollendetsein als etwas Normales, möglicherweise sogar Privilegiertes an. So sagt Cage von seinen Werken:

> Je me suis orienté, autant que j'ai pu, vers une certaine flexibilité: plutôt que d'ancrer toute chose en tel point précis, je m'efforce de lui ménager un

> espace de liberté qui lui soit propre. Et quand je dis „point" ou „espace", c'est de temps que je parle.[21]

So stellt Cage es in bestimmten Stücken dem Ausführenden frei, innerhalb festgelegter zeitlicher Grenzen selbst den Beginn und die Dauer der Töne zu wählen, wodurch es zu Überlagerungen kommt. Ähnlich kann man sich das Überlagern der Stimmen in Vinavers Text vorstellen, wobei *La demande d'emploi* insofern einen Schritt weiter geht, als auch die Anordnung der 30 Szenen variiert werden kann. Cage hat das oben beschriebene Kompositionsprinzip auf seine positive Einstellung zu Zufall und Chaos gegründet, zu der er aus seiner Beschäftigung mit der chinesischen Philosophie gelangt sei. Während Cage mit dem völlig Unerwarteten arbeitete, hält sich die Freiheit, die Pierre Boulez dem Musiker gibt, in viel engeren Grenzen, die konzeptionellen Parallelen zu Vinaver sind noch auffälliger. Etwa gleichzeitig mit Stockhausens Klavierstück XI unternahm Boulez in den fünfziger Jahren mit seiner Torso gebliebenen 3. Klaviersonate den ersten Versuch, einem Werk nicht eine einmalige, unveränderliche Gestalt zu geben, sondern dem Interpreten ein Repertoire an Wahlmöglichkeiten zu bieten, das ihm erlaubt, sich eine eigene Version des Stücks anzufertigen. Er war der Auffassung, daß der unveränderliche Verlauf eines Musikstücks nicht mehr dem gegenwärtigen Stand des Musikdenkens angemessen sei. In seinen Überlegungen fühlte er sich durch das literarische Werk von Joyce und Mallarmé bestärkt, die in Richtung einer Anonymisierung des Kunstwerks und einer offenen Form mit expandierendem Beziehungsreichtum zielten. Den Reiz sah Boulez darin, daß ein solches Werk nie ein endgültiges Gesicht haben werde. Ähnlich hat Vinaver von seinen Theaterstücken gesagt, sie seien die Summe ihrer Aufführungen. Er wünschte sich für jedes eine Vielzahl von Inszenierungen, „un peu comme s'il ne pouvait y avoir de vérité scénique de la pièce qu'*entre* les différentes mises en scène qu'elle peut susciter."[22] Boulez vergleicht das Erfassen seiner offenen Werke gerne mit dem Durchstreifen eines Labyrinths oder einer Stadt:

---

[21] Zitiert nach: Antoine Raybaud: „Cage & Co.: Poétiques de la métamorphose", in: *Littérature* 99, 1995, S. 91.

[22] *Écrits*, S. 194.

> On la visite et on choisit ses propres directions, sa propre démarche, mais il est bien évident que pour découvrir une ville, il faut un plan précis et certaines règles de circulation.[23]

Vinaver bemerkte später, daß die 30 Szenen nicht in beliebigen Kombinationen gespielt wurden, sondern daß in der Regel die Reihenfolge beibehalten wurde, die er vorgesehen hatte.[24] Dafür kann es zwei Gründe geben: Entweder waren die Regisseure in den siebziger Jahren nicht gewohnt, in dieser Weise in einen Text einzugreifen, oder aber das Stück war weniger mobil, als der Autor sich das vorgestellt hatte. Für die letzte Hypothese spricht, daß gewisse Ereignisse nur in der Chronologie verständlich sind, was an folgendem Beispiel deutlich wird: Gegen Ende kauft sich Fage einen Bogen und verschenkt seine wertvolle, vom Vater begonnene Pfeifensammlung an Passanten. Beides ist nur zu erklären aus einer „dislocation du personnage", die durch das Interview und die häuslichen Sorgen verursacht wird.[25] Andererseits spielt der Text gerade damit, daß der Rezipient viele Repliken erst nach und nach in einen Kontext einordnen kann. Als extremes Beispiel sei Nathalies dreimalige Aufforderung auf der ersten Seite genannt:

> *Nathalie.* – Papa ne me fais pas ça à moi
> [...]
> Papa si tu me fais ça
> [...]
> Papa réponds-moi
> (I, S. 509)

Der erste und der letzte Satz werden am Ende des Stücks wörtlich wiederholt. (I, S. 570f.) War zu Beginn unverständlich, worauf sich Nathalie bezog, so entstand später der Eindruck, es gehe um die von den Eltern beabsichtigte Abtreibung. Erst in der letzten Szene wird deutlich, daß die Tochter sich um den völlig in die Enge getriebenen Vater Sorgen macht, der verschwunden ist. Die Wiederholung unterstreicht die spiralförmige Struktur des Stückes, sie macht aber auch deutlich, daß der Rezipient gerade nicht auf die chronologische Anordnung an-

---

[23] Pierre Boulez: *Par volonté et par hasard, entretiens avec Célestin Deliège*, Paris 1975, S. 107.
[24] In dem Interview „Six heures en compagnie de Michel Vinaver", 1987, sagt Vinaver: „Tout montage pouvait se faire."
[25] *Écrits*, S. 289f.

gewiesen ist, sondern seinen eigenen Weg durch das Labyrinth des Textes finden muß. Insofern können durchaus einzelne Szenen ihre Position wechseln, wodurch neue Schwerpunkte gesetzt und der Rezipienten möglicherweise auf andere Wege gelenkt würde.

Bei aller Parallelität der Wirklichkeitsauffassung und der Intentionen muß betont werden, daß das musikalische Kunstwerk in Bewegung ungleich abstrakter ist als Vinavers dramatischer Text, denn *La demande d'emploi* ist ja keine Sprechoper, in der der Klang im Vordergrund steht, sondern das Stück beschäftigt sich mit ganz konkreten Alltagssituationen.

7.1.4 Fiktionalisierung der Realität versus Konkretheit des Alltags

Der Einsatz der beschriebenen Montagetechnik auf allen Ebenen und die Mobilität der einzelnen Szenen bewirken, daß das Stück auseinanderfliegt. Der Explosion der dramatischen Situation entspricht das Auseinanderbrechen des Individuums Fage. Es gelingt ihm nicht mehr, die verschiedenen an ihn gestellten Rollenerwartungen zu integrieren. Der Vorwurf seiner Tochter „Parce que tu me vois sur un seul plan on vit sur plusieurs plans" (I, S. 525) erweist sich auch für ihn selbst als fatal, denn die einfachen Raster, mit denen er seinen beruflichen und privaten Alltag geordnet hatte, greifen nicht mehr. Symptomatisch ist hierfür der Teil des Interviews, in dem er zwischen jeweils zwei Begriffen einen wählen muß.

> *Wallace.* – Une hyène un rat
> *Fage.* – Un rat
> *Wallace.* – Un ventre un dos
> *Fage.* – Tout ça est noté dans mon dossier?
> *Wallace.* – J'entre vos choix sur cette grille cela aboutit à un profil qui permet certains recoupements un ventre un dos
> *Fage.* – Je refuse de continuer
> *Wallace.* – Comme vous voulez
> *Fage.* – Un ventre
> *Wallace.* – La perversité la médiocrité
> *Fage.* – Quelle que soit la réponse ça se retourne contre moi j'arrête
> *Wallace.* – Ne vous raidissez pas la perversité
> *Fage.* – La médiocrité
> (I, S. 545)

Während Fage zunächst noch glaubt, ein System zu erkennen, nach dem er sich vorteilhaft darstellen kann, verliert er im weiteren Verlauf immer mehr den Boden unter den Füßen, jede Entscheidung erscheint ihm als eine Falle. Zugleich wird deutlich, daß sich hinter den zunächst harmlos erscheinenden Fragen und Antworten ein unerbittlicher Machtkampf zwischen den Dialogpartnern abspielt, denn es geht weniger um die Antworten selbst als um Fages Reaktionen. Unterwirft er sich den von Wallace initiierten Spielen, kann er sich verteidigen, behält er die Kontrolle über seine Antworten? Als arbeitsloser Manager befindet er sich gegenüber dem Headhunter in einer Position der Schwäche, die sich auf der Ebene der Konversationsregeln darin ausdrückt, daß Wallace das Recht hat, die Themen festzulegen, die Fragen zu stellen und Fage auf Widersprüche hinzuweisen, die ihn als Lügner entlarven.

Innerhalb des Frage- und Antwortspiels verwischen sich zunehmend die Grenzen zwischen Realität und Fiktion. Im 13. Morceau legt Wallace die Grundsätze dar, nach denen er seine Interviews durchführt:

> *Wallace*. – L'interviewé au départ est comme un champ de neige vierge j'y fais la trace une toile blanche [...]
> – Le peintre devant son chevalet avec son pinceau il commence à ôter le blanc c'est ça l'acte peu à peu enlever tout ce blanc
> – Interviewer se rapproche de l'acte créateur
> – Je n'embaucherais jamais un candidat qui ne ment pas ce serait un signe d'anormalité une absence de défense
> (I, S. 532f.)

Wallace gibt also gar nicht mehr vor, die „Wahrheit" über den Kandidaten herausfinden zu wollen oder zu können, vielmehr folgt er der fundamentalen Anweisung von Systembildung, Linien in einen unmarkierten Zustand zu ziehen.[26] Diese Linien trennen jedoch weder die

---

[26] Siehe hierzu Bolz 1992, S. 8-11, der betont, daß Chaos heute ein wertfreier Begriff sei, der nicht Ausnahmezustände, sondern Normalität beschreibe. Als methodisch nützlich erscheint ihm die Fiktion eines entropischen Raums, in dem es noch keine Orientierungschancen gibt: ein „unmarked state" der Welt. „Draw a distinction" lautet deshalb die fundamentale Anweisung von Systembildung – unterscheide durch Linien im Chaos, S. 11. Diese Linien trennen aber nicht die Ordnung vom Chaos, denn viele Unterscheidungen sind dank der Startkontingenz möglich und alle gleich tauglich. Die Parallelen zu Wallace' Prinzipien sind nicht zu übersehen, denn auch er schafft sich ein System zur Erkenntnis der Persönlichkeit, indem er Linien in das Bild einzeichnet,

Ordnung vom Chaos noch die Wahrheit von der Lüge, sondern sie sind lediglich Orientierungshilfen, die es ihm erlauben, ein Bild von der Persönlichkeit zu konstruieren, das den Anforderungen an einen leitenden Angestellten entspricht oder auch nicht.

An anderen Stellen verschwindet durch die Montage die Grenze zwischen Traum/Imagination und Realität. So fabriziert sich Fage im 23. Morceau einen Popanz seines ehemaligen Vorgesetzten Bergognan, den er fesselt, foltert und in Stücke zerschneidet. Das onirische Element wird dadurch betont, daß die Szene mit der Frage der Ehefrau Louise endet: „Je peux éteindre mon chéri?“ (I, S. 557). Ebenso irreal wirkt das 26. Stück, in dem Wallace zunächst Fage wieder auf seinen Tic anspricht, vor sich hinzukauen und ihn schließlich zwingt, den Mund weit aufzusperren wie beim Pferde- oder Sklavenkauf.

> *Wallace.* – Ouvrez votre bouche
> *Fage.* – En solde une occasion
> *Wallace.* – Montrez vos dents
> *Nathalie* – Papa suis-moi
> Wallace. – Mais desserez les mâchoires
> *Nathalie.* – On va contourner cet éboulis
> *Wallace.* – Ouvrez grand
> *Nathalie.* – Attention la neige est craquante on va couper par là entre les sapins
> (I, S. 562-3)

Die Verkreuzung dieser Szene mit einem Gespräch während einer Tiefschneeabfahrt mit der Tochter deutet die Gefahr an, einzubrechen und zu versinken.

Die Verschränkung der verschiedenen Zeit-, Ort-, Handlungs- und Realitätsebenen weist darauf hin, daß *La demande d'emploi* auch gelesen werden kann als eine Auseinandersetzung mit der prekär gewordenen Wirklichkeitsauffassung unserer Epoche, in der die Grenzen zwischen Realität und Fiktion immer weniger zu unterscheiden sind. Das formale Prinzip der Diskontinuität erweist sich als die adäquate Umsetzung einer Realitätserfahrung, die sich außerstande sieht, die Welt zu erkennen oder zu dechiffrieren. Was Foucault zu einem der methodischen Grundsätze seiner Wissenschaft erhoben hat, liest sich wie

---

ohne dabei den Anspruch zu erheben, die Wahrheit über den Kandidaten herausfinden zu können oder zu wollen.

eine Beschreibung der Kommunikationssituation in *La demande d'emploi*:

> Il ne faut pas imaginer, parcourant le monde et entrelaçant avec toutes ses forces et tous ses événements, un non dit ou un impensé, qu'il s'agirait d'articuler ou de penser enfin. Les discours doivent être traités comme des pratiques discontinues, qui se croisent, se jouxent parfois, mais aussi bien s'ignorent ou s'excluent.[27]

Wenn Vinaver den Versuch unternimmt, die Lebenswirklichkeit eines arbeitslosen Managers darzustellen, so kann er dies nur noch mit den Mitteln eines Metarealismus.[28] Indem er Techniken wie die Montage, die Ironie, den stream of consciousness einsetzt, läßt er einerseits die Einsicht in die Unmöglichkeit, Realität darzustellen, durchscheinen. Die Vielzahl der Techniken mag darauf hinweisen, daß die verschiedenen von der Kritik gewählten Metaphern und Begriffe wie Malaxage, Zentrifuge, Kartenspiel, Bewußtseinsstrom, Kunstwerk in Bewegung sich nicht ausschließen müssen, sondern sich in ihrem Beschreibungs- und Erklärungsfunktionswert ergänzen. Andererseits ist *La demande d'emploi* aber kein abstraktes Werk, es ist voller konkreter Details, die dem Alltag der Familie Fage entnommen sind, man denke an den Sauberkeits-Tick der Frau, die finanziellen Nöte, die Schulgeschichten der Tochter oder die Interviewabschnitte, die den gewöhnlichen Tagesablauf Fages betreffen. Vinaver trägt dadurch der Neuentdeckung der Alltagsebene in unserer Epoche Rechnung, die sich auf die Erfahrung gründet, daß wir lebenspraktisch-alltäglich 'inmitten' von Realitäten leben, die zu leugnen nur theoretisch, nicht aber pragmatisch Sinn hat.

---

[27] Michel Foucault: *L'ordre du discours*, Paris 1971, S. 54-55.

[28] Siehe hierzu Walter Ch. Zimmerli: „Das vergessene Problem der Neuzeit. Realismus als nicht nur ästhetisches Konzept", in: *Jahrbuch für internationale Gemanistik* 16, 1984, S. 18-79. Zimmerli will im Anschluß an einen historischen Überblick die systematischen Bedingungen aufdecken, unter denen das Denken von Realismus in der Gegenwart steht. Realismus in der Kunst kann heute weder die Wiedergabe der Realität im naiven Sinn sein noch ein Realismus der sozialen Anklage, der, indem er durch die Kopie der schlechten Faktizität aufrüttelt, auf eine bessere hinweist. Der neue Realismus, den er als „Metarealismus" charakterisiert, weiß die Periode der Reflexion auf die Unfähigkeit der Sprache, Realität abzubilden, hinter sich, er ist daher ein vermittelter.

7.2 *Portrait d'une femme*

Zwischen der Niederschrift von *La demande d'emploi* und *Portrait d'une femme* liegen zwölf Jahre, in denen sich manches geändert hat, was Vinavers Schreibweise, seine Themen, aber auch seine Einstellung zu seinem Werk angeht. In einem Interview von 1986 zeigte sich Vinaver, was die Wirkung seiner Texte betrifft, eher resigniert:

> Tout à fait au début, il est vrai, j'avais l'idée que le théâtre pouvait avoir un impact sur le monde. C'est-à-dire créer des secousses et des fissures. Pas du tout en lançant des messages, mais en provoquant des connexions inattendues, en faisant émerger des passerelles entre des points que l'on n'a pas l'habitude de joindre. Pour moi, le théâtre, c'est beaucoup ça: une mise en connexion d'éléments disparates et réfractaires. Et je croyais, au début, que cela pouvait être provocateur de secousses. Aujourd'hui, je dirais que j'ai abandonné toute idée de ce que je fais.[29]

Es wird also nicht nur danach zu fragen sein, ob sich die Montage-Technik auf der Mikro- und Makro-Ebene modifiziert hat, sondern es soll auch untersucht werden, inwieweit sich Veränderungen der Intentionen beobachten lassen. Während *La demande d'emploi* in 30 kurze Morceaux gegliedert war, die in der Aufführung durch Beleuchtungszeichen markiert werden können, ist *Portrait d'une femme* ungegliedert, worauf die Szenenanweisung: „La pièce est d'un seul tenant et se joue sans entracte" (II, S. 501) hinweist. Die kursiv zwischen die Repliken eingefügten Ortsangaben bedeuten nicht den Beginn einer neuen Szene oder einen realistisch zu inszenierenden Ortswechsel, sie weisen lediglich darauf hin, daß dem Flechtwerk des Polylogs ein neuer Gesprächsfaden hinzugefügt wird. Bleibt man bei dem Bild der Polyphonie, so würde ein Instrument nach dem anderen einsetzen, wobei es durch die Überlagerung der Stimmen zu den bekannten Kontrapunktwirkungen kommt, die sich nun ganz besonders durch die zeitliche Schichtung verstärken. Die Prozeßhandlung wird wie ein Generalbaß das ganze Stück hindurch in chronologischer Anordnung weitergeführt. Es handelt sich daher um einen Montagetyp, bei dem einzelne Szenen abrupt in eine primäre Szenenfolge eingefügt werden. Im folgenden sollen die verschiedenen Techniken dargestellt werden, mit denen Vinaver hier arbeitet.

---

[29] Interview Vinaver/Barreto 1986, S. 38.

7.2.1 Die zeitliche Verschachtelung der Rückblenden

Das Stück beginnt mit einer Prozeßszene, in der Sophies Verbrechen aus der Sicht des Gerichts dargestellt wird. Zeugenaussagen – etwa der Zimmervermieterin oder der Kommilitonen Sophies und Xaviers – ergänzen die Informationen über die letzten Tage vor dem Mord. In einer ersten Rückblende sehen wir, wie Sophie auf Xavier schießt, nachdem er sich weigert, ihr zuzuhören. Die Rückblende erscheint als Erinnerung Sophies, die versucht, dem Richter ihre Tat zu erklären. Auf den nun folgenden Seiten verwirren sich die Zeitebenen, Orte und Handlungsstränge:

> *Xavier.* – [...] Je vous ferai des sardines grillées
> *Sophie.* – Je déteste les sardines
> Surtout quand elles sont grillées au four avec de la moutarde c'est le plat habituel de ma mère chez nous il y a cette odeur qui flotte toute l'année
> *Chez les Auzanneau, une maison dans les faubourgs de Dunkerque*
> *Mme Auzanneau.* – L'orage a bien arrangé le jardin
> *Sophie.* – Vous savez ça n'a pas d'importance
> *Mme Auzanneau.* – Ça me rappelle l'orage quand la petite est partie et qu'on a su seulement après qu'elle faisait l'infirmière à l'hôpital
> *Xavier.* – Vous avez de mauvais rapports avec elle?
> *Sophie.* – On dirait un roman qui commence
> *M. Auzanneau.* – Et la pute
> *Mme Auzanneau.* – Qui te dit comment ça s'est passé? Elle n'avait pas dix-sept ans et lui cinquante-cinq au moins
> *M. Auzanneau.* – Qu'est-ce qu'on mange?
> [...]
> *Dans une brasserie, à Paris.*
> *Francine.* – J'ai eu si peur
> *Mme Auzanneau.* – Elle qui n'avait pas fini sa croissance
> *M. Auzanneau.* – Pour les haricots un désastre
> (II, S. 507)

Die erste Rückblende kann als Erinnerung Sophies während des Prozesses gesehen werden. In dem zuletzt zitierten Textabschnitt durchkreuzt sich hingegen das Rendez-vous zwischen Sophie und Xavier mit einem Gespräch zwischen Sophies Eltern über ihre Tochter. Dieser zweite Gesprächsstrang liegt zeitlich etwas später als der erste, was durch die Hinweise auf ein Unwetter kurz vor dem Mord deutlich wird. Während Sophie Xaviers Frage ausweicht, ob sie ein schlechtes Verhältnis zu ihren Eltern habe, läßt die sich unmittelbar anschließende Replik des Vaters „et la pute“ für den Leser keinen Zweifel zu. Der Dialog der Eltern führt uns nun noch eine Zeitebene weiter zurück in die letzten Monate des 2. Weltkriegs, als die sechzehnjährige Sophie verschwand und in einem Lazarett arbeitete, wo sie ein Verhältnis mit einem viel älteren deutschen Arzt begann. Die Erinnerungen an diese Zeit im Dialog der Eltern werden durch alltägliche Themen wie die Unwetterschäden im Garten und das Mittagessen unterbrochen, was dem Vater erlaubt, den Einwänden der Mutter auszuweichen und sein einmal gefälltes Urteil über die Tochter nicht weiter zu hinterfragen. Kein Gedanke wird vertieft, so daß sich noch innerhalb dieser wenigen Sätze ein Eindruck von Diskontinuität und Fragmentarität einstellt. In diesen Dialogstrang sind wiederum Fetzen aus einem Gespräch zwischen Xavier und seiner späteren Verlobten Francine in einer Brasserie in Paris eingeflochten, das kurz vor seiner Ermordung stattfindet und in dem sie darüber sprechen, daß sich Xavier bedroht fühlt. Versucht man, die verschiedenen Zeitebenen der Rückblenden zu ordnen, so kommt man zu folgender Schichtung:

1. die Zeit vor dem Kriegsende
2. Sophie und Xavier zu Beginn ihrer Liaison
3. bei den Auzanneaus, nach dem Unwetter, einige Zeit vor dem Mord
4. Francine und Xavier in einer Brasserie, kurz vor dem Mord

Auffällig ist, daß außer Sophie keine der hier sprechenden Figuren zu diesem Zeitpunkt am Prozeß beteiligt ist; erst der anschließend auftretende Waffenhändler, der Sophie die Mordwaffe verkauft hat, wird wieder als Zeuge vor Gericht aufgerufen. Seine Aussagen werden teilweise im Gespräch mit dem Richter, teilweise in Form von Rückblenden wiedergegeben. Insgesamt ergibt sich ein kompliziertes System von Verweisungen, wobei die einmontierten Szenen keineswegs alle den gleichen Status haben.

Rückblenden können Zeugenaussagen illustrieren oder sie differenzieren. So werden die Äußerungen der Madame Guibot und des Waffenhändlers im wesentlichen durch die Rückblenden bestätigt, letztere erscheinen als eine Art In-Szene-setzen ihrer Aussagen. Die Aussagen der Kommilitonen Xaviers erscheinen hingegen durch die Gegenüberstellung mit den Rückblenden in einem zweifelhaften Licht. Wenn Cornaille sagt: „Xavier était un type formidable et pour lui Sophie Auzanneau n'était pas une fille dont on peut faire sa femme“ (II,

S. 542), so wird diese Behauptung vier Repliken später dadurch widerlegt, daß Xavier Sophie eindringlich bittet, ihn zu heiraten.

Andere Rückblenden zeigen Sophie in verschiedenen Phasen ihres Lebens, ohne daß diese Szenen unmittelbar im Zusammenhang mit Zeugenaussagen zu sehen sind. Sie können als Erinnerungen Sophies verstanden werden, die in einer Art innerem Kino während des Prozesses, dem sie schweigend beiwohnt, ablaufen. Während sich das Urteil über Sophie auf der Seite der Anklage immer deutlicher abzeichnet – sie ist ein Monstrum, das aus niederen Motiven das Glück einer gutbürgerlichen Familie zerstört, – wirkt diese in den Rückblenden gegen Ende des Stücks immer desorientierter und verzweifelter. Für den Gerichtspräsidenten ist Sophies Liaison mit dem deutschen Wehrmachtsarzt und ihr Besuch bei ihm kurze Zeit vor dem Mord ein entscheidender Hinweis auf ihren unmoralischen Lebenswandel (II, S. 534). Die Rückblenden mit Schlessinger zeigen die Fragwürdigkeit dieses Urteils. Sie spielen auf zwei Zeitebenen: einerseits gegen Kriegsende, als Sophie im Wehrmachtskrankenhaus arbeitet und sich durch ihren menschlichen Umgang mit den Verletzten auszeichnet, andererseits während des Besuchs in Deutschland, als sie Schlessinger gegenüber äußert: „Je ne sais plus rien" (II, S. 533). Die Versuche, bei ihren viel älteren Liebhabern Verständnis und Orientierungshilfen zu finden, scheitern.

Die einmontierten Szenen in Sophies Elternhaus schließlich erscheinen nicht als Erinnerungen einer bestimmten Figur und beeinflussen kaum den Prozeßverlauf. Für den Rezipienten sind sie jedoch von großer Relevanz, da sie wichtige Hinweise auf die familiäre Situation und auf die Defizite in der Sozialisation der jungen Frau geben, wovon später noch die Rede sein wird.

7.2.2 Parallelmontage in der Rückblende

Unter den am Prozeß beteiligten Figuren sind es immer wieder der Staatsanwalt und die Anwälte des Nebenklägers (Maître Lubet) sowie der Verteidigung (Maître Cancé), die versuchen, die vorhandenen Fakten in ein kohärentes System zu integrieren und ein Motiv für die Tat zu finden. Einem Schlagabtausch zwischen den beiden Anwälten darüber, ob Sophie vorsätzlich und aus niederen Beweggründen gehandelt habe, folgt eine Rückblende in die Zeit nach dem Bruch Xaviers mit Sophie.

Xavier. – Elle a menacé de me tuer enfin bref elle m'a fait une scène
Mme Guibot. – Si vous restez c'est tant mieux
Francine. – Tu l'as beaucoup aimée?
Mme Guibot. – Avec vous je me suis habituée
Xavier. – Elle a été un démon pour moi [...]
Francine. – Tu n'as pas peur?
Xavier. – Tu sais bien que non
Il faudrait avoir peur
Cornaille pense que sauf si je fiche le camp six mois à l'étranger sans laisser mon adresse à personne
Sophie. – Non je ne peux pas t'épouser
Xavier. – Pourquoi?
Sophie. – C'est ma conviction intime toi tu es si stable
Xavier. – Et puis après?
Sophie. – Si clair
Je reste Madame Guibot je reste
Mme Guibot. – Tant mieux tant mieux ça va pas fort trop d'idées qui vous trottent dans la tête et on ne peut pas rester l'estomac vide comme ça
Deux jours que vous ne vous êtes pas alimentée
(II, S. 511)

Die verschiedenen Rückblenden scheinen hier Aufschlüsse über die Hintergründe des Verbrechens zu geben. Durch die Verkreuzung der Dialoge werden die Reaktionen Xaviers und Sophies nach ihrer Trennung gegenübergestellt. Während Xavier seiner neuen Verlobten versichert, Sophie habe ihn nie geliebt, er habe daher auch keine Angst vor ihren Drohungen, sehen wir Sophie in einem Zustand schwerer Depression, sie ißt nichts mehr und hat sich bereits einen Revolver gekauft. In die beiden parallel montierten Dialoge sind mehrere Fetzen aus einem zeitlich früher einzuordnenden Gespräch eingeschoben, in dem Sophie Xavier erklärt, daß sie ihn nicht heiraten könne. Es erscheint zunächst, als ob dieser Dialog der Erinnerung der einen wie der anderen Figur zugeschrieben werden könnte. Die zuletzt zitierte Replik Sophies, deren erste Hälfte („si clair") zu dem Redestrang mit Xavier gehört, deren zweite jedoch an ihre Vermieterin gerichtet ist („je reste..."), verweist eher auf sie. Auffällig ist, daß die Aufspaltung der Raum-, Zeit- und Handlungsebenen hier bis in die einzelne Replik hineingeht.

Sowohl die Thematik wie der starke Einsatz des Flash Back erinnern an einen der großen Montage-Filme der Nachkriegszeit, Alain Resnais *Hiroshima Mon Amour* nach dem Drehbuch von Marguerite

Duras.[30] Die anonym bleibende Protagonistin des Films ist zu Dreharbeiten in Hiroschima und erinnert sich während eines kurzen Abenteuers mit einem Japaner an ein traumatisches Erlebnis in der Zeit vor dem Kriegsende. Auch sie hat sich als ganz junge Frau in einen deutschen Soldaten verliebt. Nachdem der junge Mann aus dem Hinterhalt erschossen wurde, wird sie von der Dorfjustiz zur Strafe geschoren und anschließend in einen Keller gesperrt. Ähnlich wie bei Sophie folgt daraus eine Instabilität in ihren Beziehungen, sie fühlt sich verstümmelt wie die Opfer der Atombombe.

Die technischen Parallelen sind jedoch nur oberflächlich. Die schnellen Sprünge im dialogue tressé bei Vinaver transponieren die Montage-Technik auf die akustische Ebene, ein realistischer Wechsel der Szenerie ist nicht einmal ansatzweise möglich. Gegen Ende des Theaterstücks verwirren sich die Fäden zunehmend. Während der Staatsanwalt eine Synthese der Ereignisse entwirft, wird sein Plaidoyer durch eine Vielzahl kurzer und kürzester Rückblenden geradezu durchlöchert, die Sophie nochmals aus ganz verschiedenen, in keinem Punkt konvergierenden Perspektiven zeigen. Die Rückblenden des Films haben eine explikative Funktion, sie ermöglichen eine Annäherung und ein neues Einverständnis zwischen dem Japaner und der Französin. Das Evozieren der Vergangenheit in der Prozeßsituation bewirkt hingegen, daß Sophie nach einem zeitlich nicht genauer festgelegten zweiten Selbstmordversuch im Gefängnis verstummt. Dieses Schweigen kann man einerseits mit den in den Rückblenden angedeuteten Ereignissen in ihrer Jugend erklären (Tod der Brüder, emotionale Kälte des Elternhauses, Ausgestoßensein durch das Verhältnis mit einem Deutschen), entscheidender ist jedoch, daß sich ihre Persönlichkeit im Netzwerk der sich kreuzenden Diskurse der Justiz auflöst.

7.2.3 Die Macht der Diskurse im Prozeß

Sophie sieht sich während des Prozesses im wesentlichen zwei Gruppen von Redeweisen gegenüber. Auf der einen Seite sind dies die formellen Diskurse im Sinne Foucaults, die durch die Juristen, den medi-

---

[30] Marguerite Duras: *Hiroshima mon amour,* scénario et dialogue, réalisation Alain Resnais, Paris 1960.

zinischen und psychiatrischen Gutachter repräsentiert werden.[31] Auf der anderen Seite stehen die eher informell gefärbten Aussagen ihrer Kommilitonen, Eltern und Bekannten. In dem *Mémoire sur mes travaux* hebt Vinaver hervor, daß diese beiden Gruppen scharf voneinander abgegrenzt seien:

> [...]on pourrait considérer que l'aggrégat des paroles prononcées par les membres de l'appareil judiciaire – le président, l'avocat général, les deux avocats – aussi contrastées qu'elles soient dans leur contenu, constituent, en fait, un choeur, celui de l'institution, proche de la langue de bois, par rapport à quoi se démarquent les propos individualisés des autres personnages; au point que cette pièce pourrait se lire comme la coexistence forcée de deux univers langagiers ne communiquant pas l'un avec l'autre.[32]

Vinaver berichtet, er habe sich, was die formellen Diskurse angehe, an die Zeitungsartikel von 1953 aus *Le Monde* gehalten, die er dreißig Jahre später wiederentdeckte.[33] Dabei ging es ihm jedoch nicht darum, ein dokumentarisches Stück zu schreiben, sondern er wollte, ausgehend von diesem Rohmaterial, eine Fiktion konstruieren.[34]

Versteht man unter den Diskursen institutionalisierte Aussagenmengen, die von Machteffekten durchzogen sind und meist auf Ausgrenzung, Kontrolle und Normierung abzielen, so kann man *Portrait d'une femme* auch als eine Auseinandersetzung damit lesen, wie im juristischen Diskurs der fünziger Jahre Macht stabilisiert wird, indem die diskursiven Regeln festlegen, was, wie, wo und wann von wem gesagt werden darf.[35] Der Rollenverteilung zufolge kommt es dem Gerichtspräsidenten, der sich als sachlich und unparteiisch darstellt, zu,

---

[31] Siehe hierzu Manfred Frank: „Zum Diskursbegriff bei Foucault", in: *Diskurstheorien und Literaturwissenschaft* 1988, S. 25-44.

[32] *Mémoire sur mes travaux*, S. 29.

[33] Siehe hierzu das Interview „Six heures en compagnie de Michel Vinaver" von 1987, das auch Bradby 1993, S. 117, ausgewertet hat.

[34] Zitiert nach einem Bericht über eine Autorenlesung Vinavers im Théâtre Ouvert von Evelyne Ertel: „L'éloge du fragment. Itinéraire de Michel Vinaver", in: *Théâtre/Public* 97, 1991, S. 36-40, hier S. 37.

[35] Foucault 1971, S. 11, sagt über die procédures d'exclusion ganz allgemein: „On sait bien qu'on n'a pas le droit de tout dire, qu'on ne peut pas parler de tout dans n'importe quelle circonstance, que n'importe qui, enfin, ne peut pas parler de n'importe quoi. Tabou de l'objet, rituel de la circonstance, droit privilégié ou exclusif du sujet qui parle: on a là le jeu de trois types d'interdits qui se croisent, se renforcent ou se compensent, formant une grille complexe qui ne cesse de se modifier."

auf die Einhaltung der Spielregeln zu pochen, etwa indem er die Zuschauer im Gerichtssaal zur Ordnung ruft oder indem er den Verlauf der Verhöre reglementiert. Sein Insistieren auf einem geordneten Prozeß hat eine gewisse Schutzfunktion für die Angeklagte, zugleich unterstreicht es auch, daß sich der juristische Diskurs als ein Diskurs der Vernunft versteht:

> *Le président.* – Je voudrais que les débats ne se départissent pas de la sérénité qui convient à la recherche de la vérité et à la poursuite de la justice. (II, S. 524)

Allein dem Diskurs der Vernunft kommt es danach zu, die Welt zu erkennen, wie sie wirklich ist. Die Gefühle hingegen können sich in den vernünftigen und machtvollen Diskurs der Justiz nicht einbringen.[36] Während der Staatsanwalt und der Anwalt des Nebenklägers, Lubet, Argumente sammeln, um Sophie vorsätzlichen Mord aus niederen Beweggründen nachzuweisen, erhebt ihr Verteidiger, Maître Cancé, pathetisch den Anspruch, sich in seine Mandantin einfühlen und ihre Motive verstehen zu wollen (II, S. 531). Seine Rhetorik läuft jedoch leer, da sie die diskursiven Regeln seiner Zunft verletzt, deren Aufgabe – wie ihn sein Kollege maßregelt – es nicht sei, zu „verstehen", sondern ein Urteil zu fällen (juger) (II, S. 536-537). Während also schon die Juristen selbst bei der Wahrheitssuche dadurch eingeschränkt werden, daß sie sich den Herrschaftsansprüchen ihres Diskurses unterwerfen müssen, sieht sich Sophie als Angeklagte vor eine ungleich schwierigere Aufgabe gestellt.

Zu Beginn des Prozesses ist sie durchaus willens, auf die Sprachspiele der Justiz einzugehen. Prinzipiell ist es ja ein und demselben Individuum durchaus möglich, in verschiedenen Diskursen mitzuspielen, denn gegenläufig zur beruflichen Spezialisierung tendieren die diskursiven Formationen ebenso zur Verzahnung und Kopplung, was durch die interdiskursiven Elemente möglich ist. So sind der psychia-

---

[36] Zum Verhältnis von Diskurs, Macht und Vernunft siehe den Aufsatz von Kurt Röttgers: „Diskursive Sinnstabilisation durch Macht", in: *Diskurstheorien und Literaturwissenschaft* 1988, S. 114-133. Aufschlußreich ist neben den Ausführungen zu den hegelianischen Voraussetzungen des Verhältnisses zwischen Diskurs, Macht und Vernunft der Abschnitt über die „Deformationsregeln", S. 128f. Durch die Innovationskapazität des Textes seien die Diskurse in ihrer ordnungssichernden Funktion ständig bedroht, was insbesondere einer bestimmten Gruppe von literarischen Texten gelinge, die der Autor als anarchistisch und diskursdelusiv charakterisiert.

trische Gutachter, der Arzt und der Richter durchaus in der Lage, interdiskursiv miteinander zu kommunizieren.[37] Sophie bemüht sich, ihren Beitrag zur Rekonstruktion der Ereignisse zu liefern, um ihre Tat zu erklären. Abgesehen von den Besonderheiten ihrer Biographie wird ihr Sprachverhalten bestimmt von Faktoren wie Geschlecht, Alter, Schichtzugehörigkeit und Ausbildungsstand. Die Medizinstudentin erscheint durchaus nicht sprachlos in der Art der Unterschichtangehörigen früher Kroetz-Stücke.[38] Dennoch kann es ihr nicht gelingen, sich dem für sie zerstörerischen Machtmechanismus der Diskurse zu entziehen, was nun an verschiedenen Textbeispielen gezeigt werden soll.

Auf die Frage des Präsidenten „Quelle est votre version aujourd'hui" antwortet sie zunächst noch, „Ce n'est pas une version ..." (II, S. 504). Als jedoch deutlich wird, daß sie sich ihrer Motive selbst nicht sicher ist, geht der Präsident dazu über, im Verhör Motive und Interpretationen gleich mitzuliefern, so daß Sophie nur noch monoton „Je ne sais pas" antwortet. Immer mehr zeichnet sich ihre Hilflosigkeit gegenüber der Rhetorik des Gerichts ab, einmal antwortet sie: „Je ne

---

[37] Siehe hierzu Jürgen Link: „Literaturanalyse als Interdiskursanalyse. Am Beispiel des Ursprungs literarischer Symbolik in der Kollektivanalyse", in: *Diskurstheorien und Literaturwissenschaft,* 1988, S. 284-307. Im Anschluß an Foucault unterscheidet Link bei der Analyse diskursiver Formationen grundsätzlich zwischen spezialdiskursiven und interdiskursiven Elementen, S. 285. Link geht davon aus, daß es keinen proletarischen und bürgerlichen Diskurs, d.h. keine klassenspezifischen 'Sprachspiele' im Sinne Wittgensteins gebe, da die Differenzierung der Diskurse nicht primär bei den Klassen, sondern bei der Praktikenteilung einsetze. Link räumt ein, daß die Tendenz zu wachsender Spezialisierung der Diskurse eine Herausforderung für die Kommunikationsfähigkeit der Gesellschaft bedeute, dennoch könnten die Vertreter der verschiedensten Formationen aber miteinander kommunizieren, da es 'interdiskursive Sprachspiele' gebe. Diese würden meist unscharf mit Begriffen wie 'Alltag' oder 'Alltagswissen' gekennzeichnet und bestünden aus einer Unmenge von Zügen im Sinne der Spieltheorie, von Figuren, Klischees, Stereotypen, pragmatischen Ritualen, S. 288f. Daß in *Portrait d'une femme* auch die interdiskursive Kommunikation zwischen den verschiedenen Berufsgruppen nicht immer reibungslos abläuft, wird deutlich, als der Staatsanwalt den psychiatrischen Gutachter auf Widersprüche in seiner Argumentation aufmerksam macht. Haudebourg antwortet darauf: „Disons état coléreux ça ne change rien elle est coléreuse en soi et peut conserver dans un geste un certain sang-froid/ Et puis la psychiatrie n'est pas une science mathématique" (II, S. 520).

[38] Schon in bezug auf *Iphigénie Hôtel* hatte Vinaver betont, daß es ihm nicht darum gehe, die Unmöglichkeit der Kommunikation zu beweisen, vielmehr interessiere ihn die Frage, warum wir sprechen. Die Sprache werde auf einer anderen Ebene als derjenigen der Tatsachen, Meinungen und Ideen „un *masque* incessamment changeant, s'adaptant à la necessité de l'instant; un *armement*; mieux encore, un *vêtement* puisque sa fonction est en même temps de cacher et montrer." *Écrits*, S. 228.

sais pas ce que veulent dire ces mots“ (II, S. 524).[39] Im Anschluß daran versichert sie: „Je voudrais essayer de dire/ Je voudrais être crue [...] Je voudrais essayer d'expliquer“. Auffällig ist die Wiederholung von Unschärfemarkierern und Höflichkeitsformen, die für den Adressaten nicht nur ein Zögern in der Verhörsituation signalisieren, sondern zugleich Stereotypen weiblichen Gesprächsverhaltens sind. Die männlichen Vertreter der Justiz interpretieren Sophies Sprachverhalten als Unterordnung, was sie dazu veranlaßt, ihre Rede als inkompetent und unsicher einzustufen und sie nach Belieben zu unterbrechen.[40] Sophies Versuch, ihre Unfähigkeit zu dauernden Bindungen aus der emotionalen Kälte ihres Elternhauses zu erklären, trifft auf den zynischen Kommentar Maître Lubets: „Le rapport s'il vous plaît avec votre idylle en Autriche?“ (II, S. 525). Auffällig ist wiederum die Überlagerung von geschlechtsspezifischen und durch den juristischen Diskurs bedingten Strukturen. Die weibliche Tendenz, eher „privat“ oder personenorientiert zu reden, trifft auf die sachorientierte männliche Redeweise des Anwaltes, der durch seine Reaktion klarstellen will, daß Sophies Beiträge nicht den logischen Anforderungen eines Strafprozesses genügen und deshalb übergangen werden können.[41]

---

[39] Robin Lakoff weist auf den Widerspruch hin, daß die Sprache der Justiz zwar den Anspruch habe, für alle Mitglieder der Gesellschaft, denen sie dient, maximal verständlich zu sein – alles müsse desambiguiert sein, nichts der Interpretation Einzelner überlassen werden –, dieser Anspruch gleichzeitig aber gerade die bestehende Unverständlichkeit produziere, da diese Sprac he von den meisten Anzeichen der Bezugnahme befreit und nicht situativ interpretierbar sei. „Präsenz und Einfluß von Frauen in Institutionen. Kommunikative Strategien und Stile vor Gericht und in der Therapiesituation“, in: Susanne Günthner und Helga Kotthoff (Hsg.): *Die Geschlechter im Gespräch. Kommunikation in Institutionen,* Stuttgart 1992, S. 229-249, hier S. 237.

[40] Amerikanische Untersuchungen haben gezeigt, daß vor Gericht Zeuginnen und Zeugen am wenigsten für glaubwürdig gehalten wurden, deren Sprache die Merkmale eines eher weiblichen Registers hatte. Susanne Günthner und Helga Kotthoff: „Kommunikation in Institutionen“, in: *Die Geschlechter im Gespräch*, 1992, S. 1-12, hier S. 6.

[41] Eine Untersuchung der Vinaverschen Dramen unter dem Aspekt männlichen und weiblichen Sprachverhaltens wäre sicher lohnend. Im Rahmen dieser Arbeit können nur kurze Hinweise gegeben werden. Einen Überblick über die Frauenforschung in der Linguistik der letzten Jahre gibt der einleitend Aufsatz von Susanne Günthner und Helga Kotthoff zu dem gleichlautenden Band: *Von fremden Stimmen: Weibliches und männliches Sprechen im Kulturvergleich*, Frankfurt a.M. 1991, S. 7-51, hier vor allem S. 17f. Wichtig scheint mir der Hinweis, daß das Geschlecht einer Person keineswegs der einzig relevante Identitätsfaktor ist, sondern daß ein komplexes Zusammentreffen

In noch viel stärkerem Maß als dies bei Fage in *La demande d'emploi* der Fall war, mißlingt Sophie der Versuch, die „richtigen" Antworten auf die ihr gestellten (Fang-) Fragen zu finden. Folgt sie dem Frage-Antwort-Spiel des Gerichts, so unterwirft sie sich von vornherein dessen Logik. Versucht sie, ihre eigenen Gedankengänge darzustellen, so verweigert man ihr das Recht zur Rede. Schweigt sie, so droht man ihr, dies zu ihren Ungunsten zu interpretieren.

Die Rückblenden zeigen Sophie auch in ihren privaten Beziehungen als jemanden, der sprachlich dominiert und infantilisiert wird. Für die Freunde Xaviers ist sie lediglich eine Hure, die man verprügeln müßte; der Waffenhändler rät ihr, in ein Spielzeuggeschäft zu gehen; Schlessinger bezeichnet sie als seine kleine Raubkatze. Ihre Mutter und ihre Vermieterin verfolgen sie mit guten Ratschlägen, daß sie mehr essen müsse. Bradby schreibt in seinem Vinaver-Buch, alle Beziehungen hätten gemeinsam, „power relationships" zu sein: „In none of them is Sophie able to take a dominant role."[42]

Die Sprache der Justiz erweist sich als untauglich, die Motive für Sophies Verbrechen aufzuklären, der Anspruch ihres Verteidigers, „verstehen" zu wollen, bleibt völlig uneingelöst. Bradby hat in einem Vergleich mit Meursaults Verhalten in *L'étranger* den Schluß gezogen, daß die Angeklagten in den beiden Prozessen ihre Mitarbeit verweigerten. Während aber Meursault vor seiner Hinrichtung zu dem Schluß komme, daß seine Lebensweise richtig gewesen sei, sei es Sophie als einer in den vierziger Jahren aufgewachsenen Frau nicht möglich, ihre fragmentarischen Erfahrungen in eine kohärente Stimme zu transformieren.[43] Ob es sich dabei um ein geschlechtsspezifisches Problem handelt oder ob sich hier nicht die Identitätskrise als Sprachkrise schlechthin darstellt, scheint mir wert, überdacht zu werden.

7.2.4 Montage als formaler Ausdruck der Konstruktion und Dekonstruktion von Identität im Verhör

Das Gericht versucht, das Motiv für Sophies Tat durch die minutiöse Rekonstruktion des Tatherganges zu finden. Die in den Rückblenden

verschiedener Faktoren insgesamt das Interaktionsverhalten in der betreffenden Situation mitbestimmt.

[42] Bradby 1993, S. 123.

[43] Bradby 1993, S. 124.

eingeschlossenen Zeugenaussagen haben die Funktion, die so gewonnenen Hypothesen zu untermauern, indem aus der Aneinanderreihung der sukzessiven Ichs die Identität der jungen Frau erschlossen werden soll. Das Gegenteil tritt jedoch ein, es läßt sich keine Kongruenz der verschiedenen Zustände herstellen, vielmehr löst sich das Ich zunehmend in seine Facetten auf. Dabei erweist sich die achronologische Montage der verschiedenen Rückblenden als adäquate formale Umsetzung dieser Daseinserfahrung. In ähnlicher Weise hatte Beckett schon in *La dernière bande* (1959) Krapps Versuch scheitern lassen, über die Tonbänder mit Aufnahmen aus seinem Leben zu rekonstruieren, wer er war. Die Persönlichkeit erscheint auch hier als eine Folge sukzessiver Ichzustände, die sich nicht zu einer Einheit zusammenschließen lassen.[44]

Dem Bestreben des Gerichts, die Globalität einer komplexen Persönlichkeit zu erfassen (II, S. 510), entspricht Sophies eigenes Verlangen nach einer Synthese; sie erlebt ihre fragmentarische Existenz als Mangel. Ungewöhnlich für Vinavers Werk ist in diesem Zusammenhang die Natursymbolik. So interpretiert Sophie das Auseinanderbrechen ihres Lieblingsbaumes im Garten der Eltern während eines Unwetters als Spiegel ihrer eigenen gespaltenen Persönlichkeit. Die Erfahrung des Fremdseins und der Spaltung strukturiert auch und vor allem die Beziehungen zum anderen, wobei Sophie die Ursachen teilweise als existentiell, teilweise als sozialisationsbedingt begreift. Als sie Xavier kennenlernt, erzählt sie ihm, daß ihre beiden Brüder im Krieg gefallen seien, was sie zu der Schlußfolgerung veranlaßt: „On est si loin l'un de l'autre" (II, S. 506).

Ein Leitmotiv, das sie begleitet, sind die Steine: Xavier gegenüber äußert sie, daß sie sie öffnen möchte, um zu sehen, was in ihnen sei (II, S. 506). Schlessinger trägt noch Jahre nach dem Krieg einen Kieselstein mit sich herum, den sie ihm geschenkt hat. Einmal sagt sie zu Xavier:

> *Sophie.* – Comme un caillou
> Tu devrais me casser pour savoir ce qu'il y a dedans [...]
> Casse avec tes dents
> Mords-moi
> Fort

---

[44] Siehe hierzu auch Le Marinel 1981, S. 222, der für das „nouveau théâtre" den Humor als eine Möglichkeit sieht, der Selbstzerstörung durch die Sprache zu entgehen.

Où suis-je? Qui est-ce? [...]
Un jour tu sais je te tuerai
pour simplifier
(II, S. 537f.)

Erstmals deutet sich der Tod für sie hier als Ausweg aus der Sackgasse der Unfähigkeit zu kommunizieren und zu lieben an. Indifferenz, Mutismus, Anorexie und die Todessehnsucht, die sich gegen sie selbst, aber auch gegen den Liebhaber richtet, sind die verschiedenen Aspekte ihres Verzweiflungszustandes, der sie schließlich zum Mord treibt.[45] Sophies Schweigen erscheint als Konsequenz gescheiterter Kommunikation mit den Eltern, mit ihren Liebhabern und später mit ihren Richtern. In ihrer Sprachlosigkeit gleicht sie Ulysse „ce garçon à la bouche cousue" (II, S. 486) in *Les voisins*, einem Vier-Personen-Stück in drei Akten, das Vinaver parallel zu *Portrait d'une femme* schrieb und in dem es um die sich wandelnden Beziehungen der Bewohner der beiden Hälften eines Doppelhauses geht. Auch hier spielt ein Verbrechen eine wichtige Rolle: Blason hat sein angespartes Vermögen in Goldbarren angelegt und unter seiner Terrasse versteckt. Als das Gold gestohlen wird, gerät Ulysse, der Sohn des Nachbarn Laheu, unter Verdacht, an dem Einbruch beteiligt gewesen zu sein. Durch sein Schweigen bleibt der Fall jedoch unaufgeklärt. Die beiden Väter ruinieren sich gegenseitig, bauen sich dann aber gemeinsam eine neue Existenz als Trödler auf. Als sie in einem alten Buffet einen Goldschatz entdecken, der das Grundkapital für einen neuen Wohlstand bilden soll, endet das Stück damit, daß Ulysse versucht, sich das Leben zu nehmen.

In *Les voisins* spielt die Montage kaum eine Rolle. Das Stück ist spiralförmig angelegt, der dritte Teil variiert den ersten in einem heruntergekommenen Milieu. Was die vier Nachbarn vor der Zerstörung durch sich selbst und die anderen schützt, ist der Humor. So hat Vinaver *Les voisins* immer als Komödie bezeichnet. Auch *La demande d'emploi* ist reich an komischen Effekten, die einerseits durch die Montage der Dialoge, andererseits auf der Ebene des bis ins Groteske getriebenen Interviews entstehen. Fage erscheint keineswegs nur als Opfer, er identifiziert sich mit den Unternehmensstrukturen und hat sich vor seiner Entlassung seinen Mitarbeitern gegenüber ähnlich ver-

[45] Anne Ubersfeld 1989, S. 118, schreibt dazu: „Chez Michel Vinaver la nourriture est toujours un signe, et l'anorexie de Sophie dans *Portrait d'une femme* et plus que toute chose signe de mort, suicide ou meurtre."

halten, wie er es jetzt selbst erfährt. Die hier nur angedeutete Zerstörung des Individuums – Fages Verschwinden bleibt ohne Aufklärung, das Interview läuft weiter – wird in der Verhörsituation von *Portrait d'une femme*, sicher dem düstersten der drei Dramen, vollendet. Es unterscheidet sich von den beiden anderen dadurch, daß die zyklische Struktur aufgegeben wird zugunsten eines für Vinaver ungewöhnlichen Schlusses, der Verurteilung Sophies zu lebenslänglicher Zwangsarbeit. Mutismus und Suizidgefahr sind bei Ulysse wie Sophie die Folgen traumatischer Erlebnisse in der Kindheit und Adoleszens. Das Schicksal eines isolierten, orientierungslosen Ichs erscheint in *Portrait d'une femme* tragisch und ist weit davon entfernt, in postmoderner Manier die Koexistenz verschiedener Wertordnungen in ein und demselben Individuum positiv zu verbuchen. Das Montageverfahren ist in *Portrait d'une femme* in dem Sinne stärker kohärenzbildend eingesetzt, als sich hier eine kritische Intention abzeichnet. Die zeitliche Verschachtelung der Rückblenden und die Kontrastierung in der Parallelmontage zeigen immer wieder die Fragwürdigkeit des Strafverfahrens auf, das auch nicht annähernd die vielbeschworene Gerechtigkeit herstellt. In einem Interview hat Vinaver sich daran erinnert, daß er die Zeitungsartikel aus *Le Monde* gesammelt habe, weil er den Prozeß gegen Colline als eine „panne de justice" erlebt habe, die auf der gescheiterten Kommunikation zwischen der Angeklagten und dem Gericht beruhte. Als Motiv, warum er sich dieses nicht zeitgenössischen Stoffs angenommen habe, nennt er „l'intention de rendre justice à Colline, parce qu'elle avait été jugée de façon monstrueuse".[46] Auf dem Hintergrund der biographischen Mosaiksteine erscheint nicht Sophie als „monstre", sondern die Art und Weise, wie ihr der Prozeß gemacht wird, als monstruös. Dabei bleibt der Text die Antwort auf die Frage nach dem Motiv schuldig; was deutlich wird, ist vielmehr das soziale und geschichtliche Umfeld, in dem der Mord geschah. Erinnert man sich an die zu Beginn zitierte Äußerung Vinavers hinsichtlich der Wirkungslosigkeit seines Theaters, so mag es zumindest verwundern, daß er gleichzeitig ein Stück schrieb, dessen kritisches Potential stärker akzentuiert ist als dasjenige früherer Werke.

[46] Zitiert nach dem Interview „Six heures en compagnie de Michel Vinaver" 1987.

7.3 *A la renverse* – musikalische Aspekte und ihre Funktion

Vinaver hat in seinen theoretischen Schriften immer wieder betont, daß er seine Dramen nach musikalischen Prinzipien komponiere. *A la renverse* stellt insofern eine Ausnahme dar, als es das einzige Stück ist, in dem Gattungsbezeichnungen und andere Begriffe aus der Musik explizit auf das sprachliche Kunstwerk übertragen werden. Ursprünglich wollte Vinaver dem Drama den Titel „Prélude et Fugue" geben, später hat er es aber vorgezogen, diese Begriffe als Untertitel für die beiden Akte (Morceaux) zu verwenden.

7.3.1 Musikanaloge Versuche im Drama der fünfziger Jahre

Den Versuch, dramatischen Texten eine musikalische Struktur zugrundezulegen, hat Jean Tardieu bereits in den fünfziger Jahren unternommen. Ähnlich wie Vinaver begründet er sein Vorgehen mit der Neigung, sich in seiner kreativen Tätigkeit den Musikern näher zu fühlen als den Schriftstellern:

> [...] ils [les musiciens] composent à partir d'une volonté abstraite et non d'une représentation imitative, ni d'une figuration quelconque. A l'horizon de cette recherche, j'avais rêvé d'explorer méthodiquement, dans ses formes passées et dépassées comme dans ses possibilités futures, la grande machinerie mentale et physique qu'on appelle le Théâtre. Cette entreprise aurait même dû me conduire logiquement, toutes proportions gardées et tout respect dû à l'immense génie de J.S. Bach, à composer un „Clavecin bien tempéré de la dramaturgie", catalogue des structures, des moyens et même des 'effets' (anciens et nouveaux) où l'on serait parti des thèmes les plus simples pour arriver aux plus complexes.[47]

Ganz auffällig ist, daß beide Autoren sich auf J.S. Bach berufen. Während Vinaver im Zusammenhang mit *La demande d'emploi* dies jedoch im Hinblick auf die theatralische Realisation tat – der Text als eine Sammlung von Übungen für den Schauspieler –, ging Tardieus Anspruch sehr viel weiter. Er wollte eine Systematik der dramatischen Formen entwickeln, indem er in einer Art Versuchsanordnung eine

---

[47] Jean Tardieu: *Théâtre de chambre* I, Paris 1966, Avant-Propos, S. 9.

Serie von kurzen Dramen schrieb. In manchen dieser Stücke hat Tardieu die Strukturen musikalischer Gattungen wie der Sonate und der Symphonie übernommen.[48] In anderen versuchte er, ausgehend von der gesprochenen Sprache, ein authentisches symphonisches Gedicht zu schreiben. Im Vergleich zu Vinavers Texten sind diejenigen Tardieus ungleich abstrakter, die sehr kurzen Stücke haben häufig kaum noch einen Anspruch auf Repräsentation.[49] Zur Illustration sei hier ein kurzes Beispiel aus dem dem zweiten Satz („Andante") von *La sonate et les trois messieurs* zitiert, in dem die inhaltlichen Momente immer mehr reduziert werden bis hin zu ihrer reinen Sprechform.

> *C.* – En vous approchant,
> êtes vous-arrivés à savoir quelque chose?
> *B, confidentiel.* – En tout cas nous avons su
> que cela se passait ... là ...
> *A, même ton.* – Que cela se passait dans une grande plaine...
> *C, même ton.* – N'était-ce pas ... dans une grande étendue?
> *A.* – Oui, dans une grande étendue.
> *B.* – Une grande étendue dans le soir.
> *A.* – Dans le soir.
> *B.* – Dans le soir.
> *Un court silence: ils se regardent avec gravité.*
> *A.* – Dans le soir, dans le soir.
> *B.* – Dans le soir, dans le soir, dans le soir.
> *C.* – Dans le soir.
> *B.* – Soir.
> A. – Soir. Soir.
> *C.* – Soir soir soir soir.
> *B.* – Soir.
> *A.* – Soir. [...][50]

Tardieu versucht in diesem Stück, mit rein literarischen Mitteln dieselben Wirkungen auf den Rezipienten auszuüben, wie sie der Hörer eines Musikstücks erlebt; im Grunde geht es darum, das Unaussprechliche in

---

[48] Zu nennen sind vor allem *La sonate et les trois messieurs ou comment parler musique*; *Conversation-sinfonietta*, beide in: *Théâtre de chambre*, Nouvelle édition, Paris 1966.

[49] Schwarz 1981, S. 7, charakterisiert Tardieu und Ionesco als „Autoren, die ein abstraktes Theater nach dem Vorbild von Musik als einem Modell reiner Kunst zu realisieren und zu begründen suchten."

[50] Jean Tardieu: *Théâtre de chambre*, Paris 1966, S. 121f.

Worte zu fassen.[51] Es überrascht daher kaum, daß Tardieu über seine musikalischen Versuche gesagt hat, er habe an einem bestimmten Punkt nicht weitergehen können, weil er sich an der Grenze zum Schweigen befunden habe.[52] Die Bedeutung dieser Texte hat Martin Esslin darin gesehen, daß sie als Untersuchungen zu werten seien, „als Forschungsmaterial, aus dem gültige Erfahrungen für weiteres Schaffen gewonnen werden können".[53] Nun gibt es bei Vinaver nirgends einen Hinweis darauf, daß er sich mit den musikanalogen Texten Tardieus beschäftigt hat, was mit seiner Abneigung gegen das Absurde Theater zusammenhängen mag, in dessen Umkreis Tardieu von der Kritik – ob zu Recht oder zu Unrecht, bleibe dahingestellt – eingeordnet wird. Unabhängig von solchen quellenkritischen Überlegungen scheint mir ein Vergleich aber in jedem Fall aufschlußreich zu sein, da Vinaver den Versuch unternommen hat, mit musikalischen Strukturen nun nicht ein lyrisches oder abstraktes Theater zu schaffen, sondern diese mit einer sehr konkreten Alltagsmaterie zu verbinden. Ob ihm das in *A la renverse* gelungen ist, wurde vor allem von den Theaterkritiken der Uraufführung bezweifelt.[54]

7.3.2 Das „Einstimmen" der Schauspieler vor dem „Konzert"

Jacques Lassalle, der die Uraufführung 1980 inszenierte, berichtet, Michel Vinaver und er hätten sich bei den Proben von der Zusammenarbeit John Cages mit dem Choreographen Merce Cunningham leiten lassen. Der Verweis auf Cunningham als Quelle taucht bereits in den dem Präludium vorausgehenden Szenenanweisungen auf: Die Schauspieler sollen die Bühne zunächst in ihrer Straßenkleidung betreten und sich einstimmen wie ein Orchester: „Exercices du geste et de la parole,

[51] Paul Vernois schreibt in *La Dramaturgie poétique de Jean Tardieu*, Paris 1981, S. 227: „Il s'agit pour lui (Tardieu) d'effectuer une transposition d'art, de jouer victorieusement de la rivalité entre modes d'expression esthétique. Il s'agit surtout de s'installer en un domaine situé au-delà des mots et des normes du discours, terrain d'élection et de triomphe pour la musique de tous les temps."

[52] Le Marinel 1981, S. 313.

[53] Martin Esslin: *Das Theater des Absurden,* Hamburg 1965, S. 196.

[54] Einen Überblick über die Pressereaktionen gibt Anne Ubersfeld 1989, S. 59f, wobei auch andere Gründe als die musikanalogen Aspekte angeführt werden, warum die Aufführung ein Mißerfolg war.

chacun pour soi. Leurs propos s'insèrent comme des éclats dans le corps du récit" (II, S. 111).

Auch Tardieu hatte sein Stück *Conversation-sinfonietta*, in dem musikanaloge Formen von zentraler Bedeutung sind, mit einer solchen vorbereitenden Phase begonnen: Die Schauspieler kommen auf die Bühne, verbeugen sich, blättern in ihren Noten etc.[55] Das Experiment bestand darin, musikalische Abläufe mit den Mitteln der verbalen Sprache zu gestalten. Vertreter des späteren Instrumentalen Theaters wie Bussotti, Ligeti und eben Cage haben in zahlreichen Werken Musik theatralisch veranstaltet, indem sie etwa das Einstimmen der Orchesterinstrumente zu einem auskomponierten Auftritt ausarbeiteten.[56] Bei Tardieu wie bei den genannten Komponisten ist eine solche Inszenierung des Auftritts als Parodie von Konzertpraktiken angelegt, eine Intention, die Vinaver wohl fernliegt. Mit Tardieu hat er jedoch gemeinsam, daß das Einstimmen der Akteure den Rezipienten schon zu Beginn auf den musikanalogen Aspekt des Stücks hinweist. Dabei darf nicht übersehen werden, daß die musikalischen Begriffe wie Präludium und Fuge, Duo, Terzett, Quartett etc. im wesentlichen auf den Nebentext beschränkt bleiben, so daß zu erwägen ist, ob diese Bezüge auch für den Rezipienten der Theateraufführung offensichtlich sind. Grundlage für eine Klärung kann hier nur der Dramentext sein, nicht aber die para- und nonverbalen Zeichen, die die Aufführung hinzufügt.

7.3.3 Das Präludium – die Themen werden angespielt

Während die Schauspieler zu Beginn von *A la renverse* ihre Übungen ausführen – die kurzen Repliken erinnern an den Party-Smalltalk in *Par-dessus bord* –, führt die Erzählerstimme den Leser/Zuschauer in die großen Linien der Geschichte ein. Die Stimme des Rhapsoden richtet sich direkt an seine Zuhörer, die er dazu auffordert, sich in die Vergangenheit zurückzuversetzen, als alle Menschen braungebrannt sein wollten, bis sich durch die Geschichte der Bénédicte von Bourbon ihr Verhältnis zur Sonne grundsätzlich wandelte. Wieder rückt ein Unternehmen in den Mittelpunkt, aber in den zehn Jahren, die seit der Niederschrift von *Par-dessus bord* vergangen sind, hat sich in der fran-

---

[55] Tardieu 1966, S. 237f.

[56] Über die Versuche zeitgenössischer Komponisten, Musik theatralisch zu veranstalten, siehe Schwarz 1981, S. 34.

zösischen Wirtschaftswelt manches gewandelt: „Par rapport à *Pardessus bord*: 'dix ans après', passage de l'ère homérique (épique) à l'ère hésiodique (nostalgique)".[57] Die Stimmen der Schauspieler durchbrechen die Kontinuität des Monologs und deuten an, worum es in den Polylogen des Stücks gehen wird. Nach fünf Seiten bricht die Erzählerstimme ab, der Abschnitt endet mit dem langen Monolog einer wahrscheinlich weiblichen Person, die den Klatsch aus der Firma wiedergibt. Die Schauspieler tragen nun ihre Kostüme, die sie als leitende Angestellte kennzeichnen. Sie treten in Gruppierungen auf, die vom Duo bis zum Sextett und zum Chor reichen. Teilweise sind die Repliken den einzelnen Figuren zugeschrieben, teilweise bleiben die Sprecher anonym. Manchmal kann man aus dem Inhalt der Gespräche schließen, wer spricht, häufig sind die Figuren jedoch nur in ihrer Gruppenzugehörigkeit zu erkennen. Indem Vinaver die klare Rollenzuschreibung preisgibt und sich an der reinen Instrumentalmusik von Präludium und Fuge orientiert, werden Figuren und Handlung abstrakt – wenn auch nie in dem Maße wie bei Tardieu.[58]

Die Übertragung musikalischer Strukturen kann an den folgenden Textbeispielen deutlich werden. Auf die Improvisationsphase folgt das erste Quintett, in dem immer wieder dasselbe Motiv von fünf anonym bleibenden Stimmen in einer kreisförmigen Struktur variiert wird. Im Mittelpunkt der Konversation steht Piau, ein leitender Angestellter, der bei einer Beförderung übergangen wurde. Der Satz: „Oui je voulais vous voir c'est pour vous informer Piau [...]", der von einem Vorgesetzten ausgesprochen werden muß, wird insgesamt dreimal wiederholt (II, S. 117, 118, 119). Jedesmal nimmt das Gespräch einen etwas anderen Verlauf, so als würde Piau nachträglich darüber nachdenken, wie er am besten auf diese Herabsetzung reagiert hätte. Verkreuzt wird dieser Dialogstrang einerseits mit den Kommentaren seiner Kollegen, die sich zu Piaus familiärer und finanzieller Situation äußern, und andererseits mit neutral wirkenden Repliken, die sich auf die aufstrebende Position der Firma beziehen, etwa in der Art von:

---

[57] „A la renverse: Notes en bout d'écriture", in: *Écrits*, S. 262.

[58] Schwarz 1981, S. 13, hat die Gemeinsamkeit musikanaloger Stücke gerade in ihrer Tendenz zur Abstraktheit und Selbstbezüglichkeit gesehen: „So verschieden Substanz und Funktion von Musikanalogie [...] im einzelnen auch sind, so teilen sie doch alle Autonomie, Reinheit, Eigengesetzlichkeit und Selbstbezüglichkeit der Tonkunst als gemeinsame, wenn auch sehr allgemeine Momente der musikanalogen Bezugnahme".

– Bronzex déjà leader mondial la dynamique est créée
– C'est massivement qu'il faudrait aujourd'hui
– Si seulement Cincinnati
(II, S. 118)

Das erste Motiv wird dann fallengelassen, die Teilnehmer des Quintetts unterhalten sich nun mit dem directeur commercial, Girard, über einen neuen Produktnamen, wobei erstmals eine Figur mit ihrem Namen eingeführt wird:

– Si Do Ré
– Beuh
Girard. – Tu sais je m'en fous Aubertin connaît ma position avec Si Do Ré on implique la nouveauté et on affirme la continuité [...]
– Pas terrible franchement
– Mi Fa Sol Amélioré?
– Un peu lourdingue
– Mais Si Do Ré
– Si Do Ré je trouve ça assez je ne sais pas j'ai un peu peur du côté un peu trop directement Si Do Ré
– Pourtant ça a un côté évident Si Do Ré
– Moi je trouve ça simplement
– C'est très évocateur et puis
– De Mi Fa Sol à Si Do Ré
– C'est ça qui est important une chaîne qui se constitue
(II, S. 120f.)

Der Text spielt mit den musikalischen Allusionen – Mi Fa Sol soll ersetzt werden durch Si Do Ré –, er mündet aber nie in ein reines Klangspiel wie bei Tardieu, vielmehr bleibt immer der Bezug zu der Handlung um die Werbestrategien gewahrt, die ihrerseits mit rhythmischen und musikalischen Elementen arbeiten, damit der Produktname sich dem Konsumenten besser einprägen soll. Auch dieses Motiv wird nicht weiter verfolgt, es folgen nun Szenen, die auf den einzelnen Satelliten spielen, im Wechsel mit Auftritten der leitenden Angestellten. Kaum eine dieser Kurzszenen findet einen Abschluß, vielmehr lösen sich Ort, Zeit und Figuren abrupt ab. Vinaver hat sich in diesem Zusammenhang auf die mittelalterliche Ästhetik berufen, da das Stück wie ein Kathedrale von keinem Punkt aus ganz gesehen werden könne, der Sinn sei „pluriel et fragmenté. Chaque fois qu'il pourrait émerger de façon totalisante, globalisante, coupure!“[59] Die dem barocken Präludium analoge Struktur wird dadurch verwirklicht, daß hier die Themen des Stückes angestimmt werden, ohne daß es schon zu der engen Verflechtung der Konversationsstränge käme, die die polyphone Fuge kennzeichnet. Es geht jedoch nie primär darum, die Sprache bzw. die Polyloge den Gesetzen der musikalischen Komposition zu unterwerfen, wie das Tardieu etwa in der oben zitierten *Conversation-sinfonietta* versucht hat; in den Texten Vinavers gewinnt der Klang nie die Vorherrschaft über die Bedeutung.

7.3.4 Die Instabilität der Relation zwischen Sprecher und Sprache in den choralen Partien

Eine besondere Rolle spielen in *A la renverse* die Chöre, die sowohl im Prélude wie in der Fugue in verschiedenen Formationen auftreten. Zwei Gruppen von Figuren verfügen lediglich über eine chorale Stimme, nämlich die Arbeiter und die Vertreter der amerikanischen Muttergesellschaft. Die Repliken der leitenden Angestellten sind teilweise einzelnen Figuren zugeordnet, häufig bleiben die Sprecher jedoch auch anonym. So ist es möglich, daß es innerhalb einer Sequenz zum Fließen zwischen den individualisierten Sprechern und dem Chor kommt, indem die Einzelfiguren sich in ihn integrieren. In der Marktforschungsszene etwa übernimmt es der Chor, die Ergebnisse der Untersuchung zu gliedern und schlagwortartig zusammenzufassen. Vinaver hat dem choralen Element in seinem Werk allgemein, ganz besonders aber in *A la renverse* folgende Rolle zugeschrieben:

> [...] lorsque leur parole se fait chorale, c’est une abolition ou une défaillance ou une confusion-fusion de leur identité. Ils sont en vacances d’eux-mêmes en tant qu’individus. La récurrence de ce phénomène, de pièce en pièce, peut faire penser qu’un des fondements de ce théâtre réside dans l’instabilité de la relation entre la parole et celui qui parle, dans une oscillation de cette relation entre deux états: celui où la parole est ancrée dans la personne en tant qu’instrument de son action individuelle sur le monde et sur elle-même; celui où la parole est flottante, descellée – le moi se dissout, se dilue dans le groupe.[60]

[59] *Écrits*, S. 263.
[60] *Mémoire sur mes travaux*, S. 28-29.

Wiederum ist ein Vergleich mit einem Werk Tardieus aufschlußreich. *L'ABC de notre vie* ist angelegt wie ein Konzert, wobei der Solopart eines Großstadtmenschen den anonymen Stimmen des Chors gegenübersteht. In den Sätzen dieses Wortkonzertes sind drei Themen miteinander verschlungen, nämlich die Illusion von der Einmaligkeit des Individuums, die Macht der Liebe, die den Menschen erst zum Individuum macht, und schließlich die Erkenntnis, daß der Mensch ein Teil des Ganzen, der „humanité", ist. Teilweise alterniert die Stimme des Soloparts mit der des Chors, teilweise ist sie ihr Echo, teilweise überlagert sie die Masse, so daß sich insgesamt eine Beziehung ergibt wie diejenige zwischen Soloinstrument und Orchester in einem Konzert. Tardieu gibt in den Szenenanweisungen vor, daß der Chor sich aus einem möglichst breiten Spektrum von Stimmtimbres zusammensetzen solle, vom Sopran bis zum Baß. Diese Texte sollen nie simultan oder skandiert gesprochen werden, vielmehr schwellen im Gemurmel der Menge artikulierte Satzfetzen an und verklingen wieder.[61] Typographisch auffällig ist die zweispaltige Anlage des Textes, wodurch die Simultaneität des Sprechens von Choeur und Personnage angezeigt wird. Bei Tardieu handelt es sich nicht um eine collagehafte Anordnung gleichwertiger Texte, vielmehr dient der Chor als Geräuschhintergrund und deutet den Gegensatz zwischen Individuum und Gesellschaft an.

Eine ganz andere Rolle übernimmt der Chor in *A la renverse*. Er wird nicht einem Individuum gegenübergestellt, vielmehr sind die Übergänge zwischen den Figuren und den choralen Gruppen fließend, wodurch es zu der von Vinaver angesprochenen Instabilität der Zuordnung von Person und Sprache kommt. Das Individuum herrscht nur noch beschränkt über seine Rede, immer mehr löst es sich in den verschiedenen Diskursen auf, was nicht nur auf die sozial weniger privilegierten Arbeiter in der Fabrik oder zu Hause vor dem Fernseher zutrifft, sondern ebenso auf die leitenden Angestellten der Firma Bronzex und die Manager in Amerika.

Die Loslösung der Sprache von den einzelnen Figuren, ihre Auflösung in einer Gruppenstimme, erfolgt nicht nur über die Chöre. Sprache dröhnt aus den Lautsprechern des Flughafens und aus dem Fernsehapparat. In der Rede der amerikanischen Manager löst sich die Einheit der dramatischen Sprache auf in den Originalton und die fran-

---

[61] Jean Tardieu: *Poèmes a jouer*, Paris 1960, S. 13.

zösischen Untertitel. Auffällig ist, daß es lediglich dem Medienstar Bénédicte de Bourbon-Beaugency gelingt, ihre Geschichte bzw. die Geschichte ihrer Krebserkrankung im Fernsehen kohärent darzustellen und ihrer Person eine klare Kontur zu verleihen.[62] Ihre Subjektkonstitution erfolgt via Medien, was in der Uraufführung dadurch augenfällig wurde, daß Bénédicte nicht auf der Bühne, sondern in einem Film auftrat, der eigens für das Theaterstück gedreht worden war. Aber auch Bénédicte verfügt nur scheinbar über eine authentische Stimme, denn sie muß sich den Gesetzen der Medien unterwerfen. Die Interviews mit dem Journalisten Michel Beuret in Antenne Deux sind voller Clichés über das Leben der Schönen und der Reichen. Die Krankheit der Adligen wird einerseits zum Melodrama stilisiert und stürzt andererseits in die Banalität des Talkshowgeschwätzes ab. Dabei gelang es in der Uraufführung offenbar nur unzureichend, die Aufmerksamkeit des Zuschauers vom Inhalt auf das Medium zu lenken. Anstatt durch die Dreidimensionalität des Theaters die Zweidimensionalität des Fernsehens infragezustellen, in der die Medienwirklichkeit zum Realitätskriterium avanciert ist, erschlug der allzu professionell gedrehte Film die Theateraufführung.[63]

In den Szenen, die auf den drei Satelliten spielen, verwendet Vinaver das Voice-Over-Verfahren. Eine Kommentarstimme liegt über dem eigentlichen Ton und zerstört so die Authentizität der Figuren, die wie die Möbel und Accessoires in Anlehnung an den Hyperrealismus von Kienholz oder George Segal aus weißem Gips geformt sein sollten. Als reale Gegenstände waren die Kleidung der Skulpturen, das Fernsehgerät und die Abfüllmaschinen in der Fabrik vorgesehen. Jedem Satelliten sollte ein spezifischer Soundtrack zugeordnet sein.

---

[62] Vinaver schreibt in den „Notes en bout d'écriture": „Pièce où des populations (des ensembles au sens mathématique) constituent des personnages; les personnages individuels (sauf Pellepain et Bénédicte) sont rudimentaires, abrégés." *Écrits*, S. 264.

[63] Bradby 1993, S. 87, schreibt über die Uraufführung, der Film habe dem Theater die Show gestohlen: „Vinaver had understood only too well the power that such a series of broadcasts might have but had not been able to prevent his real audience from succumbing to it." Siehe als Gegenbeispiel eine Aufführungsanalyse der *Fish-Story* der Wooster Group von Petra M. Meyer: „Ästhetik des Gegenwartstheaters im technischen Zeitalter", in: *Forum Modernes Theater* 11, 1996, S. 3-14. Hier gelang es offenbar durch die Szenographie, auf das Medium hinzuweisen, indem der Nahaufnahme auf dem Fernsehbildschirm der ganze Körper des real anwesenden Menschen auf der Bühne gegenüberstellt wurde. Meyer schreibt S. 7: „Im technischen Zeitalter machen die Techniken Leute zu 'Subjekten', die nach Lacan zu 'Untertanen der Medien' wurden. Subjektivität ist nur noch unerfüllbarer Anspruch, der zur Maskierung zwingt."

Auf die Verwandtschaft des Neuen Realismus in der Kunst mit dem Theater des Alltäglichen ist schon verschiedentlich hingewiesen worden.[64] Als Beispiele werden die Skulpturen Duane Hansons' herangezogen, die so realistisch sind, daß man zunächst glaubt, echte Personen vor sich zu haben, oder Bilder der Photorealisten, die nach Photographien Bilder malten, die diesen täuschend ähnlich sind. Gemeinsam ist diesen Hyperrealisten, daß sie die Differenz zwischen Abbild und Abgebildetem thematisieren, indem sie auf die Unsicherheit der Wirklichkeitswahrnehmung hinweisen. Indem zugunsten der Denotation die konnotativen Elemente zurückgedrängt werden, wird das hyperrealistische Kunstwerk zur reinen Oberfläche, es verzichtet auf Hierarchien und Perspektive. Das dramatische Pendant findet diese Kunstrichtung auf französischer Seite in Autoren wie Georges Michel und Jean-Paul Wenzel.

Vinaver bezeichnet die von ihm als Vorbild gewählten Skulpturen George Segals als hyperrealistisch, sie unterscheiden sich jedoch in einem wesentlichen Punkt von den oben beschriebenen Werken. Es handelt es sich dabei um Gipsabdrücke, die Segal von Freunden und Bekannten machte und die die Spuren seiner bildhauerischen Tätigkeit tragen. Häufig befinden sich diese weißen Gipsfiguren in hyperrealistischen Environments, die dem amerikanischen Alltag entstammen. Die Skulpturen selbst sind aber ebensowenig mit realen Personen zu verwechseln wie die montierten und rhythmisch strukturierten Texte

---

[64] Siehe hierzu Carol Geldermann: „Hyperrealism in Contemporary Drama. Retrogressive Avant-Garde", in: *Modern Drama* 26, 1983, S. 357-367. Gelderman sieht solche hyperrealistischen Tendenzen im zeitgenössischen Drama verschiedener Nationen (den Engländer Edward Bond, den Amerikaner T.C. Fox, die Franzosen Georges Michel und Jean-Paul Wenzel, in Deutschland vor allem Kroetz) und hebt den photographischen Aspekt hervor: "The hyperrealistic dramatist, like the superrealistic painter and sculptor, says that the only way to see the world as it is, is to render it with as little distortion and personal overlay as possible. [...] As a result, the hyperrealist does not construct hierarchies." Gleichwohl kommt sie zu dem Schluß, daß die Dialoge eines Autors wie Bond keineswegs mit realen Alltagskonversationen gleichzusetzen seien, als Unterschiede nennt sie den „metronomic rythme", aber auch die thematische Konzentration der Gesprächsgegenstände und den dramatischen Einsatz des Schweigens. Weitere Hinweise zum Neuen Realismus in der Kunst und seiner Bedeutung für das Drama findet man bei Kafitz 1993, S. 170-173. Auch Kafitz nennt zur Veranschaulichung Duane Hansons hyperrealistische Plastiken, die alltägliche Menschen so täuschend ähnlich darstellen, daß man sie mit den Betrachtern verwechseln kann. Durch die Gleichheit entstehe ein „Ästhetischer Fremdheitseindruck" (Zimmerli), der Wirklichkeitsillusion und Verfremdung zugleich impliziere.

Vinavers reale Alltagskonversationen kopieren. Während die oben angedeuteten Parallelen zwischen dem Hyperrealismus in Kunst und Drama konzeptioneller Art sind, fügte Vinaver ganz konkret in einem collagierenden Verfahren solche Environments in die Szenographie seines Stückes ein, wodurch gegenläufig zu den abstrakten musikalischen Strukturen ein Eindruck von Wirklichkeitsillusion entstehen sollte. Die Montage hyperrealistischer Kunstwerke in das Theaterstück bewirkt jedoch nicht nur eine Konkretisierung des zur Abstraktion tendierenden Textes, sie problematisiert zugleich die Wirklichkeitswahrnehmung an sich: Auch in *A la renverse* verwischen sich die Grenzen zwischen Realität und Fiktion.

7.3.5 Die Fuge – Polyphonie als Ausdruck beschleunigter Wahrnehmung in einer schrumpfenden Welt

Indem den leblosen Skulpturen ein dialogischer Text hinterlegt wird, radikalisiert sich die Trennung von Sprache und Subjekt. Es entsteht ein Verfremdungseffekt, der weit über das Brecht-Theater hinausgeht. Nicht mehr eine wie auch immer geartete politische Botschaft steht im Vordergrund, sondern die grundlegende Frage, welche Handlungsmöglichkeiten das Individuum in unserer Gesellschaft noch hat. Dies kann an verschiedenen Beispielen aus dem zweiten Teil gezeigt werden. Inhaltlich setzt mit der Fuge der durch die Fernsehinterviews ausgelöste Niedergang der Firma ein. Der dramatische Rückgang der Verkaufsziffern führt zu Konflikten in der Firmenleitung darüber, wie die Probleme zu lösen seien. Die Arbeiter reagieren auf die bevorstehenden Entlassungen mit Streik, während die amerikanische Holding Bronzex verkaufen will, um keinen Sozialplan erstellen zu müssen. Eine geradezu nostalgisch-idyllische Lösung deutet sich an, als die Belegschaft von Bronzex die Firma als Kollektiv übernimmt und zu den Pomaden des Docteur Sens, des Firmengründers, zurückkehrt. Die wechselseitige Abhängigkeit des französischen Unternehmens, der Gewerkschaften, der Medien und der amerikanischen Muttergesellschaft wird durch die enge Verflechtung der Handlungsstränge ersichtlich. Gegenüber dem Präludium verkompliziert sich in der Fuge die Struktur des Stücks, die Zuordnung der verschiedenen Konversationsstränge wird nun aber typologisch erleichtert, indem diese verschieden weit eingerückt sind. Das Individuum ist in diesem Netz gefangen und bleibt immer häufiger auf der Strecke: Piau, der bei der Beförderung übergangen wurde, verläßt Firma, Familie, Einfamilienhaus und lebt als Aussteiger. Bouteiller, der ihm vorgezogen wurde, erträgt das nicht besser, er scheitert ebenso und erschießt sich. Auch in der amerikanischen Muttergesellschaft rollen die Köpfe, der legendäre Sidermann wird entlassen. Jacques Lassalle hat gesagt: „Dans *A la renverse*, la mort rôde et corrode".[65] Was er auf das Sterben der Adligen und den Niedergang der Firma Bronzex bezog, strahlt auf das gesamte Stück aus. Der hoffnungsvolle Neubeginn der Firma, der den Eindruck erweckt, die Arbeiter könnten als Kollektiv die Firma leiten, erweist sich im Epilog als eine Illusion: der wie ein Phönix aus der Asche auferstandene Sidermann baut sich ein neues Imperium auf, in das er Bronzex wieder eingliedern wird.

Das Nebeneinander heterogener, weit entfernter Orte auf der Bühne, die parallel verlaufenden Handlungen auf den verschiedenen Satelliten, die sich ästhetisch an der Öffnung des Raums bei Choreographen wie Cunningham orientieren, sind Zeichen eines Zusammenrückens des Raumes. Virilio hat diesen „Schrumpfeffekt" aus der Beschleunigung der Wahrnehmung abgeleitet:

> Mit der Beschleunigung gibt es kein Hier und Da mehr, sondern nur noch die geistige Vermischung des Nahen mit dem Fernen, der Gegenwart mit der Zukunft, des Realen mit dem Irrealen, die Vermischung der Geschichte und der Geschichten mit der furchteinflößenden Utopie der Kommunikationstechniken [...].[66]

Die Präsenz der drei Satelliten entspricht der Erfahrung einer durch die Kommunikationstechniken schrumpfenden, zugleich aber unübersichtlicher werdenden Welt. *A la renverse* ist Vinavers offenstes und sein am weitesten aufgesprengtes Stück, was die Gestaltung des Raums, der Sprache und der Figuren angeht. Die Trennung von Sprache und Subjekt und die Auflösung des Einzelnen in den Diskursen der verschiedenen Gruppen wird durch die beschriebenen Techniken deutlich, zu denen die Reduktion auf sechs Schauspieler für Dutzende von Rollen, der Einsatz des choralen Elementes und nicht zuletzt die Montage hyperrealistischer Skulpturen, denen ein Text unterlegt wird, zählen.

---

[65] Entretien Dort/Lassalle/Vinaver 1981, S. 14.

[66] Paul Virilio: *Die Eroberung des Körpers*. Vom Übermenschen zum überreizten Menschen, Frankfurt am Main 1996, S. 44.

7.4 Musikalische Formverläufe als Ersatz für traditionelle dramatische Strukturen

Die traditionellen dramatischen Strukturen scheinen nicht mehr geeignet, die Integration eines Textes zu schaffen, der der oben beschriebenen Realitätserfahrung gerecht werden will. An ihre Stelle treten musikalische Formverläufe, wobei es wohl weniger im Sinne Tardieus darum geht, ein der Musikrezeption vergleichbares, abstraktes ästhetisches Erlebnis zu ermöglichen. Gleichwohl erschöpft sich die Funktion der Musikanalogien bei Vinaver nicht in ihrem metaphorischen Gehalt, sondern sie charakterisiert die radikale polyphone Anlage des Stücks. Angesichts der Abkehr nicht nur von den dramatischen Strukturen des aristotelischen, sondern auch des „klassischen" epischen Theaters mag es kaum verwundern, daß die Uraufführung überwiegend negative Reaktionen hervorrief. Ob das Drama hier an die Grenzen seiner Aufführbarkeit stößt, kann in diesem Zusammenhang nicht geklärt werden. Als „Lesedrama" ist *A la renverse* jedoch eine anregende Auseinandersetzung mit zeitgenössischen wie traditionellen Kunstströmungen aus dem Bereich der Bildenden Künste, der Musik und der Choreographie, die ihren Niederschlag in dem großen formalen Reichtum des Stücks findet.

Wenn Vinaver in *Portrait d'une femme* auf explizite Musikanalogien verzichtete, so bedeutet das nicht, daß er in diesem Stück keine musikalischen Strukturen verarbeitet hätte, auch hier spielen Polyphonie, die Kontrapunkt- und nun neu die Leitmotivtechnik eine wichtige Rolle. Dennoch läßt sich eine Tendenz erkennen, dieser späten „pièce éclatée" ein festeres dramatisches Gerüst zu verleihen, was einerseits durch die zentrale Gestalt der Sophie ermöglicht wird, andererseits durch die Handlungsstruktur des „fait divers". Eine ähnliche Entwicklung konnte schon in dem Kapitel zur Mikro-Montage festgestellt werden: Auch *L'ordinaire* hat durch die Handlung um die Flugzeugkatastrophe und ihre Folgen eine festere Struktur als das Büro-Stück *Les travaux et les jours*, in dem das Verweben der Alltagssprache der eigentliche Gegenstand des Dramas ist.

8 Intermediale Einflüsse in den stärker „organisierten“ Dramen Vinavers

In den verschiedenen Phasen von Vinavers Werk hat es immer wieder Theaterstücke gegeben, in denen die bisher beschriebenen Montagetechniken weniger oder gar keine Anwendung finden. Für die meisten von ihnen können aber in dem größeren Rahmen der Intermedialität Einflüsse von Film und Fernsehen nachgewiesen werden. Als Intermedialität definiert Pavis in Analogie zur Intertextualität „les échanges entre les médias, notamment pour ce qui est leurs propriétés spécifiques et de leur impact sur la représentation théâtrale.“[1] Solche Einflüsse sieht er einerseits auf der Ebene der Aufführung, etwa in der Anwendung kinematographischer Beleuchtungstechniken auf der Bühne, oder in der Übertragung der Zeitlupentechnik auf das Spiel der Schauspieler (man denke an die Inszenierungen Marthalers). Andererseits beeinflussen die Medien aber auch die Écriture dramatique: „le montage narratif de courtes séquences de plans filmiques deviendra une technique d’écriture dramatique“. Ein solches Verfahren finden wir par excellence in Vinavers beiden Kammerstücken *Dissident, il va sans dire* und *Nina, c'est autre chose*, die auf das radikale Montagestück *La demande d'emploi* folgten. Hier kommt es weder zu der für den Autor typischen Montage der Zeit-, Raum- und Handlungsebenen, noch werden verschiedene Dialogstränge miteinander verflochten, was teilweise auf die geringe Personenzahl (zwei bzw. drei) zurückzuführen ist. Dennoch entsteht durch die Übertragung der kinematographischen Kurzschnitt-Technik auf den Theaterdialog der Eindruck der Diskontinuität und Fragmentarität.

Vinavers bisher letztes Stück *L'émission de télévision*[2] entfernt sich noch mehr als *Portrait d'une femme* von den Montagetechniken der vorausgegangenen Stücke. Eine besondere Bedeutung scheint in diesem Zusammenhang die Auseinandersetzung mit dem Medium des Fernsehens zu haben. War in *A la renverse* das Fernsehen konkret auf

---

[1] Pavis 1996, S. 177.

[2] Michel Vinaver: *L'émission de télévision. Comédie*, Paris 1990.

der Bühne gegenwärtig, indem die Interviews mit Bénédicte von Bourbon übertragen wurden, so erleben wir nun die Vorbereitungen einer Life-Sendung über die Folgen der Langzeitarbeitslosigkeit von mittleren Angestellten mit: Zwei Fünfzigjährige, die früher miteinander befreundet waren und in derselben Firma arbeiteten, sollen in einer Fernsehsendung als Arbeitslose vorgestellt werden, die im Berufsleben erneut Fuß gefaßt haben. Zwei junge Fernsehjournalistinnen wecken in den beiden eine alte Rivalität, denn nur einer wird in der Sendung auftreten dürfen. Als Blache, der Erfolgreichere, ermordet wird, fällt der Verdacht auf Delile, so daß es mehr als fragwürdig erscheint, ob der Bericht in der vorgesehenen Form jemals gesendet werden wird. Die *Émission de télévision*, die dem Stück seinen Titel gibt, findet gar nicht statt, was möglicherweise noch andere Gründe hat als die sich aus der Intrige ergebenden.

Die Forschung hat sich in den letzten Jahren zunehmend mit den Beziehungen zwischen dem Theater und Film und Fernsehen beschäftigt. Von seiten der Literatur- und Theaterwissenschaftler wird in der Regel aus der Perspektive des Theaters argumentiert. Der Aufzeichnung oder Verfilmung von Theaterstücken für das Kino oder das Fernsehen mißt man bestenfalls einen dokumentarischen, nicht aber einen künstlerischen Wert bei.[3] In seinem Lexikonartikel über *Télévision et théâtre* schreibt O. Quirot:

> Tout sépare le théâtre de la télévision: l'espace, la lumière, la façon de faire porter la voix, d'exprimer un sentiment (ce qui est superbe sur une scène devient vite emphatique et faux à la télévision), le rapport du verbe et de l'image. La qualité même de l'émotion est différente: au théâtre, elle est vécue en direct et partagée avec d'autres; face au petit écran elle est consommée en différé, en solitaire, dans un espace intimiste.[4]

Dabei wird kaum mehr geleugnet, daß die neuen Medien den Theatertext wie die Aufführungspraxis beeinflußt haben, eine andere Frage ist es, ob das Theater in eine Medientheorie integriert werden kann. Fernando de Toro hat, um diese Frage zu beantworten, die Stellung der Rede, des Schauspielers, des Raums und der Zeit sowie die Bedeutung der Mediatisierung und der Narrativität in Theater und Film miteinander verglichen. In allen Bereichen stellt er so essentielle Unterschiede

---

[3] Robert Erenstein (Hrsg.): *Theatre and Television*, Amsterdam 1988.

[4] O. Quirot: „Télévision et théâtre", in: Corvin 1991, S. 816.

fest, daß er seine Annahme bestätigt sieht, es handle sich um zwei völlig verschiedene Ausdrucksformen. Indem de Toro die Übertragbarkeit von einem Medium in das andere ablehnt, rettet er die Spezifizität des Theaters: Für ihn kann es die dritte Gattung – das „théâtre filmé“ – nicht geben.[5]

Der fundamentale Gegensatz, den er durch alle Bereiche verfolgt, ist der von Rede und Bild: Während im Theater Rede Handlung ist, ist im Film Handlung eben Handlung, sie bedarf keiner diskursiven Vermittlung. Ebenso sei es mit der Zeit: Die Zeit des Theaters sei die Zeit der Rede, wohingegen die Zeit im Film die Zeit der Handlung bzw. der Bilder sei. Besonders hinsichtlich des Verhältnisses von Zeit und Raum zeichnet sich ab, wie groß die Modifikationen sein müssen, wenn Filmtechniken auf das Theater übertragen werden. So behauptet de Toro, der Theaterraum sei immer eine logische Kontinuität des Raums mit einer deiktischen Funktion, wohingegen der Film wegen der Bewegung durch eine Diskontinuität des Raumes gekennzeichnet sei. Der Theaterraum, der immer derselbe sei, auch wenn er auf andere Räume verweise, werde vom Zuschauer stets als ein artifizieller Raum erlebt. Paradoxerweise erscheine demgegenüber der Raum auf der Leinwand trotz seiner Flächigkeit als „realer“ Raum. Hinsichtlich der Narrativität stellt er als minimale Sequenzen die Mikro-Sequenz im Theater und den Shot im Film gegenüber. Narration im Theater erfolge direkt, im Film aber elliptisch, ja er geht so weit zu sagen: „conversation on the stage [...] must have a coherence in order to be understood, and since dialog is action, then the action is complete: it cannot function by ellipsis“.[6] Hätte er damit Recht, könnten Vinavers Dramen – und nicht nur diese – nicht aufgeführt werden, ohne das zu verlieren, was für sie charakteristisch ist, nämlich ihre Fragmentarität und Diskontinuität. Wenn er auch von einer eher konservativen, aristotelischen Vorstellung des Theaters ausgeht, so sind die hier entwickelten Oppositionen jedoch sehr hilfreich, um zu analysieren, was geschieht, wenn Filmtechniken den dramatischen Text beeinflussen.

[5] Siehe hierzu Fernando de Toro „Theatre and Film: a Semiotic Approach to their Specificity“, in: Erenstein 1988, S. 179-196, hier S. 191. In dem Abschnitt „The Theatre and the Media“ nennt er eine Reihe von französischen Theaterproduktionen der achtziger Jahre, in denen das Fernsehen eingesetzt wird. Er wendet dann aber ein: „It is one thing to use media techniques in the theatre and quite another to film theatre.“

[6] Fernando de Toro 1988, S. 184.

Darüber hinaus liegt die Vermutung nahe, daß ähnliche Schwierigkeiten, wie sie im Hinblick auf die Film- bzw. Fernsehaufzeichnung von Theateraufführungen beschrieben wurden, entstehen, wenn der Versuch gemacht wird, das Fernsehen auf die Bühne zu holen. Dennoch gibt es insbesondere im Theater der neunziger Jahre zahlreiche Versuche, sich mit den neuen Medien auseinanderzusetzen, sei es auf der Ebene der Dramentexte wie bei Vinaver, Jean-Claude Grumberg[7] oder Rainald Goetz[8], sei es auf der Ebene der Inszenierung, indem der Fernsehapparat zum Requisit wird oder gar Monitore die Handlung steuern wie im Tanztheater eines William Forsythe. Auffallend ist, daß sich verschiedene Theaterautoren mit Life-Sendungen und Shows beschäftigen, wohl weil diese am stärksten den veränderten Raum- und Zeitwahrnehmungsformen im nach-mechanischen Zeitalter entsprechen. Gegenüber der Rezeption des Films und insbesondere seiner Montagetechniken durch das Theater seit dem frühen 20. Jahrhundert deuten sich hier Unterschiede an, die nicht nur gradueller Art sind. Aufschlußreich ist in diesem Zusammenhang der Aufsatz „Nähe und Ferne" von Götz Grossklaus, der die Bedeutung des durch den technischen Fortschritt bewirkten Wahrnehmungswandels vom 19. zum späten 20. Jahrhundert für die Kunst untersucht. Er stellt dar, daß die Prinzipien des technisch-mechanischen Fortschritts und der daraus resultierenden Wahrnehmungscodes am vollkommensten in der fragmentierenden und montierenden Kunstform des Films repräsentiert waren. Heute erlauben es die elektronischen Medien, die raumzeitliche Distanz zwischen Sendern und Empfängern zunehmend zu verkürzen, so daß in der Life-Show der reale Ereignisverlauf und die technisch vermittelte Abbildfolge im Medium des Fernsehens synchron werden. Indem die Distanzen schwinden, wird tendenziell alles zum Hier und Jetzt. Grossklaus beschreibt, wie der ursprüngliche, vorelektronische Eigenraum zunehmend von Fremd-Einflüssen überschwemmt wird, die nicht mehr von den traditionellen raum-zeitlichen Mustern strukturiert werden können. Indem aber die alten Orientie-

---

[7] Jean-Claude Grumberg: *Les Courtes*, Paris 1995. Darin vor allem *Commémoration des Commémorations* 1993, S. 189-200 und *A qui perd gagne. Jeu télé Direct live Prime time* 1994, S. 202-225.

[8] Rainald Goetz: *Die Festung*, Frankfurt a.M. 1992, uraufgeführt im Januar 1993, inszeniert von Hans Hollmann im Bockenheimer Depot des Schauspiels Frankfurt. Einundfünfzig Jahre nach der Reichskristallnacht, am Tag des Mauerfalls, wird der Vergangenheit gedacht mit einer Fernsehshow, in der Berühmtheiten aus Kunst, Politik, Wissenschaft, Wirtschaft und Unterhaltung auftreten.

rungsschemata von innen/ außen – nah/fern – offen/geschlossen etc. schwinden, verlieren auch die abgeleiteten sozialen Orientierungsmuster der bürgerlichen Gesellschaft wie privat/öffentlich – eigen/fremd tendenziell ihre Bedeutung:

> In dem Maße, wie die Ferne uns nahe wird, erscheint uns Nähe nur noch in der Ferne erreichbar; in dem Maße wie das Fremde beschleunigter elektronischer An-eignung über Zeichen unterworfen wird, unterliegt das Eigene ständiger Ver- und Ent-fremdung; in dem Maße, wie die Öffentlichkeit sich medial innen und intim jeweils vor dem Bildschirm herstellt, löst sich die alte Privatheit auf.[9]

Den Wahrnehmungsformen hyperbeschleunigter Gesellschaften wie der unsrigen entspricht etwa die Kunstform des Videoclip. Welche Rolle kann in einem solchen Umfeld aber noch das Theater spielen, insbesondere wenn es sich die Auseinandersetzung mit den neuen Medien zum Thema macht?[10]

Im Mittelpunkt des ersten Teils des Kapitels werden Vinavers Kammerstücke aus den 70er Jahren stehen, in deren formaler Anlage einerseits der Einfluß der Brechtschen Dramaturgie, andererseits aber auch die Nähe zum zeitgenössischen Autorenkino gezeigt werden soll. Im zweiten Teil werden dann die unterschiedlichen formalen Antworten untersucht werden, die *A la renverse* und *L'émission de télévision* auf die Herausforderung des Fernsehens geben. Der Schwerpunkt der Untersuchung wird hier auf Vinavers jüngstes Stück gelegt werden, wobei immer wieder Vergleiche mit *A la renverse* und mit ähnlichen Versuchen bei Jean-Claude Grumberg angestellt werden sollen.

---

[9] Götz Grossklaus: „Nähe und Ferne. Wahrnehmungswandel im Übergang zum elektronischen Zeitalter“, in: ders./ Ehrhard Lämmert (Hrsg.): *Literatur in einer industriellen Kultur,* Stuttgart 1989, S. 489-520, hier S. 516.

[10] Hans-Thies Lehmann verweist darauf, daß mit der Entfaltung von Film und Medienkultur das Theater als Spielform einerseits zur Besinnung auf sein Spezifisches gezwungen worden sei und andererseits die produktive Auseinandersetzung mit diesen Darstellungsformen möglich geworden sei. Zwei Wege seien dann prinzipiell möglich, nämlich entweder mit einer Kultur der Langsamkeit, der Minimalisierung und des Schweigens auf die Reizflut der anderen Zeitkünste zu reagieren, oder aber sich an diesen zu inspirieren und zu versuchen, mit spezifisch theatralen Mitteln die Geschwindigkeit und Assoziationsvielfalt der Medien zu überbieten. „Die Inszenierung: Probleme ihrer Analyse“, in: *Zeitschrift für Semiotik* 11, 1989, S. 29-49, hier S. 30.

8.1 Das *Théâtre de chambre*

8.1.1 Minimaltheater und Film

In den Notizen, die der Bühnenbildner Yannis Kokkos während der Proben zum *Théâtre de chambre* 1978 aufgezeichnet hat, findet man den Hinweis:

> L'écriture dramatique de Vinaver est proche de celle, cinématographique, de Wim Wenders. Du moins, entre les deux, un même questionnement ... Volonté commune de rendre compte d'un monde saturé de sons et d'images, d'un monde qui, pour réapprendre à vivre, doit faire table rase. Repartir du vide, sans préjugé ni renoncement au passé autant que vécu culturel. C'est sur cet écran vide que Vinaver inscrit en creux le regard le plus exact sur le monde d'aujourd'hui.[11]

Wurden Film und Fernsehen bisher primär unter dem Aspekt der Dominanz ihrer visuellen Ausdrucksmittel dem Vinaverschen Texttheater entgegengesetzt, so deutet sich hier noch eine andere Sichtweise an. Regisseure des Autorenkinos der sechziger und siebziger Jahre wie Wenders, Rohmer oder Rivette entfernten sich von einer mit Reizen saturierten Welt und versuchten, ein Kino der reduzierten Formen zu schaffen. Ähnliche Tendenzen kennzeichnen viele der Dramen Vinavers, ganz besonders aber sein Kammertheater. Wie schon oft zieht er auch hier den Vergleich mit musikalischen Formen:

> Théâtre de chambre comme il y a une musique de chambre, où la matière se constitue à partir du jeu ensemble d'un petit nombre de voix, de thèmes. Accords et dissonances. Répétitions et variations.[12]

Die beiden Stücke *Dissident, il va sans dire* und *Nina, c'est autre chose* von 1976 sind Vinavers kürzeste Dramen. In der von J.-P. Sarrazac verfaßten Einleitung ist die Rede von einem „théâtre minimal"[13], womit nicht nur die Länge der Stücke charakterisiert wird (zwölf kurze Szenen auf knapp zwanzig Seiten für *Dissident, il va sans dire*, ebenso

---

[11] Kokkos 1978, S. 79.

[12] Zitiert nach: Michel Vinaver, *Théâtre de chambre*, Paris 1978, S. 71.

[13] Sarrazac, „Vers un théâtre minimal" 1978, S. 69-77. Pavis 1996, S. 377, hebt den Einfluß von Cunninghams Minimal Dance auf das Minimaltheater hervor.

zwölf Szenen auf 26 Seiten für *Nina, c'est autre chose*), sondern auch die Reduktion des Personals (zwei bzw. drei Personen), der Spielorte (die jeweilige Wohnung) und der Handlung.[14] Die Konzentration auf den Dialog zeigt sich schon an dem nahezu vollständigen Verzicht auf einen Nebentext: Außer den Namen und dem Alter der Figuren findet man kaum Szenenanweisungen. Ähnlich wie in dem zeitlich nahen *Les travaux et les jours* handelt es sich auch hier um ein „théâtre de la conversation"[15], in dem der Dialog nicht mehr eine Funktion der Handlung ist, sondern die Rede geradezu zur einzigen Handlung wird. Für den Rezipienten werden Prognosen über den Kontext der Äußerungen und die Handlungsziele der einzelnen Sprecher wichtiger als der propositionale Gehalt der einzelnen Sätze. Es mag daher nicht verwundern, daß die Kritik sich diesen Texten mit dem Instrumentarium der Pragmatik genähert hat.[16]

---

[14] Gerade am minimalen Charakter von *Dissident, il va sans dire* scheiden sich die Geister in den Kritiken der Uraufführung am TEP unter der Regie Jacques Lassalles. Während Jean-Louis Mingalon in *Le Matin* (13.3.1978) hervorhebt, daß die „dramaturgie du fragment" und das beredte Schweigen der Personen das Stück davor bewahrten, in ein mittelmäßiges Melodrama abzusinken („le spectacle, tout de sobriété et d'expressions contenus, [...] effleure notre sensibilité sans jamais la bousculer"), wirft Raymonde Temkine vor allem *Dissident, il va sans dire* vor, die Szenen seien zu kurz, das Schweigen klinge hohl: „Ces tableautins de la vie d'une mère divorcée et d'un fils adolescent [...] manquent de dessous bien qu'ils soient censés exister inexprimés et qu'ils déterminent la structure de la pièce", in: *Le théâtre au présent*, Paris 1987, S. 85.

[15] Siehe hierzu Jean-Pierre Ryngaerts Definition: „Un théâtre de la conversation est un théâtre où les échanges et les circulations de parole l'emportent sur la force et l'intérêt des situations, où rien ou presque n'est 'agi', où la parole, et elle seule, est action. On peut même ajouter, en prenant le mot 'conversation' au pied de la lettre, que les énoncés échangés présentent un intérêt restreint, que les informations qui circulent par l'intermédiaire de ces paroles sont plutôt anodines, légères, superficielles, et sans rapport direct obligé avec la situation." In: *Lire le théâtre contemporain*, Paris 1993, S. 106.

[16] Analysen der 1. Szene von *Dissident, il va sans dire* auf der Grundlage der Sprechakttheorie findet man bei Ubersfeld 1989, S. 160-163, sowie in Ciccolella 1991, S. 261-277. Ciccolella sagt in der Einleitung, es gehe nicht darum, das für die Analyse gewöhnlicher Dialoge gewonnene Instrumentarium unreflektiert auf den dramatischen Dialog anzuwenden, vielmehr sollten die Analogien und Differenzen der beiden linguistischen Interaktionstypen erarbeitet werden. Ihr Ziel ist es, die Strategien offenzulegen, die den Empfänger des dramatischen Textes über die gegenwärtigen und die dem Text vorangehenden Ereignisse informieren. Im letzten Abschnitt „Dialogo teatrale e conversazione ordinaria" sieht sie den Hauptunterschied gegenüber der Alltagskonversation in der Präsenz des Empfängers im äußeren Kommunikationssystem des Theaters: „... la maniera di procedere del dialogo teatrale è quindi diversa da quella della

8.1.2 Tableau und Kurzschnitt-Technik

Beide Stücke sind ganz in die Alltagsthematik der siebziger Jahre eingebettet. *Dissident, il va sans dire* zeigt Szenen aus dem Zusammenleben einer geschiedenen Frau mit ihrem fast achtzehnjährigen Sohn. Hélène, die in einem Amt für Statistik arbeitet, macht sich Sorgen über die Lebensweise des Sohns, der herumlungert, seltsame Freunde hat und schließlich mit ihren Ersparnissen verschwindet. Sie selbst fährt ihr Auto zu Schrott, verliert ihren Job und sucht durch Computervermittlung erfolglos einen neuen Partner. Als Philippe nach mehreren Wochen wieder auftaucht, will er sie kurz wiedersehen, eher er wegen seiner Drogendelikte verhaftet wird. Was sich in diesem Resümee als lineare Handlung liest, ist für den Rezipienten des Stücks nur aus der Aneinanderreihung fragmentarischer Dialogszenen zu erschließen. Vinaver gibt hier die Technik der verschachtelten Dialoge auf zugunsten einer sukzessiven Reihung kurzer Szenen, die auf der Bühne durch Lichtzeichen (Dunkel) voneinander getrennt werden sollen.

Drängt sich auch der Vergleich mit der Kurzschnitt-Technik im Film auf, so sollen dennoch andere Bezüge nicht übergangen werden. Das Verfahren der Aneinanderreihung kurzer Morceaux erinnert insofern an die Brechtsche Dramaturgie, als auch diese an die Stelle der fortschreitenden Handlung in Akten und Szenen das Tableau setzte. Brecht wollte damit die reflektierende Aktivität des Rezipienten fördern. Im *Kleinen Organon für das Theater* schreibt Brecht:

> [...] die einzelnen Geschichten [müssen] so verknüpft sein, daß die Knoten auffällig werden. Die Geschehnisse dürfen sich nicht unmerklich folgen, sondern man muß mit dem Urteil dazwischen kommen. [...] Die Teile der Fabel sind also sorgfältig gegeneinander zu setzen, indem ihre eigene Struktur, die eines Stückchens im Stück, gegeben wird. Man einigt sich zu diesem Zweck am besten auf Titel [...]. Die Titel sollen die gesellschaftliche Pointe enthalten, zugleich aber etwas über die wünschenswerte Art der

---

conversazione ordinaria, proprio perché essa tiene conto in ogni momento di quel ricevente addizionale che è appunto il pubblico" S. 275. Anne Ubersfeld gelingt es noch überzeugender, nicht auf der Ebene der Sprechaktanalyse zu verharren, sondern die Sprechakte im Hinblick auf ihre Funktionen im dramatischen Text auszuwerten. So kann sie beispielsweise zeigen, daß die „bataille verbale" im ersten Morceau die Rolle der Exposition übernimmt: „actes de langage, volonté de prendre le pouvoir, présupposés et sous-entendus idéologiques apparaissent dans et à travers la transparence du dialogue quotidien", S. 163.

> Darstellung aussagen, das heißt je nach dem den Ton der Titel einer Chronik oder einer Ballade oder einer Zeitung oder einer Sittenschilderung nachahmen.[17]

Die diskontinuierliche Anordnung der Tableaus zwingt den Zuschauer/Leser innezuhalten. Die so entstehende Distanz verhindert die Identifikation mit der Fabel: Der Rezipient verläßt die Ebene der Fiktion und kann während des Intervalls den Bezug zur Realität herstellen. Anne Ubersfeld sagt: „C'est l'intervalle qui contient la référence au réél."[18] Während bei Brecht aber das Tableau auch auf der Ebene der großen Sequenzen, vergleichbar mit dem Akt, eingesetzt wird – man denke an Mutter Courage, die in den verschiedenen Phasen des Krieges jeweils eines ihrer Kinder verliert – überträgt Vinaver die Technik auf die mittleren Sequenzen.[19] Das bereits im Zusammenhang mit *Iphigénie Hôtel* entwickelte Konzept des „entre-deux" taucht hier auf der Ebene der Kurzszenen wieder auf. Es fragt sich allerdings, inwieweit es dem Rezipienten möglich ist, während der kurzen Pausen im Sinne Brechts „mit dem Urteil dazwischenzukommen", ja ob dies überhaupt intendiert ist. Laut Ubersfeld stellt sich durch die Montage der mittleren Sequenzen der Effekt eines Mosaiks ein, eines „kaléidoscope de petits tableaux, indiquant une sorte de vue éclatée, un émiettement de la conscience (et des conditions de vie)". Durch die chronologische Reihung wirken die Szenen des Kammertheaters jedoch weniger aufgesprengt als die anderer Stücke. Auch verharrt der Effekt der Facettierung hier eher auf der Ebene des Alltagsgeschehens und dringt nicht bis in das Bewußtsein einer Figur vor wie etwa in *Portrait d'une femme*.

In *Nina, c'est autre chose* scheint Vinaver auch Brechts Ratschlag befolgt zu haben, den einzelnen Tableaus Titel zu geben. Die zwölf

---

[17] Bertold Brecht: Kleines Organon für das Theater § 67, in: Gesammelte Werke in 20 Bänden, Band 16, S. 694.

[18] Anne Ubersfeld: *Lire le théâtre*, 4. Aufl., Paris 1993, S. 211.

[19] Zur Unterscheidung von „grande séquence", „séquence moyenne" und „microséquence" siehe Ubersfeld 1993, S. 210-223. Einen Vorläufer einer solchen diskontinuierlichen Dramaturgie findet man in Büchners *Woyzeck*. Jean-Pierre Ryngaert will die Wurzeln noch weiter verfolgen bis in die barocke Dramaturgie, deren Spiralen und Digressionen nicht der Juxtaposition oder dem Aufeinanderstoßen der Episoden schadeten, die sich zu einem Prisma ordneten. „Les cailloux et les fragments", in: *Les pouvoirs du théâtre*. Essais pour Bernard Dort, textes réunis et présentés par Jean-Pierre Sarrazac, Paris 1994, S. 333-337, hier S. 334. Im zeitgenössischen Theater wird diese Dramaturgie ganz besonders von den Autoren des „théâtre du quotidien" wie Franz Xaver Kroetz, Jean-Paul Wenzel und Michel Deutsch eingesetzt.

Überschriften (1. L'ouverture du colis de dattes; 2. Le rôti de veau aux épinards; 3. L'arrivée; 4. Le chale; 5. Au cinéma; 6. Les tentures; 7. Le champ libre; 8. La baignoire; 9. La partie de cartes; 10. L'éveil; 11. Le départ; 12. La visite.) liefern jedoch keine Hinweise auf eine Kontinuität oder auf eine kritische Intention, vielmehr erinnern sie in ihrer minimalistischen Formulierung an die Titel impressionistischer Bilder oder an diejenigen der Skulpturen Segals. Lediglich „L'arrivée" (3) und „Le départ" (11) erscheinen als Anspielung auf eine dramatische Grundstruktur, in die sich die meisten Dramen Tschechows einordnen lassen: Eine Person oder eine Gruppe von Personen dringt in die gewohnte Ordnung einer Gesellschaft ein, bringt diese aus dem Gleichgewicht und verschwindet wieder. Das gemeinsame Band, das die so disparat erscheinenden Titel zusammenhält, besteht darin, daß sie die Etappen des Zusammenlebens der beiden in die Jahre gekommenen Junggesellen Sébastien und Charles mit der viel jüngeren, unkonventionellen Nina charakterisieren. Es wohnt ihnen aber kaum eine gesellschaftskritische Pointe inne. So verbirgt sich unter dem Titel „La partie de cartes" Sébastiens Versagen als Vorarbeiter, der trotz besseren Wissens und trotz seines gewerkschaftlichen Engagements dem Druck der Vorgesetzten nachgibt und einen Algerier entläßt, der angeblich Material gestohlen hat. Nachdem der Algerier ihn auf dem Heimweg zusammengeschlagen hat, verbindet Nina Sébastiens Wunden, während Charles sich kaum für die Ereignisse interessiert und nur zu seinen kartenspielenden Kollegen zurückkehren will. Das Kartenspiel wird zum Zeichen für den Niedergang von Charles, der nach seiner Entlassung das Gleichgewicht verloren hat. Andere Titel spielen mit ihrer Doppeldeutigkeit, so etwa „L'éveil". In dieser Szene werden die drei Figuren in dem nun gemeinsamen Bett morgens wach. Nachdem Nina zur Arbeit gegangen ist, wird den Brüdern bewußt, daß sich etwas in ihrer Beziehung verändert. Sie wachen jedoch zu spät auf: Nina wird sie in der darauffolgenden Szene verlassen. Auch hier deuten sich jedoch keine Hinweise auf eine „gesellschaftliche Pointe" an, die Titel scheinen geradezu von einer solchen Lesweise abzulenken.

8.1.3 Der Schnitt in die Banalität

Die Kürze der Morceaux bei Vinaver hat noch eine andere Folge: Verliert etwa in Mutter Courage diese ihre Kinder im Handlungsverlauf eines Tableaus, so setzt Vinaver die Schnitte stets so, daß die Ereignisse, die den Konversationsstoff bilden, den Szenen vorausgehen. Die Dialoge nähern sich weitestgehend an eine natürliche Konversation an, indem sie nur das benennen, was für die Kommunikation zwischen den Figuren des Stücks nötig ist, so daß es dem Leser überlassen bleibt, die vorausgehende Handlung zu rekonstruieren (2. Morceau: Philippe ist nicht zu dem vereinbarten Treffen mit seinem Vater gegangen; 3. Morceau: Philippe hat einen Job gefunden; 4. Morceau: Hélènes Autounfall; 6. Morceau: der Tod der Großmutter 8. Morceau: Hélène ist entlassen worden; 9. Morceau: Philippes sonderbare Freunde haben sich in seinem Zimmer einquartiert; 10. Morceau: das Abendessen mit einem Mann, den Hélène durch die Computervermittlung kennengelernt hat; 11. Morceau: Philippes Freunde sind aufdringlicher geworden, er selbst hat die Ersparnisse seiner Mutter gestohlen; 12. Morceau: Philippe ist verschwunden und wird von der Polizei gesucht).

Die Dialoge umkreisen einerseits diese Ereignisse, andererseits schweifen sie aber immer wieder ab und schneiden andere Themen an. Hintergrund aller Gespräche ist das sich wandelnde Verhältnis zwischen Mutter und Sohn. Häufig geht es darum, daß sich Hélène wünscht, ihr Sohn möge ein Ziel im Leben haben, anstatt sich treiben zu lassen. Philippe hingegen versucht, sich aus der Bevormundung durch seine Mutter zu befreien, indem er ihr vorschlägt, sich einen neuen Partner zu suchen. Beider Zukunftspläne scheinen eher unrealistisch, was einerseits durch die folgenden Szenen, andererseits durch die ironische Präsentation offensichtlich wird:

> *Hélène.* – Ce livre tu devrais essayer de l'écrire
> *Philippe.* – Et il fera sûrement un gros tirage tu sortiras la nappe de dentelle je te paierai une voiture de sport papa viendra avec le parti socialiste j'inviterai mon contremaître il y aura des truffes au chocolat et la télé il y aura la télé
> *Hélène.* – Je rachèterai une rossette de Lyon
> *Philippe.* – Et tous tes fiancés
> *Hélène.* – On les mettra en rangs d'oignon
> *Philippe.* – Patricia dansera Patricia est une super-danseuse
> *Hélène.* – L'argent
> *Philippe.* – Quoi?
> *Hélène.* – Tu sais bien
> *Philippe.* – Non
> *Hélène.* – Il n'y est plus
> (II, S. 24f.)

Der zunächst von beiden Dialogpartnern in einem heiter-ironischen Ton weitergesponnene Tagtraum wird jäh durch Hélènes Frage nach dem verschwundenen Geld zerstört. Wie illusorisch die Träume von einer besseren Zukunft sind, zeigt sich in der folgenden, letzten Szene, in der deutlich wird, daß Philippe das Geld für seine Drogengeschäfte brauchte. Die durch die Montage der Kurzszenen bewirkte Diskontinuität setzt sich auch fort auf der unteren Ebene der Mikro-Sequenzen.[20] Die Brüche in den Dialogen – wie etwa Hélènes abrupter Themawechsel – erscheinen dabei keineswegs als die Folge willkürlicher, durch die Montage bewirkter Schnitte, sondern vielmehr als eine Annäherung an die sprachliche Wirklichkeit.

Viele Szenen enden da, wo es zu einer Zuspitzung kommt. (1. Morceau: Philippe verläßt verärgert die Wohnung; 5. Morceau: Philippe fordert in bezug auf seinen verhaßten Vater: „Je veux savoir"; 10. Morceau: Hélène: „Tu ne vas pas me frapper"; 11. Morceau: Philippe gibt zu, das Geld gestohlen zu haben.) In anderen Szenen stellt sich immer wieder neu über alle Gegensätze hinweg ein Einverständnis zwischen Mutter und Sohn her, was vor allem in der letzten Szene deutlich wird. Während die Polizei schon an die Tür klopft, setzen Hélène und Philippe ihre Gespräche über alltägliche Belange fort. Der Vorschlag der Mutter, eine Schallplatte aufzulegen, kann nur als Angebot an den Sohn verstanden werden, die Verbindung zu ihm nicht abbrechen zu lassen und ihn trotz aller Schwierigkeiten zu akzeptieren. *Dissident, il va sans dire* ist also auch insofern minimales Theater, als die herausragenden Ereignisse wie die dramatischen Zuspitzungen weggeschnitten werden und die Handlung sich auf die banalen Gespräche des Alltags beschränkt.

Pavis hat, was die Reduktion der sprachlichen Mittel in einem minimalen Theater unterscheidet, drei Erklärungsansätze vorgeschlagen: Die Bedeutung des Unausgesprochenen kann, wie bei Beckett, ontologisch begründet sein („l'indicible"). Insbesondere in den kurzen Stükken des Spätwerks wird das Scheitern der Kommunikation vorgeführt,

---

[20] Ubersfeld 1993, S. 216, bemerkt, daß es auf dieser Ebene sehr schwierig sei, die Sequenzen voneinander zu trennen. Sie schlägt die eher vage Definition vor „la fraction de temps théâtral (textuel où représenté), au cours de laquelle se passe quelque chose qui peut être isolé". Da sich insbesonders auf dieser unteren Ebene die verschiedenen Zeichensysteme nie parallel gliedern lassen, schlägt sie verschiedene Modi der Trennung in Mikro-Sequenzen vor, wie zum Beispiel die gestischen (in den Szenenanweisungen), die der Dialogentwicklung oder die „mouvements passionnels", die sich in den syntaktischen Veränderungen nachweisen lassen.

und zwar nicht nur auf der Ebene des inneren Kommunikationssystems: Auch die theatralische Kommunikation gerät an die Grenze des Mißlingens.[21]

Im „théâtre du quotidien" eines Kroetz, Grumberg, Wenzel oder Deutsch ist die Reduktion der Sprache durch die Entfremdung der Figuren soziologisch fundiert („l'informulable"). Ziel der kurzen Episoden ist es hier, das Milieu der unteren Klassen zu repräsentieren, die über keine eigene Sprache verfügen und daher gezwungen sind, stereotype Phrasen, die sie beispielsweise den Massenmedien entnommen haben, wiederzukäuen – oder zu schweigen. Jede sprachliche Initiative bleibt ihnen verwehrt.[22]

Als dritten Vertreter des Minimaltheaters nennt Pavis schließlich Vinaver, bei dem das Wesentliche in der Montage, den Intervallen oder dem Schweigen liege. Auffallend ist, daß er hier lediglich die Technik beschreibt, auf eine Erklärung jedoch verzichtet. In der Tat greift weder der ontologische noch der soziologische Ansatz. Die Figuren des *Théâtre de chambre* sind nicht sprachlos im Sinne Becketts oder eines Neonaturalismus, vielmehr suchen sie Wege einer „minimalen Kommunikation" auf der Ebene eines ganz alltäglichen Miteinanders. Die zitierten Sprechaktanalysen dieser Dialoge haben die Vielzahl der Strategien gezeigt, die eingesetzt werden, etwa um Macht auszuüben, sich der sprachlichen Übermacht zu entziehen, Schweigen gezielt einzusetzen. Der Grundton dieser frühen Stücke ist nicht pessimistisch, denn es gelingt Hélène und ihrem erwachsenen Sohn, eine neue Form des Miteinander zu finden. In *Nina, c'est autre chose* verläßt die junge Frau zwar die beiden Brüder, ihr kurzes Zusammenleben hat es diesen aber ermöglicht, die Verkrustungen einer spießbürgerlichen Existenz aufzubrechen und sogar eine befriedigendere Arbeit zu finden.

---

[21] Pavis 1996, S. 377. Siehe hierzu auch die Bemerkungen über Becketts Spätwerk in: Roeder-Zerndt 1994, S. 98f, der sich mit den metatheatralischen Aspekten dieser Stükke auseinandersetzt und zu dem Schluß kommt: „Der Beckettsche Minimalismus verfolgt die Strategie, das jeweils isolierte Zeichensystem bzw. Teilsystem des Superzeichens Aufführung selbstreferentiell werden zu lassen und es auf seinen Anteil an der Sinnkonstitution durch das Kunstwerk – sei es nun geglückt oder nicht – zu befragen."

[22] Siehe hierzu den Aufsatz von Peter Pütz: „Vom Bleisatz zum computergesteuerten Fotosatz: Opposition und Dekonstruktion in Kroetzens 'Nicht Fisch nicht Fleisch'", in: Grossklaus/Lämmert 1989, S. 374-383. Dieses Kroetz-Stück eignet sich insofern besonders gut zum Vergleich, weil auch hier strukturelle Arbeitslosigkeit und die verschiedenen Wege, die zwei betroffene Freunde einschlagen, im Mittelpunkt stehen.

Erinnert man sich nun an die in der Einleitung referierten Gegensätze zwischen Film und Fernsehen, so wird in der Tat deutlich, daß in den kurzen Sequenzen die Arbeit mit der Sprache ganz im Mittelpunkt steht. Es ist aber gerade der elliptische Charakter des Textes, der es dem Rezipienten erlaubt, seinen Platz in ihm zu finden. Nur wird er die Verknüpfungen auf der Ebene des Wortes und weniger des Bildes durchführen.

8.2 *L'émission de télévision*: „Zappen" in Drama und Theater

Hatten die kurzen Pausen zwischen den Tableaus des *Théâtre de chambre* noch an die Brechtsche Dramaturgie erinnert, so sollen solche Lücken in Vinavers bislang letztem Stück nun gerade vermieden werden zugunsten gleitender Übergänge zwischen den Szenen. In den einleitenden Szenenanweisungen heißt es:

> La pièce est d'un seul tenant. Elle se joue sans pauses entre les scènes. La mise en place des acteurs d'une scène et du mobilier correspondant se fait à vue pendant que se termine la scène précédante, de façon à permettre l'enchaînement instantané. Un peu comme si le spectateur, muni d'une télécommande, zappait face à l'espace de jeu.
> (*L'émission*, S. 6)

Dabei ist es offensichtlich, daß der Akzent dieser Bühnenanweisung weniger auf der perfekten Bühnentechnik liegt als auf der Betonung der Theatralität, indem – wie auch schon in *Portrait d'une femme* – die Umbauten vor den Augen der Zuschauer vorgenommen werden sollen, ohne daß die Schauspieler ihr Spiel unterbrechen würden. In welcher Weise das Medium des Fernsehens dennoch die Struktur des Stücks bestimmt, soll Gegenstand der folgenden Überlegungen sein.

8.2.1 Raum-, Zeit- und Personenstruktur

Im Vergleich zu den vorangegangenen Dramen wirkt die Zeit-, Raum- und Handlungsstruktur von *L'émission de télévision* traditioneller. Vinaver hat dies damit begründet, daß er einen neuen Weg der Vermittlung gesucht habe zwischen seinem Bestreben, das Unbekannte mittels der Écriture zu erforschen, und dem Wunsch, dem Zuschauer den Zugang zu seinen Stücken zu erleichtern.[23] Er habe daher auf der thematischen Ebene eine Dreieckskonstruktion gewählt, deren Eckpunkte der Justiz-, der Medien- und der Unternehmensapparat seien und in der die Personen des Stücks gefangen seien. Die Kritik hat immer wieder den hybriden Charakter des Stücks hervorgehoben, es ist die Rede von einem Zwitter aus Kriminal- und Gesellschaftskomödie[24], von „deux pièces en une seule".[25]

L'émission spielt an sechs klar definierten Plätzen, von denen Vinaver aber in den Szenenanweisungen sagt: „les lieux [...] ne sont pas localisés de façon immuable sur le plateau"[26]. Diese Orte sind den fünf Paaren wie folgt zugeordnet: Der Untersuchungsrichter mit seiner Sekretärin im Büro; die Deliles in ihrer Wohnküche; das Ehepaar Blache in seinem Wohnzimmer; die Journalistin Jacky und Paul, der Sohn der Deliles, in einer Bar, später in Pauls Zimmer. Lediglich die beiden rivalisierenden Fernsehjournalistinnen Béatrice und Adèle treffen wir an den verschiedenen Spielorten an, meistens aber in ihrem Hotelzimmer.

Die Zeitstruktur wird gekennzeichnet durch eine Parallelhandlung in der Gegenwart und durch die Rückblendentechnik. Parallel zur offiziellen Untersuchung verfolgen wir die Aktivitäten einer jungen Journalistin, Jacky, die in Detektiv-Manier auf eigene Faust versucht, das Verbrechen aufzuklären, indem sie in der Vergangenheit der Deliles und der Blaches herumschnüffelt. Diesen beiden Handlungssträngen in der Gegenwart stehen die Rückblenden gegenüber, die zeigen, wie sich die beiden Ehepaare auf ihren Fernsehauftritt vorbereiten. Die chronologisch geordnete Handlung der Rückblenden alterniert zwischen Blaches und Deliles Wohnung, wobei es niemals zu einem Zusammentref-

[23] Interview Vinaver/Sadowska-Guillon, 1990, S. 38: „J'ai l'impression qu'avec *L'émission de télévision*, après une très large boucle, je me rapproche des formes plus traditionnelles de la comédie. Dans ce sens il y a ici, plus que dans les autres pièces, une histoire qui se raconte, des personnages qui pour la plupart coïncident à des fonctions [...]".

[24] A. Mohal: „Beletage und Hinterzimmer der Firma Frankreich", in: *Theater Heute* 7, 1990, S. 29-31, hier S. 31.

[25] Philippe Tesson: „*L'émission de télévision*, de Michel Vinaver", in: *L'Express*, 2.2.1990.

[26] *L'émission de télévision*, S. 6.

fen der Konkurrenten kommt.[27] In diese Handlung schieben sich in Form von Erinnerungen viel weiter zurückliegende Ereignisse ein, deren Interpretation aber ebenso vage bleibt wie die Aufklärung des Mordes. In der 17. Szene erzählt Madame Delile ihrem Mann, daß Blache ermordet wurde. In der darauffolgenden Szene erreicht die Rückblendenhandlung die Zeitebene der gerichtlichen Untersuchung. Die 19. Szene zwischen Paul und Jacky scheint keinen Zusammenhang mit der Kriminalhandlung zu haben, in Wirklichkeit dient sie aber der Vorbereitung des Finales, in dem Vinaver nun erstmals wieder eine seiner erprobten Montagetechniken einsetzt und zwei Handlungsstränge eng miteinander verkreuzt. Während im Büro des Richters die drei Journalistinnen und der Richter darum kämpfen, jeder aus dem Fall die größten Karrierevorteile zu ziehen, taucht Paul auf und behauptet, der Mörder zu sein, was ihm aber keiner so recht abnimmt. Parallel dazu bereiten sich die Deliles in ihrer Wohnküche fieberhaft auf ihren großen Auftritt im Fernsehen vor. Wie schon in früheren Werken überträgt Vinaver hier die Filmtechnik des Kreuzschnitts auf den dramatischen Text. Im Film kann sie bewirken, daß durch ständig kürzere Einstellungswechsel zwischen zwei Gegenständen eine Szene (zum Beispiel eine Verfolgungsjagd) zu ihrem Höhepunkt geführt wird.[28] Es erscheint logisch, daß Vinaver diese Technik am Ende einer Krimi-Handlung einsetzt. Dennoch ist die Wirkung eine völlig andere als die im Film. Zunächst einmal wird im Nebentext vorgegeben, daß die beiden Szenen gleichzeitig auf der Bühne gespielt werden, das heißt, es kommt auf der Zeitebene gar nicht zu dem kinematographischen Montageeffekt, da der Zuschauer die beiden Handlungen gleichzeitig verfolgt. Treffender wäre daher der Vergleich mit einer Splitscreen-Aufnahme im Film, bei der nicht von einem Ort in den anderen geschnitten wird, sondern gleichzeitig auf der geteilten Leinwand die Handlungen in zwei verschiedenen Räumen gezeigt werden.[29] Auf der „Ton-Ebene"

---

[27] Mohal 1990, S. 31, schreibt in seiner Kritik der Uraufführung: „Erzählt wird nicht chronologisch, vielmehr kreuz und quer. Keine Logik, sondern eine Plus-Minus-Polarität bestimmt die Abfolge der Situationen." Das mag für bestimmte frühere Stücke zutreffen, insbesondere für *Portrait d'une femme*, nicht aber für *L'émission*, deren einzelne Handlungsstränge chronologisch angeordnet sind.

[28] Zu den Montagetechniken im Film siehe Monaco 1995, S. 220f. Monaco referiert im wesentlichen den Film-Semiotiker Christian Metz, der in *Sprache und Film*, Frankfurt 1973, ein System syntagmatischer Kategorien im Film entwickelt hat.

[29] Monaco 1995, S. 180, fragt in dem Kapitel über Filmsprache, ob es sich bei der Split-Screen-Technik um Mise en scène handele, worunter er die Veränderung des

können sich nun die Dialoge überlagern oder verkreuzen. Die enge Verflechtung führt jedoch weniger zu einer Steigerung oder Dramatisierung, vielmehr bewirkt sie, daß alle Fäden ins Leere laufen: Deliles Vorbereitungen für seinen Fernsehauftritt erscheinen sinnlos, da seine Festnahme bevorsteht; die Entscheidung des Richters, Delile anzuklagen, wird durch das Schuldgeständnis Pauls in Frage gestellt, das wiederum wenig glaubhaft erscheint, da dieser wohl vor allem die Journalistin Jacky beeindrucken will, in die er sich verliebt hat. Bei der Uraufführung des Stücks in der Inszenierung von Jacques Lassalle ging jedoch auch dieser akustische Montage-Effekt noch verloren. Der Bühnenbildner Yannis Kokkos hatte ein System von Guckkastenbühnen gebaut, in dem sich lautlos Wände verschieben ließen, um die Szenenwechsel und den angestrebten Eindruck des Zappens zu ermöglichen. Die zwanzigste Szene wurde dabei in zwei aufeinanderfolgende Szenen aufgelöst; man verzichtete in der eher realistischen Inszenierung darauf, zwei Spielplätze miteinander zu verknüpfen.[30]

Hinsichtlich der Personenkonstellation fällt auf, daß Vinaver verschiedene Typen von Paaren, die er in anderen Werken schon erprobt hatte, wiederverwendet. So gleichen die sich in einem Hotelzimmer streitenden und bei ihrem Vorgesetzten um die bessere Position konkurrienden Journalistinnen den beiden Zimmermädchen in *Hôtel Iphigénie*. Die Bürogespräche zwischen dem Richter Phélypeaux und sei-

---

formbaren Raums versteht oder um Montage, womit die Veränderung der formbaren Zeit gemeint ist. Als Beispiel wählt er eine Szene aus dem Bergmann-Film *Ansikte mot Ansikte*, in der gleichzeitig die Handlungsabläufe in zwei getrennten Zimmern gezeigt werden. Monaco zeigt, daß die Kreuzschnittdialektik der Montage hier zu einem integrierten Element der Mise en scène gemacht wird.

[30] Eine Video-Aufzeichnung dieser Inszenierung befindet sich in der Bibliothèque Gaston Baty, Paris III. Bradby 1993, S. 131f. hebt die Qualitäten der Aufführung hervor und rechtfertigt das naturalistische Bühnenbild, muß aber auch einräumen, daß der Kontrapunkt-Effekt verloren geht. Die Pressereaktionen auf die gleitenden Bühnenbilder waren äußerst gegensätzlich: Während Mohal in *Theater Heute* 7, 1990, S. 31, das hyperrealistische Bühnenbild völlig ablehnte und sich eine Inszenierung wünschte, die sich ganz auf den Text konzentrierte, findet Mambrino in *Etudes* 372, 1990, S. 654, die Szenenwechsel noch zu schwerfällig:"...la technique de la pièce appellerait plutôt le souple montage du cinéma". Auch Philippe Tesson in *L'Express* vom 2.2.1990 zieht den Vergleich zum Kino und ist begeistert von der perfekten Umsetzung auf der Bühne: „La construction de Vinaver impose au metteur en scène Jacques Lassalle et au décorateur Yannis Kokkos des acrobaties qu'ils maîtrisent parfaitement." Jean-Pierre Léonardini in *L'Humanité* vom 22.1.1990 hebt den parodistischen Aspekt des Bühnenbildes hervor: „Cette construction savante, qui simule la technique même qu'elle raille, celle du montage télevisé ...".

ner Sekretärin erinnern einerseits an die Gerichtsszenen in *Portrait d'une femme*, mehr aber noch an Szenen aus *Les huissiers* zwischen den Ministern und ihren Sekretärinnen. Schließlich wird das Thema der nachbarschaftlichen Beziehungen aus *Les voisins* wiederaufgenommen. Die beiden Ehepaare Delile und Blache stehen im Verhältnis betonter Analogie. Die früher miteinander befreundeten Männer waren leitende Angestellte in einer Firma, wobei Blache seinen Posten Delile zu verdanken hatte. Im Zuge der Umstrukturierung der Firma werden beide entlassen, sind mehrere Jahre arbeitslos und finden schließlich eine neue Anstellung. Diese Gemeinsamkeiten dienen jedoch nur dazu, die Gegensätze um so deutlicher hervortreten zu lassen. Während Delile nach seiner Entlassung in immer tiefere Depressionen fällt, kämpft Blache unermüdlich um seine Wiedereinstellung. Räumlicher Ausdruck der Gegensätzlichkeiten sind die beiden Wohnungen: Der Abstieg der Deliles wird darin augenfällig, daß sie nur noch in der Küche leben, wohingegen die Blaches Wert darauf legen, in ihrem Wohnzimmer zu empfangen. Folge des unterschiedlichen Einsatzes scheint zu sein, daß Blache sich eine seiner Ausbildung angemessene neue Stelle erobert, indem er – zunächst ohne Bezahlung – eine vom Konkurs bedrohte kleine Firma erfolgreich reorganisiert. Delile findet lediglich einen ihm selbst lächerlich erscheinenden Job in einem Baumarkt, wo er zwischen den Regalen herumlaufen und die Kunden ansprechen muß. In einer Auseinandersetzung mir seiner Frau sagt er:

> Je ne veux pas te démoraliser Rose
> Mais ce job c'est un job qui n'existe pas un job bidon inventé pour la circonstance ils vont pas me confirmer c'est inscrit dans leur combine ça se démonte facilement
> (*L'émission*, S. 34)

Sein geringes Selbstwertgefühl veranlaßt ihn dazu, den beiden Journalistinnen den verhaßten Blache als geeigneteren Kandidaten für die Life-Sendung vorzuschlagen.

Verfolgt man die verschiedenen Zeit-, Ort- und Handlungsebenen, so fühlt man sich an den Aufbau eines Fernsehkrimis erinnert, der einerseits die laufende Untersuchung, andererseits Szenen aus dem Leben des Opfers und der möglichen Täter zeigt. Eingesetzt werden hier typische Elemente des Polizeikrimis, in dem das Täterrätsel mit einem Hergangsrätsel (Wie wurde es gemacht? – Rätsel der nicht aufgebrochenen Wohnung) und einem Enthüllungsspiel (Was steckt hinter der

Fassade der trauernden Witwe, des naiven Delile?) verbunden wird. Wie oft im Polizeikrimi ist das Lösungsschema ein kumulativer Prozeß: die einzelnen Puzzleteile tauchen nacheinander auf. Bliebe das Stück den Gesetzen der Gattung treu, so müßten diese Elemente das Geständnis des Täters vervollständigen und untermauern, wovon aber keine Rede sein kann.[31] Die Erwartungen des Rezipienten werden nämlich frustriert, indem die verschiedenen Linien alle ins Leere führen. Ein überraschendes Schuldgeständnis kann zwar durchaus ein gewünschter Krimi-Effekt sein, es muß sich aber rückblickend in das Puzzle einfügen, wovon im Falle Paul Deliles keine Rede sein kann. Während im idealtypischen Kriminalroman Ausgangspunkt und Endpunkt der Bruch und die Wiederherstellung eines sozialen Gleichgewichts sind, erscheint die Wirklichkeit dem Leser/Zuschauer in Vinavers Stück nicht als Ordnung, die am Ende nach einer Störung wieder hergestellt und verfestigt werden könnte. Die Entlarvung eines einzelnen Täters erscheint angesichts der vielfältigen Verflechtungen ohne Bedeutung.[32] So ist *L'émission de télévision* kaum ein Kriminalstück im klassischen Sinn, es wird weniger ein Mörder gesucht als dem Medium selbst der Prozeß gemacht.

8.2.2 Zappen als technische Spielerei oder als Metapher der Wahrnehmung?

Der zu Beginn zitierte Vergleich der Szenenwechsel mit den Wahrnehmungen eines zappenden Fernsehzuschauers ist insofern irreführend, als die verschiedenen Handlungsstränge in einem engen inhaltlichen Zusammenhang miteinander stehen und bestimmte Personen wie die Journalistinnen von einem Strang in den nächsten wechseln können, wohingegen sich das Wellenreiten ja gerade durch die Heteroge-

[31] Zum Aufbau des klassischen Polizeikrimis siehe Ulrich Suerbaum: *Krimi. Eine Analyse der Gattung*, Stuttgart 1984, S. 160ff. Suerbaum hebt hervor, daß ganz anders als in den angelsächsischen Ländern in der französischen Kriminalgeschichte der Polizeikrimi schon seit dem 19. Jahrhundert vorherrschend war. Typisch für diesen ist die Beimischung von funktionsloser und spannungsarmer Routine, die in *L'émission de télévision* ihren Niederschlag in den Szenen zwischen dem Untersuchungsrichter und seiner Sekretärin findet, wodurch sich der Anknüpfungspunkt an die Alltagsthematik ergibt.

[32] Siehe hierzu die Einleitung von Ulrich Schulz-Buschhaus: *Formen und Ideologien des Kriminalromans. Ein gattungsgeschichtlicher Essay*, Frankfurt a. M. 1975, S. 2-5 sowie das letzte Kapitel über die literarische Emanzipation der Gattung S. 196-204.

nität der Sendungen auszeichnet. So erscheint der Begriff zunächst nur die technische Seite des lückenlosen Übergangs zwischen den einzelnen Szenen zu charakterisieren. Aufschlußreich kann hier ein Vergleich mit Jean-Claude Grumbergs kurzem Drei-Personen-Stück *Commémoration des Commémorations* von 1994 sein, in dem das Thema des zappenden Fernsehzuschauers in ganz anderer Form verarbeitet wird.

Ein Ehepaar und Tochter essen vor dem tragbaren Fernsehgerät in der Küche zu Abend und verfolgen abwechselnd a) politische Sendungen zum Ende des Zweiten Weltkriegs, b) eine Folge einer Serie, in der in grotesker Weise das melodramatische Schicksal einer Frau mit tagespolitischen und historischen Sensationsthemen verknüpft wird, c) eine Quiz-Sendung, in der die Zuschauer mittels Minitel darüber abstimmen können, ob es die Gaskammern im Dritten Reich gegeben habe. Obwohl die Mutter den Anweisungen des Vater folgend ständig den Kanal wechselt, trifft sie immer wieder auf die gleichen Themen und auf deren Vermarktung. Die Vielzahl der Sender ermöglicht nicht ein ausgewogenes, facettenreiches Bild der Ereignisse, vielmehr überbieten sich die einzelnen Sendungen an Oberflächlichkeit und Dummheit, was für die Zuschauer auf die Dauer nicht ohne Folgen bleibt:

Marylou. – Moi je dis Oui.
La Mère. – Tu dis Oui à quoi?
Marylou. – A la question.
Le Père. – Quelle question?
Marylou. – Je sais pas mais si j'avais répondu j'aurais dit Oui.
La Mère. – Ben tu peux encore taper Oui sur le Minitel 42 44 Seconde Guerre.
Le Père. – Tu connais la question?
Marylou. – J'aime bien dire Oui papa, c'est mieux de dire Oui que de dire Non, non? (Elle va taper sur le Minitel.) Maintenant ça compte même plus...
La Mère. – Si si tape Bout d'chou. Elle est positive au moins.
Le Père. – Ouais, pas comme les Allemands.
La Mère. – Pourquoi tu dis ça?
Le Père. – Les Allemands ont voté Non, non?
Silence

La Mère. – Les Autrichiens aussi.
Le Père. – Et c'est avec ça qu'il faut faire l'Europe![33]

Während die Sendung den Anspruch erhebt, interaktiv zu sein und die Meinung der Zuschauer zu erfassen, antworten diese, ohne die Fragen zu kennen oder zu verstehen; die Beteiligung des Publikums wird zur Farce. Ebenso ironisiert Grumberg die Logik, auf die sich die politischen Urteile des Vaters stützen: Die Schwierigkeiten, ein vereintes Europa zu schaffen, erklärt er damit, daß Deutsche und Österreicher unfähig zu positivem Denken seien, was damit belegt wird, daß diese die Judenvernichtung leugnen. Der Versuch, die diskontinuierlichen Wahrnehmungen in einen Zusammenhang zu bringen, ist zum Scheitern verurteilt, was den Fernsehzuschauern in Grumbergs Stück jedoch keineswegs bewußt ist. Als es am Ende zu einem völligen Zusammenbruch des Fernsehnetzes kommt, geraten sie in hilflose Verzweiflung.

Auch für den Rezipienten von Vinavers Theaterstück stellt sich die Erfahrung ein, daß sich die verschiedenen Teile der Handlung nur scheinbar in eine kohärente Kriminal-Intrige integrieren lassen, bei genauerer Lektüre tun sich überall Sprünge und Widersprüche auf. Blaches Witwe inszeniert vor dem Untersuchungsrichter ihre Trauer, was aber noch nicht beweist, daß ihre Aussagen falsch sind oder sie sogar die Mörderin wäre.[34] Ist Delile für den Richter eindeutig der Hauptverdächtige, so erscheint er im Verhör und in den Szenen mit seiner Frau so harmlos, daß man ihm den Mord kaum zutrauen mag. Es bleibt auch völlig ungeklärt, ob Rose Delile vor über zwanzig Jahren eine Affaire mit Blache hatte und wer Pauls Vater ist, so daß die Motive für dessen Schuldgeständnis ebenso vage sind. Der Rezipient sieht sich mit einer Art Puzzle konfrontiert, dessen Teile nicht so recht zusammenpassen wollen. Während das Auseinanderbrechen der Teile in *Portrait d'une femme* die Daseinserfahrung der jungen Frau charakterisierte, die von Trauer oder Tragik begleitet war, bewirkt das verkantete

[33] Jean-Claude Grumberg: *Les courtes*, S. 198f.

[34] Phélypeaux kommentiert die Vernehmung Madame Blaches, nachdem diese den Raum verlassen hat: „Petite bonne femme fausse Son malaise était factice", worauf Madame Belot antwortet: „Toutes toujours se croient obligées de mettre en scène leur chagrin Même quand il est réel". *L'émission de télévision*, S. 40. Die Tendenz, eine Rolle zu spielen, die den Erwartungen des Gesprächspartners oder des Publikums entspricht, wird so nicht nur auf die Fernsehsendung begrenzt, sondern in einen allgemeineren sozialen Rahmen eingeschrieben.

Puzzle der *émission de télévision* jedoch eher komische Effekte, nicht umsonst lautet der Untertitel: *Comédie*.[35]

In einem philosophischen Essai über die menschliche Wahrnehmung fragt Lydia Devos: „Et si percevoir, c'était zapper?“[36] Sie kommt zu dem Schluß, daß der Alltag uns keine andere Wahl läßt, als ständig flüchtige Sinneseindrücke zu synthetisieren: „La vie va, défile et, puisque tout ne peut nous être donné en même temps, nous sommes obligés de faire des synthèses, de zapper, d'être superficiels.“[37] Indem der Zuschauer/Leser von Vinavers Stück aber immer wieder auf Widersprüche stößt und erkennt, daß die schnellen Synthesen sich als Fallen erweisen, wird er gezwungen, zu verweilen und seine Wahrnehmungen zu hinterfragen.

8.2.3 Die Inszenierung des Privatlebens für die Life-Sendung: Zum Verhältnis von Realität und Fiktion in den Medien und auf der Bühne

Auf den ersten Blick mag es so scheinen, als wären Theater und Film/Fernsehen Varianten ein und desselben audiovisuellen Repräsentationsmodus, die sich nur durch die Art ihrer Mediatisierung unterscheiden. In diesem Zusammenhang zeichnen sich zwei Herangehensweisen an den Begriff der Mediatisierung ab. Sieht man mit Pavis als Hauptcharakteristikum der Medien ihre technische Vermittlung an, so erscheinen Film und Fernsehen als Gattungen, in denen, anders als im Theater, wo die Handlungen unvermittelt auf der Bühne gespielt werden, zwischen diese und den Zuschauer die Kamera und die Leinwand bzw. der Bildschirm treten.

---

[35] Vattimo beschreibt in *Die transparente Gesellschaft*, Wien 1992, unsere Gesellschaft als eine Welt der Waren, der Bilder, der phantasmagorischen Welt der Massenmedien. Auf die Frage, ob wir dieser Welt die Nostalgie einer soliden, einheitlichen, stabilen und „glaubwürdigen“ Realität entgegensetzen sollten, antwortet er S. 20f: „Eine solche Nostalgie läuft Gefahr, sich in der Anstrengung, die Welt unserer Kindheit wiederherzustellen, in der die familiären Autoritäten gleichzeitig bedrohlich und beschützend waren, kontinuierlich in eine neurotische Haltung zu verwandeln.“ Von dem von Vattimo postulierten emanzipatorischen Effekt des Verlusts des Realitätssinns in der Welt der Massenmedien scheinen Vinavers Personen nur wenig zu profitieren, sie gehen vielmehr in die Falle einer verharmlosenden, die wirtschaftlichen und politischen Faktoren vernachlässigenden Darstellung.

[36] Lydia Devos: *Zapping Blues. Percevoir*, Paris 1996, S. 6.

[37] Ebd., S. 87.

Auf der anderen Seite kommt im Theater aufgrund der Theatralisierung beim Zuschauer kaum ein Zweifel daran auf, daß es sich um Artefakte handelt, in denen Realität und Fiktion vermischt sind, wohingegen der Film scheinbar dieselbe Alltagswelt repräsentiert, in der wir leben.[38] Darüber hinaus markieren die Medien ihre Sendungen hinsichtlich ihres fiktionellen Status: Für den Zuschauer/Hörer soll erkenntlich sein, ob es sich um Information oder Fiktion handelt. Diese Differenzierung erweist sich jedoch zunehmend als prekär, da auch die vorgeblich objektiven, die Realität spiegelnden Nachrichtensendungen und Reportagen von fiktiven Elementen durchdrungen werden.[39] Die in Vinavers Stück geplante „émission de télévision" ist insofern repräsentativ für die Entwicklung des französischen Fernsehens seit den späten achtziger Jahren, als sich unter dem Einfluß des Kabel- und Satellitenfernsehens Nachrichtensendungen, Météo und Diskussionsrunden immer mehr zu Unterhaltungssendungen mit Show-Charakter gewandelt haben.[40]

Vinaver unternimmt nun den Versuch, mit den Mitteln des Spiels im Spiel – und unter Verzicht auf technische Elemente – die Vermi-

---

[38] Fernando de Toro 1988, S. 187f., definiert in dem Abschnitt über Mediation in einem ganz allgemeinen Sinn das mediatisierte Kunstwerk als eine Ausdrucksform, bei der zwischen das Dargestellte und den Empfänger etwas tritt, das die Wahrnehmung vermittelt: „From this perspective we can say that theatre is a mediated art, mediated by the dramatic text and the virtual performance text, whereas film is not mediated at all, it is directly given to the receiver; between the film and the spectator the script is not existent. However, from a different perspective one may say that theatre is not mediated since the actions are directly shown on the stage, and what we see in the film is mediated by the screen and by the camera." Wir werden im folgenden der zweiten Perspektive folgen, da diese im Hinblick auf die Rolle der Massenmedien in dem vorliegenden Stück aufschlußreicher erscheint.

[39] Pavis 1996, S. 201, schreibt hierzu: „Mais inversement, les nouvelles télévisées et les reportages soi-disant objectifs ont leur fable, leur narrativité, leur rhétorique, leurs zones d'invention et de fiction pure. En ce sens théâtre et médias se rejoignent dans leur faculté d'entremêler fiction et effets de réel, invention et information."

[40] Zu den medienpolitischen Voraussetzungen des Stücks siehe den Aufsatz von Kevin Elstob: „Michel Vinaver and the Theatre of the Here and Now: L'émission de télévision", in: *The French Review* 66, 1993, S. 628-637. Elstob hebt als Folge der Privatisierung und der Zurücknahme staatlicher Kontrolle in den achtziger Jahren die Amerikanisierung des französischen Fernsehens hervor, die aus Moderatoren und Nachrichtensprechern Showmaster mache. In der immer größer werdenden Menge der Information bleibe kein Raum für die Reflexion: „However, the mass of available information and the packaging of the information leave little margin for freedom of thought." S. 629.

schung von Realität und Fiktion in den Massenmedien bloßzustellen. Die geplante soziologische Talk-Show soll in der Reihe „Le monde et moi" ausgestrahlt werden, die sich mit den großen gesellschaftspolitischen Fragen beschäftigt. Delile oder Blache wird es zukommen, inmitten von verzweifelten Arbeitslosen die Rolle des Hoffnungsträgers zu übernehmen und zu zeigen, daß bei entsprechendem Einsatz jeder seines Glückes Schmied ist. Zwischen die Life-Auftritte sollen kurze Filmdokumente eingeschoben werden, die die Erfolgreichen in ihrem privaten Umfeld zeigen. Die Proben für diese Filmaufnahmen lesen sich wie eine Illustration von de Toros Unterscheidung der Narrativität in Film und Theater: „... Theatre says or names reality and objects, whereas Film 'shows' reality and objects. Thus, theatre narrates by discourse, and film by images".[41] Die beiden Journalistinnen hegen zunächst den Plan, Delile als Schwimmer zu zeigen, der sich in die Fluten stürzt. Als dieser Plan an dessen mangelnden Schwimmkünsten scheitert, begnügen sie sich damit, ihn als Radsportler zu filmen:

> *Béatrice.* – [...]Rose à ce moment vous vous levez vous dites
> Et puis je l'ai relancé sur le vélo voyez il faisait de la bicyclette dans le temps
> Pierre vous dites
> Heureusement que j'avais ça parce que cinquante soixante quatre-vingts kilomètres je me défonce j'arrive j'ai tout oublié tout hein ça me vide complètement le cerveau
> Rose vous dites
> S'il n'avait pas eu son vélo on aurait fait une bêtise il aurait pas tenu le choc faut avoir un but quand même
> Cut
> Et on passe à la séquence sans paroles vous êtes sur votre vélo vous montez la côte en danseuse
> On cadre ensuite sur votre bout de jardin et la palissade avec la rue derrière vous venez d'entrer dans votre voiture
> *Delile.* – Je n'ai plus de voiture
> *Béatrice.* – Ah
> On vous en fournira une ...
> (*L'émission*, S. 63f.)

[41] Fernando de Toro 1988, S. 189.

Die Bilder der geplanten Sendung werden im Theaterstück konsequent verbalisiert, wodurch ihr fiktionaler, die Realität manipulierender Charakter offengelegt wird.

8.2.4 Strategien einer mediengerechten Dramatisierung der Banalität

Im Vergleich mit dem zitierten Grumberg-Drama, in dem die Fernsehgeräte allgegenwärtig sind, so daß Redefetzen aus den Sendungen in den dramatischen Text eingewoben sind, spielt in Vinavers *Émission de télévision* der Fernsehkonsum der Personen eine untergeordnete Rolle.[42] Blache behauptet zwar, regelmäßig die politischen Sendungen – und nur diese – zu verfolgen, seine Frau sagt aber später vor dem Richter aus, er sei allabendlich auf dem Sofa vor dem laufenden Fernseher eingeschlafen. Delile mußte sein Gerät sogar vor geraumer Zeit aus wirtschaftlicher Not verkaufen. Dennoch haben die beiden Männer die Mechanismen des Fernsehens so weit verinnerlicht, daß sie sich bemühen, ihre Erfahrungen als Arbeitslose mediengerecht zu inszenieren.

Delile, der Sensiblere der beiden Kandidaten, versucht zunächst noch, sich den beiden Journalistinnen zu entziehen, indem er schweigt. Er weiß, daß der Rekrutierung von Kandidaten, die willens sind, ihr Privatleben vor der Kamera auszubreiten, eine immer größere Bedeutung zukommt. So fragt er mehrmals nach, wieso man ausgerechnet ihn ausgewählt habe. Nach und nach stellen sich bei ihm Zweifel ein, ob er seine neue Arbeit nicht überhaupt dem Fernsehen zu verdanken habe, das eine positive Identifikationsfigur brauchte und seine Firma dafür

---

[42] Im Prolog zu *Commémoration des Commémorations* sagt das kleine Mädchen, S. 191f.: „Ici c'est chez nous
Ma chambre est au bout du couloir
Et j'ai une télé pour moi toute seule dans ma chambre [...]
Papa et maman ont une télé pour eux
Dans le salon il y en a une troisième
Une grande pour quand il y a des invités [...]
Ici nous sommes dans la cuisine
c'est l'heure du repas
Dans la cuisine il n'y a qu'une télé portable
Papa dit que c'est bien assez pour ce qu'il y a voir à la télé".

bezahlt hätte, vorübergehend einen „fiktiven“ Job zu schaffen.[43] Da er kein Verlangen verspürt, sein Unglück zur Schau zu stellen, schlägt er Blache vor:

> Il vous la servira sur un grand plat son histoire heureuse moi quand je me rase j'ai du mal à me regarder alors montrer ça à la télé (*L'émission*, S. 20).

Deliles Frau versucht an seiner Stelle, die medienwirksame Tragik des Falles herauszustellen. In ihren Augen ist der Fernsehauftritt die Gelegenheit für ihren Mann, sich zu beweisen, daß er noch existiert. In der Folge wird Delile als ein in seiner Selbstwahrnehmung beeinträchtigter Mensch auftreten, für den die klassische Unterscheidung von innen und außen schwindet: Sein mediatisiertes Ich wird ihm schließlich konkreter als sein reales Dasein.[44] Hier könnte auch das Mordmotiv liegen, denn der Fernsehauftritt gewinnt für ihn eine existentielle Bedeutung.

Während Delile zunächst zögert, sich auf das Spiel einzulassen, sind die Blaches begeistert von der Perspektive, Medienstars zu werden. Auch Blache fragt sich natürlich, wie man an seine Adresse gekommen ist. Ganz anders als Delile gilt seine Bewunderung aber eher den Anwerbern, die einen idealen Kandidaten wie ihn gewittert haben: „Je ne vous demanderai pas comment vous êtes tombée sur moi j'admire“ (*L'émission*, S. 28). Er beginnt sogleich mit seiner Frau den Fernsehauftritt zu proben. Seine Hauptsorge gilt dabei der gebotenen Kürze. Da es den Zuschauer nur einen Knopfdruck kostet, um das Programm zu wechseln, ist eine knappe und zugleich packende Darstellung geboten. Blache befürchtet, nicht alles sagen zu können und dadurch nicht die erwünschten Emotionen zu wecken:

---

[43] Claude Sérillon, ein Journalist von Antenne 2, schreibt anläßlich der Uraufführung des Stücks in *Le nouvel Observateur*, 25/1/1990, in der Tat würden häufig für solche Gesellschaftsreportagen Figuren erfunden, um überzeugender zu wirken: „Beaucoup d'émissions dites de société fabriquent ainsi des figures, des riches et des pauvres, des pas-de-chance et des sauvetages, à coup de recherche de silhouettes comme pour la distribution d'un film.

[44] Virilio 1996, schreibt S. 114: „Während früher *gegenwärtig sein* bedeutete, *in der Nähe sein*, dem Anderen körperlich nahe zu sein, also gleichbedeutend war mit einem Visavis, einem Von-Angesicht-zu-Angesicht, bei dem das Gespräch ermöglicht wurde durch die Tragweite der Stimme und die Reichweite des Blicks, mindert die Entstehung der auf den Eigenschaften der elektromagnetischen Wellen basierenden *mediatischen Nähe* den Wert der unmittelbaren Nähe der Gesprächspartner. Und dieser plötzliche Verlust der Distanz schlägt sich beim 'Da-Sein' hier und jetzt nieder.“

> Au moment de dire ce qu'il y a de vital on me coupe la parole
> Dans toutes ces émissions ils coupent toujours la parole
> (*L'émission*, S. 51).

Er bemüht sich daher, in wenigen Worten sein Schicksal möglichst dramatisch darzustellen, indem er treffende Metaphern für seinen Seelenzustand sucht: So vergleicht er das Arbeitslosendasein mit der Lage Robinsons, der sein Überleben auf der Insel organisiert, oder mit einem Aids-Kranken, den die Krankheit innerlich zerfrißt.

Nach Blaches Tod beginnt Delile, seine Rolle einzustudieren. Die beiden Journalistinnen und Deliles Frau entwickeln eine Reihe von Szenarien, die einerseits seinen Kampf dokumentieren, gleichzeitig aber auch das ganze Ausmaß des sozialen Abstiegs kaschieren. So stellt das Fernsehen ihm einen Wagen zur Verfügung, mit dem er zur Arbeit fahren kann. Die neue Arbeitsstelle soll im Film mit einer Flasche Champagner gefeiert werden, was angesichts der Verarmung der Familie völlig unwahrscheinlich wirkt. Gegen Ende des Stücks trifft die Prognose Rose Deliles ein, daß ihr Mann durch die Fernsehsendung neuen Lebensmut finden werde. Er sieht seinen Job nun in einem anderen Licht und fürchtet nicht mehr, entlassen zu werden. Während Delile alle Skrupel verloren hat, urteilt sein Sohn Paul um so härter. Für ihn ist es ehrenvoller, arbeitslos zu sein, als eine unwürdige Arbeit zu verrichten. Am schlimmsten ist für ihn jedoch, daß seine Eltern ihre Misere vor der Kamera ausbreiten wollen:

> Je les ai vus mes parents s'y préparer
> Le pire des films pornos vient pas à la cheville de ce qui va se passer [...]
> Blache ça aurait été moins grotesque
> (*L'émission*, S. 60)

Seine Kritik zielt weniger auf die Aufhebung der Grenze zwischen Privatheit und Öffentlichkeit ab als darauf, daß die Darstellung des sozialen Abstiegs seiner Eltern zu einer Peinlichkeit werden muß, wohingegen der erfolgreichere Blache die Rolle besser ausgefüllt hätte. Daß gerade die Zurschaustellung der Misere besonders publikumswirksam ist, kommt ihm nicht in den Sinn.

Mit diesem Element spielt Grumbergs Stück *A qui perd gagne* von 1994, das den Untertitel *Jeu télé Direct live Prime time* trägt. In einer Life-Show treten Kandidaten auf, die über ihr persönliches Unglück berichten. Die Zuschauer stimmen mittels Minitel darüber ab, wer ihnen am sympathischsten ist, gewonnen hat jedoch der Verlierer. Als der Présentateur die beiden Finalistinnen auffordert, über ihr „malheur conjugal" zu sprechen, muß die eine Kandidatin passen, da sie nie verheiratet war, die andere gerät in Panik, weil sie auf diese Frage nicht vorbereitet war. Der Showmaster stellt sie ihrem gewalttätigen Ehemann, den sie seit 25 Jahren nicht gesehen hat, gegenüber und fordert sie auf, sich vor der Kamera mit ihm zu versöhnen. Die völlig verstörte Frau folgt seinen Anweisungen und kann nur noch vorgestanzte Antworten geben, die sie in anderen Fernsehsendungen aufgeschnappt hat.[45] Sie gewinnt so die Sympathie der Zuschauer, was sie zur Verliererin macht. Das Stück wendet sich vollends ins Groteske, als die Siegerin den Showmaster beim Wort nimmt, jeder Wunsch werde ihr erfüllt. Zunächst will die Analphabetin sofort lesen können. Als dies nicht möglich ist, verlangt sie, vor der laufenden Kamera zu sterben und ersticht sich mit einem Messer, worauf die Begeisterung des Présentateur über den gelungenen Life-Auftritt keine Grenzen mehr kennt.

Vinaver setzt weniger grelle Effekte ein, im Grunde sollen Blache und Delile jedoch in der geplanten Sendung eine ganz ähnliche Rolle spielen. Anders als bei Grumberg erscheinen die Kandidaten aber nicht in erster Linie als die Opfer der sie manipulierenden Journalistinnen, vielmehr sind sie selbst daran interessiert, ihr Schicksal so medienwirksam wie möglich darzubieten. Was spontan und lebendig wirken soll, ist bis ins Detail vorgeplant. Caroline Blache beglückwünscht ihren Mann, weil sie sich bei den Proben zu Tränen gerührt fühlt und sie gleiches von den Fernsehzuschauern erwartet (*L'émission*, S. 51). Dabei wird ihr nicht bewußt, daß ihr Unglück, indem es inszeniert und mediatisiert wird, in die Banalität absinkt und zum Objekt des Voyeurismus wird. Keiner der Beteiligten hinterfragt, ob die Sendung etwas an der Situation von Langzeitarbeitslosen ändern wird, ja ob sie dies überhaupt intendiert.[46]

---

[45] Catherinne II antwortet auf die Aufforderung des Showmasters, ihrem Mann zu verzeihen, mit einem Satz, den sie in den Gedenksendungen zum Ende des 2. Weltkriegs gehört hat: „Y a pas de coupable ici-bas. Y'a que des victimes, alors ...". Nachdem sie bekennt, daß der Satz nicht von ihr stammt, kommentiert der Showmaster: „A la télé, très bien. Vous marquez un point. Et après on dira que la télé ne grandit pas le Q.I. des téléspectateurs, pauvre humanité." Grumberg 1995, S. 218.

[46] Bradby 1993, S. 131, hebt diesen Aspekt hervor: „... since television is an industry with its own internal imperatives, the notion of a disinterested investigation is shown to

Aufschlußreich ist in diesem Zusammenhang Vinavers Unterscheidung zwischen der „parole vraie" und der „parole spectaculaire":

> C'est une pièce sur la parole vraie et la parole spectaculaire. Les mêmes paroles, prononcées au cour d'un entretien, deviennent, une fois répétées, un sujet de spectacle. Elles sont répétées, puis aménagées, devenant de plus en plus du spectacle. Mais c'est une farce, au moins une comédie.[47]

Erinnert man sich an die Auftritte der Bénédicte de Bourbon in *A la renverse*, so knüpft *L'émission* an die melodramatische Schicksalsdarstellung der Betroffenen an. Der Titel der Fernsehsendung „Le monde et moi" mag als eine Charakterisierung des Mediums erscheinen, das einerseits die Welt, den öffentlichen Raum in die Privatsphäre hineinholt, und andererseits das, was man gemeinhin als Privatleben bezeichnet, der Öffentlichkeit preisgibt, wodurch der durch die neuen Medien bewirkte, bereits oben angesprochene Verlust der Grenze zwischen Innen und Außen dokumentiert wird. In dem frühen Stück war es möglich, daß eine Serie von Fernsehinterviews einen ganzen Wirtschaftszweig in den Ruin treiben konnte. Die Kritik hat Vinaver damals vorgeworfen, die Macht der Medien und ihre Möglichkeiten, Bewußtsein zu verändern, in *A la renverse* überschätzt zu haben, wohingegen er in *L'émission de télévision* zu einer realistischeren Einschätzung gelangt sei. Aus heutiger Sicht trifft diese Kritik kaum den Kern des Problems.[48]

8.3 Theater als langsamer Gegenentwurf zu einer hochbeschleunigten Realität?

Viel wesentlicher scheint mir zu sein, daß sich Vinavers dramaturgischer Zugriff auf die mediatisierte Welt radikal verändert hat. Hatte er in Dramen der siebzigerer Jahre wie *Par-dessus bord* und *A la renverse* vorgesehen, die technischen Möglichkeiten einzusetzen, die ihm die

---

be well-nigh impossible. Vinaver presents the medium of television as a magnifying mirror of the dominant ideological pressures exerted on individuals in our society."

[47] Zitiert nach: „La télé sur un plateau", in: *Le Nouvel Observateur*, 25.1.1990.

[48] Verfolgt man in jüngster Zeit die Berichterstattung über die „vaches folles" und ihre volkswirtschaftlichen und politischen Konsequenzen, so scheint Vinaver die Möglichkeiten der Medien eher noch unterschätzt zu haben.

neuen Medien boten, so beschränkt er sich in einem Stück, das immerhin *L'émission de télévision* heißt, ausschließlich auf die Ausdrucksmittel des Theaters und bleibt so seiner Forderung nach einem „théâtre pour l'oreille" treu.[49] Auffällig ist, daß sein letztes Werk weniger experimentell wirkt; es folgt der seit *L'ordinaire* sich abzeichnenden Tendenz zu einer stärkeren Intrige, wenngleich keine Rede davon sein kann, daß Vinaver zu einem realistischen oder auch neonaturalistischen Theater zurückkehren würde. Auch ein Text wie *L'émission de télévision* trägt der Tatsache Rechnung, daß die Erzählstruktur der Welt, in der wir leben, nicht mehr gekennzeichnet ist durch Linearität, Perspektive, Finalität, sondern durch die hochbeschleunigte Vernetzung von Punkten auf der Fläche.[50] Dies findet seinen Ausdruck in der bereits beschriebenen Inkongruenz der Einzelteile, die sich nicht zu einer kohärenten Intrige zusammenfügen lassen.

Vinavers Verzicht darauf, mit den neuen raumzeitlichen Wahrnehmungsweisen zu konkurrieren, ist nicht Ausdruck eines rückwärtsgewandten Bedauerns, er deutet vielmehr eine andere wichtige Funktion des Theaters an, vergleichbar mit der Beibehaltung des Spazierengehens im Kontext der hochbeschleunigten modernen Bewegungsarten in Maschinen. Grossklaus hat in diesem Zusammenhang von „Musealisierungen" gesprochen, wobei er den Begriff durchaus positiv wertet. Dem Theater wie dem Lesen kommt im Verlauf eines beschleunigten technologisch-zivilisatorischen Prozesses die wichtige soziale Funktion zu, beruhigte Gegenzonen zu schaffen, in denen die Langsamkeit wiederentdeckt werden kann, und Zeit und Raum zur Reflexion bleibt. Es kann dann durchaus konkurrieren mit den Avantgardekünsten, die neueste Produktionsmittel wie Video und Computer einsetzen. Seine Überlegenheit mag darin liegen, dem Bedürfnis des postmodernen Menschen nach Authentizität und narrativen Strukturen entgegenzukommen, ohne in naives Spielen/Erzählen zurückzufallen indem diese Formen sozusagen in Anführungszeichen verwendet werden. Als Indizien für solche Anführungszeichen können die Sprünge im Text, die

---

[49] Michel Vinaver: „Théâtre pour l'oeil, théâtre pour l'oreille", in: *L'Annuelle du théâtre* 1982/3, S. 138-139.

[50] Grossklaus 1989, S. 517, sagt: „...die Qualität der wechselnden Botschaften [wird] von der Menge der erzeugten Querverbindungen, der vernetzten Punkte in einem virtuell universal-kulturellen Netz abhängen."

Diskontinuität der Dialoge, das Spiel mit den Krimi-Elementen und die Ironisierung der Show-Effekte in politischen Sendungen interpretiert werden.

9 Vinavers Sprachmontage zwischen Brecht, dem nouveau théâtre und dem postmodernen Drama

Eine zentrale poetologische Forderung Michel Vinavers besteht darin, als Ausgangspunkt für sein dramatisches Schaffen eine schon vorgefaßte Konzeption der Wirklichkeit zurückzuweisen und statt dessen von der Banalität des Alltags auszugehen, die er als dasjenige beschreibt, was noch undifferenziert ist, was sich noch nicht konstituiert hat, worin sich weder Ideen noch eine soziale Ordnung ausdrücken:

> Donc le banal, c'est ce dont on peut partir, de quoi quelque chose peut émerger, c'est la condition d'un surgissement.[1]

Die Verwurzelung im Hier und Jetzt und die theatralische Bearbeitung der „matière du banal" bilden die Grundlagen all seiner Stücke, seien es nun die frühen politischen Dramen, die im Wirtschaftsmilieu spielenden mittleren oder die späten Werke, die um ein Verbrechen oder einen anderen „fait divers" kreisen. Von dieser Basis ausgehend hat Vinaver immer wieder neue Dramaturgien entwickelt und diese dann im Zusammenhang mit den einzelnen Themenkreisen und in Abwandlung der verschiedenen Montagetechniken erprobt. Als Gemeinsamkeit zeichnet sich die Intention ab, einen offenen Dramentext zu schaffen, der sich vereindeutigenden Interpretationen widersetzt.

Das Hauptinteresse der vorliegenden Untersuchung richtete sich auf die poetologischen Vorstellungen Vinavers und auf seine verschiedenen, teilweise aus ihnen resultierenden dramaturgischen Ansätze, mittels derer er dem banalen Rohmaterial eine ästhetische Struktur verlieh. Ein vorwiegend chronologisch angelegter Überblick über die im Zeitraum von etwa 35 Jahren entstandenen Dramen will nun resümierend einerseits den Aspekt der fortschreitenden Dekonstruktion traditioneller dramatischer Strukturelemente hervorheben und andererseits zeigen, welche neuen Verfahren zur Strukturierung seiner Dramen Vina-

---

[1] Interview Vinaver/Rivière 1988, S. 74.

ver an deren Stelle setzt. Schließlich soll versucht werden, die Werke Vinavers im Kontext des jeweils zeitgenössischen Dramas und Theaters einzuordnen. Dabei geht es nicht darum zu klären, ob Vinaver ein Brechtschüler oder ein postmoderner Autor sei, sondern das Ziel ist, ihn in seinen vielfältigen Bezügen zu zeigen.

Ein gemeinsames Charakteristikum vieler Stücke ist in ihrer Nichtbeachtung der Bedingungen einer theatralen Umsetzung zu sehen. Während jedoch in den sechziger und frühen siebziger Jahren noch relativ normative Vorstellungen hinsichtlich der Theatralität von dramatischen Texten bestand, haben sich in den letzten beiden Jahrzehnten gerade formal provokative Vorlagen als besonders produktiv erwiesen. Erinnert sei hier nochmals daran, daß ein so fragmentarischer Text wie Büchners *Woyzeck* geradezu zum Lieblingsstück der Starregisseure wurde.[2] Aber nicht nur die Widerspenstigkeit seiner Texte gegenüber der Bühne, sondern auch Vinavers kritische Haltung gegenüber der jeweils zeitgenössischen Theaterszene lassen ihn immer wieder als einen Autor zwischen allen Stühlen erscheinen: Seine Distanzierung von Brecht wie Camus, deren Engagement er ablehnte, seine Ablehnung der Absurden und ihrer Sprachauffassung, schließlich das Anschreiben gegen ein visuelles Theater in den siebziger Jahren sind Aspekte einer Stellung, die der Autor selbst als marginal beschreibt.

Was die drei frühen Werke aus den fünfziger Jahre angeht, so wird hier nochmals den Beziehungen zu Brechts epischem Theater nachzugehen sein, dessen Einfluß in Frankreich in den Sechzigern allgegenwärtig war. Der diese Epoche charakterisierende Gegensatz zwischen

---

[2] Kurioserweise geht gerade Michel Vinaver, der sich besonders in seinen frühen, epischen Stücken überhaupt nicht um deren Bühnenwirksamkeit gekümmert hat, in den Dramenanalysen seiner *Écritures dramatiques* von dem Leitsatz aus: „Elle [seine Methode] part du caractère spécifique de l'écriture théâtrale." S. 893. Ihm widerspricht aufs heftigste Patrice Pavis, der betont, die aktuelle Bühnenpraxis beweise ja gerade, daß jegliche Art von Texten theatralisch bearbeitet werden könne: „Il semble donc exclu de limiter les textes pour la scène à un type donné d'écriture dramatique ou de parler, comme le fait Vinaver, du 'caractère spécifique de l'écriture théâtrale'". „Le texte (é)mis en scène", *Forum Modernes Theater* 11, 1996, S. 119-136, hier S. 126f. Pavis wechselt dabei allerdings die Ebenen, denn was für die literaturwissenschaftliche Dramenanalyse richtig sein kann, muß ja nicht auf die Analyse der Aufführung bzw. auf die Eignung von Texten für die Bühne übertragbar sein. Die Tatsache, daß ein Werk des Psychoanalytikers Oliver Sachs ebenso von Peter Brook zu einem Schauspiel verarbeitet wird wie Shakespeares *Sturm*, läßt ja nicht unbedingt den Schluß zu, daß es zwischen einer populärwissenschaftlichen Abhandlung und einem Shakespeare-Drama keine Unterschiede hinsichtlich ihrer dramatischen Strukturen gäbe.

engagiertem, politischem Theater und dem sogenannten nouveau théâtre galt lange Zeit als unüberbrückbar. Heute zeichnen sich jedoch Tendenzen ab, die Gemeinsamkeiten stärker hervorzuheben, einerseits auf der Ebene der Zerstörung der theatralischen Illusion, andererseits über Autoren wie Adamov, die beide Lager miteinander verbanden.[3]

Ähnlich steht es um das Verhältnis von Moderne umd Postmoderne in Literatur und Theater, das nicht mehr wie noch in den achtziger Jahren primär als Opposition aufgefaßt wird. Gerade von Seiten der Theaterwissenschaft betont man heute mehr die Übergänge und Gemeinsamkeiten und sucht die Wurzeln der Postmoderne in Moderne und Avantgarde. Gleichwohl gibt es Kriterien der Differenzierung wie die Offenheit des Werks zum Leser/Zuschauer oder eine veränderte Funktionsbestimmung von Montage/Collage. Auch ist wohl kaum in Frage zu stellen, daß sich die geistige Situation seit Beginn des Jahrhunderts grundlegend verändert hat. Was damals als Umbruch und als Kulturkrise erschien, ist heute längst Alltagswirklichkeit geworden.[4] Es soll daher ebenso den Beziehungen Vinavers zur Postmoderne nachgegangen werden, die sich nicht nur in seiner Ablehnung eines politischen Engagements abzeichnet, sondern sich auch und vor allem in der ambivalenten, teils kritischen, teils komplizenhaften Haltung gegenüber der Welt der Wirtschaftsunternehmen andeutet.

Solche Tendenzen zeichnen sich keineswegs erst in den späten Dramen ab. Die drei frühen Stücke haben zwar alle einen zu ihrer Zeit

---

[3] Siehe hierzu Wilfried Floeck: „Arthur Adamov oder die Suche nach dem Gleichgewicht zwischen Absurdem und politischem Theater", in: Günter Holtus (Hrsg.): *Theaterwesen und dramatische Literatur,* Tübingen 1987, sowie Anne Neuschäfer: „Zwischen Engagement und Autonomie. Das französische Theater nach 1945", in: *Forum modernes Theater* 5, 1990, S. 205-209. Neuschäfer schreibt, die Bezüge und Wechselwirkungen zwischen dem von der Brecht-Rezeption beeinflußten politisch-aufklärerischen Theater und dem eher binnenliterarisch bestimmten nouveau théâtre liefen einerseits über die Autoren wie Adamov und Gatti, andererseits über die Theaterleute und die Theaterpraxis selbst, die sich mit den unterschiedlichen Strömungen auseinandersetzten, und schließlich auch über „die Themen der Dramen, die, wenn auch mit anderen ästhetischen Mitteln formuliert, zunehmend in der Darstellung der Auswüchse der modernen Industriegesellschaft konvergieren [...]", S. 208. Gerade hinsichtlich des letzten Kriteriums läßt sich auch eine Verbindung zu Vinaver herstellen, wobei seine ästhetischen Mittel und seine Intentionen wiederum andere waren als die der beiden oben genannten Richtungen.

[4] Siehe hierzu den Aufsatz von Erika Fischer-Lichte: „Postmoderne: Fortsetzung oder Ende der Moderne?", *Neohelicon*, 16.1, 1989, S. 11-27 sowie den Sammelband: Fischer-Lichte, Erika/ Klaus Schwind (Hrsg.): *Avantgarde und Postmoderne. Prozesse struktureller und funktioneller Veränderungen,* Tübingen 1991.

brisanten politischen Hintergrund (Koreakrieg, Algerienkrieg und der Aufstieg De Gaulles) und verweisen in dieser Hinsicht auf das Brechttheater. Was sie jedoch von Brecht unterscheidet, ist ihre kaum festzumachende politische Aussage. So war die eher neutrale Darstellung der verschiedenen Gruppen in *Les Coréens* und die Verweigerung einer ideologischen Stellungnahme der Stein des Anstoßes, der zunächst die Aufführung verhinderte. Die politisch-militärischen Ereignisse des Koreakriegs sind ganz an den Rand des Geschehens gerückt, es werden lediglich deren Auswirkungen auf den Alltag der Betroffenen gezeigt. So gelingt es dem verwundeten französischen Soldaten auf der Ebene des Alltagsgeschehens, mit den Koreanern zu kommunizieren und in ihre Gemeinschaft aufgenommen zu werden. Nicht umsonst sollte der Titel ursprünglich *Aujourd'hui* lauten. In seinem Vorwort von 1965 hatte Roland Barthes die Eigenheit dieses Textes hervorgehoben:

> *Aujourd'hui* pose un problème idéologique nouveau: celui d'un assentiment au monde, postulé hors des alibis et des mystifications humanistes. [...] La nouveauté de l'oeuvre , c'est, paradoxalement, de se situer en deça des concepts idéologiques, sans pourtant jamais faire de cette restriction une irresponsabilité.[5]

Schon die frühen Dramen sind gekennzeichnet durch eine schwache Fabel, durch häufige Brüche im Text und durch die geringe Tiefe der Figuren. Vinaver war sich dieses „Mangels" bewußt und versuchte daher in *Les huissiers*, die verschiedenen Handlungsstränge im Ministerium nach dem Muster einer Sophokles-Tragödie anzuordnen. *Ödipus auf Kolonus* als Prätext wurde zur strukturellen Folie, die die syntagmatische Integration der verschiedenen dem Alltag entnommenen Einzelhandlungen leisten sollte. Für den Rezipienten bleibt die Intertextualität auf der Werkebene hier weitgehend verborgen. Sie ist im äußeren Kommunikationssystem des Dramas schwach markiert durch die Namen der Figuren, auf der Ebene des inneren Kommunikationssystems wird der Bezug zu Antike und Mythos aber nie thematisiert. Erst *Le livre des huissiers*, das mehr als 20 Jahre später anläßlich der Uraufführung entstand, legt neben den nicht-literarischen Quellen auch die intertextuellen Bezüge offen und stellt in einer kurzen Synopse die

---

[5] *Théâtre complet* I, S. 37.

beiden Texte gegenüber, um auf Übereinstimmungen und Abweichungen hinzuweisen.[6]

In Vinavers drittem Stück ist die Stellung der intertextuellen Bezüge eine andere. Im Vorwort zu *Iphigénie Hôtel* taucht erstmals der Begriff des „entre-deux" auf, der zunächst einmal die Dramaturgie des Dazwischen charakterisieren sollte, zugleich aber auch auf die Kopräsenz der verschiedenen Prätexte und deren unterschiedliche Funktionen verweisen kann.

Vinaver hat die literarischen Bezüge im äußeren Kommunikationssystem markiert, indem er in der Présentation des Stücks neben seinen Quellen auch seine künstlerischen Vorbilder (Tschechow, Braque) offenlegt. Für den mit den verschiedenen Texten und Filmen vertrauten Rezipienten ergeben sich zahlreiche Bezüge, die Differenzen zwischen Prätext und Text (man erinnere sich an den Vergleich mit *Viaggio in Italia*) lenken die Sinnkonstitution. Problematisch ist, daß die Signalschwelle der Erkennbarkeit der intertextuellen Bezüge mit den Jahren gestiegen ist, da der zeitgenössische Kontext nicht mehr unmittelbar präsent ist. Das trifft ganz besonders zu für den zu seiner Zeit viel beachteten Rossellini-Film, ebensosehr auch aber auch für die politischen Hintergründe der Stücke.

Anders als in *Les huissiers* sind die Fäden der Alltagshandlung und der mythologischen Komponente auch im inneren Kommunikationssystem miteinander verwoben, etwa indem die Hotelgäste über die Atriden diskutieren, sich mit ihnen identifizieren oder sich von deren Verbrechen distanzieren. In der Handlung um die Hotelangestellten wird der mythologische Prätext parodiert, der Aufstieg Alains im Hotel, De Gaulles in Frankreich und des Göttervaters Zeus lassen sich wohl in Beziehung zueinander setzen, es zeichnet sich jedoch kein hierarchisches Verhältnis ab. Der von Vinaver geprägte Begriff der „navette mythique" will dieser Relation Rechnung tragen.

In *Les huissiers* wie in *Iphigénie Hôtel* übernehmen die intertextuellen Verfahren, insbesondere die mythologischen Bezüge, die Funktion, das heterogene, der Alltagswirklichkeit entnommene Material zu strukturieren. Der Mythos fungiert als kohärenzstiftendes Element, als

---

[6] Als Vorbild könnte für dieses Buch, das in der Terminologie Genettes in den Bereich der Paratextualität gehört, auch hier T. S. Eliots Prosagedicht *The Waste Land* fungiert haben, denn Eliot fügte seinem Text erst Jahre später die quellenkritischen Anmerkungen bei. Siehe hierzu Ulrich Broich: „Formen der Markierung von Intertextualität", in: Pfister/Broich 1985, S. 31-47, hier S. 35.

Scharnier. Während in *Les huissiers* der Sophokles-Text als Prätext strukturbestimmend und unter diesem Gesichtspunkt dominant ist, sind die verschiedenen Prätexte in *Iphigénie Hôtel* stärker gleichrangig präsent. Beide Texte belegen den von Vinaver wiederholt betonten Einfluß T.S. Eliots, der schon zu Beginn des Jahrhunderts der Überzeugung war, daß sich Literatur in Reaktion auf vorgegebene Literatur entwickelt.

Par-dessus bord ist das erste Stück Vinavers, das die Welt des Wirtschaftunternehmens thematisiert. Das Werk ist geprägt von einer ausufernden Intertextualität, wobei sich das Universum der Prätexte erweitert um Elemente aus anderen Bereichen der Kunst (z.B. Happening, Jazz) sowie um Gebrauchstexte aus der Wirtschaft und der Werbung. Die verschiedenen Texte erscheinen weitgehend gleichwertig, ohne daß einer von ihnen noch strukturbestimmend wäre. Dem entspricht der entgrenzte Intertextualitäts-Begriff bei Barthes:

> L'intertexte ne comprend pas seulement des textes délicatement choisis, secrètement aimés, libres, discrets, généreux, mais aussi des textes communs, triomphants.[7]

Ob der Mythos der Asen und Vanen vergleichbar mit dem Ödipos-Mythos geeignet ist, den Text zu integrieren, bleibt mehr als fragwürdig. Daneben nennt Passemar, Alter ego Vinavers und Spielleiter in einem, auch Aristophanes als Vorbild und läßt das Stück deshalb in Anlehnung an dessen Komödienstruktur mit einer Hochzeitsfeier enden.

Hinsichtlich der Auswahl des Materials beruft sich Vinaver auf das Prinzip des Zufalls. Als Metapher für eine chaotische Text-Struktur dient ihm der Teig, in den alles verarbeitet wird, bis die richtige Konsistenz erreicht ist. Das Verfahren der Makro-Montage, mittels derer das heterogene Material verarbeitet wurde, hat weitreichende Folgen für die dramatische Stuktur dieses Stücks. Im Mittelpunkt stehen nicht mehr eine oder mehrere dramatische Figuren, an ihre Stelle tritt vielmehr eine Firma. Dem entspricht die Beobachtung, daß die zwischenmenschlichen Beziehungen durch wirtschaftliche ersetzt werden. Die sich an der Kommunikationssituation in der modernen Industriegesellschaft orientierenden Dialoge verarbeiten in der Art von Ready-mades Rohelemente aus der Alltags- und Marketingsprache. Die Figuren er-

---

[7] *Roland Barthes par Roland Barthes*, Paris 1975, S. 51.

scheinen als Knotenpunkte in einem System, das allein von der Ethik des Geschäfts reguliert wird, nach dessen Bedingungen sich jeder Kommunikationsakt vollzieht. Aber nicht nur Figur und Sprache werden als Strukturelemente des Dramas dekonstruiert, sondern auch der dramatische Raum löst sich auf, indem er sich in eine Vielzahl von Handlungsorten aufsplittert und so eine realistische Umsetzung auf der Bühne unmöglich macht.

Par-dessus bord in seiner symphonischen Anlage entspricht der Komplexität der verschiedenen Prozesse in einem großen Unternehmen, gleichzeitig ist es aber auch eine metadramatische Auseinandersetzung mit dem Totalen Theater und mit verschiedenen Tendenzen der Avantgardebewegungen in Frankreich sowie in den Vereinigten Staaten.[8] Die Rolle eines Scharniers in diesem durch die Montage zersetzten Text übernimmt Passemar, der auf verschiedenen Ebenen des Textes auftaucht, indem er eine Rolle auf der inneren Handlungsebene übernimmt und zugleich auch als Beobachter und Katalysator auftritt. Hierin repräsentiert er den metadramatischen Aspekt und sorgt dafür, daß die intertextuellen Verweisungen nun nicht mehr nur markiert, sondern auch thematisiert werden. Sein Auftreten als Bouffon und seine Demontage durch die Schauspieler bewirken jedoch, daß er als der Garant *einer* Wahrheit über den Text ausfällt. In seinen Monologen problematisert er nicht mehr die Destruktion der dramatischen Illusion an sich, vielmehr geht es vornehmlich um die Frage, wie die Welt der Wirtschaft und der Werbung mit einer Ästhetik der Diskontinuität korrespondiert und ob daraus noch ein Drama entstehen kann, das nicht auseinanderbricht. Durch diese Hinwendung auf die außertheatralische Wirklichkeit lassen die metadramatischen Aspekte das Werk nie opak

---

[8] Ingeborg Hoesterey verweist in ihrem Buch: *Verschlungene Schriftzeichen. Intertextualität von Literatur und Kunst in der Moderne/Postmoderne,* Frankfurt a. M. 1988, S. 138, darauf, daß der Neu-Entwurf der 60er Jahre in Amerika, der durch seinen Bruch mit dem L'art pour l'art und der Autonomie des Textes gekennzeichnet sei, von der amerikanischen Kritik schon als postmodern eingestuft wird. So rechnet June Schlueter in ihrem Essay: „Theatre", in: Stanley Trachtenberg (Hrsg): *The Postmodern Moment. A Handbook of Contemporary Innovation in the Arts,* London 1985, S. 209-228, hier S. 217f., den Off-Broadway der 60er und 70er Jahre, dessen Hauptcharakteristikum „the celebration of art as artifice and theatre as a process" gewesen sei, der Postmoderne zu. Sie weist jedoch in ihem bibliographischen Essay darauf hin, daß der Begriff der Postmoderne bisher nur auf das nicht-literarische Experimentaltheater, nicht aber auf den dramatischen Text angewendet würde.

werden. Das Drama kreist nicht um sich selbst, sondern es bewahrt einen referentiellen Charakter.

In den folgenden Stücken, die alle im Zusammenhang mit der Welt der Wirtschaft und des Unternehmens stehen, hat Vinaver die Mittel konzentriert und verschiedenste Formen erprobt. Dabei zeichnen sich zahlreiche Korrespondenzen zwischen den Werken ab. Einerseits entstand etwa *La demande d'emploi* in Reaktion auf *Par-dessus bord*, aber auch *A la renverse* nimmt die Themen des großen symphonischen Werks wieder auf, wobei die Euphorie hinsichtlich der neuen Marketing-Strategien verflogen ist, was Vinaver mit dem Übergang von der epischen „ère homérique" zur nostalgischen „ère hésiodique"[9] umschrieben hat.

Beide Stücke wurden unter dem Aspekt der totalen Montage auf der Makro- wie auf der Mikro-Ebene untersucht. Die fortschreitende Auflösung der dramatischen Strukturen ist jedoch nicht unbedingt an diese Technik gekoppelt, denn das späte Stück *Portrait d'une femme* nimmt sie wieder auf, kehrt aber gleichwohl zu einer stärkeren Fabel und einer traditionelleren Struktur zurück. Ähnliches läßt sich über die Stücke sagen, die der Mikro-Montage zuzuordnen sind. Der extrem polyphone Text von *Les travaux et les jours* findet seine Entsprechung in *L'ordinaire*, das einen erneuten Wendepunkt im Werk Vinavers insofern markiert, als er hier erstmals den „fait divers" als Handlungsstruktur einführt.

Kehren wir aber zu *La demande d'emploi* zurück, das sich chronologisch wie thematisch an *Par-dessus bord* anschließt. War Passemar am Ende nicht nur als Spielleiter, sondern auch als Angestellter der Firma entlassen worden, so findet das folgende Stück seinen Angelpunkt in der Figur des arbeitslosen Managers. Dieser erscheint als dezentriertes Subjekt, das sich in der Vielzahl seiner Rollen und der an ihn gestellten Anforderungen verliert. Nicht nur der Raum löst sich auf, sondern auch die Zeit wird dekonstruiert.[10] Die engmaschige Verflechtung der Dialoge bewirkt Distanz und fordert den Rezipienten auf, immer wieder neue Verbindungslinien in dem lückenhaften Text herzustellen.

Ein Ansatz zur Beschreibung dieser Textstruktur ist der Begriff des „oeuvre mobile", das seine Parallelen in der zeitgenössischen Kunst

---

[9] *Écrits*, S. 262.

[10] Vinaver sagt in dem Interview mit Rivière, 1988, S. 48: „Dans *La demande d'emploi*, le temps est perdu."

(Calder, Tinguely), vor allem aber auch in der Musik von Boulez oder Cage findet, deren Werke dem Ausführenden bzw. Rezipienten zahlreiche Möglichkeiten des Eingreifens bieten. Daß der dramatische Text jedoch nicht beliebig verändert werden kann, deutet sich durch die als Scharniere fungierenden mehrdeutigen Sätze an, die auf die verschiedenen Dialogstränge bezogen werden können.

Intertextuelle Referenzen im engeren Sinn sind hier nur noch von geringer Bedeutung. An ihre Stelle treten die musikalischen Strukturen etwa im Sinne der Beziehung Thema und Variationen oder einer Rhythmisierung des Textes. Ein Vergleich mit den musikanalogen Versuchen Tardieus hat gezeigt, daß der Text bei Vinaver dennoch nie abstrakt wird oder in eine Verfremdung der Sprache in der Art der Absurden mündet.

Die Musikanalogie wird auch in den folgenden beiden kurzen Stükken *Dissident il va sans dire* und *Nina c'est autre chose* eingesetzt, deren gemeinsamer Untertitel *Théâtre de chambre* in Entsprechung zur Kammermusik gewählt wurde. Diese beiden Beispiele eines minimalen Theaters nehmen das Strukturschema Wiederholung und Variationen wieder auf, wobei sie die Stimmen und Themen weiter reduzieren. Es gibt keine fortschreitende Handlung, sondern lediglich die Aneinanderreihung von Tableaus im Sinne der Brechtschen Dramaturgie. Aber auch hier deutet sich im Gegensatz zu Brecht keine „gesellschaftliche Pointe“ an.[11]

Dissident ist minimales Theater in der Hinsicht, daß die herausragenden Ereignisse wie die dramatischen Zuspitzungen analog zur Kurzschnitt-Technik des Films weggeschnitten werden. Die Dialoge sind ganz in der Banalität des Alltags verwurzelt und reflektieren das sich wandelnde Verhältnis zwischen dem heranwachsenden Sohn und seiner geschiedenen Mutter. Die Reduktion der sprachlichen Mittel in Vinavers minimalem Theater ist weder ontologisch (Beckett) noch soziologisch (théâtre du quotidien) fundiert, vielmehr suchen seine Figuren Wege einer „minimalen“ Kommunikation, die, indem sie auf

---

[11] Ryngaert 1993, S. 68, verweist auf den Unterschied der diskontinuierlichen dramatischen Schreibweise bei Brecht und im Drama der 70 er und 80er Jahre. Während bei Brecht die Fragmente immer eine Funktion innerhalb der Fabel hätten und in dieser aufgingen, gehe die einheitliche Organisation im zeitgenössischen Drama mehr und mehr verloren: „Le fragment devient parfois un système d'écriture qui n'a plus rien à voir avec le projet brechtien de décomposer pour recomposer.“

Hierarchisierungen und Verallgemeinerungen verzichtet, eine Verständigung auf der Ebene des Alltäglichen wieder ermöglicht.

Das in *La demande d'emploi* schon verwendete Verfahren der Mikromontage bestimmt die Textstruktur des Büro-Stücks *Les travaux et les jours*. Der Einheit des Ortes und der chronologischen Zeitstruktur steht die radikale Polyphonie der Stimmen gegenüber, von denen keine mehr privilegiert wird. Die ständig präsenten Fragmente aus Telephongesprächen repräsentieren eine typische Kommunikationsform des technologischen Zeitalters. Im Vergleich mit den standardisierten Computerantworten, die sie ersetzen werden, erscheinen sie noch als human. In das chaotisch wirkende Geflecht des Polylogs sind einzelne Geschichten aus dem Leben der fünf Figuren eingeflochten, die dem Rezipienten Angelpunkte bieten, an denen er sich festhalten kann.

Vinaver hat das Stück als eine „situation dramatique en creux" bezeichnet, denn die Banalität bestimmt nicht nur die Konversation der Figuren, sondern auch die dramatische Struktur: Es fehlen die Krise und eine Hauptachse, will man nicht das Schicksal des Kundenservice als solche ansehen. Der so netzförmig angelegte, a-perspektivische Text kann als die dramaturgische Umsetzung einer Wirklichkeitserfahrung verstanden werden, in der im Sinne Lyotards der Glauben an die „méta-récits" schwindet und der Untergang „des grands héros, des grands périls, des grands périples et des grands buts" eingeläutet wird. Indem diese Texte aber auf exemplarische Themen und auf eine ideologische Ausrichtung verzichten, geben sie den Blick frei für das narrative Gewebe des Alltagslebens.

Erstmals seit *Par-dessus bord* treten hier wieder intertextuelle Verweise auf, die nun aber ähnlich wie im Fall von *Les huissiers* lediglich im inneren Kommunikationssystem eine Rolle spielen. Der von Hesiod übernommene Titel und die vier vorangestellten Motti können die Rezeption leiten, indem Hesiods *Tage und Werke* und der Mythos der Terre Gaste in Verbindung mit der Informatisierung der Arbeitswelt gebracht werden. Im inneren Kommunikationssystem des Dramas zeichnet sich jedoch kein rückwärts gewandtes Bedauern ab, das Augenmerk richtet sich vielmehr auf die verschiedenen Wege des Sich-Arrangierens mit den neuen Verhältnissen in der informatisierten Gesellschaft.

A la renverse ist dasjenige Stück, in dem die Auflösung der dramatischen Strukturen am weitesten geht und das zugleich die Tendenzen der zeitgenössischen Kunstszene am stärksten verarbeitet (z.B. Cage/

Cunningham, George Segal und der Hyperrealismus). Die Dekonstruktion der dramatischen Figur läßt sich an einer ganzen Reihe von Beobachtungen festmachen. Die Ablösung des Wortes vom Körper wird augenfällig dadurch, daß auf den drei Satelliten die lebenden Personen durch Gipsfiguren ersetzt werden sollen, denen eine Stimme aus dem Off hinterlegt wird. Auch das Gleiten der Rede zwischen den Figuren und den choralen Partien ist Ausdruck der instabilen Zuordnung von Figur und Sprache. Es kommt zu einem Oszillieren zwischen dem Wort, das in einer Figur verankert ist, und dem fließenden Wort, das gleichsam aus dieser Verankerung gerissen ist und sich in der Gruppe auflöst.

Durch die Kopräsenz der drei Satelliten, die eine Familie vor dem Fernsehgerät, Fließbandarbeiter in der Fabrik und das Direktorium der amerikanischen Holding zeigen, rücken weit entfernte Räume zusammen. Diese Anordnung entspricht der postmodernen Raum- und Zeitwahrnehmung in einer durch die Kommunikationstechniken schrumpfenden, zugleich aber unübersichtlicher werdenden Welt. Einzelne Szenen des Stücks spielen in Flughafen-Lounges, die zu Emblemen der nachmodernen Raum-Zeit-Verhältnisse geworden sind, da sich hier die verschiedenen Weltzeiten überschneiden.

Kohärent erscheinen in dem so aufgesprengten Text nur die Fernsehauftritte der Bénédicte von Bourbon, deren pseudo-referentieller Charakter aber allzu offensichtlich ist: Lebenswirklichkeit ist hier inszeniert und mediatisiert. Erstmals treten die neuen Medien in den Mittelpunkt, denn es sind ja die Interviews mit der an Hautkrebs sterbenden Adligen, die das Unternehmen an den Rand des Ruins treiben.

Noch stärker als in den vorausgegangenen Werken arbeitet Vinaver in diesem von der völligen Auflösung der dramatischen Strukturen bestimmten Drama mit Musikanalogien. Die Gliederung des Textes in Präludium und Fuge, die Rhythmisierung und die Abstraktheit großer Dialogteile können jedoch auch hier nicht darüber hinwegtäuschen, daß die musikalische Struktur wohl die radikale polyphone Anlage des Stücks charakterisiert, daß jedoch gleichwohl immer Referentialität erhalten bleibt, indem auf die Welt der multinationalen Unternehmen, die Wirklichkeit der streikenden Arbeiter oder auf die um ihre Position in der Firmenhierarchie kämpfenden Manager verwiesen wird.

Zugleich stellt sich der Eindruck ein, daß Vinaver hier, was die Auflösung der dramatischen Strukturelemente angeht, an eine Grenze in seinem Werk gekommen war. Schon *Les travaux et les jours* hatte sich auf der Bühne als eine prekäre Textgrundlage erwiesen, insofern, als manche Aufführungen gelangen, an anderen Abenden jedoch Langeweile entstand, was teilweise von der Zusammensetzung des Publikums abhing, vor allem aber daran lag, daß dem Text die Dynamik fehlte und die verflochtenen Dialoge von den Schauspielern daher eine enorme Präsenz forderten. Die Reaktionen auf die Uraufführung von *A la renverse* waren dann vorwiegend negativ. Ob dies nun die Ursache für einen erneuten Umschwung im Werk Vinavers war oder ob er der immer neuen Experimente überdrüssig war und sich wieder einem traditionelleren Texttheater zuwandte, sei dahingestellt. Jedenfalls deutet sich mit *L'ordinaire* eine Umkehr zu weniger experimentellen Formen an. Musikalische Formverläufe oder intertextuelle Verweisungen als Strukturelemente treten zurück gegenüber der nun neu auftauchenden Fabel. Vinaver verwendet hier erstmals das Muster des „fait divers" – in diesem Fall eine Flugzeugkatastrophe. Die Mikro-Montage bewirkt durch die Verknüpfung existentieller und alltäglicher Dialoge die Banalisierung des dramatischen Kampfes um das Überleben. Im Gegensatz zu der Überschneidung der Dialoge in *Les travaux et les jours*, wo, ähnlich wie in Tschechows *Drei Schwestern*, die Dialogfetzen aus dem selben oder einem angrenzenden Raum hereindringen, so daß die Verflechtung der Dialoge dem Stimmengewirr in einem Großraumbüro entspricht, ist die Mikro-Montage hier in der Regel nicht realistisch motiviert, sondern sie vollzieht sich – ähnlich wie in *Par-dessus bord* – nur im äußeren Kommunikationssystem.

Der Mythos taucht nicht mehr in einer bestimmten Ausprägung auf, hingegen sind die mythologischen Anspielungen zahlreich. Metaphorische und explikative Beziehungen zwischen Kannibalismus, Managerverhalten und Kommunikation schlechthin deuten sich immer wieder an, aber durch die Vielzahl der möglichen Verknüpfungen zeichnet sich keine eindeutige Vermittlung von Wertnormen ab. Dennoch entsteht der Eindruck, daß sich ein pragmatisch orientiertes Verhalten und ein humanitärer Umgang miteinander bezahlt machen, indem sie zumindest das Überleben ermöglichen.

Die beiden folgenden Stücke, *Les voisins* und *Portrait d'une femme*, hat Vinaver parallel geschrieben. Während im Mittelpunkt des ersten wiederum ein alltägliches Sujet – die nachbarschaftlichen Beziehungen – steht, kreist das zweite um den Prozeß gegen eine junge Frau, die ihren Geliebten erschossen hat. Ähnlich wie in *L'ordinaire* greift Vinaver hier auf einen realen „fait divers" zurück, der die Presse in den fünfziger Jahren beschäftigt hatte. Die damals ausgeschnittenen Artikel fand er 30 Jahre später wieder und verarbeitete sie nun zu einer „pièce éclatée", in der ähnlich wie in *La demande d'emploi* Zeit-, Raum- und Handlungsstruktur montiert sind. Im Vergleich mit den beiden früheren Stücken, in denen er die Montage auf der Makro- wie der Mikro-Ebene einsetzte, strukturieren aber nun nicht mehr musikanaloge oder mythologisch-intertextuelle Verfahren den Text, sondern eben der Prozeßverlauf und die spektakulären Ereignisse um das Mordgeschehen.

Die Facettierung der Persönlichkeit ist hier weiter als in anderen Werken ausgeprägt. Zwar ist Sophie der Angelpunkt des Stücks; der Versuch, durch die Aneinanderreihung verschiedener Ich-Zustände oder durch die Überlagerung verschiedener Projektionen im Prozeß ein kohärentes Bild ihrer Persönlichkeit zu erstellen, ist jedoch zum Scheitern verurteilt. So läßt sich auch kein einheitliches Montageprinzip festmachen, da der Status der montierten Redestränge sehr unterschiedlich ist: Sie können Prozeßaussagen, Erinnerungen von Figuren, die nicht am Prozeß teilnehmen, oder Gedanken Sophies beinhalten. Gegen Ende verwirren sich die Fäden zunehmend, so daß die Zuordnung immer schwieriger wird. Im Unterschied zu den meisten Stücken Vinavers, die eine zyklische Struktur oder zumindest ein offenes Ende haben, findet *Portrait d'une femme* einen Abschluß mit der Verurteilung Sophies zu lebenslanger Zwangsarbeit.

Während die Darstellung der Welt der Wirtschaft und der Werbung neutral, zumindest aber ambivalent war, zeichnet sich in *Portrait d'une femme* stärker eine gesellschaftskritische Intention ab. Wenn auch das Motiv für Sophies Tat im Dunkeln bleibt, so entsteht doch aus der polyphonen Anlage der Stimmen ein Bild des gesellschaftlichen Umfelds in den letzten Kriegsjahren und in der Zeit nach dem Ende des Kriegs, das die Entwurzelung und Spaltung der jungen Frau verständlich macht. Sophie wird als eine Figur geschildert, die den Verlust der Einheit ihrer Persönlichkeit mit Trauer, ja Verzweiflung erlebt, die bis zur Selbstzerstörung geht. Der arbeitslose Manager Fage war in das ihn zerstörende System in dem Maße verstrickt, daß immer wieder auch Komik entstand. Sophie hingegen ist der Macht der Diskurse im Prozeß völlig ausgeliefert und erscheint als das Opfer einer gescheiterten Kommunikation. So ist *Portrait d'une femme* sicher Vinavers düsterstes Werk, in dem die tragischen Momente überwiegen.

Das Thema des Strafprozesses taucht auch in Vinavers letztem Werk, *L'émission de télévision*, wieder auf, dessen Handlung in eine

Dreieckskonstruktion mit den Eckpunkten Justiz, Medien und Unternehmen eingeschrieben ist. Mehr noch als *A la renverse* ist das Stück eine Auseinandersetzung mit der mediatisierten Gesellschaft. Dem entspricht auf der formalen Ebene, daß die Mikro-Montage aufgegeben wird zugunsten eines Strukturschemas, das sich das Zappen des Fernsehzuschauers zum Vorbild nimmt. Die lückenlos aufeinanderfolgenden Szenen arbeiten mit einer eher traditionellen Rückblendentechnik, die auf das Krimi-Schema anspielt. Dessen Verarbeitung läuft jedoch gegen den Strich, insofern als die Gattungskonventionen ironisch relativiert werden, denn nichts will in diesem Krimi-Puzzle zusammenpassen, das sich mehr und mehr verkantet. Auf der Suche nach der Wahrheit entzieht diese sich immer wieder und läßt nur noch einen ironischen Zugang. So bleibt der Blick auf die beiden Langzeitarbeitsloser gebrochen, denn deren Bemühen, ihr Schicksal medienwirksam zu inszenieren, läßt auch dessen Tragik als inszeniert erscheinen. Erstmals seit langer Zeit taucht hier wieder ein intertextueller Verweis auf im Motiv des von einem der Arbeitslosen wiedergefundenen Robinson-Buches, das ihm dazu verhilft, die Monotonie seines Alltags zu strukturieren. Doch auch dieses Motiv wird ironisiert, da es primär der Inszenierung der Wirklichkeit für das Fernsehen dient.

Insgesamt zeichnet sich mit der Wiedereinführung einer Fabel seit *L'Ordinaire*, ganz besonders aber in den beiden letzten Stücken eine Rückkehr zu weniger experimentellen Formen ab sowie eine Tendenz zu größerer Bühnenwirksamkeit, eine Entwicklung, die sicher in Analogie zu der Renarrativierung im französischen Roman der letzten Jahre zu sehen ist.[12]

Der lange Zeitraum, in dem Vinaver sein dramatisches Werk geschaffen hat, die Vielfalt der dramaturgischen Ansätze und der jeweils ganz unterschiedliche zeitgeschichtliche Hintergrund machen es nicht leicht, Grundlinien seiner Poetik festzulegen, vielmehr war es ja die Absicht dieser Untersuchung, gerade die Unterschiede und die Neuansätze in seinem Werk zu betonen. Wenn hier dennoch resümierend auf die diversen Untersuchungsachsen eingegangen wird, so soll dies geschehen, ohne die Differenzen einzuebenen und ohne die Interpretation abschließen zu wollen. Kernpunkte sollen das Selbstverständnis des Autors, die Entwicklung des Montageverfahrens, die Auflösung der dramatischen Strukturelemente und ihre Ersetzung durch andere Ver-

---

[12] Zur Renarrativierung im zeitgenössischen Roman siehe Sophie Bertho: „Temps, récit et postmodernité", in: *Littérature* 92, 1993, S. 90-98.

fahren, die Stellung der Sprache, schließlich die Bedeutung der Leser- und Zuschauerbeteiligung sowie die Einstellung des Autors zu der Welt, in der seine Dramen spielen, sein.

Ausgangspunkt der Untersuchung war das Selbstverständnis des Autors, der von sich sagt, daß er seine Texte nicht mehr erfinde, sondern sie vielmehr finde. Die Wirklichkeit erscheint ihm als ein großer, chaotischer Text. Dabei interessiert er sich in ganz besonderer Weise für die Banalität des Alltags, da diese unter der Ebene der Repräsentation liegt. Ein solcher Ansatz entspricht Vinavers Unfähigkeit und zugleich seinem Widerstand dagegen, einen Standpunkt einzunehmen. Der Text strukturiert sich selbst im Akt des Schreibens, wobei der Autor Wert darauf legt, daß das Ergebnis durchaus genauso kohärent sei könne wie ein traditionelles Drama, aber eben auf andere Weise. Die Zurückweisung von abschließenden Interpretationen und ideologischen Vereinnahmungen rücken seine Poetik in die Nähe postmoderner Positionen wie diejenige Lyotards, der das Ende der Meta-Erzählungen verkündet.

Als einer solchen Poetik angemessen erweist sich eine Schreibweise, die sich auf das Verfahren der Montage stützt, da das montierte Kunstwerk sich mit dem Alltag, aber auch mit anderer Kunst auseinandersetzen kann. Das trifft, wie Volker Klotz u.a. gezeigt haben, schon auf die europäische Avantgarde-Kunst im ersten Drittel unseres Jahrhunderts zu, die die Montage/Collage als adäquate Form für ein Kunstwerk begriff, dessen Einheit gesprengt wird. Indem es sich als fabriziert zu erkennen gibt, soll die Kluft zwischen Literatur und Wirklichkeit aufgehoben werden. Walter Benjamin sieht den Montagekünstler als Allegoriker, der Elemente aus ihrem ursprünglichen Zusammenhang herausbricht und sie dann in einem zweiten Schritt in einen neuen Zusammenhang setzt, wodurch Bedeutung sich über die Markierung der Differenz konstituiert. Häufig war dieses Montage-Verfahren gekoppelt an die Schockwirkung, die von solchen Werken ausging.

Auf diesem Hintergrund erscheint das Montage-Verfahren bei Vinaver als adäquat für die Bearbeitung eines Materials, das aus der Welt der Wirtschaft und Industrie stammt. Gleichwohl kann und will von seinen Dramen nicht mehr die oben angesprochene Schock- und Protestwirkung ausgehen – man erinnere sich an den Vergleich der Demontage Passemars mit der Zerstückelung des Clowns in Brechts expressionistischem *Badener Lehrstück vom Einverständnis*, das einen

Theaterskandal provoziert hatte. Die Montage in *Par-dessus bord* entsprach einerseits der Komplexität der Prozesse in einem großen Unternehmen, andererseits war sie Ausdruck der kreativen Verfassung des Autors, der sich nur noch in der Lage sah, seine Schreibhemmungen zu überwinden, indem er heterogenste Materialien zu einem Drama verarbeitete.

In der Folge kann die Montage im Werk Vinavers ganz verschiedene Funktionen haben, insgesamt zeichnet sich jedoch seit den frühen Werken eine nicht-allegorische Tendenz ab. In den einleitenden Bemerkungen dieser Untersuchung zur Montage war darauf verwiesen worden, daß ein Festhalten an dem Begriff nur sinnvoll sei, wenn sich aus der Kombination zweier oder mehrerer Sequenzen ein Sinn ergebe, der mehr als deren reine Addition sei. Sinn ergibt sich bei Vinaver jedoch nicht im Hinblick auf das Textganze auf einer textübergreifenden Ebene, er stellt sich nur fragmentarisch etwa an den Knotenpunkten im Textgewebe ein.[13]

Das wird besonders deutlich am Beispiel der Mikro-Montage in *Les travaux et les jours.* Die Anordnung der Dialogfetzen entspricht der Flachheit und Banalität der Kommunikationssituation in einem Büro; ihre Verflechtung läßt jedoch keine übergeordnete Sinnkonstitution zu, sondern der Rezipient kann immer nur einzelne Verknüpfungen vornehmen. An solchen Punkten wird dann jedoch spürbar, in welchem Maße die Menschen in ihrem individuellen Dasein von den wirtschaftlichen Bedingungen abhängen. In *L'ordinaire* bewirkt die Mikromontage die Banalisierung des dramatischen Überlebenskampfes und ermöglicht zugleich zahlreiche ironische Verknüpfungen.

In den Werken, die die totale Montage auf der Makro- wie der Mikro-Ebene in ganz ähnlicher Weise einsetzen, kann deren Funktion durchaus unterschiedlich sein. Die durch sie bewirkte Auflösung der dramatischen Strukturelemente in *La demande d'emploi* wie *in Portrait d'une femme* entspricht dem Befund der Auflösung der Grenzen des indiviuellen Ich und dessen Dezentrierung. Während in dem frühen

---

[13] Es scheint hingegen den Stücken Vinavers nicht angemessen, wenn man auf die Begriffe der Montage und Collage verzichten wollte, wie Hottong 1994, S. 183f. dies im Hinblick auf die Dramen der Friderike Roth fordert, für die diese Begriffe als veraltet erschienen, weil sie im Grunde die Vorstellung eines Sinnganzen implizierten, das sich durch das Zusammenfügen von Fragmenten unterschiedlicher Herkunft erschließe. Sinnvoller ist es in unserem Zusammenhang, auf die veränderte Funktionsweise zu verweisen.

Werk jedoch durch die Verstrickung Fages in das Netzwerk des Unternehmens, das ihn zugleich abstößt und fasziniert, die kritische Perspektive zumindest eingeschränkt ist und keine pauschale Ablehnung dieser Welt erkennen läßt, erscheint Sophie Auzanneau in *Portrait d'une femme* als das Opfer des Prozesses, dem sie hilflos ausgeliefert ist. Die montierten Texte zeigen die Fragwürdigkeit der Aussagen in dem Verfahren, das zu ihrer Verurteilung führt. Aber auch hier ist die Wahrheit nicht mehr über die Differenz zu konstituieren, vielmehr zielt die Montage auf das Eingeständnis vergeblicher Verstehensbemühungen ab.

Erika Fischer-Lichte hat zur Beschreibung der Postmoderne von der Verschiebung einer dominant epistemologischen zu einer dominant ontologischen Fragestellung gesprochen. Damit ist gemeint, daß die Moderne den Rezipienten mittels der Fragmentarisierung vor Augen führen wollte, daß in der Welt, in der Zusammenhänge und Kausalität vorausgesetzt werden, in Wirklichkeit Zusammenhanglosigkeit und Zufall herrschen. Eine solche Sichtweise charakterisiert *Portrait d'une femme*, aber auch *L'émission de télévision* setzt sich mit der Fiktionalisierung der Wirklichkeit in den Medien auseinander, in denen Zusammenhänge und Kausalitäten vorgespielt werden, die gar nicht existieren.

Die postmoderne Montage jedoch bestätige – so Fischer-Lichte – einen die rationale Erkenntnis längst relativierenden Zuschauer in seiner auf das Konkrete gerichteten Wahrnehmung, deren Objekte er nun mit seinen eigenen Bedeutungen belegen könne.[14] Eine solche Funktionsweise wurde vor allem sichtbar in den Werken, die im Wirtschaftmilieu spielen, man denke an die Mikro-Montage in *L'ordinaire* oder die Makro-Montage heterogener Materialien in *Par-dessus bord.* Im Grunde stehen im Werk Vinavers beide Funktionsweisen der Montage nebeneinander, was ja durchaus der Vorstellung einer Weiterführung der Moderne in der Postmoderne entspricht.

Die durch die Montage bewirkte Auflösung der dramatischen Strukturelemente wie Figur, Raum, Zeit, Handlung und Sprache hat ihren Ursprung in dem Paradigmenwechsel, der sich zu Beginn unseres Jahrhunderts vollzogen hat. Folgt man in der Beschreibung dieser grundlegenden Veränderungen Fischer-Lichte, die als Kernpunkte die neue Wahrnehmung von Raum und Zeit, die Auflösung der Grenzen

[14] Fischer-Lichte 1989, S. 25.

des individuellen Ego, die Relativierung rationalen, logisch-kausalen Denkens und die Dezentrierungs- und Pluralisierungsprozesse nennt, so kann man im Werk Vinavers in vieler Hinsicht eine Radikalisierung dieser Entwicklungen feststellen.

Das läßt sich beispielhaft am Verhältnis von Raum und Zeit belegen. So wird von verschiedenen Autoren die Tendenz zur Verräumlichung als Kriterium der Postmoderne angesehen.[15] Diese Gleichzeitigkeit des Ungleichzeitigen kommt besonders in den mittleren Stücken aus dem Industriemilieu zum Ausdruck, in denen nicht nur die Chronologie verlorengeht, sondern auch ein einheitliches Strukturprinzip wie etwa der Bewußtseinsstrom eines Individuums. Diese Dramen entsprechen am stärksten der nachmodernen Zeitlichkeit, die Gumbrecht mit der Entkopplung zwischen der Körper-Position eines jeweils Erfahrenden/Handelnden und den seinem Erfahren/Handeln zugänglichen Zonen beschreibt. Die Beobachtung, daß durch das Telefon das Verhältnis zwischen den Orten aufgehört habe, ein Raum-Zeit-Verhältnis zu sein, wird in Vinavers Stücken wiederholt deutlich, man denke an die Rolle der Telephongespräche in *Les travaux et les jours* und in *Par-dessus bord*, aber auch an die Kopräsenz der drei Satelliten in *A la renverse*, in denen weit auseinanderliegende Orte vereint sind und sich zugleich die Sprache vom Körper ablöst.[16]

Die Stellung der Sprache hat sicher in den verschiedenen Werkgruppen Wandlungen durchlaufen. Man erinnere sich an die eher traditionellen Dialoge und die sie durchbrechenden rhythmischen Chöre im Frühwerk; sodann an die fortschreitende Auflösung des Dialogs und die zeitweilige Ersetzung sprachlicher durch wirtschaftliche Kommunikation in den Wirtschafts-Dramen. *Portrait d'une femme* wurde gelesen als die Abrechnung mit dem mächtigen Diskurs der vorgeblichen Rationalität im Strafprozeß, schließlich ging es in *L'émission* um die Ersetzung der Wirklichkeit durch das inszenierte Abbild im Diskurs der Medien.

Als ein Grundzug zeichnet sich jedoch ab, daß Vinaver schon seit den frühen Werken aus den fünfziger Jahren immer von der Banalität

---

[15] Siehe hierzu den Sammelband *Postmoderne – globale Differenz*, Hrsg. Robert Weimann/ Hans Ulrich Gumbrecht, Frankfurt a.M. 1991, vor allem die Beiträge von Gumbrecht: „nachMODERNE ZEITENräume", S. 54-72; von Frederic Jameson: „Postmoderne und Utopie", S. 73-109, und von Utz Riese: „Heterotopien der Komplizenschaft", S. 278-290.

[16] Siehe hierzu Gumbrecht 1991, S. 64.

der Alltagskonversation ausgeht. Es geht für Vinaver weniger darum, ob Sprache dazu in der Lage ist, Wirklichkeit abzubilden oder widerzuspiegeln, denn die Trennung von Bezeichnendem und Bezeichnetem hat sich bereits vollzogen.[17] Die Krise der Repräsentation und ihre Verarbeitung im nouveau théâtre hinter sich lassend, wendet er sich dem Bereich des alltäglich Gelebten zu, das unterhalb der Repräsentation liegt, da es kein Besonderes konstituiert und nicht ins Allgemeine überhöht werden kann. Sprache interessiert ihn unter ihrem pragmatischen Aspekt. Aus der Sicht der Sprechakttheorie ist zu unterscheiden zwischen konstatierendem und performativem Handeln. Auf der Ebene der performativen Sprechakte geht es nicht um den Wahrheitsgehalt, sondern um die durch sie bewirkten Handlungen.[18] Auf diesem Hintergrund gibt es nun in Vinavers Werk immer wieder Beispiele – mehr oder weniger – gelungener Kommunikation, indem die Figuren dieser Dramen einerseits Einfluß oder Macht ausüben, sich andererseits aber auch bemühen, Solidarität und Verständnis herzustellen. Kommunikation scheitert da, wo sie Wirklichkeit vereinheitlichen, abschließen will, so nämlich in den Plädoyers vor Gericht oder in der Inszenierung der Realität von Langzeitarbeitslosen. Sie gelingt hingegen eher im Polylog der weiblichen Angestellten von *Les travaux et les jours*, in den Gesprächen zwischen Mutter und Sohn des Kammertheaters, in den Konversationen der am längsten Überlebenden in *L'ordinaire*, nachdem sie allen zivilisatorischen Ballast über Bord geworfen haben oder zwischen den beiden auf das Existenzminimum reduzierten Nachbarn, die im dritten Akt von *Les voisins* durch ihre gegenseitige Rachsucht ihren gesamten Besitz verloren haben. Solches Gelingen scheint immer an die Aufgabe von Generalisierungen und Hierarchien, von vorgefaßten Konzepten, an den Verzicht auf Machtansprüche gebunden zu sein. So läßt sich die Vorstellung, die Vinaver als poetologische

---

[17] In seiner Studie über die Sprache im nouveau théâtre schreibt Le Marinel 1981, S. 151, bei Beckett verfalle die „parole essentielle" zu einem „vide sonore". Vladimir und Estragon verfügten über keine andere Sprache als die ihrer Endlichkeit, die folglich nicht ihr Bedürfnis nach dem Absoluten befriedigen könne: „Les mots n'étant qu'une création subjective, donc arbitraire, de l'esprit humain, ils cessent d'être le miroir de la réalité."

[18] Robert Weimann hat den Versuch unternommen, die Erkenntnisse der Sprechakt-Theorie für die Realismus-Diskussion fruchtbar zu machen, indem er den Gegensatz von Widerspiegelung und Kommunikation in die Kunstproduktion hineinbringt. „Realität und Realismus. Über Kunst und Theorie in dieser Zeit", in: *Sinn und Form* 36, 1984, S. 924-951, hier S. 249f.

Voraussetzung für seine dramatische Produktion formuliert hatte, auch auf die Ebene des inneren Kommunikationssystems im Verhältnis der Figuren zueinander übertragen.

Der chronologische Überblick hat gezeigt, daß die Dramen Vinavers gekennzeichnet sind von der unterschiedlich starken Dekonstruktion traditioneller Strukturelemente. An deren Stelle treten in der Art immer neuer Versuchsanordnungen dramaturgische Scharniere, die einerseits die diskontinuierlichen, polyphonen Textelemente verbinden, andererseits aber auch die Beweglichkeit dieser Verbindungen ermöglichen. Als solche Scharniere können mythologische Elemente oder intertextuelle Referenzen fungieren, sodann bestimmte dramatische Figuren (Passemar oder die als Angelpunkt eingesetzten zentralen Figuren in *Portrait d'une femme* und *La demande d'emploi*) sowie die beschriebenen polyfunktionalen syntaktischen Elemente. In denen als „oeuvres mobiles" oder offene Kunstwerke charakterisierten Dramen treten musikalische Verfahren in den Vordergrund. Damit ist einerseits der musikalische Umgang mit der Sprache gemeint, sodann die Strukturierung der Texte auf der Makro-Ebene durch Musikanalogien (Präludium und Fuge), schließlich die Vorstellung vom Text als Partitur, der den Ausführenden verschiedene Möglichkeiten und Zugänge der Realisierung ermöglicht.

„Fait divers" und Krimihandlung in den späten Stücken geben diesen wieder eine festere Handlungsstuktur, was zwar nicht eine Umkehr zu einer geschlossenen Form impliziert, wohl aber ein Zugeständnis an die bessere Lesbarkeit und Aufführbarkeit. Auch diese dramatischen Texte bleiben prinzipiell unabgeschlossen und bedürfen der vervollständigenden Lektüre des Rezipienten. So wird das Krimischema in Vinavers letztem Werk zwar als Strukturelement eingesetzt. Gleichzeitig wird es aber ironisiert und ad absurdum geführt wird, denn die Wahrheit läßt sich nicht mehr von einem übergeordneten Standpunkt aus erkennen. Wie schon in *Portrait d'une femme* sind nur noch Annäherungen an sie von verschiedenen Standpunkten aus möglich.

Wenn Wirklichkeit nur noch in Fragmenten oder Facetten erkennbar ist, dann stellt sich die Frage nach der Referentialität von Vinavers Dramen. Daß diese nicht opak werden im Sinne eines intertextuellen Spiels, in dem die Signifikanten umeinander kreisen, wurde an dem Beispiel des Meta-Dramas *Par-dessus bord* gezeigt, das ja immer die konkrete Theaterwelt der sechziger Jahre ironisiert und zugleich das Band zum Alltagsgeschehen in einer Firma erhält. Die Ausführungen zur dramatischen Sprache haben gezeigt, daß die Chance für Vinaver gerade darin liegt, auf der Alltagsebene, unterhalb der Grenze der Repräsentation anzusetzen, von wo aus es wieder möglich wird, Beziehungen zu knüpfen und Sinn zu konstituieren. Realität kann dabei jedoch nur noch mit einer antirealistischen Darstellungsweise erfaßt werden. Die Künstlichkeit liegt in der Betonung der Materialität der sprachlichen Zeichen, die durch die Rhythmisierung der Dialoge oder durch die verschiedenen Montagetechniken hervorgehoben wird. Als treffend erweist sich in diesem Zusammenhang der Begriff des Metarealismus, wie ihn Walter Ch. Zimmerli definiert hat.[19] Dieser weiß die Periode der Reflexion auf die Unfähigkeit der Sprache, Realität abzubilden, hinter sich. Referentialität wird wieder möglich, jedoch nicht im Sinne naiver Mimesis, sondern reflexiv gebrochen und verfremdet. Zur Verdeutlichung sei hier an die Polyloge der Büroangestellten in *Les travaux et les jours* erinnert, die als eine Simulation der Kommunikationssituation von Menschen in der (nach-)modernen Industriegesellschaft gelesen werden können.

Wenn Vinaver sich auch der schwindenden oder zumindest verringerten Repräsententanz seiner Texte bewußt ist, die kaum noch geradlinige oder transparente Beziehungen zur Wirklichkeit erlauben, so hat er dennoch nicht die Absicht aufgegeben, seine Leser/Zuschauer mit seinen Stücken zum Nachdenken über ihre lebensweltliche Situation anzuregen. In seiner Forderung, die Texte sollten auf der Bühne so klar wie möglich zu hören sein, zeigt sich, daß es ihm nicht darum geht, das Scheitern der Kommunikation zu demonstrieren, sondern daß er den Rezipienten vielmehr aktivieren will. Versucht man auch hier, eine Entwicklungslinie nachzuvollziehen, so ist Vinaver in den letzten Jahre sicher pessimistischer geworden hinsichtlich der Wirkungsmöglichkeiten seiner Stücke.

Im Begriff des „entre-deux“, den Vinaver 1963 *Iphigénie Hôtel* als Motto vorangestellt hatte, ist bereits als ein Grundzug seines Werkes die intendierte Leser- bzw. Zuschauerbeteiligung angelegt. Da heißt es:

---

[19] Zimmerli 1984 sagt S. 72: „Der Meta-Realismus besteht darin, unter Mitwirkung des Rezipienten die Gebrochenheit der Moderne, anders: deren lebenspraktische Antinomie, erzählend, aber kompensatorisch zum Ausdruck zu bringen. Die Techniken von Zitat und Montage, der Differenzierung des stream of consciousness, die Benutzung von mythischen und mystischen Elementen, aber auch der Re- und Kolportagen etc. machen das Instrumentarium aus, mit dem operiert wird.“

> Le spectateur est invité à 'chercher sa prise', à trouver son rapport avec ces gens, à s'orienter dans la situation donnée, à dégager ses propres significations.
> (I, S. 287)

Performanz ist für Ihab Hassan in seiner Merkmalreihe zur Erfassung des Phänomens der Postmoderne ein wichtiges Kriterium.

> Unbestimmtheit ist die Ursache von Teilnahme; diese Lücken wollen gefüllt sein. Der postmoderne Text, verbal oder nicht, lädt ein zur Performanz: er will geschrieben, verändert, beantwortet, ausgelebt werden, und ein großer Teil postmoderner Kunst bezeichnet sich ausdrücklich als Performanz und überschreitet damit die Genre-Abgrenzungen.[20]

Vinaver erschiene dann als ein Postmoderner avant la lettre, wobei solche Zuordnungen wenig aussagekräftig sind, denn auch die Texte Eliots oder Joyce verstehen sich ja als offen und unabgeschlossen.[21] Zudem geht es in Vinavers Dramen keineswegs um eine Zuschauerbeteiligung im Sinne der Experimente der siebziger Jahre, diese wird gerade in *Par-dessus bord* ironisiert. Hassans Vorstellung, die Lücken solcher Werke wollten gefüllt sein, weckt in diesem Zusammenhang irreführende Erwartungen, denn abgesehen davon, daß es dem Rezipienten nicht möglich ist, alle Leerstellen eines Textes zu füllen, kann dies auch gar nicht intendiert sein, denn dadurch würde die Offenheit ja gerade aufgehoben und der Text abgeschlossen. Vielmehr präsentieren sich diese Dramen gewollt fragmentarisch, lückenhaft und unvollendet, damit der Rezipient dazu angeregt wird, sein Repertoire im Erfassungsakt zu aktivieren und immer neue Verknüpfungen zu schaffen, ohne daß seine „Sinn-Suche" zum Abschluß käme. Am Beispiel der Dramen, die mit der Mikromontage arbeiten, wurde deutlich, daß nicht alle Stücke auf dem gleichen Wert der Skala hinsichtlich ihrer Offenheit und Mobilität einzuordnen sind. So bietet *La demande d'emploi*, das von seinem Selbstverständnis her ein Versuchsfeld für die Ausführenden sein soll, dem Rezipienten weitreichendere Möglichkeiten, die

---

[20] Ihab Hassan: „Postmoderne heute", in: Welsch 1988, S. 47-56, hier S. 53.

[21] Siehe hierzu auch die Untersuchung Helga Finters zu den Vorläufern des postmodernen Theaters, die im Anschluß an Foucault die Ursprünge der Poetik des „entre-deux" bis zu Flauberts *La Tentation de saint Antoine* zurückverfolgt. Das Imaginäre steht hier nicht mehr im Gegensatz zur Realität, sondern es entsteht in den Zwischenräumen der Wiederholungen und Kommentare, also im „entre-deux" der Texte und wird damit zum Bibliotheksphänomen. *Der subjektive Raum* I, Tübingen 1990, S. 23.

Textvorlage zu verändern als etwa *L'émission de télévision*, das mit einer eher traditionellen Rückblendentechnik arbeitet. In beiden Texten bleibt es jedoch dem Leser/Zuschauer überlassen, vielfältige Beziehungen herzustellen, und seine Schlüsse aus den inkongruenten Teilstücken zu ziehen.

Die intendierte Vielzahl der Zugänge deutet auf ein anderes Paradigma der Postmoderne hin, nämlich das der Pluralität. Schon Paul Valéry hat darauf verwiesen, daß die verschiedenen Wertordnungen nicht nur im Makro-Raum der Gesellschaft koexistieren, sondern sogar in den gleichen Individuen nebeneinander bestehen und wirksam sind. Welsch als dezidierter Verfechter einer „achtbaren" Postmoderne geht davon aus, daß solche Erkenntnis heute zum Allgemeingut geworden sei. Während die Moderne auf den Verlust des Ganzen mit Melancholie, Trauer und Heroismus reagiert habe, sehe die Postmoderne in diesem Verlust einen begrüßenswerten Wahrheitsfortschritt.[22]

Eine solche Kopräsenz verschiedener Wertesysteme läßt sich insbesonders in den Wirtschafts-Dramen Vinavers beobachten, die insofern eine paradoxe Struktur haben, als ihre ästhetische Praxis sowohl kritisch als auch komplizenhaft ist. Schon im Zusammenhang mit *Par-dessus bord* sagte Vinaver, er gehe das kapitalistische Wirtschaftssystem von innen an, wobei er einerseits das Schreckliche sehe, andererseits aber auch Verständnis und Bewunderung empfinde. Die Distanzierung ist eindeutiger im Hinblick auf die Justiz und die Medien, gerade in *Portrait d'une femme* erscheint die Protagonistin als Opfer der sie dominierenden Diskurse. In den Industriestücken und in den Medienstücken hingegen lassen sich Täter und Opfer kaum unterscheiden, denn alle sind gleichermaßen verstrickt. Widerstand ist nur noch pragmatisch zu fassen, nicht aber im Sinne einer Umgestaltung der Gesellschaft. In *L'ordinaire* schließlich erweist sich das nackte Überleben gar als die weniger schlimme der Varianten. Daß Pluralisierung auch Uniformierung und Indifferenz erzeugen kann, wird in dem Medienstück *L'émission de télévision* deutlich. Der Vielzahl der Programmangebote im Fernsehen entspricht kein differenziertes, facettenreiches Bild der Wirklichkeit, sondern deren geglättete Inszenierung, die über die eigentlichen Ursachen und persönlichkeitszerstörenden Auswirkungen der Arbeitslosigkeit hinwegtäuschen.

[22] Wolfgang Welsch. *Wege aus der Moderne*, Weinheim 1988, S. 15.

Die Dramen Vinavers können als eine Auseinandersetzung mit der chaotischen (post-)modernen Alltagswelt gelesen werden, deren sprachliche Wirklichkeit sie bearbeiten, teilweise auch simulieren. Während jedoch viele Vertreter des zeitgenössischen Theaters in ihrem Bemühen, das Heterogene ästhetisch zu fassen, das Spiel mit den audiovisuellen Medien betonen, beschränkt sich Vinaver in seinem Werk ganz auf das Wort und versucht so, einen Gegenentwurf zu der Reiz- und Bilderflut der Medien vorzulegen. Episierende Verfahren wie der Einsatz der Chöre und der Tableau-Technik, die verschiedenen von ihm erprobten Montageverfahren, schließlich die Übertragung des Zappens in die Dramaturgie haben gemeinsam, daß sie – oft auf einer molekularen Ebene – Distanzierung und Illusionsbruch bewirken. Hier schließt sich der Kreis zu Brecht, denn wenn Vinaver auch nicht den politischen Implikationen in dessen Werk gefolgt ist, so bleibt das Prinzip der Distanz und ein Werkbegriff, der dem Rezipienten die aktive Rolle des Koproduzenten überläßt, für ihn doch zentral. Gegenläufig zu einer sich ständig beschleunigenden Wirklichkeit mit ihren technischen und medialen Möglichkeiten setzt er auf die offenen Brüche, auf die Minimalisierung und Reduktion der Mittel, so daß in seinem Theater eine Gegenwelt entstehen kann, in der Reflexion wieder möglich wird.

Literaturverzeichnis

1. Michel Vinaver

a) Dramatische Werke

Théâtre de chambre, Paris 1978.

Le livre des huissiers, Paris 1981 (in Zusammenarbeit mit Michelle Henry).

Par-dessus bord, édition longue, Théâtre Populaire Romand, répertoire 37, La Chaux-de-Fonds 1983.

Théâtre complet, 2 Bde., Arles 1986.

Les voisins, Saint Imier 1988.

Le dernier sursaut. Impromptu, Arles 1990.

L'émission de télévision. Comédie, Paris 1990.

Iphigénie Hôtel. Texte intégral, dossier dramaturgique et appareil pédagogique par Jean-Pierre Ryngaert, Arles 1993.

b) Aufsätze und Übersetzungen, soweit nicht im *Théâtre complet* enthalten

Amour, Paris 1954 (Übersetzung des Romans *Loving* von Henry Green).

„Les mythes de la Grèce ancienne. Une marche d'approche", in: *Critique* 94, S. 195-214; Critique 95, S. 304-321, 1955.

„Une écriture du quotidien", in: *Théâtre/Public* 39, 1981, S. 22-26.

Écrits sur le théâtre, réunis et présentés par Michelle Henry, Lausanne 1982.

„Sur la pathologie de la relation auteur metteur en scène", in: *L'Annuel du théâtre* 1981/2, S. 131-133.

„Théâtre pour l'oeil, théâtre pour l'oreille", in: *L'Annuel du théâtre* 1982/3, S. 138-139.

„La terre vague", in: *Poésie* 31, 1984, S. 4-19 (Übersetzung von T.S. Eliot: *The Waste Land)*.

„Sur Attoun", in: *Théâtre en Europe* 8, 1985, S. 130-131.

Mémoire sur mes travaux, présenté en vue de la soutenance de l'Habilitation à diriger des recherches, Paris, Université de la Sorbonne Nouvelle, 1986.

Le compte rendu d'Avignon. Des mille maux dont souffre l'édition théâtrale et les trente-sept remèdes pour l'en soulager, Arles 1987.

„Les cinq clés", in: *Le monde*, numéro spécial fév. 1988.

„L'île", in: *Théâtre en Europe* 18, 1988, S. 21-23.

„La mise en trop", in: *Théâtre/Public* 82/83, 1988, S. 69-72.

„Pour cadrer le débat", in: *Liaisons* 15, 1988, S. 3-5.

„L'auteur dramatique face au metteur en scène en France pendant les trente dernières années", in: Floeck 1989, S. 249-255.

„Ici et maintenant", in: *L'art du théâtre* 10, 1989, S. 39-42.

„Sur Koltès", in: *Alternatives théâtrales* 35, 1990, S. 10-11.

„Decentralization as chiaroscuro", in: *New Theatre Quarterly* VII, 1991, S. 64-76.

„Mes appétits", in: *Confluences. Le dialogue des cultures dans les spectacles contemporains*. Essais en l'honneur d'Anne Ubersfeld sous la direction de Patrice Pavis, Saint-Cyr l'École 1992, S. 164-180.

Jules César, Arles 1990 (Übersetzung des Shakespeare-Dramas).

Le temps et la chambre, Paris 1991 (Übersetzung von Botho Strauß: *Die Zeit und das Zimmer*).

Écritures dramatiques. Essais d'analyse de textes de théâtre, Arles 1993.

c) Interviews mit Michel Vinaver, die nicht in den *Écrits sur le Théâtre* abgedruckt sind

„Marx, les fruits et la spéculation. A propos de 'Par-dessus bord'". Entretien avec Roger Planchon et Michel Vinaver, in: *La Nouvelle Critique* 85, 1975, S. 34-40.

„Iphigénie Hôtel. Entretien avec Michel Vinaver". Propos recueillis par Nicole Collet, in: *Théâtre/Public* 15, 1977, S. 25-26.

„A la renverse. Entretien avec Bernard Dort, Jacques Lassalle et Michel Vinaver". Retranscription Michèle Raoul-Davis, in: *Théâtre/Public* 39, 1981, S. 10-16.

„Rencontre Travail et Culture (3): Michel Vinaver, Avignon 82, *Ordinaire*". Retranscription André Curmi, in: *Théâtre/Public* 50, 1983, S. 17-20.

„L'Atelier d'écriture de Michel Vinaver". Propos recueillis par Pierre-Henri Gergonne, in: *Acteurs* 40/41, 1986, S. 8.

„Les voisins de Michel Vinaver". (Interview avec Evangelina Barreto), in: *Acteurs* 42, 1986, S. 35-38.

„Un géant parmi les oncles. Peter Zadek et Michel Vinaver", in: *Théâtre en Europe* 15, 1987, S. 18-26.

„Michel Vinaver im Gespräch mit Rudolf Rach", in: Floeck 1988, S. 229-240.

„Entretien entre Michel Vinaver et Jean Loup Rivière", in: Michel Vinaver: *Les voisins*, Saint Imier 1988, S. 7-78.

„Théâtre National de l'Odéon. *L'émission de télévision* de Michel Vinaver. L'exploration du fonctionnement du pouvoir du triangle". Propos recueillis par Irène Sadowska-Guillon, in: *Acteur* 75, 1990, S. 37-41.

d) Romane

Lataume, Paris 1950.

L'Objecteur, Paris 1951.

2. Sekundärliteratur zu Michel Vinaver

Abirached, Robert: „Un acte de révolte", *Le monde*, numéro spécial févr. 1988, S. 9.

Bogumil, Sieghild: „Michel Vinavers Dramaturgie des ‘Dazwischen’", in: Schoell 1991, S. 77-88.

Bradby, David: „Entre le mythique et le quotidien. Myth in the Theatre of Vinaver", in: E. Freeman u.a. (Hrsg.): *Myth and its Making in the French Theatre*. Studies Presented to W.D. Howarth, Cambridge 1988.

Bradby, David: *Modern French Drama 1940-1990*, 2. Aufl., Cambridge 1991.

Bradby, David: *The theatre of Michel Vinaver*, Ann Arbor 1993.

Ciccolella, Paola: „Il meccanismo di informazione nel teatro di Vinaver e Lemahieu", in: *Lingua e Stile* 26, 1991, S. 261-277.

Corvin, Michel: „Une écriture plurielle", in: Jomarin, Jacqueline de: *Le théâtre en France*, 2 Bde., Paris 1989, S. 407-450.

De Toro, Alfonso: „Semiosis teatral postmoderna: intento de un modela“, in: *Gestos* 9, 1990, S. 23-51.

Elstob, Kevin: „Michel Vinaver and the Theatre of the Here and Now“, in: *The French Review* 66, 1993, S. 628-637.

Elstob, Kevin: *The plays of Michel Vinaver. Political Theatre in France,* New York 1992.

Ertel, Evelyne: „L’éloge du fragment. Itinéraire de Michel Vinaver“, in: *Théâtre/Public* 97, 1991, S. 36-40.

Evrard, Franck: „De la cène parodique au banquet d’entreprise. Deux pièces anthropophages“, in: *Théâtre/Public* 97, 1991, S. 28-33.

Evrard, Franck: „Scatographies dans le théâtre français contemporain (Genet/ Beckett/ Vinaver)“, in: *Littérature* 89, Paris 1993, S. 17-32.

Françon, Alain: „Michel Vinaver“, *Le monde,* numéro spécial fév. 1988, S. 9.

Jeffery, David, „Théâtre ouvert“, in: *Theatre Research International* 9 , 1984, S. 59-73.

Kokkos, Yannis: „Théâtre de chambre: notes et relevés“, in: *Travail Théâtral* 30, 1978, S. 77-79.

Lamont, Rosette: „‘Des petits ébranlements capillaires...’. The Art of Michel Vinaver“, in: *Modern Drama*, 28 sept. 1988, S. 380-394.

Lassalle, Jacques: „Envoi“, in: *Travail Théâtral* 30, 1978 S. 81-82.

Lebrun, Françoise: „Dissident, il va sans dire: Journal des répétitions“, in: *Travail Théâtral* 30, 1978, S. 71-76.

Lemahieu, Daniel: „Montage – Collage“, in: Corvin 1991, S. 571f.

Lemahieu, Daniel: „Quotidien (théâtre du)“, in: Corvin 1991, S. 686.

Lemahieu, Daniel: „Pour Vinaver“, in: *L’Art du théâtre* 6, Revue du Palais de Chaillot, 1986, S. 127-136.

Léonardini, Jean-Pierre: „Affaires déclassées“, in: *L’Humanité* 22/1/1990.

Le Roux, Monique: „Michel Vinaver notre contemporain“, in: *La Quinzaine littéraire*, Novembre 16, 1986, S. 28-29.

Le Roux, Monique: „Le texte, l’avion et la chair humaine“, in: La *Quinzaine littéraire*, April 1983, S. 27-28.

Mambrino, Jean: „‘L’émission de télévision’ de Vinaver au Théâtre de l’Odéon“, in: *Études* 372, 1990, S. 653-654.

Merschmeier, Michael: „Ein geordnetes Doppelleben. Über den französischen Dramatiker und Manager Michel Vinaver"; und: „Absturz aus der 59. Etage in den ewigen Schnee. Ein THEATER HEUTE-Gespräch mit dem französischen Dramatiker Michel Vinaver"; und: „Die Manager lassen bitten", in: *Theater Heute* 10/83, S. 34-40.

Mingalon, Jean Louis: „Une dramaturgie du fragment", in: *Le Matin* 13/3/1978.

Mohal, A.: „Beletage und Hinterzimmer der Firma Frankreich", in: *Theater Heute* 7, 1990, S. 29-31.

Naugrette, Jean-Pierre: „Théâtre de Vinaver: la matière du banal", in: *Critique* 478, 1987, S. 201-213.

Nores, Dominique: „Françon – Vinaver le présent du théâtre", in: *Acteurs* 14, 1983, S. 29-31.

Pavis, Patrice: „The Classical Heritage of Modern Drama", in: *Modern Drama* 29, 1986, S. 1-22.

Pavis, Patrice: „'Malaise dans la civilisation'. La représentation de la catastrophe dans le théâtre franco-allemand contemporain", in: Floeck 1989, S. 79-96.

Quinton, Anthony: „A french View of 'Loving'", in: *The London Magazine* 6,4, 1959, S. 25-35.

Rivière, Jean-Loup: „Préface à Michel Vinaver", in: *Théâtre Complet* I, S. 9-33.

Ryngaert, Jean-Pierre: „Jouer le texte en éclats. L'acteur et le théâtre de Michel Vinaver", in: Floeck 1989, S. 221-227.

Ryngaert, Jean-Pierre: „Saisir le monde entre ordre et désordre", in: *Théâtre/Public* 39, 1981, S. 17-21.

Sarrazac, Jean Pierre: *L'Avenir du drame*, Paris 1981.

Sarrazac, Jean-Pierre: „Éléments d'une poétique théâtrale du quotidien", in: *Théâtre/Public* 39, 1981, S. 27-38.

Sarrazac, Jean Pierre: „La pléthore et la rareté. Le montage dans Par dessus bord", in: *Travail Théâtral* 30, 1978, S. 61-63.

Sarrazac, Jean-Pierre: „Vers un théâtre minimal", in: Michel Vinaver: *Théâtre de chambre*, Paris 1978, S. 69-77.

Schaetti, Bernard: „Une fable sur le temps", in: *Théâtre/Public* 105, 1992, S. 50-53.

Schoell, Konrad: „Die Dramatisierung des Alltags bei Michel Vinaver“, in: Floeck 1988, S. 207-219.

Schoell, Konrad: *Das französische Drama seit dem Zweiten Weltkrieg* II, Göttingen 1970 (zu Vinaver S. 95f.).

Schoell, Konrad: „Michel Vinaver“, in: Lange, W.-D. (Hrsg.): *Kritisches Lexikon Romanischer Gegenwartsliteraturen*, 13. Lieferung, Tübingen 1994.

Sérillon, Claude: „La télé sur le plateau: à propos d'une pièce de Michel Vinaver“, in: *Le Nouvel Observateur*, Janv. 25-31, 1990, S. 67.

Simon, Yoland: *Le système des oppositions et le jeu des conflits dans 'La demande d'emploi' de Michel Vinaver*, Le Havre 1987.

Suther, Judith: „The Medium is not the Message: Myth in Vinaver's Iphigénie Hôtel“, in: *The French Review* 45, 1972, S. 1105-1116.

Temkine, Raymonde: *Le théâtre au présent*, Paris 1987 (zu Vinaver S. 85-87).

Temkine, Raymonde: „Vinaver à Chaillot“, in: *Comédie Française* 93, 1980, S. 22.

Tesson, Philippe: „L'émission de télévision, de Michel Vinaver“, in: *L'Express* 2/2/1990.

Ubersfeld, Anne: „D'Evora à Par-dessus bord, Vinaver au Portugal“, in: *Théâtre/Public* 105, 1992, S. 47-50.

Ubersfeld, Anne: „Michel Vinaver, un éthologue de l'espèce humaine“, in: *L'Avant-scène*, novembre 1986, S. 34f.

Ubersfeld, Anne: „Le téléphone et le Parthénon“, in: *Théâtre/Public* 32, 1980, S. 60-63.

Ubersfeld, Anne: *Vinaver dramaturge,* Paris 1989.

3. Sonstige Sekundärliteratur

Albersmeier, Franz-Josef: „Die Auseinandersetzung um die Montage als filmhistorisches Paradigma“, in: Fritz 1993, S. 201-214.

Aristoteles: *Poetik*, Stuttgart 1961.

Bachtin, Michail: *Probleme der Poetik Dostoevskijs*, Frankfurt a. M. 1985.

Barthes, Roland: *Le degré zéro de l'écriture*, Paris 1953, ND 1972.

Barthes, Roland: *Essais critiques*, Paris 1964.

Barthes, Roland: *Essais critiques IV. Le bruissement de la langue,* Paris 1984.

Barthes, Roland: *Die Lust am Text*, Frankfurt a. M. 1974.

Barthes, Roland: *Roland Barthes par Roland Barthes*, Paris 1975.

Barthes, Roland: „Le théâtre grec", in: *Histoire des spectacles*, Encyclopédie de la Pléiade, Paris 1965.

Bazin, André: „Verteidigung von Rossellini", in: *Was ist Kino? Bausteine zur Theorie des Films*, Köln 1975, S. 165-175.

Berendt, Joachim E.: *Das große Jazz-Buch*, Frankfurt a. M. 1981.

Bertho, Sophie: „Les paradoxes du Quotidien en Littérature", in: Sabban/ Schmitt 1994, S. 33-40.

Bertho, Sophie: „Temps, récit et postmodernité", in: *Littérature* 92, 1993, S. 90-98.

Boissieu, Jean Louis de: „Une variante dramaturgique du quiproquo: Les conversations croisées", in: *Mélanges offertes à Larthomas*, Paris 1985, S. 37-52.

Bolz, Norbert: *Die Welt als Chaos und Simulation*, München 1992.

Boulez, Pierre: *Par volonté et par hasard*, entretiens avec Célestin Deliège, Paris 1975.

Brauneck, Manfred (Hrsg.): *Theater im 20. Jahrhundert.* Programmschriften, Stilperioden, Reformmodelle, Reinbek bei Hamburg 1995 (aktualisierte Ausgabe).

Brecht, Bertolt: *Gesammelte Werke in 20 Bänden*, Frankfurt a. M. 1967.

Breuer, Rolf: „Rückbezüglichkeit in der Literatur. Am Beispiel der Romantrilogie von Samuel Beckett", in: Watzlawick, Paul (Hrsg.): *Die erfundene Wirklichkeit. Wie wissen wir, was wir zu wissen glauben? Beiträge zum Konstruktivismus*, München 1981, S. 138-158.

Brinker, Klaus/ Sager, Sven: *Linguistische Gesprächsanalyse. Eine Einführung*, 2. Aufl., Berlin 1996.

Broich, Ulrich: „Formen der Markierung von Intertextualität", in: Broich/ Pfister 1985, S. 31-47.

Broich, Ulrich/ Pfister, Manfred (Hrsg.): *Intertextualität. Formen, Funktionen, anglistische Fallstudien*, Tübingen 1985.

Claus, Jürgen: *Kunst heute*. Reinbek bei Hamburg 1965.

Corvin, Michel: *Dictionnaire Encyclopédique du théâtre,* Paris 1991.

Corvin, Michel: „'Otez toute chose que j'y voie'. Vue cavalière sur l'écriture théâtrale contemporaine“, in: Floeck 1989, S. 3-14.

De Toro, Alfonso: „Die Wege des zeitgenössischen Theaters. Zu einem postmodernen Multimedia-Theater oder: das Ende des mimetisch-referentiellen Theaters?“ in: *Forum Modernes Theater* 10, 1995, S. 135-183.

De Toro, Fernando: „Theatre and Film: a Semiotic Approach to Their Specificity“, in: Erenstein 1988, S. 179-196.

Devos, Lydia: *Zapping Blues. Percevoir*, Paris 1996.

Dort, Bernard: *Le spectateur en dialogue*, Paris 1995.

Ducrot, Oswald: *Le dire et le dit*, Paris 1984.

Eco, Umberto: *Die Grenzen der Interpretation*, München 1995.

Eco, Umberto: *Lector in fabula. Die Mitarbeit der Interpretation in erzählenden Texten*, 2. Aufl., München 1994.

Eco, Umberto: *Das offene Kunstwerk,* 6. Aufl., Frankfurt a. M. 1993.

Eco, Umberto: *Postille à 'Il nome della rosa'*, Mailand 1984.

Erenstein, Robert (Hrsg.): *Theatre and Television*, Amsterdam 1988.

Esslin, Martin: *Das Theater des Absurden*, (1961), Hamburg 1981.

Fieguth, Rolf: „Zur Rezeptionslenkung in narrativen und dramatischen Werken“, in: *Sprache im technischen Zeitalter* 47, 1973, S. 186-201.

Finter, Helga: „Das Kameraauge des postmodernen Theaters“, in: Thomsen 1985, S. 46-70.

Finter, Helga: *Der subjektive Raum I. Die Theaterutopien Stéphane Mallarmés, Alfred Jarrys und Raymond Roussels*: *Sprachräume des Imaginären*, Tübingen 1990.

Fischer-Lichte, Erika: „Dialoglinguistik oder Dialoghermeneutik? Überlegungen zum Problem einer systematischen Analyse des dramatischen Dialogs“, in: *Wirkendes Wort* 34, 1984, S. 282-305.

Fischer-Lichte, Erika: „Politisches Theater als (kultur-)revolutionäre Aktion – Zum Montage-Verfahren in Piscators Theater in der Weimarer Republik“, in: Fritz 1993, S. 97-119.

Fischer-Lichte, Erika: „Postmoderne: Fortsetzung oder Ende der Moderne?“, in: *Neohelicon* 16.1, 1989, S. 11-27.

Fischer-Lichte, Erika: „Postmoderne Performance: Rückkehr zum rituellen Theater?“, in: *Arcadia* 22, 1987, S. 55-65.

Fischer-Lichte, Erika: *Semiotik des Theaters,* Bd. 1, *Das System der theatralischen Zeichen*, Tübingen 1983, 2. Aufl. 1988.

Fischer-Lichte, Erika: *Semiotik des Theaters,* Bd. 3, *Die Aufführung als Text,* Tübingen 1983.

Fischer-Lichte, Erika: „Zwischen Differenz und Indifferenz. Funktionalisierungen des Montage-Verfahrens bei Heiner Müller“, in: Fischer-Lichte/ Schwind 1991, S. 231-245.

Fischer-Lichte, Erika/ Schwind, Klaus: *Avantgarde und Postmoderne. Prozesse struktureller und funktioneller Veränderungen,* Tübingen 1991.

Flam, Jack: *Motherwell*, Recklinghausen 1992.

Floeck, Wilfried: „Arthur Adamov oder die Suche nach dem Gleichgewicht zwischen absurdem und politischem Theater“, in: Holtus, Günter (Hrsg.): *Theaterwesen und dramatische Literatur*, Tübingen 1987, S. 379-393.

Floeck, Wilfried: „‘Comment transposer la réalité?’ Ariane Mnouchkine und das ‘Théâtre du Soleil’“, in: Floeck 1988, S. 19-36.

Floeck, Wilfried (Hrsg.): *Tendenzen des Gegenwartstheaters*, Tübingen 1988.

Floeck, Wilfried: „Vom Regietheater zum Texttheater? Tendenzen und Probleme des französischen Gegenwartstheaters“, in: Schoell 1991, S. 1-17.

Floeck, Wilfried (Hrsg.): *Zeitgenössisches Theater in Deutschland und Frankreich*, Tübingen 1989.

Fohrmann, Jürgen/ Müller, Harro (Hrsg.): *Diskurstheorien und Literaturwissenschaft*, Frankfurt a. M. 1988.

Foucault, Michel: „Andere Räume“, in: Barck, Karlheinz u.a. (Hrsg.): *Aisthesis. Wahrnehmung heute oder Perspektiven einer anderen Ästhetik,* Leipzig 1990, S. 34-46.

Foucault, Michel: *L'ordre du discours*, Paris 1971.

Frank, Manfred: „Zum Diskursbegriff bei Foucault“, in: Fohrmann/ Müller 1988, S. 25-44.

Fritz, Horst (Hrsg.): *Montage in Theater und Film,* Tübingen 1993.

Geldermann, Carol: „Hyperrealism in Contemporary Drama. Retrogressive or Avant-Garde“, in: *Modern Drama* 26, 1983, S. 357-367.

Genette, Gérard: *Palimpsestes. La littérature au second degré*, Paris 1982.

Grossklaus, Götz: „Nähe und Ferne. Wahrnehmungswandel im Übergang zum elektronischen Zeitalter“, in: ders./ Lämmert 1989, S. 489-520.

Grossklaus, Götz/ Lämmert, Eberhard (Hrsg.): *Literatur in einer industriellen Kultur*, Stuttgart1989.

Günthner, Susanne/ Kotthoff, Helga (Hrsg.): *Die Geschlechter im Gespräch, Kommunikation in Institutionen*, Stuttgart 1992.

Günthner, Susanne/ Kotthoff, Helga (Hrsg.): *Von fremden Stimmen*. Frankfurt a. M. 1991.

Habermas, Jürgen: *Die Neue Unübersichtlichkeit*. Kleine politische Schriften V, Frankfurt a. M. 1985.

Hassan, Ihab: „Postmoderne heute“, in: Welsch 1988, S. 47-56.

Hawthorn, Jeremy: „Sprechakttheorie“, in: *Grundbegriffe moderner Literaturtheorie. Ein Handbuch*, Tübingen 1994, S. 297-299.

Hillach, A.: „Sprache und Theater. Überlegungen zu einer Stilistik des Theaterstücks“, in: *Sprachkunst* 1, 1970, S. 256-269 und 2, 1971, S. 299-328.

Hoesterey, Ingeborg: *Verschlungene Schriftzeichen. Intertextualität von Literatur und Kunst in der Moderne/ Postmoderne,* Frankfurt a. M. 1988.

Hottong, Lisa: *Die Sprache ist ein Labyrinth von Wegen*, Tübingen 1994.

Hüfner, Agnes: *Brecht in Frankreich 1930-1963. Verbreitung, Aufnahme, Wirkung,* Stuttgart 1968.

Ingarden, Roman: „Von den Funktionen der Sprache im Theaterschauspiel“, in: ders.: *Das literarische Kunstwerk*, Tübingen 1960.

Ionesco, Eugène: *Notes et contre-notes*, Paris 1962.

Iser, Wolfgang: *Der Akt des Lesens*. München 1976.

Iser Wolfgang: „Samuel Becketts dramatische Sprache“, in: *Materialien zu Samuel Becketts „Warten auf Godot“*, Frankfurt a. M. 1973, S. 127-151.

Ivernel, Ph.: „Le théâtre politique“, in: Corvin 1991, S. 664f.

Japp, Uwe: „Der Ort des Autors in der Ordnung des Diskurses“, in: Fohrmann/ Müller 1988, S. 223-234.

Jeanneret, Jean: „Ouverture“, in: *Littérature* 99, 1995, S. 5f.

Kafitz, Dieter: „Bilder der Trostlosigkeit und Zeichen des Mangels. Zum deutschen Drama der Postmoderne“, in: Floeck 1988, S. 157-176.

Kafitz, Dieter: „Die Funktion der Bildmontage in Botho Strauß' 'Trilogie des Wiedersehns'“, in: Fritz 1993, S. 169-190.

Karrer, Wolfgang: *Parodie, Travestie, Pastiche*, München 1977.

Kerbrat-Orecchioni, Catherine: „Le dialogue théâtral“, in: *Mélanges offerts à S. Larthomas*, Paris 1988, S. 135-250.

Kerbrat-Orecchioni, Catherine: „Pour une approche pragmatique du dialogue théâtrale“, in: *Enjeux* 5, 1984, S. 7-26.

Kiefer, Bernd: „Kulturmontage im Posthistoire. Zur Filmästhetik von Hans Jürgen Syberberg“, in: Fritz 1993, S. 229-247.

Klotz, Volker: *Geschlossene und offene Form im Drama,* 8. Aufl., München 1976.

Klotz, Volker: „Zitat und Montage in neuerer Literatur und Kunst“, in: *Sprache im technischen Zeitalter* 16, 1976, S. 259-277.

Kott, Jan: *Das Gott-Essen. Interpretationen griechischer Tragödien*, München 1975.

Krauß, Henning: „Aspekte der Brecht-Rezeption in Frankreich“, in: Koopmann, Helmut/ Stammen, Theo (Hrsg.): *Bertolt Brecht – Aspekte seines Werkes, Spuren seiner Wirkung*, München 1983, S. 219-238.

Kreuzer, Helmut: „Zur Avantgarde- und Montage-Diskussion – und zu diesem Heft“, in: *Zeitschrift für Literaturwissenschaft und Linguistik* 12, 1982, S. 7-18.

Kristeva, Julia: „Wort, Dialog und Roman bei Bachtin“, in: Ihwe, Jens (Hrsg.): *Literaturwissenschaft und Linguistik, Ergebnisse und Perspektiven*, Bd. 3, Frankfurt a. M. 1972, S. 345-375.

Lachmann, Renate: „Ebenen des Intertextualitätsbegriffs“, in: Stierle/ Warning 1984, S. 133-138.

Lakoff, Robin: „Kommunikative Strategien und Stile vor Gericht und in der Therapiesituation“, in: Günthner/ Kotthoff 1992, S. 229-249.

Larthomas, Pierre: *Le langage dramatique,* 4. Aufl., Paris 1993.

Latraverse, François: „Von der Moderne zur Postmoderne. Die Sprachspiele als Formen der neuen Rationalität bei Wittgenstein", in: Le Rider, Jacques/ Raulet, Gérard (Hrsg.): *Verabschiedung der (Post-)Moderne? Eine interdisziplinäre Debatte*, Tübingen 1987, S. 149-166.

Lehmann, Hans-Thies: „Die Inszenierung: Probleme ihrer Analyse", in: *Zeitschrift für Semiotik* 11, 1989, S. 29-49.

Lehmann, Hans-Thies: „Müller/ Hamlet/ Grüber/ Faust: Intertextualität als Problem der Inszenierung", in: Thomsen 1985, S. 33-45.

Le Marinel, Jacques: *La mise en question du langage dans le „nouveau théâtre"*, Lille 1981.

Link, Jürgen: „Literaturanalyse als Interdiskursanalyse. Am Beispiel des Ursprungs literarischer Symbolik in der Kollektivanalyse", in: Fohrmann/ Müller 1988, S. 284-307.

Löffler, Sigrid: „Sexismus, Zeithistorie, Marzipantheater", in: *Theater Heute* 11, 1993, S. 11-14.

Meyer, Petra Maria: „Ästhetik des Gegenwartstheaters im technischen Zeitalter", in: *Forum Modernes Theater* 11, 1996, S. 3-14.

Mennemeier, Franz Norbert: „Montage und Menschenbild: Brecht, Benn, Jelinek", in: Fritz 1993, S. 53-82.

Monaco, James: *Film verstehen. Kunst, Technik, Sprache, Geschichte und Theorie des Films und der Medien. Mit einer Einführung in Multimedia,* überarbeitete und erweiterte Neuausgabe, Reinbek bei Hamburg 1995.

Mortier, Daniel: *Celui qui dit oui, celui qui dit non ou la réception de Brecht en France (1945-1956),* Paris 1986.

Mounin, G.: „La communication théâtrale", in: ders.: *Introduction à la sémiologie*, Paris 1970, S. 87-94.

Neuschäfer, Anne: „Aufbruch zu einem neuen Texttheater", in: *Lendemains* 30, 1983, S. 97-104.

Neuschäfer, Anne: „Zwischen Engagement und Autonomie. Das französische Theater nach 1945", in: *Forum modernes Theater* 5, 1990, S. 205-209.

Pavis, Patrice: *Dictionnaire du théâtre*, 3. Aufl., Paris 1996.

Pavis, Patrice: „Die Inszenierung zwischen Text und Aufführung", in: *Zeitschrift für Semiotik* 11, 1989, S. 13-27.

Pavis, Patrice: „Le texte (é)mis en scène“, in: *Forum Modernes Theater* 11, 1996, S. 119-136.

Petitjean, André: „La conversation au théâtre“, in: *Pratiques* 41, 1984, S. 63-88.

Pfister, Manfred: *Das Drama. Theorie und Analyse*, 7. Aufl., München 1988.

Pfister, Manfred: „Eloquence ist Action: Sprechen als Handeln im Drama Shakespeares aus der Sicht der Sprechakttheorie“, in: *Kodikas, Code. Ars Semeiotika* 8, 1985, S. 195-216.

Pfister, Manfred: „Konzepte der Intertextualität“, in: Broich/ Pfister 1985, S. 1-30.

Platz-Waury, Elke: *Drama und Theater. Eine Einführung*, Tübingen 1978.

Pütz, Peter: Vom Bleisatz zum computergesteuerten Fotosatz: Opposition und Dekonstruktion in Kroetzens „Nicht Fisch nicht Fleisch“, in: Grossklaus/ Lämmert 1989, S. 374-383.

Pütz, Peter: *Die Zeit im Drama*, Göttingen 1977.

Quirot, O.: „Télévision et théâtre“, in: Corvin 1991, S. 816.

Raybaud, Antoine: „Cage & Co.: Poétiques de la métamorphose“, in: *Littérature* 99, 1995, S. 91.

Roeder-Zerndt, Martin: *Lesen und Zuschauen. David Mamet und das amerikanische Theater der 70er Jahre*, Tübingen 1994.

Röttgers, Kurt: „Diskursive Sinnstabilisation durch Macht“, in: Fohrmann/ Müller 1988, S. 114-133.

Roloff, Volker: „Alltagssprache als Fremdsprache: Aspekte der modernen Farcenkomik bei Brecht, Sartre, Ionesco und Botho Strauß“, in: *Forum Modernes Theater* 1, 1986, S. 15-34.

Ryngaert, Jean-Pierre: „Les cailloux et les fragments“, in: Sarrazac 1994, S. 333-337.

Ryngaert, Jean-Pierre: *Lire le Théâtre Contemporain*, Paris 1993.

Sabban, Annette/ Schmidt, Christian (Hrsg.): *Sprachlicher Alltag. Linguistik – Rhetorik – Literaturwissenschaft. Festschrift für Wolf-Dieter Stempel*, Tübingen 1994.

Sarrazac, Jean-Pierre: *Les pouvoirs du théâtre. Essais pour Bernard Dort*, Paris 1994.

Schlueter, June: „Theatre", in: Trachtenberg, Stanley (Hrsg.): *The Postmodern Moment. A Handbook of Contemporary Innovation in the Arts*, London 1985, S. 209-228.

Schmachtenberg, Reinhard: *Sprechakttheorie und dramatischer Dialog. Ein Methodenansatz zur Drameninterpretation,* Tübingen 1982.

Schmeling, Manfred: *Métathéâtre et intertexte,* Paris 1982.

Schoell, Konrad (Hrsg.): *Literatur und Theater im gegenwärtigen Frankreich. Opposition und Konvergenz,* Tübingen 1991.

Schultze, Brigitte: „Facetten der Montage in Kartoteka von Tadeusz Rózewicz", in: Fritz 1993, S. 141-167.

Schulz-Buschhaus, Ulrich: *Formen und Ideologien des Kriminalromans. Ein gattungsgeschichtlicher Essay*, Frankfurt a. M. 1975.

Schwarz, Monika: *Musikanaloge Idee und Struktur im französischen Theater. Untersuchungen zu Jean Tardieu und Eugène Ionesco*, München 1981.

Seibel, Wolfgang: *Die Formenwelt der Fertigteile. Künstlerische Montagetechnik und ihre Anwendung im Drama*, Würzburg 1988.

Stempel, Wolf-Dieter: „Bemerkungen zur Kommunikation im Alltagsgespräch", in: Stierle/ Warning 1984, S. 151-169.

Stierle, Karlheinz: „Werk und Intertextualität", in: ders./ Warning 1984, S. 139-150.

Stierle, Karlheinz/ Warning, Rainer (Hrsg.): *Das Gespräch*, München 1984.

Suerbaum, Ulrich: *Krimi. Eine Analyse der Gattung*, Stuttgart 1984.

Swiontek, Slawomir: „Le dialogue dramatique et le métathéâtre", in: *Zagadniena rodzajów literackich* 36, N. 1-2, 1993, S. 7-41.

Szondy, Peter: *Theorie des modernen Dramas (1880-1950*), Frankfurt a. M. 1979.

Theweleit, Klaus: „One plus One oder Wie man im Kino die Schönheit erträgt. Eine Lobrede auf den Film-Arbeiter Jean-Luc Godard, aus Anlaß der Verleihung des Adorno-Preises der Stadt Frankfurt am Main." Abdruck der gekürzten Fassung in: *Die Zeit*, 22. Sept. 1995, S. 69-70.

Thomsen, Christian W.: *Studien zur Ästhetik des Gegenwartstheaters*, Heidelberg 1985.

Ubersfeld, Anne: *L'école du spectateur. Lire le Théâtre 2*, Paris 1981.

Ubersfeld, Anne: *Lire le théâtre.* Avec une postface à la 4e édition, Paris 1993.

Vattimo, Gianni: *Die transparente Gesellschaft*, Wien 1992.

Vernois, Paul: *La dramaturgie poétique de Jean Tardieu*, Paris 1981.

Virilio, Paul: *Die Eroberung des Körpers*, Frankfurt a. M. 1996.

Weimann, Robert: „Realität und Realismus. Über Kunst und Theorie in dieser Zeit", in: *Sinn und Form* 36, 1984, S. 924-951.

Weimann, Robert/ Gumbrecht, Hans Ulrich (Hrsg.): *Postmoderne – globale Differenz*, Frankfurt a. M. 1991.

Welsch, Wolfgang (Hrsg.): *Wege aus der Moderne. Schlüsseltexte der Postmoderne-Diskussion*, Weinheim 1988.

Welsch, Wolfgang: *Unsere postmoderne Moderne,* Weinheim 1988.

Zimmerli, Walter Ch.: „Das vergessene Problem der Neuzeit. Realismus als nicht nur ästhetisches Konzept", in: *Jahrbuch für internationale Gemanistik* 16, 1984, S. 18-79.

Zelinski, Bodo (Hrsg.): *Das Russische Drama*, Düsseldorf 1986.

4. Zitierte Werke anderer Autoren

Beckett, Samuel: *Fin de partie*, Paris 1957.

Beckett, Samuel: *La dernière bande*, Paris 1959.

Duras, Marguerite: *Hiroshima mon amour*, scénario et dialogue, réalisation Alain Resnais, Paris 1960.

Eliot, T.S.: *Sweeney Agonistes*, Fragment of a Prologue. Fragment of an Agon, in: *The Complete Poems and Plays of T.S Eliot,* London 1969, S. 113-130.

Goetz, Rainald: *Die Festung,* Frankfurt a. M. 1992.

Green, Henry: *Der Butler,* aus dem Englischen von Walter Schürenberg, Frankfurt a. M. 1991.

Grumberg, Jean-Claude: *Les courtes*, Paris 1995.

Guérin, Raymond: *L'Apprenti*, Paris 1946, 2. Aufl. 1973.

Ionesco, Eugène: *La cantatrice chauve* suivi de *La leçon*, Paris 1954.

Kleist, Heinrich: *Penthesilea, in*: *Sämtliche Werke,* Hrsg. von H. Sembdner, 8. Aufl., München 1985.

Mamet, David: *Oleanna,* Köln 1993.

Pirandello, Luigi: *Sei personaggi in cerca d'autore,* Mailand 1978.

Tardieu, Jean: *Poèmes à jouer*, Paris 1960.

Tardieu, Jean: *Théâtre de chambre*, nouvelle édition, Paris 1966.

Tschechow, Anton: *Drei Schwestern.* Übersetzt von Sigismund Radecki, Stuttgart 1985.

5. Filme und Videos

Godard: *Passion,* 1983.

Rossellini: *Viaggio in Italia,* 1953.

Vinaver: *Six heures en compagnie de Michel Vinaver* (video), Paris, Annecy 1987.